Marcel Bohnert & Björn Schreiber (Hrsg.)

Die unsichtbaren Veteranen

Kriegsheimkehrer in der deutschen Gesellschaft

Marcel Bohnert & Björn Schreiber (Hrsg.)

Die unsichtbaren Veteranen

Kriegsheimkehrer in der deutschen Gesellschaft

Mit Geleitworten von Roderich Kiesewetter,
Julia Obermeier und André Wüstner

sowie einem Epilog von Reinhold Robbe

2016

Carola Hartmann Miles-Verlag

Bibliografische Information der Deutschen Nationalbibliothek

Die Deutsche Nationalbibliothek verzeichnet diese Publikation in der Deutschen Nationalbibliografie; detaillierte bibliografische Daten sind im Internet über www.dnb.de abrufbar.

Herstellung: Books on Demand, Norderstedt

Printed in Germany

ISBN 978-3-945861-27-1

Für unsere Gefallenen, Hinterbliebenen,
Verwundeten und Traumatisierten.

Wir vergessen euch nicht!

Die Erlöse aus dem Verkauf dieses Buches fließen
zu 100 Prozent in die Veteranenarbeit des Bundes
Deutscher EinsatzVeteranen (BDV) e.V.

Inhalt

Das Vermächtnis der Veteranen   11
von Christian Bernhardt & Bernhard Drescher

GELEITWORTE

Geleitwort   15
von Roderich Kiesewetter

Geleitwort   16
von Julia Obermeier

Geleitwort   18
von André Wüstner

PROLOG

Ratloser Blick auf den See   23
von Hergen Albus

VORWORT

Die Neuen Veteranen   33
von Marcel Bohnert & Björn Schreiber

KAPITEL I: AUS DEN AUSLANDSEINSÄTZEN DER BUNDESWEHR

Coming Home   45
von Gregor Weber

Führung im Afghanistan-Einsatz:
Belastungen und Herausforderungen für militärische Führer   51
von Norbert Hähnlein

Anforderungen an den militärischen Führer im Einsatz   59
von Rainer Buske

Zweifrontenkrieg – zwischen TIC und Karriere   71
von Christopher Urbas

Verantwortung nach dem Einsatz   83
von Marcus Grotian

Realitäten an der Heimatfront   89
von Manuel K.

KAPITEL II: VETERANEN UND GESELLSCHAFT

Das Nichtsehen – aus der Perspektive eines Zivilisten   101
von Thomas Krafft

Afghanistan hat Veteranen produziert – was nun?   107
von Michael Daxner

Mein Weg zu Veteranen, mit Veteranen, für Veteranen   119
von Gabriele Douqué

„Das Problem wieder hier anzukommen" –
Einsatzrückkehrer und Gesellschaft   125
von Anja Seiffert

Eine kritische Betrachtung der Parlamentsarmee   139
von Klaas Hinners

Vom Warten auf das Veteranenkonzept   147
von Julia Weigelt

Neue Kriegsheimkehrer.
Die Darstellung von Bundeswehrsoldaten im Spielfilm   151
von Thomas Bohrmann

Wir. Dienen. Deutschland. – Was Soldaten antreibt   173
von Axel Bollmann

Laeso Militi – Dem verwundeten Soldaten: Plädoyer für ein
Verwundetenabzeichen für die Soldaten der Bundeswehr   195
von Christian Richter

KAPITEL III: PSYCHISCHE EINSATZFOLGEN

Krieg im Kopf   207
von Danijel Višević

Das Leben mit PTBS: Ein Angehörigen-Tagebuch   215
von Tanja Malz

Wenn die Worte fehlen
von Karen Haak
225

Mein Kampf mit dem Trauma
von Bernhard Storch
239

Das Trauma geht weiter:
Schlaglichter aus der Arbeit mit Veteranen und ihren Angehörigen
von Thomas Kleinheinrich
255

Psychische Erkrankungen in der Bundeswehr
von Manuel Koch
261

Veteranen mit seelischen Verletzungen –
eine Herausforderung für Psychiatrie und Gesellschaft
von Karl-Heinz Biesold
269

EPILOG

Die Zeit ist reif!
von Reinhold Robbe
291

ANHANG

Abkürzungsverzeichnis
300

Autorenverzeichnis
303

Illustratorenverzeichnis
312

Mitgliedsantrag Bund Deutscher EinsatzVeteranen e.V.
314

Literaturhinweise
315

Verlagshinweise
320

Das Vermächtnis der Veteranen

von Christian Bernhardt & Bernhard Drescher

Tapfere Frauen und Männer haben ihren Dienst
in den Auslandseinsätzen der Bundeswehr geleistet.
Sie erschufen die stolze Tradition, die aufrecht zu erhalten
wir uns verpflichtet haben.

Wir sind in diesen Einsätzen gestorben,
daran besteht kein Zweifel.
Ein Teil von uns ist in diesen Einsätzen gestorben,
wie auch unsere Kameraden dort gestorben sind.

Aber der andere Teil von uns hat überlebt,
weil es unsere Kameraden gab.
Ihnen verdanken wir unser Leben,
und das werden wir nie vergessen.

**Egal wie sehr es schmerzt,
wie dunkel es auch wird,
oder wie tief du fällst,
du hörst nie auf zu leben.**

**Keiner wird zurückgelassen!
Einsatzveteranen der Bundeswehr**

Geleitworte

Geleitwort

von Roderich Kiesewetter

Die Auslandseinsätze der Bundeswehr haben unsere Streitkräfte nachhaltig geprägt. Eine Armee, die vor wenig mehr als zwei Jahrzehnten noch fast eine halbe Million aktive Soldaten zur Landesverteidigung aufgestellt hat, erbringt heute mit bedeutend verringerter Stärke beachtliche Leistungen in einer ganzen Reihe von vielfältigen Einsätzen. Im Rahmen der humanitären Hilfe, in Beobachter-Missionen der Vereinten Nationen, aber auch in Kampfeinsätzen haben sich unsere Soldatinnen und Soldaten – unter ihnen auch viele Reservistinnen und Reservisten – bewährt.

In der öffentlichen Debatte stehen die Leistungen, die unsere Soldatinnen und Soldaten im Auslandseinsatz erbracht haben, leider selten im Mittelpunkt der Aufmerksamkeit. Dabei sind die Erfahrungen, die die Einsatzrückkehrer gemacht haben, nicht nur für sie persönlich von großer Bedeutung, sondern auch für die Bundeswehr und für unsere Gesellschaft.

Die über 350.000 Soldatinnen und Soldaten, welche in den vergangenen Jahren in Auslandseinsätze entsandt wurden, haben Erfahrungen gemacht, die sie für ihr weiteres Leben prägten. Entgegengebrachte Wertschätzung und das Gefühl, Menschen in Not helfen zu können, steht neben Erlebnissen von Feuergefechten, eigener Verwundung und dem erlebten Tod von Kameraden. Diese vielfältigen persönlichen Erlebnisse und die daraus gewonnenen Erfahrungen sind wichtige Impulse für Politik und Gesellschaft. Ein demokratisches Gemeinwesen, das seine Streitkräfte in Einsätze entsendet, hat auch die Pflicht, jene zu hören, die von dieser Entscheidung betroffen sind.

Die zunehmende Zahl an Schriftbeiträgen von Einsatzheimkehrern zeigt das Bedürfnis, über die gemachten Erfahrungen berichten zu wollen. Gleichzeitig regen die Publikationen zu vielfältigen Debatten über die Auslandseinsätze und deren Folgen für die Bundeswehrangehörigen – und deren Familien – an.

Durch meine eigenen vielfältigen Einsatzerfahrungen fühle ich mich mit den Einsatzheimkehrern eng und herzlich verbunden. Ich freue mich deshalb besonders, dass mit dem vorliegenden Band ein weiterer Debattenbeitrag über die Rolle und die Anliegen von Einsatzheimkehrern vorgelegt wurde. Den Beiträgen wünsche ich eine breite Leserschaft und eine hoffentlich breite und gerne auch kontroverse Debatte.

Geleitwort

von Julia Obermeier

Der 2. April 2010 war ein schwarzer Karfreitag: Eine Bundeswehrpatrouille wurde in Afghanistan von den Taliban angegriffen und in ein stundenlanges Gefecht verwickelt. Dabei starben drei deutsche Soldaten. Viele wurden schwer verletzt.

Einer davon war Ralf Rönckendorf. Der Sanitäter des Fallschirmjägerbattaillons wurde über Funk von seinem schwer verwundeten Kameraden gebeten: „Lass mich hier nicht krepieren." Er versprach es und kämpfte sich mit der Waffe zu ihm vor, um ihn notfallmedizinisch zu versorgen. Beim Rückzug kam es jedoch zu einer Sprengfallendetonation, bei der Ralf Rönckendorf sein Augenlicht verlor. Durch den Feuerball erlitt der Hauptfeldwebel auch schwerste Verbrennungen seiner Lunge. Doch mit seinem selbstlosen Einsatz rettete er das Leben seines Kameraden.

Am 31. Dezember 2014 endete nach 13 Jahren der ISAF-Einsatz in Afghanistan. Er war bislang der größte und wohl auch härteste Auslandseinsatz der Bundeswehr. Die Soldatinnen und Soldaten der Bundeswehr schützten, unterstützen, bildeten aus, bauten auf, und ja, sie kämpften am Hindukusch. Der Afghanistan-Einsatz zeigt deutlich: „Kämpfen können, um nicht kämpfen zu müssen", der Leitsatz, der die Bundeswehr zu Zeiten des Ost-West-Konflikts prägte, ist heute überholt.

Allein in Afghanistan haben 55 deutsche Soldaten ihr Leben verloren. Rund 200 kehrten schwer verwundet zurück, bei mehreren tausend wurde eine Posttraumatische Belastungsstörung (PTBS) diagnostiziert. Durch ihr Engagement im Einsatz sind viele Soldatinnen und Soldaten an Körper und Seele gezeichnet. Hinter jedem Kriegsversehrten steht ein persönliches Schicksal, stehen eine Familie und ein Freundeskreis.

Unsere Soldatinnen und Soldaten nehmen eine unverzichtbare Aufgabe für unseren Staat und für unsere gesamte Gesellschaft wahr. In Deutschland und bei internationalen Einsätzen schützen sie unsere Freiheit und setzen sich für eine bessere, eine gerechtere, eine freie und eine sichere Welt ein. Es ist ein Dienst am Frieden.

Für diesen Dienst nehmen die Männer und Frauen in Uniform schwere und schwerste Belastungen auf sich. Nach ihrer Rückkehr aus dem Einsatz geraten die Bundeswehrangehörigen aus dem Fokus der

Öffentlichkeit. Das Problem ihrer »Unsichtbarkeit« scheint sich nach ihrer Rückkehr noch zu verstärken.

Das Buch »Die unsichtbaren Veteranen« leistet hier einen wichtigen Beitrag: Es stößt eine ernsthafte Auseinandersetzung über Veteraninnen und Veteranen in unserer Gesellschaft an: Wer sind Veteranen in Deutschland? Wie könnte eine deutsche Veteranenpolitik aussehen? Diese Thematik wird ans Licht der Öffentlichkeit geholt.

Unsere Soldatinnen und Soldaten – ob Aktive, Reservisten oder Ehemalige – verdienen Respekt für ihre Leistungen und ihren Mut im Einsatz. Es ist mir ein Anliegen, für sie in der deutschen Bevölkerung mehr Aufmerksamkeit, mehr Anerkennung und auch mehr Unterstützung zu schaffen. Hier leisten die privat getragenen und organisierten Reservistenkameradschaften bereits großartige Arbeit. Nun gilt es, die wichtige Idee der Anerkennung und Wertschätzung für die Angehörigen der Bundeswehr mit Leben zu füllen.

Neben der ideellen Würdigung und praktischen Unterstützung müssen besonders die Soldatinnen und Soldaten, die durch den Dienst an ihrem Land versehrt sind, von ihrem Dienstherrn großzügig versorgt werden. Die Verfahren zur Anerkennung einer Wehrdienstbeschädigung dauern häufig über zwei Jahre. Diese Verfahren sollten sowohl verkürzt als auch transparenter gestaltet werden. Hierfür will ich mich einsetzen.

Geleitwort

von André Wüstner

Dieses Buch erscheint fast genau zehn Jahre, nachdem ich selbst als Kompaniechef Teil des deutschen Kontingents von ISAF in Afghanistan war. In diese Zeit fiel auch ein folgenschwerer Selbstmordanschlag, den einer meiner Kameraden mit dem Leben bezahlen musste und zwei weitere nur mit schweren Verwundungen überlebt haben. Das Erlebte und die psychischen Folgen, die zumeist noch weit schwerer wiegen als der Verlust der körperlichen Unversehrtheit, kann einem keiner vollständig nehmen. Aber es gibt verschiedene Wege, individuell und gesellschaftlich, in der Folgezeit auf die Menschen einzugehen, die bereit waren, für uns alle einzustehen.

Die individuelle Betreuung durch den Dienstherrn mag noch so professionell und umfassend sein, eine Antwort auf die drängende Frage für den einzelnen Veteranen kann sie nicht geben: Welchen Sinn hatte der Einsatz, für den ich fast mein Leben gegeben habe?

Vielleicht gibt es für den Einzelnen darauf keine befriedigende Antwort. Aber es kann sehr wohl ein gemeinschaftliches Gefühl in der Gesellschaft geben, das den Veteranen zeigt: Ihr seid nicht allein mit euren Sorgen und Nöten. Ihr habt für uns gekämpft – jetzt kämpfen wir für euch!

Dieses Gefühl zu geben, ist nicht mit viel Aufwand oder umfassenden Mitteln verbunden, das zeigen gerade die vielen Initiativen von Stiftungen, Vereinen oder von privater Seite. Ein Beispiel ist der »Runde Tisch« für die Menschen der Bundeswehr mit maßgeblichen Vertretern unserer Gesellschaft. Mich hat vor allem die Erfahrung beim Deutschen BundeswehrVerband und seiner Stiftungsarbeit gelehrt: Es geht insgesamt darum, Halt zu geben und Verständnis zu haben für ein Schicksal, nach dem nichts mehr so ist wie zuvor.

Wie soll der Alltag bewältigt werden, der für die Mitmenschen einfach weitergeht, obwohl für einen selbst nun alles anders ist? Wie damit umgehen, dass selbst Teile des engeren Umfelds nicht nachvollziehen können, dass es außer der mitteleuropäisch-friedlichen Perspektive noch weitere Wirklichkeiten gibt?

So lässt sich für die Einsätze der Bundeswehr sogar eine gleich doppelte Unsichtbarkeit feststellen: Erstens eine Mehrheit der Bevölkerung, die Einsätze nicht oder nur unzureichend als Mittel der Politik akzeptiert. Zweitens Stimmen aus der Politik, die zumindest in der Vergangenheit nicht immer die Hintergründe vollständig benannt und vielleicht auch falsche Vorstellungen geweckt haben.

In einem solchen Umfeld wundert es kaum, dass die Realitäten der Einsatzarmee Bundeswehr, und damit vor allem die Sichtweisen der Soldaten im Einsatz, nur unzureichend gesehen werden.

Einen beginnenden Mentalitätswandel kann ich durchaus erkennen. In den vergangenen Monaten ist ein differenzierteres Bild im Rahmen der Diskussion um die Verantwortung Deutschlands in der Welt gezeichnet worden. Doch darf es bei reinen Absichtserklärungen nicht bleiben.

Gerade beim Thema Veteranenpolitik liegt der größte Weg noch vor uns. So gab es eine mehrjährige Debatte über die Definition, wer ein »Veteran« ist, statt darüber, wofür wir eine Veteranenpolitik brauchen und welche Inhalte sie haben soll. Es ist zwar immer gut, dem Thema Veteranenpolitik ein Forum zu geben. Aber das eigentliche Ziel darf dabei nicht aus den Augen verloren werden: Allen aktiven und ehemaligen Soldaten muss eine angemessene gesamtgesellschaftliche Anerkennung zuteilwerden. Den Verwundeten steht darüber hinaus eine Fürsorge und Unterstützung zu, die alle ausgleichbaren Nachteile aufwiegt. Während beim letzteren Punkt schon deutliche Fortschritte durch die Gesetze zur Einsatzversorgung erreicht sind, ist die gesellschaftliche Verankerung ein Prozess, der nur durch eine stetige Auseinandersetzung vorangebracht werden kann.

Einen wertvollen Beitrag dazu leistet dieses Buch. Statt wie so häufig nur über Soldaten und ihre Rolle zu schreiben, tragen die verschiedenen Autoren als direkt oder indirekt Betroffene zu einer Nähe bei, die durch ihre Vielfalt und Expertise heraussticht. Das Beste, das man einem Buch, seinen Herausgebern und Autoren wohl wünschen kann, sind viele Leserinnen und Leser.

In diesem Fall wünsche ich mir, dass die Inhalte ebenso von möglichst vielen verinnerlicht werden! Und dass dies der Ausgestaltung einer modernen Veteranenpolitik durch Politik und Gesellschaft Vorschub leistet. Eines muss allen klar sein: Der Soldatenberuf ist kein Beruf wie jeder andere!

Prolog

Ratloser Blick auf den See

von Hergen Albus

Sie betraten den Friedhof und gingen an den Gräbern all jener vorbei, die hier während der letzten Jahrhunderte auf dem Fischwerder geboren und gestorben waren. Die Reskes hatten inzwischen ihre eigene Ecke, angefangen mit Johann Wilhelm Reske, geboren am 17.4.1793 in Naumburg, gestorben am 13.12.1874 auf dem Fischwerder.

In der dem See zugewandten Ecke des Friedhofs hatte man einen Platz geschaffen für die Gefallenen des Krieges. Friedrich Möllhoff, gefallen am 14.12.1914 bei Verdun. Wolfgang Möllhoff, gefallen am 29.7.1916 bei Verdun. Die beiden Söhne des Pastors, nebeneinander an der Ecke des Friedhofs mit Blick auf den See.

Dann aber die Gefallenen seiner Einheit. Willem Flemming, gefallen am 13.10.1915 bei Ypern. Er war bei einem Sturm auf die gegnerischen Linien gefallen, einer dieser sinnlosen Versuche, im gegnerischen Feuer zu versuchen, einen Graben auf der Gegenseite einzunehmen, was meistens Dutzende von Toten kostete und nichts einbrachte. Mitten im Laufen war er zusammengebrochen, als eine Kugel sein Herz durchschlagen hatte.

Geert Flemming gefallen am 15.10.1915, zwei Tage später nur als sein Bruder, ebenfalls bei Ypern. Geert hatte noch geholfen, seinen Bruder zurückzubringen, zwei Tage später, als wieder Ruhe herrschte und man sich informell darauf verständigt hatte, nicht auf die Soldaten zu schießen, die die Toten bergen wollten. Irgendjemand auf der Gegenseite hatte sich nicht an das Abkommen gehalten und ihm den Kopf weggeschossen, als er gerade wieder zurück in den Graben springen wollte.

Harm Jansen, gefallen am 13.7.1916, ebenfalls bei Ypern. Ihm hatte eine Granate den Bauch aufgerissen, als sie sich mal wieder nach einem dieser wahnsinnigen Vorstöße zurückzogen, und er lag dann noch einen Tag röchelnd zwischen den Linien, während die Geschosse über die Gräben hinwegfegten. Nichts war ihnen übrig geblieben, als den Kopf in den Schlamm zu stecken und zu versuchen, nicht hinzuhören, wie Harm Jansen da draußen lag und sein Leben ausröchelte.

Und schließlich Fiete Jörns, gestorben am 24.7.1917 im Lazarett in Köln. Ein Bein fehlte schon, als sie ihn vom Schlachtfeld herunterschleppten, und dennoch hatte er den Transport noch bis Köln überstanden. Dann war wohl Wundbrand aufgetreten, und das hatte er nicht überstanden. Vier Mann aus wenigstens einem Hundert, die aus seiner Einheit nicht mehr am Leben waren.

Und Arno war zurückgekommen. Er stand hier zwischen ihren Gräbern, und die Tränen liefen über sein Gesicht. „Moin Jungs," schluchzte er. „Melde mich von der Front zurück. Ich kann euch sagen, dass es alles umsonst war. Alles umsonst." Karl legte seine Arme um ihn, und Arno brach zusammen. Alles Elend dieses Krieges brach aus ihm heraus, als er hier stand an den Gräbern seiner Jungs, die doch leben wollten, die noch jung waren oder sogar frisch verheiratet wie Geert Flemming und Harm Jansen, die Kinder zeugen und im Sommer um die Eiche auf dem Kirchplatz tanzen wollten, die auf dem Fischwerder geboren waren und hier sterben wollten, und dann kam dieser Krieg und nahm ihnen das Leben auf die gemeinste Art und Weise. Arno klammerte sich an seinen Bruder und ließ es alles raus. „Mach man, mien Jung," sagte Karl besänftigend, aber es half nichts. Hier stand er vor seinen Leuten und musste eingestehen, dass sie vollständig sinnloser Weise geopfert worden waren, dass er keine Ahnung hatte, was der Sinn des ganzen Gemetzels gewesen war, dass er nicht mehr wusste, wie das alles gekommen war und wie es weitergehen sollte. Hier stand er und heulte seine Verzweiflung über die letzten vier Jahre und über seine jetzige Situation und seine radikale Ratlosigkeit heraus. Hier stand er vor den gefallenen Männern seiner Einheit, und hier stand er gleichsam vor sich selbst, war gnadenlos ehrlich und legte Bilanz ab, erklärte den Bankrott aus besten Absichten. Sein Bruder stand hinter ihm und hielt ihn in seinen Armen, aber das war nun alles, was er tun konnte, und es war wenig genug.

„Ja, weine nur," sagte der Pastor, der zu ihnen getreten war. „Weine um ihre jungen Leben, die sie jetzt nicht mehr leben können." Sie hatten beide nicht gemerkt, dass er von der Kirche her gekommen war. „Weine um meine beiden Söhne," sagte er weiter, „und beantworte mir bitte die Frage, warum es so sein musste. Warum ich meine beiden Söhne für das Vaterland opfern musste, und ihr seid beide noch hier. Und wie ich das als Vater ertragen soll. Weine um alle, die hier liegen und euch dieselbe Frage stellen."

Ein neuer Klang war in seiner Stimme festzustellen, eine Verzweiflung, wie sie einem Pastor eigentlich nicht anstand, einem Mann, der eigentlich dafür ausersehen war, die Heilsbotschaft zu verkünden, dessen Aufgabe es eigentlich war, Trost zu spenden und Versöhnung zu predigen. Diesem Mann, das sah man auf den ersten Blick, würde man kein Wort mehr glauben, wenn er von seinem gnädigen Gott predigte. Er schien um Jahrzehnte gealtert, und seinen Glauben an einen gnädigen Gott hatte er wohl auch verloren, wie man seinen nächsten Worten entnehmen konnte. „Und beantworte mir bitte die Frage, wie Gott das zulassen konnte," sagte er, „wie Gott es zulassen konnte, dass meine beiden Söhne, die sich vorgenommen hatten, sein Wort zu predigen, die sich schon in Jena eingeschrieben hatten, von Granaten zerrissen wurden."

„Die Frage kann ich leider nicht beantworten," antwortete Arno, dem immer noch die Tränen über die Wangen liefen, während er sich aus der Umarmung seines Bruders löste. „Ich habe mich von dem Konzept eines gerechten Gotts angesichts des Gemetzels im Schützengraben verabschiedet. Kein Gott kann so etwas zulassen. Gewiss, die Bibel berichtet auch von der Sintflut oder davon, dass Gott Feuer vom Himmel regnen ließ. Aber die Front, der Grabenkrieg, das war etwas anders. Nein, es kann keinen Gott geben, der so etwas zulässt. Das war ja keine Strafe Gottes, was da auf uns hernieder prasselte. Das war vom Menschen gemacht. Und Gott hat einfach so zugeschaut. Wenn es einen Gott gibt. Ich wage das inzwischen zu bezweifeln."

Der Pastor schaute Arno unverwandt an. „Und so etwas sagst du auf einem christlichen Friedhof," flüsterte er. „So etwas sage ich hier, auf einem christlichen Friedhof," antwortete Arno. „Diese Menschen, auch Ihre beiden Söhne, sind meine Zeugen für das, was ich sage." Karl war blass geworden und wollte vermitteln. Aber Arno war nicht aufzuhalten. „Karl," sagte er, „Dich hat es noch vergleichsweise früh im Krieg erwischt, als es noch so etwas wie Kriegsführung gab, als man Strategien geplant und durchgeführt hat, die vielleicht für den kleinen Landser nicht ersichtlich waren, aber immerhin noch realistisch waren und dazu führten, dass kurzfristige Ziele erreicht wurden, bei allen Menschenopfern. Das war aber in der Folge anders. In der Folge hat man nur noch sinnlos Granaten und Mörser verschossen, hat ein wütendes Morden ohne Sinn und Verstand entfesselt, oder man hat sogar Infanterieangriffe auf gegnerische Stellungen befohlen, von denen man wusste, dass mehr als die Hälfte der Männer nicht wiederkommen würden, ohne dass eine Chance bestand, die gegnerische Stellung auf Dauer einzunehmen. Ich kann es mir einfach nicht erklären, wie Männer mit dieser Schuld auf ihrem Gewissen weiterleben können, die ein solches Massaker an ihren eigenen Leuten angeordnet haben. Und ich kann einfach nicht verstehen, wie es einen Gott geben kann, der so etwas duldet."

Karl stand wie vom Donner gerührt da und ließ die Tirade seines Bruders über sich ergehen. Es war unerhört, was hier passierte, ein junger Mann, der dem Pastor einfach so auf dessen Grund und Boden erklärte, dass er den Glauben an Gott verloren habe, vielmehr, dass ein gerechter

Gott nicht existieren konnte. Der Pastor stand ebenfalls da und schaute Arno an, der mit seiner Argumentation durch war und jetzt ebenfalls schweigend da stand, leer, aber mit blitzenden Augen, eine einzige Herausforderung aus Verzweiflung. Dann aber erlebte Karl eine weitere Überraschung, als der Pastor nicht etwa seinen Bruder des Grundstücks verwies, sondern nickte und seine Hand ergriff.

„Ich gebe dir ja Recht,“ antwortete der Pastor. „Aber genau das ist das Problem. Es ist Blasphemie, aber ich muss dir Recht geben. Das ist das Paradoxon, mit dem ich leben muss. Ich habe mein Leben lang einen Gott gepredigt, an den ich selbst nicht mehr glaube, und der Glaube ist mir durch den Tod meiner Söhne verloren gegangen, so wie er dir durch deine Erfahrungen verloren gegangen ist. Nur, was fangen wir damit jetzt an?“

Arno hatte, während der Pastor sprach, auf den See hinausgeblickt. „Ich weiß es nicht,“ sagte er und wandte sich zurück. „Ich versuche immer noch, eine Antwort auf diese Frage zu finden. Jeder muss diese Antwort für sich selbst finden. Es soll ja auch Menschen geben, die durch die Erfahrung des Krieges erst zu Gott gefunden haben.“ Er wies in Richtung des Ortes. „Vier der Soldaten hier waren in meiner Einheit. Ihre Familien werden mich fragen, warum ich wieder da bin und ihre Söhne nicht. Was soll ich ihnen sagen? Das ist die Frage, mit der ich leben muss. Eike Krummsiek ist mit mir wiedergekommen. Er kann bestätigen, dass wir beide im selben Dreck gelegen haben wie alle Anderen auch.“

„Es ist trotzdem schwer zu verstehen,“ antwortete der Pastor und hielt seine Hand weiterhin. „Ich weiß,“ sagte Arno und drückte seine Hand fest, bevor er sich von ihm löste und sich dem See zuwandte. „Ich weiß.“ „Was wirst du denn jetzt tun,“ fragte der Pastor. „Nun, bei der Armee bin ich ausgeschieden,“ antwortete Arno, weiterhin dem See zugewandt. „Die Offizierlaufbahn endet mit dem Leutnant der Reserve. Ich könnte mir einfach nicht mehr vorstellen, weiterhin Soldat zu sein. Von daher ist das die nächste Frage, die ich noch beantworten muss. Aber ich bin ja erst heute angekommen.“

„Erst einmal zur Ruhe kommen,“ sagte der Pastor, „das ist richtig. Ich denke, wir sehen uns in den nächsten Tagen.“ Er reichte Karl die Hand und schlug Arno leicht auf die Schulter. „Es ist gut zu wissen, dass es auch andere Menschen gibt, die sich mit diesen Fragen herumschlagen, die mich quälen. Vielleicht können wir uns ja gegenseitig bei der Lösung unterstützen. Aber ich zweifele, dass es für mich eine Lösung geben kann.“

Er wandte sich ab und ging zum Pfarrhaus zurück. Karl und Arno schauten ihm nach. „Ein Pastor, der nicht mehr an Gott glaubt,“ sagte Karl. „Das darf man niemandem erzählen.“ Er lachte heiser.

„Jou, bloß nicht," sagte Arno. „Irgendwie ist das ja menschlich, dass ihm angesichts dessen, was geschehen ist, Zweifel kommen. Mit den Zweifeln muss er alleine fertig werden." Er wandte sich vom See weg. „Wohin gehen wir denn jetzt?"

„Lass uns zum Hafen gehen," sagte Karl. „Da ist um diese Uhrzeit niemand, und wir haben den wunderbaren Blick auf den See." Arno nickte und ging seinem Bruder voraus in Richtung der Pforte des Kirchhofs, vor der eine junge Frau stand, die anscheinend auf sie gewartet hatte. Jung war sie noch, wirklich jung, und schwarz gekleidet. Ihre Augen schienen das einzig Lebendige in einem ausgezehrten Gesicht zu sein, als sie Arno anschaute. „Guten Tag, Herr Leutnant," sagte sie. „Ich habe auf Sie gewartet." Arno lachte heiser. „Ab heute nicht mehr Herr Leutnant," antwortete er. „Und ab heute grundsätzlich per Du. Wir sind doch alle hier vom Fischwerder." Die junge Frau zögerte etwas, bevor sie zu einer Entgegnung ansetzte. „Für Harm waren Sie immer nur der Leutnant," sagte sie, „warst du immer nur der Leutnant, Entschuldigung. Ich bin die Frau von Harm Jansen." Wieder zögerte sie einen Augenblick. „Ich wollte fragen, wie er gestorben ist," fuhr sie fort. „Uns hat man nur gesagt, er sei gefallen."

Arno schaute die junge Frau lange an, bevor er sich zu einer Antwort durchringen konnte. Es zog ihm die Eingeweide zusammen, sie hier stehen zu sehen, offensichtlich hoffnungslos und immer noch in Trauer nach diesen zwei Jahren. Konnte er ihr wirklich sagen, wie es gewesen war? „Es war schon komisch, auf einmal der Leutnant zu sein," sagte er, um Zeit zu gewinnen, „und eigentlich bin ich ganz froh, dass ich es nicht mehr bin. Mit einigen, wie auch Harm, war ich ja sogar in der Schule zusammen gewesen, und jetzt mussten sie mich siezen." Weiter schaute er sie an, und sie wartete darauf, dass er weiter sprechen würde. „Er ist bei einem Sturmangriff gefallen," sagte er. „Eine Granate hat ihn erwischt. Wahrscheinlich hat er es gar nicht gemerkt."

Die junge Frau nickte. „Danke," sagte sie. „Danke, dass du es mir gesagt hast." Sie wollte sich schon zum Gehen wenden, als Arno sie am Ärmel festhielt. „Was wird denn jetzt aus dir?" fragte er. „Geht es dir gut?" Die junge Frau lachte bitter. „Wie es einem so geht als Witwe," antwortete sie. „Man ist noch da, aber im Prinzip macht es keinen Unterschied mehr." Die junge Frau wandte sich um und ging die Straße hinunter, und die beiden Männer schauten ihr nach. „Traurige Sache," sagte Karl. „Die Beiden waren so ein schönes Paar, und jetzt ist sie Witwe. Du weißt, was das bedeutet."

Arno nickte. „Einen Tag haben wir Harms Röcheln noch gehört,“ sagte er. „Einen Tag lang lag er zwischen den Linien, während das Geballere weiterging, und wir konnten und konnten ihn nicht holen und mussten mit anhören, wie er langsam, aber sicher den Löffel abgab. Hätte ich ihr das jetzt sagen sollen? Hätte ich ihr zu der Tatsache, dass sie als Witwe keine Zukunft mehr hat, auch noch die Tatsache aufbürden sollen, dass ihr Mann elendig verreckt ist, während wir aus wenigen Metern Entfernung zuschauen mussten?“

Wieder standen ihm Tränen in den Augen, und Karl nahm seinen Bruder in den Arm. Wortlos gingen beide dann zum Hafen hinunter und setzten sich auf die kurze Mole, die den Hafen zur einen Seite abschloss. Gegenüber, im Bootsbaubetrieb der Brüder Thomsen, herrschte ebenfalls Ruhe. Die Tore der Werft waren geschlossen, und nur aus der Ferne hörte man ein leises Hämmern. Auf dem See war in der Ferne ein Fischerboot zu sehen, und am gegenüber liegenden Ufer war die Kirche von Bölkau nur schemenhaft im Nebel zu sehen. „Bölkau,“ sagte Arno. „Da drüben wohnt Feddersen, der Einzige in meiner Einheit, der nicht aus Holstein kommt. Immer einen frechen Spruch parat, aber man konnte sich bedingungslos auf ihn verlassen. Überhaupt meine Männer. Das waren Kerle, aus denen konntest du Häuser bauen. Die haben noch gestern in Prettin einen Major, der mir was wollte, einfach aus dem Rennen genommen, indem sie sich vor ihm als Mauer aufgebaut haben. Das findest du nie wieder in der Form. Ich bin bloß gespannt, ob die sich wieder in den ganz normalen Alltag eingewöhnen können.“

„Ich verstehe, was du meinst.“ antwortete Karl. „Mit solchen Jungs kannst du Pferde stehlen, wie es im Sprichwort heißt, nur dass Pferde stehlen verboten ist. All das, was eine richtige Fronttruppe auszeichnet, ist im Alltag nicht zu gebrauchen oder verboten. Ihr werdet also alle Probleme haben, wieder im normalen Leben anzukommen.“ Er stützte sich mit der Handfläche auf die Mole auf. „Ich hab ja grad einen Schreck gekriegt, als du dem Pastor dermaßen Kontra gegeben hast. Früher hättest Du das nicht gemacht,“ sagte er. „Du hast dich auch ziemlich verändert.“ „Nun,“ fragte Arno, „ist das jetzt gut oder schlecht?“ „Gute Frage,“ antwortete Karl. „Im Prinzip ist es gut, wenn ein Kerl geradeheraus ist und Taktiererei auf den Tod nicht abkann, aber es kann ihn halt auch in Schwierigkeiten bringen, und wenn du dich recht besinnst, musst du zugeben, dass du in Schwierigkeiten bist, seitdem du von der Front wieder da bist. Du bist doch von einem Kampf in den anderen getaumelt, und in den meisten Fällen haben dir deine Männer aus der Patsche geholfen.“ „Ich verstehe, was du meinst,“ antwortete Arno, „aber es macht mich halt alles fassungslos. Es macht mich fassungslos, dass das alles stattfinden konnte, ohne dass irgendjemand an der Spitze irgendwann eingeschritten ist und dem ein Ende gemacht hat. Es macht mich fassungslos, dass in den großen Städten Arbeiter- und Soldatenräte ihre eigenen Regeln aufstellen und gleichzeitig in den Verwaltungen und Kasernen Dienst nach Vorschrift geschoben wird. Es macht mich fassungslos, dass man aus diesem großen Gemetzel offensichtlich nichts gelernt hat, und es macht mich fassungslos, dass ich selbst nicht weiß, was man daraus lernen könnte. Fassungslosigkeit, das ist das Gefühl, aus dem heraus ich derzeit handele." „Ich verstehe, was du meinst." antwortete Karl. „Nimm dir die Zeit, die Antwort zu finden. Nimm dir die Zeit, zur Ruhe zu kommen. Das ist das, was du im Moment am meisten brauchst. Wenn du willst, kannst du auch auf dem Hof mithelfen, aber nur wenn du willst. Du bist wieder zu Hause."

Arno schwieg und legte seine Hand auf die Hand seines Bruders, und das reichte. Lang saßen die Beiden so da und schauten auf den See, dessen Wellen in einem ruhigen Rhythmus gegen die Mole schwappten. Vom Mecklenburgischen Kanal war ein Frachtkahn aufgetaucht, der eine dicke braune Rauchfahne hinter sich herzog. Drüben in der Bootswerft schob einer der Thomsens ein Tor der Werfthalle auf und ging hinüber zum Wohnhaus der Familie. Durch das geöffnete Tor war das Hämmern in der Werkshalle jetzt deutlicher zu hören. „Ich hab ja irgendwann nicht mehr geglaubt, dass ich das hier noch mal wiedersehe," sagte Arno. „Ich hab es echt nicht mehr geglaubt."

Vorwort

Die Neuen Veteranen

von Marcel Bohnert & Björn Schreiber

Es ist mucksmäuschenstill im großen Saal einer Hamburger Studentenverbindung. Obwohl er bis zum letzten Platz gefüllt ist, könnte man eine Stecknadel fallen hören. Hergen Albus hat gerade aus seinem »Ratlosen Blick auf den See« vorgelesen und seinen Zuhörern eine Gänsehaut und betretene Mienen verpasst. Es dauert einige Sekunden, bis sich das Publikum aus seiner Schockstarre löst und lang anhaltender Applaus einsetzt. Ein Mann ist während der Lesung aufgestanden und hat den Saal eiligen Schrittes verlassen. Nun steht er in der Kälte dieses sternenklaren Januarabends und verflucht sich für den gerade erst gefassten Vorsatz, mit dem Rauchen aufzuhören.

Er ist ehemaliger Bundeswehrsoldat. 32 Jahre alt. Offizier. Drei Auslandseinsätze hat er in seinen zwölf Dienstjahren bestritten. Danach folgte die Arbeitslosigkeit. Seine Frau trennte sich nach elf Jahren Beziehung und nur neun Monaten Ehe von ihm, die Einsamkeit fraß ihn auf. Selbstzweifel und Sorge um seine Zukunft beherrschten seine Gedanken. Nichts wollte mehr gelingen.

Nun klammert er sich zitternd an seine Zigarette und ringt mit den Tränen: Erinnerungen an die Trauerfeier am Ostersonntag 2010 schieben sich vor sein Auge. Die von seiner Hand geschlagene Trommel für drei in Afghanistan gefallene Kameraden klingt in seinen Ohren. Der Staub des Feldlagers Kunduz ist förmlich zu schmecken. Schuldgefühle überkommen ihn, wie sie auch Albus' Held durchlebt. Dieser ehemalige Offizier ist einer von denen, die in diesem Buchband im Mittelpunkt stehen: Ein neuer deutscher Veteran.

Die Erzählung von Hergen Albus ist fiktiv. Sie unterscheidet sich dadurch inhaltlich und formal von allen anderen Beiträgen in diesem Band. Aber sie verbindet die Kriegsheimkehrer der beiden Weltkriege mit dem Phänomen der jungen Veteranen in Deutschland. Die Auswirkungen für die Betroffenen folgen noch immer den altbekannten Mustern: Heute wie damals kämpfen Soldaten weniger für politische oder strategische Absichten, sondern für die Männer und Frauen an ihrer Seite. Die Kriegszitterer von früher sind die Traumatisierten von heute. Und auch die gesellschaftliche Ignoranz wird von Heimkehrern damals wie heute wahrgenommen.

Zum Anliegen dieses Buches

Mit diesem Buch möchten wir zu einem stärkeren Bewusstsein für Einsatzveteranen in Deutschland beitragen. Wir wollen ihre Anliegen und Ziele verdeutlichen und einen Debattenbeitrag liefern, der die hierzulande zögerlich beginnende Veteranenkultur voranbringt. Deshalb haben wir Politiker, Akademiker, Journalisten und Veteranen aufgefordert, sich zum Thema zu äußern, wobei unser besonderes Interesse der Stimme unserer Heimkehrer und ihrer Angehörigen galt. Durch die Einbeziehung unterschiedlicher Perspektiven soll so bereits im Buch ein Dialog entstehen, der in den kommenden Monaten hoffentlich den Weg zu einem gesamtgesellschaftlichen Diskurs ebnet.

Nicht alle Autorinnen und Autoren haben sich mit der im Untertitel dieses Bandes verwendeten Bezeichnung »Kriegsheimkehrer« identifizieren können. Zum einen, weil das Phänomen »Krieg« angesichts der asymmetrischen Bedrohungsszenarien unserer Zeit auch völkerrechtlich nur noch schwer zu fassen ist. Zum anderen aber sicher auch, weil sie einer Gesellschaft angehören, in der die jahrelange Verdrängungsrhetorik zu einer Situation geführt hat, in der die Realität von Kampfeinsätzen und deren öffentliche Wahrnehmung wie eine weit geöffnete Schere auseinanderklaffen. Auf der einen Seite die Soldatinnen und Soldaten: Nach Extremerfahrungen, wie sie Tausende in den Auslandseinsätzen der letzten Jahre gemacht haben, fällt es teilweise schwer, an das heimatliche Umfeld anzuknüpfen. Den Weg zurück in einen unbeschwerten Alltag finden nicht alle. Auf der anderen Seite steht unsere friedensgewohnte Gesellschaft, die unkomfortable Themen wie Krieg und das damit verbundene Leid am liebsten verdrängt. Neben intensiven Auslandseinsätzen, die das Vorstellungsvermögen durchschnittlicher Bundesbürger weit übersteigt, bedingen die Aussetzung der Wehrpflicht, Standortschließungen und generell kleiner werdende Streitkräfte das weitere Verschwinden der Bundeswehr aus dem öffentlichen Bewusstsein.

Erfreulicherweise ist rund um die Feierlichkeiten zum 60jährigen Bestehen der Bundeswehr neue Bewegung in die Veteranendebatte gekommen. Unter anderem haben sich das Bundesministerium der Verteidigung und die Wehrverbände auf eine einheitliche Definition des Veteranenbegriffes einigen können. Der jüngste dieser Vereine ist der 2010 gegründete Bund Deutscher EinsatzVeteranen, der inzwischen zur stärksten Interessenvertretung von Veteraninnen und Veteranen in Deutschland geworden ist. Die Facebook-Seite des Vereins zählt bereits mehr als 12.500 Anhänger und im Laufe des Jahres 2014 haben sich in der ganzen Republik Veteranenstammtische gebildet, die stetig weiter wachsen. Die ehrenamtlichen Fallmanager des Verbandes betreuen annähernd 400 hilfsbedürftige Klienten – Tendenz steigend. In konkreten Fällen konnten sie Suizide verhindern, vor Obdachlosigkeit bewahren oder durch kurzfristige Lebensmittel- oder Kleiderspenden unterstützen.[1]

Der Tag der Veteranen der Bundeswehr hat 2015 erstmals im neu angelegten Wald der Erinnerung nahe Potsdam stattgefunden. Die »Generation Einsatz« hält so die Erinnerung an ihre Erlebnisse wach. Eine immer größer werdende Gruppe von Heimkehrern will sich zudem nicht länger in der Anonymität verstecken. Sie fordert, dass man sie hört und versteht.

Zum Status Quo von Veteranen in Deutschland

Der Begriff »Veteran« scheint antiquiert: Wer von ihm hört, verbindet damit in aller Regel ältere Herren, die sich bei Gedenkzeremonien mit ihren ordenbehangenen Uniformen präsentieren und aus längst vergangenen Zeiten berichten. Vielleicht tauchen auch unwillkürlich Bilder von schwer gezeichneten Obdachlosen auf. Oder Gedanken an Traumatisierte? Apathische Patienten? Verstümmelte?

Umfrageergebnisse zeigen, dass lediglich sechs Prozent unserer Bevölkerung bei Veteranen intuitiv an junge Menschen denkt. Die Deutschen bringen den Begriff weder mit der Bundeswehr noch mit ihren Auslandseinsätzen in Verbindung. Lediglich drei Prozent haben positive Assoziationen zum Veteranenbegriff.[2]

Die Regierungsfraktionen von CDU/CSU und SPD haben in ihrem Koalitionsvertrag ein nachdrückliches Bekenntnis abgeliefert: „Die Verantwortung für unsere Veteranen wollen wir gemeinsam tragen. Dies gilt auch für die Fürsorge für Verwundete und Versehrte und die würdige

---

[1] Nach der neuen Definition des Veteranenbegriffes wird zwischen Soldaten, Einsatzsoldaten, Veteranen und Einsatzveteranen unterschieden. Der Bund Deutscher Veteranen e.V. (BDV) nahm die definitorische Festlegung zum Anlass, sich auf der außerordentlichen Mitgliederversammlung am 28. November 2015 in Bund Deutscher EinsatzVeteranen e.V. (BDV) umzubenennen. Vgl. auch: Deutscher Bundestag (Hrsg.)(2016): Unterrichtung durch den Wehrbeauftragten, Jahresbericht 2015 (57. Bericht), S. 33.
[2] Vgl. Bulmahn, Thomas (2012): Wahrnehmung und Bewertung des Claims „Wir. Dienen. Deutschland.", Image der Bundeswehr sowie Haltungen zum Umgang mit Veteranen. Ergebnisse der Bevölkerungsumfrage 2012. Kurzbericht. Sozialwissenschaftliches Institut der Bundeswehr: Strausberg, S. 34ff.

Gestaltung der Erinnerung an unsere Gefallenen und Toten."[3] Wie weit Anspruch und Wirklichkeit dabei noch auseinander liegen, ist umstritten.

Zweifelsohne gab es nach jahrelanger Überzeugungsarbeit wichtige Fortschritte. Viele Probleme, denen Heimkehrer aus den ersten Auslandsmissionen der Bundeswehr noch gegenüber standen, sind inzwischen gelöst oder zumindest abgemildert: Nicht nur befinden sich die Schutzklassen deutscher Gefechtsfahrzeuge und die Ausrüstung im Ausland inzwischen auf einem hohen Niveau, auch das Einsatzversorgungs- und Einsatzweiterverwendungsgesetz sowie ihre Anpassungen bieten exzellente Rechtsgrundlagen für die Versorgung von Verwundeten. Der Stichtag für die Gewährleistung der Einsatzversorgung wurde auf den Novemberanfang 1991 zurückdatiert. Damals betraten deutsche Vorauskommandos kambodschanischen Boden, um die erstmalige Teilnahme von Bundeswehrangehörigen an einer Mission der Vereinten Nationen vorzubereiten. Zum Themenkomplex psychischer Einsatzbelastungen hat es in den letzten Jahren umfangreiche Aufklärungsarbeit gegeben, und die steigende Zahl hilfesuchender Soldatinnen und Soldaten kann als Beleg dafür angesehen werden, dass das Thema allmählich die Tabuzone verlässt – auch außerhalb der Bundeswehr: Inzwischen sprechen sich neun von zehn Deutschen für eine bessere medizinische Betreuung und soziale Absicherung von hilfsbedürftigen Veteranen aus.[4] Insgesamt haben unsere Streitkräfte in wenigen Jahren eine vorbildliche Entwicklung durchlaufen und können heute auch im internationalen Vergleich bestehen. Viele dieser Verbesserungen sind zu einem erheblichen Teil dem Engagement des Bundes Deutscher EinsatzVeteranen und anderer soldatischer Interessenverbände zu verdanken.

Unserer Ansicht nach gilt es trotzdem unverändert, die Willenserklärung unserer Bundesregierung zur Unterstützung von Veteranen noch weiter mit Leben zu füllen. Wichtiger als alle begrifflichen Debatten sind die tatsächliche Versorgung und gelebte Wertschätzung für diejenigen, die in den Einsätzen der Bundeswehr alles riskiert haben. Noch immer muss die menschennahe Betreuung in Notsituationen verbessert werden. Thera-

---

[3] CDU/CSU/SPD (2013): Deutschlands Zukunft gestalten. Koalitionsvertrag zwischen CDU, CSU und SPD. 18. Legislaturperiode. Union Betriebs-GmbH: Rheinbach, S. 123.

[4] Vgl. Bulmahn, Thomas (2012): Wahrnehmung und Bewertung des Claims „Wir. Dienen. Deutschland.", Image der Bundeswehr sowie Haltungen zum Umgang mit Veteranen. Ergebnisse der Bevölkerungsumfrage 2012. Kurzbericht. Sozialwissenschaftliches Institut der Bundeswehr: Strausberg, S. 34ff.

piemethoden unter Einbeziehung des familiären Umfeldes scheitern häufig noch an gesetzlichen Regelungen zur unentgeltlichen truppenärztlichen Versorgung. Dabei sind Eltern, Partner und Kinder oft mit betroffen, und es ist medizinisch unumstritten, wie sehr Einsatzgeschädigte von einem stabilen sozialen Umfeld profitieren. Verfahren zu Wehrdienstbeschädigungen sind wenig transparent und dauern häufig viel zu lange. Begutachtende und behandelnde Ärzte sind mitunter unterschiedlicher Auffassung und verzögern damit die Prozessabläufe weiter. Viele Veteranen spüren die Angst offizieller Stellen vor Trittbrettfahrern oder sind mit verwaltungsbürokratischen Mechanismen konfrontiert, die sie schlichtweg überfordern. Beweiserleichterungen, die Festlegung einer maximalen Bearbeitungsdauer oder sogenannte vorläufige Schutzzeiten könnten hier Abhilfe schaffen.

Auch die gesellschaftliche Anerkennung von Veteranen ist verbesserungswürdig. Bei vielen unserer Verbündeten kommt ihr ein ganz anderer Stellenwert zu: In den USA, Großbritannien oder Frankreich ist es üblich, dass Kriegsheimkehrer an eigens geschaffenen Veteranentagen geehrt werden und sie an offiziellen Feiertagen wie selbstverständlich in der Öffentlichkeit auftreten. In den Niederlanden gibt es ein Fürsorgesystem für Veteranen mit einem gut organisierten Veteraneninstitut und öffentlichen Begegnungsstätten wie Veteranencafés. Zudem genießen Veteranen Privilegien wie Nachlässe bei Freizeitangeboten oder Bahnfahrten. Amerikanischen Veteranen stehen umfangreiche Reintegrationsprogramme offen, die bspw. Stipendien, günstige Kredite oder finanzielle Unterstützungsleistungen für Weiterbildungen umfassen. Auch wenn die Versorgungssysteme unserer Bündnispartner an einigen Stellen kranken und weit davon entfernt sind, perfekt zu sein, zeugen sie doch von einer grundlegend positiven Wahrnehmung von Veteranen durch die Bevölkerung. Nicht ein sportliches Großereignis in den USA kommt ohne eine Würdigung der Veteranen aus: Sei es durch rührende Wiedervereinigungen von heimkehrenden Soldaten und ihren Familien oder durch besondere Werbung, etwa während des Super Bowls. Demgegenüber steht das distanzierte und oft unbehagliche Verhältnis der Deutschen zu ihrem Militär.[5]

---

[5] Vgl. Bulmahn, Thomas (2012): Wahrnehmung und Bewertung des Claims „Wir. Dienen. Deutschland.", Image der Bundeswehr sowie Haltungen zum Umgang mit Veteranen. Ergebnisse der Bevölkerungsumfrage 2012. Kurzbericht. Sozialwissenschaftliches Institut der Bundeswehr: Strausberg, S. 11 / 29f.; Etwas positivere Ergebnisse finden sich in der Folgestudie: Bulmahn, Thomas / Wanner, Meike (2013): Ergebnisse der Bevölkerungsumfrage 2013 zum Image der Bundeswehr sowie zur Wahrnehmung und Bewertung des Claims „Wir. Dienen. Deutschland." Forschungsbericht. Sozialwissenschaftliches Institut der Bundeswehr: Potsdam, S. 39ff.

Zum Inhalt dieses Buches

In diesem Band war Platz für wissenschaftliche, journalistische und auch sehr persönliche Beiträge. Wir haben viele Zuschriften erhalten und freuen uns, dass wir dadurch eine große Bandbreite an Themen, die mit Veteranen in Deutschland zu tun haben, öffentlich zugänglich machen können.

Im ersten Buchkapitel lassen wir Soldaten zu Wort kommen, die einen Rückblick auf ihre eigene Einsatzzeit vornehmen. Sie sollen in das Thema einführen und Verständnis dafür erzeugen, was eine Auslandsmission für Menschen in Uniform bedeuten kann. Stellvertretend für die Autoren dieses Kapitels steht etwa Rainer Buske, der 2008 für neun Monate Kommandeur des Provincial Reconstruction Teams (PRT) Kunduz war – nur ein Jahr, bevor sein Amtsnachfolger Georg Klein die folgenschwere Entscheidung zur Bombardierung von Tanklastern am Kunduz-Fluss traf. Er hat hautnah erlebt, wie seine Kampfeinheiten in den afghanischen Unruheprovinzen tagtäglich in Gefechte mit Aufständischen verwickelt wurden. Vor seinen Augen wurde ein gepanzertes Fahrzeug zerrissen, Soldaten und Kinder starben. Schon als aktiver Offizier hat Oberst a.D. Buske Klartext gesprochen, und er tut das auch in unserem Buch. Wir freuen uns sehr, dass sein Aufsatz neben anderen beeindruckenden Schilderungen den Weg in unseren Sammelband gefunden hat.

Im zweiten Kapitel wenden sich unsere Autorinnen und Autoren dem Spannungsfeld von Bundeswehr und deutscher Gesellschaft zu. Hierbei beleuchten sie aus verschiedenen Blickwinkeln Problemfelder, die sich aus den fundamentalen Unterschieden zwischen Kriegsgebiet und friedlicher Heimat ergeben. Wie beispielhaft die Aufsätze von Anja Seiffert und Michael Daxner zeigen, beziehen sich die meisten Buchbeiträge auf die Afghanistan-Mission der Bundeswehr: Bereits 135.000 Mal waren deutsche Soldatinnen und Soldaten dort im Auftrag unseres Parlamentes eingesetzt. 55 Bundeswehrsoldaten ließen am Hindukusch ihr Leben, 35 davon bei Anschlägen und Gefechten, und über 300 wurden verwundet. Knapp 5.800 Medaillen wurden für die Teilnahme an Kampfhandlungen verliehen. Doch nicht nur der Afghanistan-Einsatz hat seine Spuren an unseren Soldatinnen und Soldaten hinterlassen: Bernhard Storch erlitt sein Trauma schon Anfang der 1990er Jahre. Als Transall-Pilot zu Beginn des Balkan-Konfliktes geriet er unvorbereitet in Situationen, deren Spuren sich für immer in seine Seele gebrannt haben. Wie der Beitrag von Manuel K. zeigt, lassen ihn seine Erfahrungen in der Personalbearbeitung für die frühe Phase des Kosovo-Einsatzes bis heute nicht los. Der Schmerz des Erlebten ist noch immer so groß, dass er sich nach langem Ringen gegen die Nennung seines Klarnamens entschieden hat.

Im letzten Buchkapitel befassen sich unsere Autorinnen und Autoren mit psychischen Einsatzfolgen. Damit rücken sie ein Themenfeld in den Fokus, das eng mit der Veteranenthematik verbunden ist. Das unsichtbare Leid der psychisch Verwundeten ist von besonderer Tragik: So mancher Veteran wünscht sich lieber, ein Bein oder einen Arm verloren zu haben, anstatt sich ständig für einen seelischen Zustand erklären zu müssen oder sich als Simulant abstempeln zu lassen. Psychische Belastungsreaktionen treten manchmal erst Jahre oder Jahrzehnte nach belastenden Ereignissen auf. Permanente Anspannung und Erlebnisse weit außerhalb der normalen Erfahrungswelt können Dauerstress verursachen, der seine Wirkung auch noch nach der Rückkehr aus dem Ausland entfaltet. Suizidgedanken, Aggressivität, Überforderung, soziale Entfremdung – die Gesichter von Traumata sind vielfältig. Belastbare Zahlen über Scheidungen, finanziellen Kontrollverlust, Alkoholabhängigkeit oder Gefängnisaufenthalte von Einsatzrückkehrern gibt es nicht.[6] Durch die schwierige Diagnostizierbarkeit psychischer Belastungen führen Veteranen zudem oft Kämpfe gegen die Mühlen von Behörden. Im Bund Deutscher EinsatzVeteranen treten solche Schicksale zutage. Wir haben einige Berichte sammeln können, die den seelisch Leidenden ein Gesicht geben. Karl-Heinz Biesold und Manuel Koch verfügen über umfangreiche Erfahrungen in der klinischen Psychologie und benennen in ihren Beiträgen konkrete Anlaufstationen für Betroffene und Angehörige, die jederzeit unbürokratische Hilfe versprechen und bei Bedarf Anonymität zusichern.

Vielleicht werden Sie, geschätzte Leserinnen und Leser, bei der Lektüre dieses Bandes das eine oder andere Mal schlucken müssen. Vielleicht werden Sie sich angegriffen fühlen, vielleicht werden Sie sich ärgern, vielleicht werden Ihnen die Tränen kommen. Wir können nicht sagen, was die einzelnen Beiträge bei Ihnen auslösen werden. Uns geht es in diesem Buch nicht darum, die Einsatzveteranen der Bundeswehr als Opfer darzustellen. Die Beiträge zeigen, wie nah Bewährung und Versagen, Stolz und Resignation sowie Prägung und Traumatisierung beieinander liegen. Während die einen selbstbewusst und zufrieden auf ihre Einsatzerfahrungen

---

[6] Die Auswirkungen von Einsätzen auf das Familienleben und andere Lebensbereiche von Einsatzsoldaten werden in der ersten Veteranenstudie der Bundeswehr beschrieben: Seiffert, Anja / Heß, Julius (2014): Afghanistanrückkehrer. Der Einsatz, die Liebe, der Dienst und die Familie: Ausgewählte Ergebnisse der sozialwissenschaftlichen Langzeitbegleitung des 22. Kontingents ISAF. Forschungsbericht. Zentrum für Militärgeschichte und Sozialwissenschaften der Bundeswehr: Potsdam. Die Autorin der Studie hat auch einen Beitrag für dieses Buch verfasst (Seite 125).

zurückblicken können, haben andere einen Fall ins Bodenlose erlebt und leiden körperlich und seelisch. Manche Aufsätze klingen deshalb enttäuscht und verbittert – sie zeugen von einer Wut auf das bequeme Leben derer, von denen sich unsere Rückkehrer hängengelassen fühlen. Wir sollten diese Beiträge als Mahnungen und Verpflichtung für unser zukünftiges Handeln verstehen. Denn Kriege hinterlassen immer ihre Spuren.

Trotz aller Strapazen und Lasten vermissen viele Veteranen die Zeit ihrer Einsätze, in denen sie sich lebendig, in einer engen Gemeinschaft aufgehoben und einem sinnvollen Auftrag verpflichtet fühlten. Mehr noch: Viele wünschen sich in die Situationen zurück, wären sogar bereit, ihr Leben erneut zu riskieren. Für die Bundeswehr handelt es sich noch um ein junges Phänomen, das sich sicher nicht von selbst erledigen wird. Aktuelle und künftige Einsätze werden auch immer neue Veteranen und Versehrte hervorbringen.

Ausblick

Als es den Taliban im Spätsommer des letzten Jahres binnen weniger Stunden gelang, die Provinzhauptstadt Kunduz einzunehmen und kurz darauf die symbolträchtige Mischa-Meier-Brücke zu sprengen, war das für viele Einsatzveteranen ein Schock. Die Bundeswehr hatte in der nordafghanischen Region die schwersten Gefechte ihrer Geschichte geführt und ihre höchsten Verluste erlitten. Nicht, dass jeder aus tiefster Überzeugung an einen nachhaltigen Erfolg des Engagements am Hindukusch geglaubt hätte. Aber die Geschwindigkeit und die Entschlossenheit der Aufständischen waren doch ernüchternd und alarmierend zugleich. Als Konsequenz aus dem Angriff wurde die Mandatsobergrenze der deutschen Kräfte im Land wieder erhöht und eine erneute Diskussion um die Abzugsperspektive geführt. Zudem ist die Frage der Sinnhaftigkeit des Einsatzes angesichts der vielen Gefallenen und Verwundeten erneut in den Fokus interner Debatten gerückt. Eine ins Gespräch gebrachte Absicherung von Schutzzonen für abgeschobene afghanische Flüchtlinge und ein damit einhergehender neuer Kampfauftrag wurden schnell wieder verworfen. Es bleibt also dabei: Der Übergang von ISAF in die Resolute Support-Mission zum Jahresbeginn 2015 hat das Kapitel des Kampfeinsatzes in Afghanistan für die Bundeswehr offiziell beendet.

Ein Blick auf die weltweiten Krisen, Konflikte und humanitären Katastrophen der jüngsten Zeit kann allerdings den Eindruck entstehen lassen, dass die Welt aus den Fugen geraten ist. Derzeit werden etwa 40 Kriege und bewaffnete Konflikte ausgetragen. Mehr als 60 Millionen Menschen – so viele wie niemals zuvor – sind auf der Flucht, die meisten davon vor Krieg und Gewalt. Auch in Deutschland spüren wir die Auswirkungen dieser Entwicklungen mehr und mehr. Insbesondere die Migrationsströme der letzten Monate haben unserer Gesellschaft ihre Verwundbarkeit anscheinend erst bewusst werden lassen. Zudem hat die nunmehr zwei Jahre andauernde Krise zwischen der Ukraine und Russland eine Bedrohung im Osten Europas entstehen lassen, die offenbar einen verteidigungspolitischen Paradigmenwechsel eingeleitet hat. Durch den Vormarsch des selbsternannten Islamischen Staates[7] im Nahen und Mittleren Osten ist eine weitere Gefährdung der internationalen Sicherheit entstanden: Eine Serie von Terroranschlägen hat Frankreich im vergangenen Jahr erschüttert und Europa tief ins Mark getroffen.

Unsere Bündnispartner fordern von unserem politisch und wirtschaftlich erstarkten Land schon länger die Übernahme einer substanziellen internationalen Verantwortung. Der Bundespräsident, der Außenminister und die Verteidigungsministerin haben ihre Bereitschaft zu einem aktiveren Engagement wiederholt bekundet und betont, dass sie den Einsatz des Militärs als äußerstes Mittel dabei nicht ausschließen. Schon drei Wochen nach den Attentaten in Paris im November 2015 beschloss der Deutsche Bundestag ein Mandat für die Unterstützung des Kampfes gegen die IS-Terrormiliz in Syrien. Die Bundeswehr verstärkt darüber hinaus ihre Truppen im Nordirak sowie im westafrikanischen Mali. Besonders die Ausweitung des Einsatzes in den gefährlichen Norden Malis erhöht die Wahrscheinlichkeit, dass deutsche Soldatinnen und Soldaten wieder in Kampfhandlungen verwickelt werden. Darauf müssen Politik, Bundeswehr und Gesellschaft vorbereitet sein. Die Lehren der jüngeren Einsätze dabei zu vergessen wäre ein verhängnisvoller Fehler.

Unser Dank

Als wir auf der Mitgliederversammlung des Bundes Deutscher EinsatzVeteranen im August 2014 die Projektidee für dieses Buch vorstellten, waren wir uns nicht sicher, welche Reaktionen wir zu erwarten hatten. Wir waren

---

[7] Eine Analyse des Islamischen Staates (IS), in der die komplexen historischen, religiösen und gesellschaftlichen Zusammenhänge seines Aufstieges dargestellt werden, findet sich in: Reuter, Christoph (2015): Die schwarze Macht. Der IS und die Strategen des Terrors. Deutsche Verlags-Anstalt: München. Durch das Vorgehen der internationalen Allianz in Irak und Syrien haben die Extremisten in den vergangenen Monaten allerdings erhebliche Gebietsverluste hinnehmen müssen.

dem Verband erst wenige Monate zuvor beigetreten und kannten fast keines der anwesenden Vereinsmitglieder persönlich. Zu unserer Überraschung wurde das Projekt jedoch ohne Gegenstimme angenommen. Diese Episode steht für das vorbehaltlose Vertrauen und die Kameradschaft, die wir in Veteranenkreisen immer wieder spüren und die unseren Zusammenschluss so besonders machen.

Wir möchten an dieser Stelle vor allem unseren Autorinnen und Autoren danken: Sie haben keinerlei finanzielle Zuwendung für die Veröffentlichung ihrer Aufsätze erhalten und waren einverstanden, alle Erlöse des Buchverkaufes direkt in die Veteranenarbeit des Verbandes fließen zu lassen. Unsere drei Geleitwortautoren und der Autor des Epiloges zeigen durch ihre Beiträge eine ehrliche Wertschätzung für Kriegsheimkehrer und belegen, dass sie inzwischen auch auf politischer Ebene gehört und ernst genommen werden. Ihnen allen gilt ebenfalls unser aufrichtiger Dank!

Liebe Veteraninnen und Veteranen, liebe Angehörige, liebe Hinterbliebene, wir bedanken uns herzlich für das vorbehaltlose Vertrauen und die Offenheit, mit der Ihr uns von Beginn an begegnet seid und hoffen, dass wir euren Ansprüchen mit diesem Buch gerecht werden können. Es war unser Anliegen, dass in diesem Band nicht nur über euch gesprochen wird, sondern Ihr eure Stimme stellvertretend für die vielen neuen deutschen Veteranen einbringen konntet. Unsere Hoffnung ist, damit einen entscheidenden Impuls für den längst überfälligen Veteranendiskurs in Deutschland zu liefern. Es ist vor allem eurer Unterstützung und den vielen ehrenamtlichen Autorinnen und Autoren zu verdanken, dass wir das Projekt in dieser Form durchführen und abschließen konnten. Wir fühlen uns tief mit euch verbunden. Bleibt tapfer und kämpft weiter für eure Anerkennung. Ihr habt sie euch verdient!

Die Herausgeber   Hamburg, Frühjahr 2016

Kapitel I

Aus den Auslandseinsätzen der Bundeswehr

Coming Home

von Gregor Weber

> „Ein Mann kommt nach Deutschland.
> Er war lange weg, der Mann. Sehr lange. Vielleicht zu lange.
> Und er kommt ganz anders wieder, als er wegging."

Mit diesen Sätzen beginnt das Theaterstück »Draußen vor der Tür«, das der todkranke Kriegsveteran Wolfgang Borchert zur Jahreswende 1946/47 wie im Fieberwahn binnen acht Tagen niederschrieb. Auf Kriege folgen stets die Erzählungen der Heimkehrer. Ihre Berichte von großem Leid und kleinen Freuden an der Front. Von Glorie und schrecklichem Versagen. Vom Davonkommen und vom Dortbleiben, sei es als Leichnam im Massengrab oder mit der tief verwundeten Seele, die den Horror nicht vergessen kann.

Gerade in Deutschland ist der Heimkehrer in der Erzählung stets dem Leben daheim entfremdet durch die Gewalterfahrung. Er fühlt sich unverstanden, keiner will hören, was er erlebt hat. Und so sitzen die, die gemeinsam die Hölle gesehen haben, in dunklen Ecken, wispern und schreien sich ihre Schrecken ins Gesicht, werden schließlich stumm und betäuben ihren Schmerz, um mit gedämpftem Empfinden vielleicht doch wieder ins normale Leben zurück zu finden.

Die Traumatisierten des Ersten und Zweiten Weltkriegs gingen zur Arbeit, schwiegen und zogen entfremdet Kinder groß. Ihre Frauen lebten mit den nächtlichen Schreien, wälzten die Männer von sich, die die Hände um ihre Hälse gelegt hatten, weil sie im Traum wieder im Schlamm der Gräben lagen, dem Gegner ausgeliefert im Kampf auf Leben und Tod oder – grausame Besonderheit der deutschen Kriegsgeschichte – wieder auf der sicheren Seite des Stacheldrahts standen und den geschundenen Juden, den Kommunisten, den »Untermenschen« beim elenden Verrecken zusahen.

Im Jahr 1955 kehrten die letzten Gefangenen als verbitterte Verlierer aus der Sowjetunion zurück und für mehr als fünfzig Jahre gab es das offiziell nicht mehr: Deutsche Kriegsheimkehrer oder Veteranen.

Dann, 1990, liefen Minensucher der Bundesmarine ins Mittelmeer und in den Persischen Golf, um in der Frühphase der Operation »Desert Storm« diese Gewässer für die Koalitionskräfte minenfrei zu halten. Ein

Flugabwehrraketengeschwader wurde in der Türkei stationiert, um den Bündnispartner vor Angriffen im Zuge des Golfkrieges zu schützen. 1993 wurde ein Feldlazarett in Phnom Penh errichtet, und alles sah so friedlich aus. Doch in Kambodscha starb der erste Soldat der Bundeswehr im Auslandseinsatz. Ein Sanitätsfeldwebel wurde auf offener Straße erschossen, die Täter nie ermittelt. Dann kam Somalia, schließlich Bosnien, der Kosovo und Afghanistan. Es gab und gibt UN-Einsätze, an denen Deutsche nur in einstelliger oder niedrig zweistelliger Stärke teilnehmen und die in der deutschen Öffentlichkeit überhaupt nicht wahrgenommen werden. Viele vergessen sogar die aufwändigen Einsätze der Marine am Horn von Afrika oder vor der Küste des Libanon.

Die Landeinsätze wurden über die Jahre gefährlicher, die Mandate robuster. Doch erst 2009 nahm der damalige Verteidigungsminister zu Guttenberg das Wort »Krieg« in den Mund. Wenn auch nur irgendwie und immer noch gewunden.

Kein Einsatz hat ähnliche Strahlkraft gewonnen wie der in Afghanistan. Zwischen 2001 und 2013 sind 55 deutsche Soldaten in diesem Einsatz gestorben, 35 von ihnen durch direkte Feindeinwirkung, also »gefallen«. Unklar sind die Zahlen der Suizide, weil einige erst nach dem Einsatz zuhause geschahen, aber dennoch mit ihm in direktem Zusammenhang stehen dürften.

Es ist nicht einfach, genau zu sagen, wie viele Soldaten der Bundeswehr bislang an Einsätzen teilgenommen haben, weil die offiziellen Statistiken nur die Dienstposten an sich erfassen, aber natürlich viele Soldaten mehrfach in den Einsatz gehen, dabei aber immer gezählt werden, als sei es das erste Mal.

Zwischen 1993 und 2014 wurden insgesamt 360.733 Dienstposten besetzt. Davon entfallen 129.724 auf den blutigsten Einsatz, auf Afghanistan. Erst Thomas de Maizière führte Anfang 2011 den Begriff »Veteran« wieder ein: Veteran war seiner Aussage nach jeder, der als Soldat im Einsatz war und die Bundeswehr ehrenhaft verlassen hat.

Ich bin einer von ihnen

Als ich im Juli 2013, nach dreieinhalb Monaten Einsatz im Feldlager Kunduz, mit staubigen Stiefeln und einem schmutzigen Rucksack in der Ankunftshalle des Flughafens Hannover-Langenhagen stand, konnte ich mich nicht gegen ein Gefühl von Enttäuschung wehren. Wir waren gegen vier Uhr dreißig deutscher Zeit in Mazar-E-Sharif gestartet, in Termez umgestiegen und gegen fünf Uhr nachmittags gelandet. Für mich und ein paar

46

Andere ging die Reise noch weiter. Die Kameraden mit Endstation Hannover wurde von ihren Familien in Empfang genommen, aber es gab nichts Offizielles. Kein Offizier vom Landeskommando oder sonstiger Vertreter der Bundeswehr, kein Politiker, keine Blaskapelle. Kein „Willkommen daheim", kein „Gut gemacht" oder „Schön, dass Sie alle wieder hier sind". Niemand, der uns Weiterreisende zum Bahnhof brachte. Nur zwei freundliche, aber sachliche Beamte vom Zoll, die uns auf der Flugliste abhakten und dann durch die Sperre ließen. Ich wühlte mich durch die Familien, die aufgeregt nach »ihren« Heimkehrern suchten, dann stand ich allein in der Halle. Passanten liefen an mir vorbei, keiner sah mich an. Ich war »einer von denen«.

Zugegeben, ich habe mich freiwillig gemeldet. Reservisten können nicht einfach entsandt werden, wie die Zeit- und Berufssoldaten. Nichtsdestotrotz werden wir gebraucht, in Spezialverwendungen. Mein Job war in der Pressestelle des Feldlagers. Berichte über die Arbeit der Bundeswehr erstellen, für eigene Print- und Onlineauftritte, sowie die fachliche Betreuung von Journalisten, die uns im Einsatz besuchen. Das bedeutete, ich gehörte zwar zum Stab des Feldlagers, hatte aber auch regelmäßig Aufträge außerhalb der meterhohen Wälle. Draußen. Im »Indianerland«, wie es noch 2010 hieß, in der Hochphase der Kämpfe.

In der wochenlangen Einsatzvorbereitung hatten wir alles geübt. Das Fahren im Konvoi, wie wir uns zu verhalten haben, wenn ein Fahrzeug angesprengt wird oder wenn wir in einen Hinterhalt geraten. Wie improvisierte Sprengsätze aussehen können und wann wir schießen dürfen. Es war eine fremde Welt für mich, es ging oft um Tod und Verwundung, um extreme Situationen. Und viele der Ausbilder hatten in Afghanistan genau solche Situationen erlebt, sprachen aus harter Erfahrung.

Meine erste Ausfahrt im Einsatz ging nur einen knappen Kilometer weit, in ein benachbartes Camp der ANA (Afghan National Army). Später waren es dann Fahrten nach Taloqan, gut 70 Kilometer von Kunduz entfernt und Mazar-E-Sharif, eine Strecke von 280 Kilometern über Land. Dabei wurden wir von Aufklärungsdrohnen und Kampfhubschraubern begleitet, wir waren alle bis an die Zähne bewaffnet. Ich hatte, wie jeder Soldat in Afghanistan, meine Pistole auch im Camp ständig bei mir. Nachts lag sie, geladen und gesichert, im Schrank. Wenn ich raus fuhr, trug ich eine schusssichere Weste, Pistole, Gewehr, Trinkrucksack, Helm mit Halterung für das Nachtsichtgerät, Splitterschutzbrille, flammfeste Handschuhe. Eine Sanitätstasche, in der sich auch eine Morphindosis befand, die mir ein Kamerad im Falle einer schwere Verwundung verpassen würde. Dazu 150 Schuss Gewehrmunition und 30 Schuss für die Pistole. Zwei

Mal blieben Fahrzeuge liegen, in denen ich saß. Der ganze Konvoi stoppte dann, alle gingen auf Abstand, die Wachsamkeit stieg rasant. Ich schaute plötzlich nicht mehr auf eine fremde, aber schöne Landschaft, sondern beurteilte das Gelände, wie man es mir an der Infanterieschule beigebracht hatte. Ist es günstig für einen Hinterhalt? Wo würde ich meinen Panzerfausttrupp hinlegen? Wo das MG platzieren? Von wo aus Sturmtrupps antreten lassen?

Ich hatte Glück, mir ist nie etwas passiert

Aber während meines Einsatzes fiel ein Soldat des Kommando Spezialkräfte (KSK) im Gefecht, ein Mal wurde eine Patrouille nach Chahar Darreh angesprengt, es blieb bei Sachschaden. Viele unserer Infanteristen waren schon 2010 in Kunduz gewesen, sie hatten das blutige Karfreitagsgefecht mit drei Gefallenen in Isa Khel und Dutzende weitere geführt. Sie wussten, was Krieg ist und erzählten davon.

Was sie erlebt haben, liegt weit jenseits des Erfahrungshorizonts eines deutschen Bürgers. Todesangst, totale Erschöpfung, rasende Schmerzen, der Verlust von Kameraden. Das Töten. Auch das.

Heute, mit einigem Abstand zu meiner Rückkehr im Juli 2013, kann ich wohl sagen, dass ich gesund an Leib und Seele zurückgekommen bin. Das bedeutet jedoch nicht, dass mich dieser Einsatz nicht verändert hätte. Und es bedeutet nicht, dass es keine belastenden Erfahrungen gab.

Da waren die Sorgen und Nöte der Kameraden, denen man ungeschützt ausgesetzt war in der Enge des Feldlagers. Da waren zehn bis achtzehn Stunden Dienst pro Tag und zwar jeden Tag. Manche Tage zogen sich in zäher Routine dahin, an vielen blieb einem kaum die Zeit, zu essen. Sommerhitze bis 45 Grad, als stünde man in einer offenen Backofentür. Und Monate ohne Zärtlichkeit, ohne meine Familie, ohne die Freunde. Die Hilflosigkeit vor den Alltagslasten des zurückgebliebenen Partners.

Journalisten erzählten, dass das Interesse der Redaktionen daheim schwinde. „Afghanistan ist ein Abschalter", sagte eine Fernsehjournalist und lachte bitter, denn er kam seit zehn Jahren hierher, ein profunder Kenner des Landes und seiner immer noch verzweifelten Lage. Das waren die Momente, in denen man fassungslos wurde und wütend angesichts all der Anstrengungen deutscher Soldaten und der Opfer, die viele hier hatten bringen müssen.

Aber es gab auch sehr berührende Erlebnisse. In der Trauer um den Gefallenen waren alle Soldaten des Kontingents verbunden. Die niederländischen, belgischen, amerikanischen Kameraden kondolierten. Die Schönheit des Landes, der Mut und die Zähigkeit der Afghanen. Ihr köstliches Essen und die großzügige Gastfreundschaft, die ich viel zu selten genießen konnte, weil wir in unserem Kontingent nur noch wenig Kontakt mit der Bevölkerung hatten, alles war schon auf den Abzug ausgerichtet.

Unsere Pressestelle bekam die Einladung, im afghanischen Camp einen Ausbildungsvormittag zu gestalten. Grundlagen der Pressearbeit, ein Basiskurs Fotografie. Nach meinem Unterricht bedankte sich ein afghanischer Major, dass ich „hier für Afghanistan kämpfe“. Ich wurde rot, weil ich mich nicht als Kämpfer sah, aber er meinte es ernst.

Natürlich waren wir nicht jedem Afghanen willkommen, und nicht alles, was ISAF und wir Deutschen als Teil dieser Mission getan haben, war richtig oder gar segensreich. Aber im Großen und Ganzen sehen Afghanen die Mission als Hilfe für ihr geschundenes Land. Sie erkennen einen guten Willen darin – und jetzt, wo wir gehen, fühlen sie sich im Stich gelassen.

Man liest immer wieder, dass die Mehrzahl der Deutschen den Afghanistaneinsatz ablehnt. Dass viele Deutsche Einsätze überhaupt ablehnen. Es entspricht zumindest meiner Erfahrung, dass das so ist. Ich denke, dass kaum einer unserer Freunde verstanden hat, warum ich das machen wollte. Meine Frau und, in gewisser Weise, meine Kinder sind vermutlich die einzigen Menschen außerhalb der Bundeswehr, die wirklich wissen, was ich dort wollte.

Das für mich Erstaunlichste daran ist aber eigentlich, dass die Frage überhaupt gestellt wird. Denn die Motivation des einzelnen Soldaten sollte nachrangig sein. Entscheidender Punkt ist, dass unsere Regierungen seit 1990 regelmäßig solche internationalen Verpflichtungen eingehen und dem Deutschen Bundestag zur Entscheidung vorlegen, weil, außerhalb des Verteidigungsfalles, nur eine Mehrheit im Parlament Soldaten der Bundeswehr in Marsch setzen kann. Die Welt erwartet aber, dass ein Land unserer Größe und wirtschaftlichen Kraft sich beteiligt. Und Soldaten stehen dann physisch und psychisch für diese politischen Entscheidungen ein. Sie tragen die Konsequenzen: Für unser Land.

Das alles ging mir in Hannover-Langenhagen im Zeitraffer durch den Kopf, während ich all die Bundesflaggen auf unseren Uniformärmeln sah, und ich dachte: Wären wir eine Fußballmannschaft, wäre die Halle brechend voll. Sind wir nicht auch die Nationalmannschaft? Hatten wir nicht auch ein Auswärtsspiel? Und zwar ein langes und hartes?

Es braucht keinen Patriotismus und keine Zustimmung zur Teilnahme an Einsätzen, um Soldaten zumindest keine Ablehnung zukommen zu lassen. Die meisten Kameraden, die ich kenne, wollen weder Dankbarkeit noch Paraden. Einsätze sind Teil ihres Berufes. Punkt. Aber alle brauchen das Gefühl, dass ihre Arbeit als persönliches Engagement für die Interessen und Verpflichtungen unseres Landes gesehen wird. Dass sie in den Einsätzen auf rechtlich einwandfreiem Boden stehen, und dass ihre Mitbürger, auch wenn sie politisch gegen einen Einsatz sind, respektieren, dass Soldaten alles, was damit zusammenhängt, auf sich nehmen. Und dass sie einlösen müssen, was die internationale Gemeinschaft den Ländern verspricht, in die Soldaten entsandt werden. Konfliktparteien zu trennen, regierungstreue und dem Dienst am Volk verschriebene Sicherheitskräfte auszubilden und aufzubauen.

Ich bin dankbar für Afghanistan, es hat mich viel gelehrt. Über das Glück, in einem so reichen und sicheren Land zu leben. Über die Pflicht, auch anderen Ländern auf den Weg zu diesem Wohlstand, dieser Freiheit und Sicherheit zu helfen, wozu Soldaten nur einen sehr begrenzten Beitrag leisten, aber eben einen, der sie selbst viel, ja alles kosten kann. Und wir möchten davon erzählen. Darüber reden. Uns so bewusst werden, was wir erlebt haben. Es teilen mit den Daheimgebliebenen.

Doch niemand fragt uns, vielleicht aus Desinteresse, vielleicht aus Angst, dem Zusammenbruch eines Traumatisierten zusehen zu müssen. Das kann natürlich passieren, weil man uns meist nicht ansieht, was wir erlebt haben. Aber das Risiko lohnt. Bitte fragen Sie. Dann erzählen wir Ihnen von all dem Traurigen und Schönen. Leeren unser von Erlebnissen übervolles Herz. Vielleicht weinen wir. Ich tue das häufig, wenn ich über Afghanistan spreche. Haben Sie keine Angst davor, folgen Sie Ihrem Instinkt und nehmen Sie uns einfach in den Arm. Sagen Sie: Gut, dass du wieder hier bist. Vielleicht: Danke, dass du für uns gegangen bist. Aber in jedem Fall: Du hast nichts Falsches getan. Leg dein Gepäck ab. Und erzähle.

Wolfgang Borchert kam 1945 aus der Hölle eines unmenschlichen Krieges. Er und Millionen andere hatten für ein verbrecherisches Regime gekämpft und verloren. Dagegen geht es uns neuen Veteranen unendlich viel besser. Aber dennoch gelten seine Sätze auch für uns.

„Wir kommen nach Deutschland.

Wir waren lange weg. Sehr lange. Vielleicht zu lange.

Und wir kommen ganz anders wieder, als wir weggingen."

Führung im Afghanistan-Einsatz:
Belastungen und Herausforderungen für militärische Führer

von Norbert Hähnlein

Vorbemerkungen

Als Soldat der Bundeswehr ist man gut ausgebildet. Als lebensälterer Soldat kommt noch eine ordentliche Portion Diensterfahrung hinzu und man kann sich grundsätzlich für jeden Einsatz als gut vorbereitet sehen. Dennoch stellt sich in der einsatzvorbereitenden Ausbildung immer wieder die Frage: Kannst du diesen Einsatz so bestehen wie du es selber von dir erwartest?

Im Jahr 2011 habe ich vor Studierenden der Helmut-Schmidt-Universität/Universität der Bundeswehr Hamburg einen Vortrag zu meinen persönlichen Einsatzerfahrungen gehalten. Viele Fragen der jungen Offiziere wiesen darauf hin, dass auch sie sich über das Bestehen in einem Einsatz viele Gedanken machen. Sie wollten wissen, „wie man das als Führer macht." Im Anschluss an Vortrag, Aussprache und Diskussion im Rahmen eines Kamingespräches hat mich der Leiter des Studentenbereiches gebeten, meine Erfahrungen und persönlichen Leitlinien für das Jahrgangsbuch dieser Studierenden aufzuschreiben. So entstand dieser Artikel, den ich hier unverändert wiedergebe, weil ich ihn damals unter dem noch frischen Eindruck der Einsatzerlebnisse geschrieben habe und nun meine Aussagen nicht wegen des zeitlichen Abstandes und dem damit verbundenen Verblassen von Erinnerungen ändern möchte.

Führungskultur der Bundeswehr

Innere Führung ist grundlegend für das Selbstverständnis und die Führungskultur der Bundeswehr. Sie gilt selbstverständlich auch in allen Einsätzen. Die Leitsätze für Vorgesetzte im Anhang 1 der ZDv 10/1 »Innere Führung« (heute A 2600/1) sind aus meiner Sicht eine ausgezeichnete Richtschnur, an denen man sich während seiner gesamten Dienstzeit in allen unterschiedlichen Verwendungen orientieren kann und damit auch muss. Schon in meinem Offizieranwärterlehrgang 1977 hat unser Hörsaalleiter diese Leitsätze und den Paragrafen 10 des Soldatengesetzes »Pflichten des Vorgesetzten« zu unserem »Gebetbuch« gemacht. Aus meiner Sicht ist es eine wesentliche Herausforderung an den militärischen Führer, diese Leitsätze für seine jeweilige, spezielle Führungssituation, ob als Dezernatsleiter in einem Amt, als Hörsaalleiter an einer Ausbildungseinrichtung, als Zugführer, Kompaniechef oder Bataillonskommandeur in der Truppe im Heimatland oder in einem Einsatz, zu interpretieren und sie mit Augenmaß und Fingerspitzengefühl anzuwenden. Im folgenden Beitrag möchte ich meine Interpretation und die daraus abgeleiteten persönlichen Grundsätze aus meinem Einsatz darstellen. Dazu ist es erforderlich einige Rahmenbedingungen meines OMLT-Einsatzes aufzuzeigen. Mein Team hat neben dem Mentoring in der Garnison die 2. Brigade der afghanischen Armee bei ihren Operationen in den Provinzen Kunduz, Baghlan und Takhar begleitet. Dabei wurden rund 3.500 km Fahrstrecke unter ständiger Bedrohung durch IEDs und Hinterhalte zurückgelegt. Wir haben im Gelände in Zelten – nur gesichert durch eine einfache S-Draht-Rolle – geschlafen, wir wurden mit Raketen beschossen, nahmen an Gefechten teil und bargen Verwundete und gefallene Kameraden. Wir hatten ein insgesamt gutes Verhältnis zu unseren afghanischen Partnern, das von gegenseitigem Respekt geprägt war. Der Altersdurchschnitt des Teams lag ungefähr bei 30 Jahren, ich selbst war damals 54 Jahre alt.

Auch der Führer ist G36-Schütze

Schießen gehört zum Handwerkszeug des Soldaten. Ich selbst hatte 34 Jahre Diensterfahrung mit dem Hintergrund eines Kampftruppenoffiziers »alter Art«. Die Panzeraufklärungstruppe gehörte früher zu den gepanzerten Kampftruppen.

Zur In-Übung-Haltung gehören heute die Nachweise der Individuellen Grundfertigkeiten (IGF), also auch das Schießen mit dem Gewehr G36. Die dazu gehörenden Schießen sind aber allenfalls die minimale Ausgangsbasis für die Einsatzvorbereitung. Das Beherrschen dieser Waffe hat oberste Priorität – für den eigenen Schutz und für das Funktionieren des Teams. Das Zusammenwirken mit meinen Soldaten war Schwerpunkt der Ausbildung, dabei muss man sich wieder richtig fit im Umgang mit der gesamten Ausrüstung machen. Dabei habe ich mich bei den Ausbildungsdurchgängen z.B. auch als Nahsicherer einteilen lassen. Es tut gut, wenn man diese Aufgaben zumindest in der Einsatzvorbereitung auch einmal wahrnimmt.

Die Bedrohung durch Hinterhalte ist in Afghanistan nahezu ständig gegeben. Je einsamer die Gegend, desto größer die Wahrscheinlichkeit. Selbstverständlich muss die aktuelle Lagebeurteilung einbezogen werden.

Und so musste ich mich auch als Senior Mentor des OMLT an allen Maßnahmen des Eigenschutzes beteiligen, bevor ich mich mit meiner ureigenen Aufgabe befassen konnte.

Distanz wahren – Nähe schaffen

In einem Feldlager und in einer Forward Operation Base (FOB) geht es im wahrsten Sinne des Wortes „hauteng" zu. Der Vorgesetzte steht in der selben Schlange vor der Dusche, er nutzt – vielleicht nachts in Unterwäsche und Stiefeln – die gleiche Dixie-Toilette und geht mit dem Tablett zur Essenausgabe oder bereitet sich sein EPA mit dem Esbit-Kocher zu. Das ist ein bisschen wie im Biwak auf dem Truppenübungsplatz, nur dauert es ein halbes Jahr. Auf der Haut trägt man keine Schulterklappen, aber dennoch weiß nach wenigen Tagen jeder Soldat im Umfeld, wer der Vorgesetzte ist. Also muss er sich auch so verhalten! Pünktlichkeit, korrekter Anzug und Einhaltung von zum Teil selbst gegebenen Regeln – und sei es nur das Wechseln der Badelatschen vor dem Betreten der Duschkabine – sind absolutes Muss. In dieser physischen Nähe allzu leichtfertig zum Duzen überzugehen, halte ich für einen großen Fehler.

Auch wenn es heute in vielen Bereichen fast selbstverständlich ist, vom Sie zum Du überzugehen, ist das Sie m. E. im militärischen Bereich als Ausdruck der Achtung und des Respekts vor der Person des Anderen nicht wegzudenken. Kameradschaft und persönliche Wertschätzung kann dann bei den Unterstellten durch Weglassen des Dienstgrades ausgedrückt werden. Meine Generation ist so geprägt, dass das Du den Freunden – ob im militärischen oder im persönlichen Bereich – vorbehalten bleibt, und ich bin damit bis heute gut gefahren.

Das notwendige Wahren von Distanz darf m. E. aber nicht zu einem Nebeneinander führen. Man sollte nicht bei jeder Mahlzeit nur mit dienstgradgleichen Kameraden oder Vorgesetzten am Tisch sitzen. Ich habe mich immer wieder mitten unter meine Männer gesetzt, ob in den Betreuungseinrichtungen oder in unseren Zeltlagern in den FOBs. Dabei habe ich es vermieden, bestimmte Cliquen und Gruppen, die sich immer bilden, zu bevorzugen, ich habe meine Aufmerksamkeit möglichst gleichmäßig verteilt. Aufdrängen darf man sich selbstverständlich nicht, man spürt es, wenn die »Jungs« unter sich bleiben wollen.

Keine Privilegien fordern

Als Oberst hatte ich den höchsten Dienstgrad, war der Älteste im Team und hatte einige Jahre Erfahrung mehr aufzuweisen. Ich bin allerdings davon überzeugt, dass man daraus keine Privilegien für sich fordern darf. Diese werden einem – da wo es geht und vertretbar ist – von selbst zuteil. In einer Truppe, in der Teamgeist und Leistungsfähigkeit stimmen, ist es selbstverständlich, dass der Führer zunächst seine Führungsaufgabe wahrnimmt, und wenn er deshalb keine Zeit hat, z.B. sein Zelt noch bei Tageslicht selbst aufzubauen, werden es seine Männer tun – weil sie ihn respektieren und brauchen. Wenn vor dem Rückmarsch der Gefechtsstand schon nicht mehr führte und alle am Abbau des Lagers und am Herstellen der Marschbereitschaft arbeiteten, habe ich aber für meine Ausrüstung selbst gesorgt und z.B. mein Zelt selbst abgebaut und verpackt.

Meine persönliche Auffassung ist, dass im Einsatz der Führer seine Handwaffen grundsätzlich selbst reinigt, pflegt und die Magazine selbst munitioniert. Man hält sich fit im Umgang mit der Waffe, und wenn es eine Störung gibt, ist man selbst schuld! Man trägt auch damit selbst das Risiko der unbeabsichtigten Schussabgabe und muss deshalb besondere Sorgfalt wahren.

Selbstvertrauen – Teamgeist

Selbstvertrauen entsteht durch persönliche Leistungsfähigkeit und erfolgreiche Arbeit. Das Selbstvertrauen aller Mitglieder eines Teams ist die Voraussetzung von Teamgeist. Es gilt also, Selbstvertrauen zu schaffen und zu stärken. Der Einsatz ist keine Übung, sondern eine Könnung.

Alle Soldaten werden auf den Einsatz intensiv im Heimatverband oder an Ausbildungseinrichtungen vorbereitet. Deshalb habe ich an allen vorbereitenden Ausbildungsprogrammen mit meinem Team zusammen teilgenommen. Danach konnte ich meine Soldaten – und sie mich – einschätzen.

Mancher Leser wird sich fragen, wie ich diese Abwesenheiten von meinem Dienstposten und gegenüber meiner ursprünglichen Aufgabe vertreten konnte. Die Aussage unserer höchsten Führung, „der Einsatz ist der Schwerpunkt", muss nicht nur im Einsatzland sondern auch in der Einsatzvorbereitung konsequent umgesetzt werden. Auf einen Einsatz im Rahmen eines vorwiegend im Raum operierenden OMLT muss man sich gründlich vorbereiten, und das braucht Zeit: Wenn meine Vorgesetzten und ich mir selbst die dafür notwendige Ausbildung(szeit) verweigere, kann ich meinem Auftrag im Einsatzumfeld nicht gerecht werden. Mein

54

Vorgesetzter hatte das gleiche Verständnis, und so habe ich meinen Aufgabenbereich für insgesamt zehn Monate an meinen Stellvertreter übergeben.

Mein OMLT-Team im Einsatz war sehr heterogen. Mir unterstanden Mentoren aus Belgien, Deutschland, Mazedonien und Ungarn. Das Unterstützungselement wurde von einer Luftlandebrigade gestellt. Nach der gemeinsamen Ausbildung und den ersten Tagen im Einsatzland habe ich großes Vertrauen zu meinen Soldaten sowie in ihre Leistungsfähigkeit und Eigenständigkeit gefasst. Ich habe ihnen immer ein Maximum an Handlungsfreiheit gewährt und wurde so mit einem auf Selbstvertrauen ruhenden Teamgeist belohnt.

Allen jüngeren Offizieren und Offizieranwärtern, die vielleicht mit weniger Führungserfahrung einen Einsatz bestehen müssen, kann ich raten: Ziehen Sie Ihr eigenes Selbstvertrauen aus Ihrer Ausbildung. Als Offizier sind Sie ausgebildet und erzogen, stets den Gesamtzusammenhang, die Absicht der übergeordneten Führung zu beachten. Tun Sie es, seien Sie immer so gut wie möglich informiert. Sie sind nicht dazu da, zu wissen, wie man sich im Konvoi verhält. Dieses Wissen muss selbstverständlich sein. Sie sind dazu da, zu wissen warum der Konvoi durchgeführt wird. Dadurch haben Sie einen Wissensvorsprung, der aber nicht Herrschaftswissen bleiben darf. Teilen Sie Ihr Wissen durch Weitergabe von Information, auch das schafft Vertrauen.

Selbst zupacken, wenn es erforderlich ist

„Wer selbst arbeitet, verliert den Überblick.“

Ein Sprichwort mit viel Wahrheit, wenn es um treffsichere Entscheidung und reibungslose Organisation geht. Aber auch ein Sprichwort, das Überheblichkeit zum Ausdruck bringt, wenn es um das Verbergen eigener Faulheit geht. Selbstverständlich darf der militärische Führer den Überblick nicht verlieren, er muss die Lage im Blick haben, um zweckmäßige Entscheidungen treffen zu können. Dazu darf er sich nicht im Klein-Klein der Durchführung verlieren. Es gibt aber Situationen, in denen sich ein Delegieren verbietet.

Zwei Beispiele seien hier genannt: Nach einem IED-Anschlag waren wir dabei, die Verwundeten und Gefallenen für den Abtransport vorzubereiten, als ein Rettungsarzt nach einer Trage verlangte, auf der ein

Gefallener lag. Er musste einen schwer Verwundeten auf der feuchten Erde liegend behandeln, weitere Tragen waren nicht vorhanden. Eine Aufgabe, die den berühmten Kloß im Hals erzeugt, niemand tut so etwas emotionslos. Deshalb verbietet es sich, zu delegieren oder auf Hilfe zu warten, und so habe ich selbstverständlich mit dem einzig anwesenden und verfügbaren Hauptmann diesen Gefallenen auf den Boden gelegt, die Trage abgespült und sie dem Arzt gebracht.

Nach einem sog. »Blue-on-Green«-Zwischenfall, bei dem u.a. fünf paschtunische Soldaten versehentlich durch eigene Kräfte getötet worden waren, musste Wochen später mit dem afghanischen Bataillon (Kandak) dieser Soldaten erneut Verbindung aufgenommen werden, um Ausbildungsmaterial zu übergeben. Das Problem der Blutrache stand noch im Raum, wir hatten Sorge, beschossen oder körperlich angegriffen zu werden. Auch hier war m. E. ein Delegieren unmöglich. Also habe ich mir den Karton selbst unter den Arm geklemmt und bin mit meinem Übersetzer zu dieser Einheit gegangen.

Körperliche Fitness

> „Es nagt der Zahn der Zeit auch an der
> körperlichen Leistungsfähigkeit."

Jeder Soldat muss über eine ordentliche Grundfitness verfügen, unabhängig vom Lebensalter und seinem aktuellen Dienstposten. Es gibt viele dienstlich verordnete Mittel und Wege, sich fit zu halten. Welche Methode oder welches Training man bevorzugt, bleibt jedem selbst überlassen. Auch die Einsatzvorbereitung ist zu Recht körperlich fordernd und hat einen Trainingseffekt.

Im Regelfall kann ein Mittfünfziger nicht mit einem 27jährigen mithalten – oder der Jüngere hat lange Zeit Fehler gemacht. Aus meiner Erfahrung akzeptiert der junge durchtrainierte Soldat die Unterschiede in der körperlichen Leistungsfähigkeit, sie werden nicht angesprochen – noch nicht einmal im Scherz. Dennoch gilt, dass man im Team auch in physisch sehr fordernden Situationen seinen Mann stehen muss, besonders in Krisen- oder Gefechtssituationen: Wenn ich selber für meine Kameraden zur Belastung geworden wäre, hätte ich mir das nicht verziehen.

Mein Risiko – dein Risiko

Den in dieser Überschrift angesprochenen Unterschied darf es nach meiner Auffassung nicht geben. Meine Überzeugung ist, dass ich z.B. eine Truppe nur in einen bedrohten Raum schicken kann, wenn ich persönlich bereit bin, sie bei diesem Auftrag zu begleiten. Das heißt, ich bin bereit das gleiche Risiko zu tragen – wäre unter dem Schutz dieser Kräfte, würde aber auch zu ihrer Verstärkung beitragen. Dieser Grundsatz findet selbstverständlich seine Grenzen in den Einsätzen von Spezialkräften.

Leider habe ich aber festgestellt, dass Risikobewertungen sehr großzügig durchgeführt werden können, wenn man selbst nicht betroffen ist. So wurde mir einmal vorgeschlagen, einen Infanteriezug in einem Raum einzusetzen, den ich persönlich für zu gefährlich hielt. Die Feindlage war unklar, eine IED-Suche konnte bisher nicht durchgeführt werden, und eine wesentliche Brücke war nicht gangbar. Auf meine Frage an den Vorschlagenden, ob er denn bereit sei, den beauftragten Zug mit seinem Trupp zu begleiten, erhielt ich nicht mal eine Antwort.

Selbstverständlich kann ich nicht jede Truppe persönlich begleiten, aber das gleiche Risiko glaubwürdig eingehen zu wollen und zu können ist Basis für die Akzeptanz eines Vorgesetzten und wichtig für das gegenseitige Vertrauen. Leider gibt es auch ein völlig gegenteiliges Verhalten. Das Risiko wird bewusst als gering angesehen, Hinweise auf Gefahren werden ignoriert, weil man das Gefecht will. Sei es, weil der »Gefechts-Kick« gesucht wird, sei es, weil Auszeichnungen und Medaillen angestrebt werden. Solches Verhalten dient nur der persönlichen Eitelkeit, es ist aus meiner tiefsten Überzeugung unverantwortlich, riskiert man doch nicht nur die eigene Haut, sondern auch die der unterstellten Soldaten. Früher wurde dieses Verhalten mit »Halsschmerzen« bezeichnet. Ich glaube, das gibt es jetzt wieder.

Mein persönliches Fazit

Als Führer einen Einsatz bestehen – nicht »abhaken«, weil es zum guten Beurteilungsbild gehört – ist die größte Herausforderung im Offizierberuf. Das Vertrauen von Soldaten zu gewinnen und in Extremsituationen zu besitzen, unter Zeitdruck und Stress zweckmäßige Entscheidungen zu treffen, um einen Auftrag zu erfüllen, das muss das Ziel unserer Ausbildung und unserer persönlichen Bestrebungen sein.

Niemand ist unfehlbar und das Umfeld hat sicher Verständnis, wenn ein Führer auch mal eine persönliche Schwäche zeigt. Fachliche Lücken müssen aber so schnell wie möglich geschlossen werden. Es fällt keinem Offizier oder Stabsoffizier »ein Zacken aus der Krone«, wenn er sich von einem Stabsgefreiten die korrekte Bedienung eines Gerätes erklären lässt.

Eine Rolle zu spielen, hält man unter der Belastung des Einsatzes nicht durch. Deshalb sollte man sich immer treu bleiben – modern ausgedrückt: authentisch sein. Für mich waren die sechs Monate in Afghanistan ein Höhepunkt in meiner Laufbahn. Ich habe mich nur selten zuvor so als Soldat gefühlt mit Stolz auf die Leistungen des Teams und den eigenen Beitrag. Auch wenn wir traurige Situationen durchstehen mussten, denke ich ohne Bitterkeit an diese Zeit zurück. Sie wird immer in meiner Erinnerung bleiben.

Anforderungen an den militärischen Führer im Einsatz

von Rainer Buske

Als mir im Februar 1999 durch meinen damaligen Brigadekommandeur befohlen wurde, als zweites Kontingent die Task Force Prizren ab Juli 1999 im Kosovo zu stellen und zu führen, da stand mein Bataillon noch mitten in der Ausbildung, die wir für das erste Kontingent KFOR gerade im Begriff waren durchzuführen. Das Panzergrenadierbataillon 401 aus Hagenow verlegte vom Juli bis November 1999 als zweiter Verband nach Prizren – zu einer Zeit, als der Kosovo noch längst nicht befriedet war. Massengräber, Gräueltaten auf beiden Seiten, durch Serben an Kosovo-Albanern und durch letztere als Rache und Vergeltung an den Serben, waren an der Tagesordnung. Auch wenn meine Soldaten zu keiner Zeit direkte Ziele von Angriffen wurden, so verstarb einer unserer Feldwebel bei einem Unglück im Zuge einer Patrouillenfahrt. Das Kontingent verfiel in eine Art Schockstarre, und zum ersten Male vernahm ich Begriffe wie Kriseninterventionsteam, Truppenpsychologie, Peers, Debriefing, Defusion und ähnliches mehr. Niemand hatte mir als verantwortlichem Bataillonskommandeur jemals beigebracht, wie man eine Trauerfeierlichkeit organisiert, eine Todesnachricht überbringt oder gar mit traumatisierten Soldaten umgeht. Neun Jahre später, im Jahr 2008, stand ich als Kommandeur des PRT Kunduz in vergleichbarer, wenngleich weitaus dramatischerer Lage, die leider Gottes für viele Soldaten und Führer unterschiedlichster Einsatzkontingente mittlerweile bittere und erlebte Wahrheit wurde. In der Rückschau behaupte ich heute, dass ich persönlich in Afghanistan ohne die im Kosovo gemachten Erfahrungen in meiner Führungsverantwortung als Kommandeur nicht oder nicht so bestanden hätte. Ich meine damit nicht, ob ich der taktischen Lage gerecht geworden bin, sondern ich ziele auf die Fähigkeit, unter schwierigsten Bedingungen Menschen zu führen und als Führer im weiten Feld der Menschenführung zu bestehen.

Dieser Beitrag beschäftigt sich daher nicht mit taktischen Fragestellungen, die sich seit 2008 ohnehin gravierend verändert haben. Allerdings glaube ich schon, dass Fragestellungen der Menschenführung einsatzunabhängig und in gewisser Weise universell Gültigkeit besitzen. Die Einsatzvorbereitung und ebenso die Methoden des gesamten Netzwerkes gelebter Innerer Führung im Einsatz haben sich seither ständig zum Positiven weiterentwickelt und brauchen keinen Vergleich mit Alliierten zu scheuen. Was ich als gravierenden Mangel noch 1999 empfunden hatte, wurde seither nachhaltig und entscheidend verbessert. Dennoch erkenne ich Felder, die zum Erfolg oder Misserfolg eines Führers im Einsatz führen können, die ich an dieser Stelle skizzieren möchte. Die Liste ist nicht vollständig. Sie ist auch nicht objektiv, sondern entspringt ganz bewusst meiner subjektiven Wahrnehmung und Bewertung. Sie trifft aber den Kern, um den es sich aus meiner Sicht dreht.

Die erste Anmerkung lautet: Ein militärischer Führer muss sein Handwerkszeug beherrschen. Das hört sich wie eine Binsenweisheit an und ist auch eine. So banal dies auch klingen mag, aber Sie kommen nun einmal nicht darum herum, Ihre Hausaufgaben zu erledigen. Glaubt man amerikanischen Studien, was Soldaten im Einsatz von ihrem Vorgesetzten am meisten erwarten, und welchem Vorgesetzten sie am ehesten folgen, dann sagt die überwältigende Mehrheit aller Soldaten: „Wir folgen demjenigen, der sein Handwerk beherrscht, der Profi ist!" Es verbirgt sich hierunter die Erwartungshaltung, dass der Vorgesetzte seine Soldaten ungeachtet aller Risiken und Gefahren heil nach Hause bringt oder wenigstens nicht ohne Not in große Gefahr führt. Es ist eine sicherlich gut verständliche Überlebensstrategie. Drastisch ausgedrückt: Wenn Sie keine Ahnung haben, dann merken das Ihre Soldaten geradezu seismographisch und kündigen Ihnen die Gefolgschaft. Verlieren Sie bei der ersten kitzligen Situation die Nerven, dann folgt man Ihnen nicht. Sie, die Vorgesetzten, müssen sich die Achtung Ihrer Männer und Frauen erst erdienen und erarbeiten. Die Achtung und den nötigen Respekt schenkt man Ihnen nicht, nur weil Sie einen höheren Dienstgrad besitzen.

Die zweite Anmerkung betrifft die Fähigkeit zur Menschenführung. Diese Fähigkeit, und dies in Grenzsituationen eines Einsatzes, unterscheidet die breite Masse der Vorgesetzten von den wirklich Guten. Sie können noch so viele Lehrgänge besuchen, alles, was Sie erlernen, sind richtige und wichtige Grundsätze und Verfahren. Das hilft Ihnen, aber wer charakterlos ist und keine Ahnung von Menschenführung hat, dem helfen auch Lehrgänge nicht wirklich. Sie müssen zu allererst Vorbild sein. Nichts ist wichtiger als genau dies. Sie müssen mit gutem Beispiel vorangehen. Das heißt nicht, dass Sie stets der Erste sind, der beim 3.000 m-Lauf durchs Ziel geht, aber Sie müssen sich den Herausforderungen und Entbehrungen stellen, auch der Gefahr, die Sie Ihren Soldaten abverlangen. Wenn Sie sich in Ihrem Gefechtsstand verkriechen und bei Anschlägen im Feldlager bleiben, dann verlieren Sie jede Glaubwürdigkeit – und dies nicht nur im Einsatz. Wer bei einem Ausbildungsbiwak einer Grundausbildungseinheit bei schneidigen Temperaturen meint, die Truppe kann brav in Zelten campieren, aber der Herr Ausbilder fährt ins warme Lager oder

60

nach Hause, der hat verloren, bevor er angefangen hat. So einfach ist das. Natürlich weiß auch die Truppe, dass ein 60 Jahre alter Mann wie ich nicht jede Nacht im Zelt campieren kann, weil meine alten Knochen das nicht mehr mitmachen. Die Truppe registriert aber schon genau, ob ich glaubwürdig bin oder nicht. Haben Sie die Glaubwürdigkeit erst einmal verloren, dann erhalten Sie diese nie wieder zurück.

Die nächste Anmerkung lautet »Information und Kommunikation«, und das aus gutem Grund. Ein Vorgesetzter muss mit seiner Truppe sprechen, und zwar nicht nur mit seinen Offizieren und im Dienstgrad Gleichgestellten, sondern mit wirklich allen. Kleinigkeiten machen den Unterschied aus. Ich habe viel Energie aufgewendet und mir teure Zeit genommen, in vielen kleineren Gesprächsrunden für alle präsent zu sein, meinen Willen zu begründen, Hindernisse und Härten zu erklären, sehr oft auch einfach den Kummerkasten abzugeben. Im Einsatz in Kunduz war ich regelmäßig bei allen Zügen, dies vor allem bei den so oft angegriffenen Fallschirmjägern, aber auch bei den Instandsetzern, den Versorgern, den »Drinnies«, wie wir sagten, und nicht nur bei den »Draußies«. Gerade bei Anschlagssituationen mit Tod und Verwundung ist dies entscheidend wichtig. Wenn es besonders eng wird, müssen Sie zu Ihren Leuten gehen und sich öffnen. Aus eigenem Antrieb kommen nur wenige zu Ihnen. Es ist eine Bringschuld des Vorgesetzten! Ich habe gerade bei den erfahrenen Zugführern immer wieder um Rat gefragt und war mir nicht zu schade, als Oberst einen Hauptfeldwebel um einen taktischen Vorschlag zu bitten. Die Burschen sind weit cleverer, als viele glauben. Kommen Sie runter vom hohen Ross, wenn Sie denn auf einem sitzen, ohne sich zu verkumpeln und anzubiedern! Halten Sie engen Kontakt zu dem Pfarrer, zu dem Truppenpsychologen, zu den Spießen, allesamt mein Frühwarnsystem, was die Sorgen und Nöte meiner Soldaten angeht, und wirklich entscheidende Ratgeber. Und lassen Sie Fürsorge walten. Kümmern Sie sich um Ihre Soldaten. Liegt einer mit Grippe im Lazarett, besuchen Sie ihn. Ist er ein Opfer eines Anschlages geworden, gehen Sie zu ihm hin. Nehmen Sie sich die Zeit, es wird Ihnen tausendfach zurückgegeben.

Die nächste Anmerkung ist pragmatischerer Natur. General Guderian hatte stets gefordert, dass die Truppe eine »Fahrkarte bis zur Endstation« benötigt. Er meinte damit das Angriffsziel, ich meine damit meine Absicht, meine 3a, wie es im Befehlsschema heißt. Sie müssen Ihren Soldaten eindeutig erklären, was das Ziel ist, um das es sich dreht, und wie Sie es erreichen wollen. Erklären Sie es so, dass es alle verstehen. Ich habe bei Kontingentbeginn oder bei Kontingentwechsel stets alle ungeachtet des Dienstgrades in den Speisesaal befohlen und mit einfachen Worten erklärt, was ich von ihnen will und was auf die Soldaten zukommt. Das führte nicht selten zur Betroffenheit, aber eben auch zur Klarheit des Handelns. Ich habe besondere Situationen oder Lageänderungen immer kommuniziert. Vielfach eignen sich Anlässe, im Zuge derer die Truppe angetreten ist, wie Medal Parades etc. Noch besser sind Gespräche mit Zügen bei einem Bier oder am Lagerfeuer. Die Entscheidungen, die Sie treffen, sollten umfangreich vorbereitet sein. Alles Diskutieren hat dann irgendwann sein Ende. Mit anderen Worten: Schmeißen Sie Ihre 3a nicht ohne Grund um, sondern bleiben Sie bei Ihrer Absicht. Öffnen Sie der Beliebigkeit nicht Tür und Tor. Das gilt auch für formale Dinge wie die Kleiderordnung. Formale Disziplin ist wichtig, wenngleich nicht sonderlich beliebt. Aber ich habe schon genau vorgegeben, welche Abzeichen getragen werden dürfen, wie ich es mit der Grußpflicht halte, welche Kopfbedeckung getragen wird u.v.m. Und ich habe es vorgelebt und durchgesetzt. Auch hieran richtet sich die Truppe aus. Eine Truppe, die über eine gesunde formale Disziplin verfügt, die besteht im Einsatz weit besser, als ein Haufen, der sich Fantasieuniformen hingibt und sich ansonsten durch Vielfalt und Beliebigkeit auszeichnet.

»Führen von vorne« ist auch so ein entscheidender Grundsatz. Jeder gute Truppenführer führt von vorne. Eine Truppe will mitgerissen und nicht angeschoben werden. Sie unterliegen aber der Versuchung, sich an den Gefechtsstand zu binden, weil die Führungs- und Fernmeldemittel Sie dazu einladen. Denn im Gefechtsstand, dort haben Sie die beste Technik. Sie verfügen über LUNA-Aufklärungsbilder und solche des TACP nahezu in Echtzeit. Fernmeldemittel und ein Führungsinformationssystem, fast scheint es, als ob Sie ihre Truppe per Joystick führen könnten. Ich habe mich nie an den Gefechtsstand binden lassen, wenngleich ich natürlich viele Stunden dort verbrachte. Aber wenn es knallt, müssen Sie nach vorne, besser noch, Sie sind bereits draußen und in der Nähe. Die Truppe will Sie gerade dann sehen, wenn es zu Anschlägen gekommen ist. Bei schwierigen Operationen war ich fast immer mit draußen, nicht in erster Linie, das ist nicht meine Aufgabe, aber dicht genug dran, um die Lage beurteilen und führen zu können. Den Gefechtsstand mitsamt seiner modernen Technik führt Ihr Chef des Stabes oder Ihr Stellvertreter, dafür haben Sie ihn. Alle Technik verhindert nicht, dass Falsch- und Fehlmeldungen im Gefechtsstand aufschlagen. Technik ist wunderbar, vermittelt Ihnen aber nicht das Gespür für Situationen, den so entscheidenden »Siebten Sinn«, der auf Erfahrung beruht. Ich habe oft eingegriffen, weil mir Lagemeldungen suspekt vorkamen, die sich dann vor Ort als blanker Unsinn herausstellten. „50 Prozent aller Meldungen sind falsch, und mit dem Rest kann man nichts anfangen". Das sagte kein Geringerer als Fieldmarshall Sir Montgomery, und der musste es wissen.

Übrigens: Sie müssen bei Anschlägen raus zu Ihrer Truppe, unter allen Umständen. Ich habe bei jedem Anschlag sofort mein CPT-Team auffahren lassen, meinen Chef des Stabes eingewiesen und bin losgefahren. Wie entscheidend wichtig dies ist, soll Ihnen folgendes Beispiel erläutern: Bei einem IED-Anschlag wurde unsere Reserve alarmiert, die umgehend auffuhr. Eine Frau Oberfeldwebel schlug beim Aufsitzen so unglücklich mit dem Kopf an die Tür ihres Dingo-Gefechtsfahrzeuges, dass sie ins Rettungszentrum verbracht wurde. Ich fuhr raus zur Anschlagsstelle und kam ca. drei Stunden später wieder ins PRT zurück. Ich ging sofort in das Rettungszentrum und besuchte besagte Frau Oberfeldwebel. Ohne mich zu begrüßen, fragte sie mich: „Herr Oberst, waren Sie draußen?" So ticken Ihre Soldaten, und das gilt es zu berücksichtigen.

Aus meiner Sicht erlaube ich mir einige Anmerkungen zur Anwendung des Führungsprozesses der Bundeswehr und Eigentümlichkeiten, die ich so in Kunduz erlebt habe. Zu unserem Handwerk gehört selbstverständlich die Anwendung unseres Führungsprozesses, der Beurteilung der Lage. Am Rande bemerkt sei darauf hingewiesen, dass wir allemal in einem multinationalen Umfeld agieren und interagieren, mithin Englisch als Betriebssprache und die Anwendung von NATO-Standards eine Selbstverständlichkeit geworden sind, die es gilt, in der Ausbildung und in der Personalauswahl zu berücksichtigen. Zur erlebten Praxis gehört es aber ebenso, dass sich der Führungsprozess bei Anschlagssituationen so gut wie immer auf ein Führungsgespräch an der Karte reduzierte. Im Regelfalle hatte ich selten mehr als fünf Minuten Zeit, um einen Gefechtsbefehl vorzubereiten und per Funk herauszugeben. Hierzu habe ich im Gefechtsstand immer mein »Alpha-Team« zusammengezogen. Dazu gehörten meine besten und leistungsfähigsten Offiziere und Unteroffiziere. Mein Chef des Stabes, mein Stellvertreter, der J2 (verantwortlich für Militärisches Nachrichtenwesen) und der J3 (verantwortlich für Operationen), dazu ein exzellenter Gefechtsstandsoffizier und ein ebenso guter Gefechtsstandsfeldwebel. Alle anderen habe ich schlichtweg aus der Operationszentrale verwiesen und sie nur bei Bedarf herangezogen. Man glaubt ja gar nicht, wer da alles auf einmal aus Neugierde oder auch aus Angst in den Gefechtsstand drängt. Allen voran der unvermeidliche Pressestabsoffizier, dem der Presse-/Informationsstab bereits im Nacken saß, weil man in Deutschland durch vor Ort ansässige Reporter mal wieder als erstes darauf aufmerksam gemacht wurde, dass in Kunduz „etwas passiert" ist. Ich habe sie alle auf später vertröstet und erst einmal das Wichtigste zuerst erledigt.

Am Ende will die Truppe, die draußen im Feld steht, ihren Führer persönlich hören. Sie will hören, dass er ruhig und beherrscht am Funk spricht. Sie will spüren, dass er die Nerven behält und die Lage unter Kontrolle hat. Je hektischer es im Gefechtsstand und am Funk zugeht, je mehr Menschen sich in derartigen Situationen dort aufhalten, je chaotischer und unhandbarer entwickelt sich die Lage. Sorgen Sie mit aller Macht für Ruhe und umgeben Sie sich gerade in Grenzsituationen mit Ihren besten Männern und Frauen. Es mag sich bitter anhören, aber das »Bravo-Team« kommt später dran, nämlich dann, wenn sich die Lage beruhigt hat. Ein weiteres Phänomen kommt hinzu. Wir haben immer »Minimize« befohlen, wenn wir angegriffen wurden – alle Fernmeldenetze wurden bis auf solche, die wir zur Führung unbedingt benötigten, abgeschaltet. Der Grund ist einfach: Es muss verhindert werden, dass Anschlagsmeldungen ungefiltert unter Ausschaltung des Dienstweges nach Deutschland gelangen. Wie sonst sollen das zuständige Regionalkommando Nord oder das Einsatzführungskommando handlungsfähig bleiben, wenn bei Anschlägen die Presse oder andere zivile oder militärische Stellen vorab informiert wurden, Spekulationen eskalieren und im schlimmsten Falle Angehörige aus dem Fernsehen oder durch Pressevertreter vom Tod ihres Sohnes, der Tochter, des Ehepartners erfahren? Was sich selbstverständlich anhört, ist es leider nicht. Nach und nach habe ich einen Kanal nach dem anderen trockengelegt, über den Details von Anschlägen unautorisiert und meistens falsch oder maßlos übertrieben nach Deutschland übermittelt wurden. Auch hier sei wieder der Presse-/Informationsstab genannt. Gleiches gilt aber auch für die Sanität, den MAD- oder auch BND-Vertreter, die Einsatzwehrverwaltung u.ä.m. Wenn Sie als verantwortlicher Kommandeur den Überblick und ihre Handlungsfreiheit bewahren wollen, dann unterdrücken Sie mit aller Macht diesen zwar menschlich verständlichen, nichtsdestotrotz groben Unfug in seiner Entstehung.

Die nächste Anmerkung lautet: Vorgesetzte müssen authentisch sein. Das heißt nicht, dass Vorgesetzte keine Macke haben dürfen. Sie dürfen auch schrullig sein. Sie müssen aber aufrichtig, fair und glaubhaft bleiben. Versprechen Sie nichts, was Sie nicht halten können. Wenn Sie Ihre 3a ausgegeben haben, dann erläutern Sie diese und ziehen Sie Ihre 3a konsequent durch. Seien Sie präsent und dialogbereit. Ich habe so manches Bier mit meinen Männern und Frauen getrunken. Wir haben es auch hin und wieder krachen lassen. Sie müssen ja nicht gleich selber mit der Gitarre auf der Bühne auftreten, aber die Truppe muss auch mal Dampf ablassen dürfen, und zwar kontrolliert.

In der Summe baut sich auf diese Weise ein Persönlichkeitsbild von Ihnen auf, das die Truppe aufnimmt und akzeptiert. Genau das bedeutet Authentizität. Schwanken Sie aber in Ihrer Gemütshaltung und in Ihren Entschlüssen hin und her, weiß man nicht, was Sie wollen und wie Sie es wollen, dann sind Sie unglaubwürdig – das genaue Gegenteil von Authentizität. Verweigern Sie der Truppe den Halt und die Haltung, wenn es am wichtigsten ist, bei Anschlägen mit Todesfolge, dann sind Sie als Führer unrettbar verloren.

Zur Authentizität gehört in gewisser Weise auch das Minenfeld Politik und Medien. Es ist nun einmal eine Tatsache des Lebens, dass die Presse lästig, aber wichtig ist. Schlimmer noch, die Presse bekommt früher oder später eh alles raus, was sie will. Die Presse ist wie eine Bulldogge, sie wühlt und bohrt. Sie will Sensationen, wenigstens aber eine Story. Merkt die Presse, dass sie belogen wird, dann haben Sie einen Gegner, der nicht zu beherrschen ist. Auf der anderen Seite sollten Sie sich davor hüten, aus Angst oder im vorauseilenden Gehorsam Dinge preiszugeben, die Sie hinterher bereuen. Aber ein Vorgesetzter muss heutzutage mit der Presse umgehen können, weil das, was er macht und tut, immer Wirkung in der Öffentlichkeit entfaltet. Und vergessen Sie nicht: Ihre Truppe hört genau zu, was Sie so von sich geben. Insofern unterliegen Sie einem permanenten Druck von unten, ausgeübt von Ihren Soldaten. Sie unterliegen aber auch einem immer stärker werdenden Druck von oben, durch vorgesetzte Dienststellen und vor allem durch das Primat der Politik. Wie weit darf sich ein Vorgesetzter in den Medien aus dem Fenster lehnen und wo darf er das nicht? Wo fängt »Political Correctness« an und wo hört Auftragstaktik auf? Aus diesem Dilemma werden Sie nicht entlassen. Ich habe mich im Zweifel immer für meine Truppe entschieden und notfalls Ärger mit meinen Vorgesetzten in Kauf genommen. Dabei hat mich die Presse immer fair behandelt. Es gab gar keinen Grund, mich abzuschotten. Es gab aber Vorgänge, wo meine Äußerungen auf der politischen Ebene Anstoß fanden. Hierzu folgendes Beispiel, das illustrieren soll, wie sehr Sie als Vorgesetzter mit unterschiedlichen Erwartungshaltungen umgehen müssen: Es war die Zeit der politischen Debatte über eine erneute Mandatsobergrenzenerhöhung, die der Verteidigungsminister augenscheinlich gerne vermieden hätte. Ich aber erklärte das genaue Gegenteil in mehreren Fernsehinterviews. Meine Soldaten riskierten jeden Tag ihr Leben. Wir hatten einen Raum abzudecken, der so groß war wie Hessen. Hierfür standen mir keine 1.000 Mann zur Verfügung. Eine Fallschirmjägerkompanie patrouillierte Tag und Nacht einen Umkreis von bis zu acht Kilometern um das Feldlager herum, um die stetig steigende Zahl von Raketenangriffen auf das

Feldlager zu unterbinden. Ca. 140 Mann auf 150 Quadratkilometern im Schichtdienst sieben Tage die Woche und 24 Stunden am Tag! Nur mal so zum Vergleich: Die gleiche Kompanie hätte in der Vorneverteidigung zur Abwehr deutschen Territoriums gegen den Angriff des Warschauer Paktes einen Raum von ca. sechs Quadratkilometern abzudecken gehabt. Ich hatte also jeden Grund, mehr Truppe zu fordern. Meine Soldaten hingen an meinen Lippen, als ich das Live-Interview gab. Natürlich konnte ich darauf verweisen, bereits mehrfach entsprechende Anträge auf dem Dienstweg gestellt zu haben. Alles andere wäre unlauter gewesen. Was hätte ich aber anderes sagen sollen als die Wahrheit, so wie ich sie sah? Gleiches widerfuhr mir bei der Diskussion um die Frage, ob denn meine Soldaten im Einsatz gefallen waren, oder ob es sich doch »nur« um einen qualifizierten Dienstunfall gehandelt hätte. Ob denn Krieg in Kunduz herrschte, wo doch der damalige Generalinspekteur gebetsmühlenartig versicherte, die Probleme in Kunduz seien vorübergehender Natur und beherrschbar. Von Krieg könne überhaupt keine Rede sein! Das ist das Dilemma, in dem Sie stecken, und auch das hat mit Glaubwürdigkeit und Authentizität zu tun. Ich bin ein mündiger Staatsbürger in Uniform, obendrein Kommandeur des PRT Kunduz, ich trage schwer an meiner Verantwortung, aber ich habe einen Kopf zum Denken und werde meiner Verantwortung schon noch gerecht werden.

Im Übrigen, wie oft hörte ich Totschlagargumente, die allesamt das Zauberwörtchen „Der Minister will...“ im Mund führten. Ich habe den damaligen Verteidigungsminister Jung mehrfach zu Besuch in Kunduz unter vier Augen sprechen können. Er zeigte sich jedes Mal konsterniert, als ich ihn mit derartigen Aussagen konfrontierte. Kein einziges Mal stimmten die Behauptungen. Daher meine Schlussfolgerung: Ruhe bewahren und den gesunden Menschenverstand einschalten. Es ist nicht der Minister, der bis auf Ihre Ebene durchgreift, sondern seine Führungsgehilfen, die meinen, in seinem Sinne und nicht selten im vorauseilenden Gehorsam handeln zu müssen.

Der Umgang mit Besuchern ist auch so ein Fact of Life, um den Vorgesetzte nicht herumkommen. Das Besucheraufkommen kann den Dienstbetrieb zuweilen an den Rand des Stillstandes bringen. Zwar versicherte mir das Einsatzführungskommando stets aufs Neue, den Besucherandrang auf das absolut Notwendigste eingegrenzt zu haben, doch erschien es uns vor Ort so, als ob jeder, der meinte, kommen zu müssen, tatsächlich auch kam. Und so gut wie immer erschienen die Besuchergruppen am Freitag, unserem Base-Day, im Zuge dessen das PRT sich bis auf Routineoperationen wenigstens vormittags mal eine Auszeit nahm. Der

Auswahl des Besucherführers, des VISO (Visitor Staff Officer), kommt große Bedeutung zu. Dabei kann die Truppe nicht davon ausgehen, dass die Besucher, auch solche aus dem politischen Raum, fundierte Grundkenntnisse über den ISAF-Einsatz mitbringen. Ich war zuweilen schon konsterniert ob der schieren Ahnungslosigkeit, die so mancher Besucher an den Tag legte. Ebenso wie bei Pressevertretern habe ich aber Besucher überwiegend als Chance angesehen, Dinge zu transportieren, die uns wichtig waren. Das gilt natürlich allemal für militärische Vorgesetzte, die selbstverständlich in großer Schlagzahl das PRT besuchten. Das gilt aber genauso gut für politische Mandatsträger, die ein verfassungsmäßiges Recht haben, sich vor Ort zu informieren. Bei manch einem hatte ich so meine Zweifel, ob denn der Verfassungsauftrag Anlass für den Besuch war, aber schlussendlich gilt hier die gleiche Schlussfolgerung wie für Medienvertreter. Und dennoch, es bedarf schon einer leistungsfähigen Stabsorganisation, um dem Andrang der Besucher mit all ihren Sonderwünschen und Begehrlichkeiten Herr zu werden. Dieses ist bereits in der einsatzvorbereitenden Ausbildung vorzuhalten, denn es will geübt sein und darf sich nicht erst im Einsatz finden.

Der Umgang mit Tod und Verwundung ist sicherlich eine der sensibelsten Themenstellungen, auf die Sie sich halt nur sehr eingeschränkt vorbereiten können. Dabei hat die Bundeswehr gerade in diesem Bereich seit der Zeit meines Einsatzes im Kosovo als Bataillonskommandeur 1999 ganz entscheidende Fortschritte gemacht. Truppenpsychologie, der Einsatz von Truppenärzten und Militärpfarrern, das ganze Instrumentarium der Fürsorge, PTBS und dessen Behandlungen, Psychiatrie, Peers, Familienbetreuungszentren, die Liste der Fortschritte ist schon beachtlich. Aber alle Theorie, die Sie in der einsatzvorbereitenden Ausbildung genießen und vermittelt bekommen, hilft Ihnen nicht, wenn Sie sich charakterlos verhalten, ihren Sinn für Anstand und Gerechtigkeit verlieren oder schlichtweg in derartigen Grenzsituationen die Nerven verlieren. Hier zeigt sich ultimativ, ob Sie als Kommandeur, als Vorgesetzter, egal auf welcher Ebene auch immer, bestehen oder scheitern. Dazu gehört auch die Fähigkeit zu Trauern. Trauern will gelernt und organisiert sein. Die Truppe braucht den Raum und die Zeit, um zu trauern und Abschied zu nehmen, zu reflektieren und neuen Mut zu schöpfen. Lassen Sie dies zu und beteiligen Sie sich daran. Ich kann gar nicht oft genug betonen, wie wichtig Gesprächsrunden sind. Schämen Sie sich nicht, auch persönliche Trauer und Betroffenheit zuzulassen und zu zeigen. Die Truppe braucht Abschiedsrituale. Aber verhindern Sie unter allen Umständen eine Art Schockstarre. Führen Sie die Truppe zügig, aber behutsam wieder an den Einsatz außerhalb des

Lagers heran. Unmittelbar betroffene Teileinheiten habe ich zwei bis drei Tage in Ruhe gelassen, um sie dann zunächst nur am Tage und in Räumen einzusetzen, die ruhig waren, z.B. dem PAT Taloqan. Andere, nicht betroffene Teileinheiten sind bereits am Tag nach der Trauerfeier sofort wieder raus gefahren. Die Truppe fordert das ein. Der Auftrag geht halt trotz aller Betroffenheit weiter. Hardliner, die sich schnoddrig über die emotionalen Bedürfnisse der Soldaten hinwegsetzen, werden in derartiger Lage scheitern, dessen bin ich mir sicher. So gehört es auch in der Rückschau für mich persönlich zu den emotional schönsten Momenten meines Einsatzes, wie sehr mir gerade die besonders betroffenen Fallschirmjäger in derartigen Grenzsituationen durch kleinere oder größere Gesten ihr Vertrauen aussprachen. Dieses Vertrauen müssen Sie sich erarbeiten, es fliegt Ihnen nicht von alleine zu und wird Ihnen nicht geschenkt. Es ist aber die eigentliche Grundlage für wirklich erfolgreiche Zusammenarbeit.

In diesem Zusammenhang sei die Frage gestattet, was eigentlich unsere Soldaten motiviert? Natürlich treffen monetäre Argumente zu. Manch einer ist wohl auch des Abenteuers wegen dort oder mit der ehrlichen Absicht, humanitär zu helfen. Aber mit der berühmten Formel der „Verteidigung der deutschen Sicherheit am Hindukusch" erreichen Sie kaum einen einzigen deutschen Soldaten. Es ist der Korpsgeist, die Gruppendynamik, das Zusammengehörigkeitsgefühl, das die Soldaten motiviert und zusammenhält. Und weil das so ist, sind wir Vorgesetzte gut beraten, alles in unserer Macht stehende vor, während und nach dem Einsatz zu tun, um diesen Zusammenhalt zu fördern. Gewachsene Teileinheiten, Gruppen, Trupps etc. müssen zusammen gehalten werden. Widerstehen Sie der Versuchung, durch Kalbung gewachsene Teileinheiten zu zerschlagen, um neue zu bilden. Die Teileinheit ist die alles entscheidende Stellgröße. Die Kompanie als Identifikationspunkt ist wichtig, aber noch wichtiger ist die Teileinheit, der Zugführer, der Gruppen- und Truppführer, der Buddy! Und wenn es zum Treueschwur im Zuge von Anschlägen kommt, dann orientieren sich alle Soldaten zu allererst an ihrer Teileinheit und hier vor allem am Zugführer. Der Zugführer ist der alles entscheidende Mann. Der Kompaniechef, der Kompaniefeldwebel und auch der Kommandeur sind wichtig, aber entscheidend ist der Zugführer. In manch einer Situation haben sich Chef und Spieß zurückgenommen und den Zugführer machen lassen. Viele durch Anschläge schwer traumatisierte Kameraden haben sich erst nach dem Gespräch und der Fürsorge ihres Zugführers durchgebissen und sind geblieben. Im Übrigen: Der Afghanistaneinsatz ist nicht der Krieg der Generäle oder Obristen. Er ist der Krieg der Zugführer und der Gruppen- und Truppführer, die draußen oft auf sich allein gestellt operieren.

Nur zu oft sind es blutjunge Feldwebel, Oberfeldwebel und unerfahrene Offiziere, deren Studium mal gerade wenige Monate alt ist. Das ist die Realität. Vor diesem Hintergrund kann ich gar nicht genug betonen, wie wichtig es ist, sich gerade diesen Männern und Frauen im Rahmen der Fürsorge besonders zuzuwenden.

An die physische und psychische Belastbarkeit werden größte Anforderungen gestellt, auch an die persönliche Durchhaltefähigkeit der Kommandeure und Führer aller Ebenen. Dies betrifft die psychische als auch die physische Durchhaltefähigkeit gleichermaßen. Körperliche Fitness, oft belächelt, ist die Grundvoraussetzung. Individuelle Grundfertigkeiten (IGF) sind das Minimum, darunter geht gar nichts. Eine Kugel macht halt keinen Halt vor Drinnies, die zufällig mal draußen sind. Die Kugel unterscheidet auch nicht zwischen Mann und Frau. Selbst das Abzeichen des Roten Kreuzes gewährt mittlerweile keinen ausreichenden Schutz mehr. Ich hatte schon so meine Gründe, warum ich meine Sanitäter „Kampfsanis" genannt hatte, ein Titel, auf den diese Männer und Frauen sichtbar stolz waren. Wer frühzeitig schlapp macht, den frisst der Einsatz auf. Genauso richtig ist aber auch, dass kein Mensch auf dieser Welt sechs oder wie in meinem Falle neun Monate stets und ständig 20 Stunden Dienst leisten kann, ohne zusammenzubrechen. Früher, bei 72-Stundenübungen, da haben wir auf die Zähne gebissen und uns ohne Schlaf durchgekämpft, weil wir wussten, dass nach 72 Stunden »Übungsende« herrscht. Im Einsatz gibt es kein Übungsende. Es handelt sich fürwahr auch nicht um eine Übung. Sie müssen Ihren persönlichen Rhythmus finden. Auch Sie, die Vorgesetzten, benötigen Schlaf und Erholung. Ich hatte es mir angewöhnt, ohne Gewissensbisse zu haben nachmittags zuweilen für 30 Minuten ein Nickerchen zu halten, wenn es der Auftrag hergab. Sicherlich nicht jeden Tag, aber so einmal die Woche vielleicht. Ich wusste halt, dass ich nachts wach- und führungsfähig sein musste. Die Zeit war gut investiert. Schlafmanagement ist wichtig, für Sie selber als auch für Ihre Soldaten. Ich bin trotz aller Belastung regelmäßig zum Sport gegangen und habe mir meine Auszeiten gegönnt. Denn in den ersten zwei Monaten arbeiten Sie wie ein Tier. Nichts und gar nichts scheint Sie zu bremsen. Sie fühlen sich unbegrenzt belastbar und meinen, alles persönlich machen oder kontrollieren zu müssen. Euphorie und Adrenalin tragen Sie. Sie kommen mit vier Stunden Schlaf aus. Dann setzt die Erschöpfung ein. Körperliche Symptome zeigen Ihnen an, dass Sie am Limit sind. Migräne, Schlaflosigkeit, Unruhe, Magen- und Darmprobleme, allesamt sichere Indikatoren Ihres Körpers, dass Sie sich überfordern. Alles fällt Ihnen schwerer, Sie sind reizbarer und Ihre Urteilsfähigkeit lässt nach. Nach sechs Monaten sind Sie vollkommen ausgelaugt. Ich war nach neun Monaten völlig erschöpft, physisch und psychisch, wie noch nie in meinem Leben zuvor. Wenn Sie nach Ihrem Einsatz nicht lernen, wieder runter zu fahren, entsprechende Präventivkuren oder Urlaube zu genießen, das Erlebte zu verarbeiten, dann reden wir sehr schnell über Burn Out oder PTBS. Ich persönlich war traumatisiert, als ich aus Kunduz zurückkehrte. Ich hatte aber das Glück, über ein persönliches Umfeld zu verfügen, das mich auffing. Zum ersten Male in meinem Leben besuchte ich eine Kurklinik und lernte, mit dem Erlebten, dem Trauma, umzugehen. Heute weiß ich, dass ich über mein Limit gegangen bin, damals in 2008. Wenn man in Führungsverantwortung steht, dann verdrängt man so etwas – leider. Abschließend kann ich für mich feststellen, dass der Afghanistaneinsatz die schönste Führungsverwendung war, die ich jemals bekleidet habe. Sie war für mich zugleich, auch im Vergleich zum Kosovo-Einsatz 1999, die sicherlich anstrengendste und bei weitem gefährlichste Herausforderung meines Lebens. Die mir anvertrauten Soldaten waren für mich als militärischer Führer der Fokus meiner Überlegungen, der Kern meiner Sorgen und zugleich auch der Rückhalt, den ich brauchte. Ich bin stolz auf sie alle und freue mich auch heute noch über die vielen Verbindungen, die den Einsatz überdauert haben.

Zweifrontenkrieg – zwischen TIC und Karriere

von Christopher Urbas

Einleitung

„Kein Einsatz ist wie der andere!", das sagen sie immer, unsere einsatzerfahrenen Unteroffiziere. Und in der Gesamtschau der neueren Einsätze der Bundeswehr wird es noch deutlicher, als es unsere Berufsveteranen je hätten vorhersehen können. In Abgrenzung zu konventionellen Szenarien spielen sich derzeitige und künftige Einsätze inmitten der Zivilbevölkerung ab. Genau diese Tatsache stellt das Militär vor eine ganz besondere und neue Herausforderung, die sich vorzüglich mit dem Diktum Maos umschreiben lässt: Der Guerilla bewegt sich mit unauffälligen Bewegungen inmitten der Zivilbevölkerung, wie ein Fisch sanft durch das Wasser gleitet. Somit sieht sich das Militär im Gegensatz zum klassischen Zwei-Parteien-Krieg vor einer ganz zentralen Frage – wer ist innerhalb der Zivilbevölkerung Freund und wer ist Feind? Neben dieser neuen Herausforderung, die jeden Soldaten als Element und Sensor in seiner Einheit fordert, begegnen uns auch im Auslandseinsatz alltägliche Grabenkämpfe, die den weiteren Karriereweg unseres Führungspersonals ebnen sollen. Selbst im Auslandseinsatz werden Grundsteine für die weitere berufliche Entwicklung innerhalb der Bundeswehr gelegt – und das nur zu oft auf Kosten der unterstellten Soldaten.

Der erste Teil dieses Buchbeitrags liegt in der Reflexion des deutschen militärischen Nachrichtenwesens im Auslandseinsatz sowie einiger Unzulänglichkeiten, die sich während eines siebenmonatigen Afghanistanaufenthaltes abgespielt haben. Der zweite Teil des Beitrags wird sich mit der Personalpolitik der Bundeswehr beschäftigen und hier besonders der Frage nachgehen, wie selbst im Auslandseinsatz Karrieren gemacht werden. Im dritten Teil des Beitrags wird ein Anschlag und dessen Auswirkung auf das soziale Gefüge im Feldlager diskutiert. Der letzte Abschnitt widmet sich der Heimkehr aus einem Kriegseinsatz. Abschließend wird das Geschriebene unter anthropologischen Gesichtspunkten in die Veteranenthematik eingeordnet sowie einige Handlungsempfehlungen besprochen.

Militärisches Nachrichtenwesen im Einsatz

Das deutsche militärische Nachrichtenwesen, dessen Angehöriger ich während eines siebenmonatigen Afghanistaneinsatzes war, wurde über viele Dekaden im Inland wie auch im Ausland stiefmütterlich behandelt. Schuld an der tragischen Gesamtsituation ist die tägliche Praxis der Personalwirtschaft der Bundeswehr, die sich auszeichnet durch viel zu kurze Stehzeiten auf relevanten Dienstposten sowie der unverständlichen Karrierepolitik, die jedem inhaltlich wertvollen Paradigma eines zukunftsfähigen und schlagkräftigen Nachrichtenwesens sowie der Professionalisierung weiterer Spezialdisziplinen zuwider läuft. Das militärische Nachrichtenwesen muss sich neu definieren und behaupten. Doch leider ist es im Auslandseinsatz wie im Inland oft nur von Einzelpersonen anstatt von dem System an sich abhängig, ob zusammen oder gegeneinander gearbeitet wird. Das militärische Nachrichtenwesen fügt sich immer noch hinten ein, anstatt nebeneinander mit den anderen Disziplinen für die gesamte Sache zu arbeiten. Es ist ein typisches Bundeswehrphänomen, dass es oftmals nur darum geht, wer die größte Darbietung abliefert, und das eigentliche Ziel, im Auslandseinsatz vor allem die Umsetzung politischer Vorgaben und die Bekämpfung von Quellen der Instabilität, in den Hintergrund tritt. Durch diese Praxis werden wertvolle Ressourcen dadurch gebunden und verbraucht, sich mit der Behauptung der eigenen Truppengattung, Fähigkeit oder sonstiger Merkmale auseinanderzusetzen und gegen andere abzugrenzen, die sinnvoller in der zielgerichteten Zusammenarbeit kanalisiert wären.

Eine Praxis, die hier regelmäßig kritisiert wird, ist das bloße Reagieren auf Erkenntnisse, die dem militärischen Nachrichtenwesen vorliegen. Geplante Operationen berücksichtigen nur selten das vorhandene Meldewesen, sodass die Grob- und Feinziele zwar klar definiert sind, aber allzu oft nicht im Sinne der zielorientierten Aufstandsbekämpfung ausgerichtet werden, um Quellen der Instabilität zu bekämpfen. Erkenntnisse aus dem militärischen Nachrichtenwesen werden letztlich bei der Planung von Operationen im Einsatz nur noch zu Kenntnis genommen, sodass die Infanterie, die taktisch eine hervorragende Arbeit leistet, im Alleingang Symptom- anstatt Ursachenbekämpfung betreibt. Zudem werden nur selten militärische Maßnahmen zur Beseitigung von Gewalt gegenüber staatlicher Ordnung ergriffen, die von vorhandenen Erkenntnissen geleitet wurden. Somit beschränkt sich der Beitrag zur gezielten Aufstandsbekämpfung auf das ungezielte Suchen der berühmten Nadel im Heuhaufen. Oft konterkarieren Operationen, die teils willkürlich geplant wirken, das Nachrichtenwesen, sodass nicht berechenbare Effekte im Raum bewirkt werden und das Ausmaß a posteriori erfasst werden muss, anstatt sie vorhersagen zu können. So werden neue Aufgabenfelder geschaffen ohne nach dem Grundsatz Sicherheit vor Stabilität zu agieren und die Sicherheit schrittweise und logisch aufbauend herzustellen. Auch hier kann nur immer wieder appelliert werden, den Gedanken kontinuierlich weiterzuführen und Operationen nicht nur der Operation wegen durchzuführen, sondern um damit ernsthafte Effekte im Raum auszulösen. Und eben dies erfordert die Zusammenarbeit der verschiedenen Disziplinen und nicht den dauerhaften Versuch, sich abzugrenzen und die eigene Fähigkeit oder Truppengattung über die der Mitstreiter zu stellen. Auffällig ist hier, dass jedes Einsatzkontingent anscheinend versucht, das Rad neu zu erfinden, da zum einen einsatzunerfahrenes Personal an Schlüsselpositionen verwendet wird und zum anderen die vorhandenen Erfahrungen der zurückgekehrten Veteranen nicht in ausreichender Art und Weise wahrgenommen und verarbeitet werden, sodass es unvermeidlich zu dauerhaften Fehlerwiederholungen kommt, die nicht durchlaufen werden müssten. So ist eine Datenbank über die Einsatzerfahrungen der vergangenen Kontingente zwar installiert, wird jedoch in der einsatzvorbereitenden Ausbildung nur peripher vorgestellt und ausgewertet. Entstehungsgründe sind hier die teilweise ungünstigen Personalkonstellationen sowie die immer noch mangelhafte interdisziplinäre nationale Zusammenarbeit. In einigen Kontingenten ist der Anteil derjenigen, die bereits Auslandserfahrung nachweisen können, größer, sodass diese Kontingente möglicherweise effektivere Wirkung entfalten. Es wird vorab selten der Überblick gewahrt, wie das zahlenmäßige Verhältnis der einsatzerfahrenen zu den einsatzunerfahrenen Soldaten im Kontingent ist. Die Effektivität des Kontingentes wäre womöglich noch zu steigern, wenn diese Parameter mehr Berücksichtigung fänden. Die internationale Zusammenarbeit ist zum größten Teil aufgrund nationaler Vorgaben begrenzt und somit in Teilen nicht ganz einfach, da sich Regelungen der allumfassenden Zusammenarbeit oftmals entgegenstehen. Die nationale Zusammenarbeit ist hingegen häufig nicht durch Regelungen beschränkt, sondern beschränkt sich selbst durch die unnötige Etablierungstaktik der einzelnen Fähigkeiten und den steten Versuch, sich gegen die anderen Fähigkeiten abzugrenzen. Auch hier kann nur appelliert werden, sich das gemeinsame Ziel regelmäßig vor Augen zu führen und gemeinsam anzupacken, anstatt kleine Machtkämpfe innerhalb des Feldlagers zu führen.

Kriegskarrieren und ihre Folgen

Die Bundeswehr sieht sich trotz des Versuchs einer modernen und flexiblen Personalführung vor der kontinuierlichen Herausforderung, besondere

Dienstposten durch geeignetes Personal zu besetzen. Und immer wieder ist es schwerlich zu verstehen, dass offen- und aktenkundig ungeeignetes Personal mit einer Führungsaufgabe im Einsatz betraut wird, bei der es in der Konsequenz um die Verantwortung über Leben und Tod geht. Bereits im Inland bekannte personelle Unzulänglichkeiten werden gekonnt ignoriert und verschwiegen, und es wird gehofft, dass im Auslandseinsatz nichts Schlimmeres passiert. So wurde bspw. einer Person, die bereits im Inland als ungeeignet für eine Führungsposition erkannt wurde, für einen sechsmonatigen Einsatz in Afghanistan eine hohe zweistellige Anzahl von Soldaten anvertraut, die größtenteils außerhalb des Feldlagers eingesetzt werden sollten. Die inhärente Angst vor einem Bruch in der eigenen Vita lässt verantwortliches Führungspersonal in eine Art Schockstarre geraten, in der personelle Entscheidungen nicht getroffen werden, obwohl sie hätten getroffen werden müssen. Somit wurde im laufenden Einsatz einer Kompanie der formelle Führer durch disziplinarische Repatriierung entzogen. Immer wieder wird dem angehenden Führungspersonal der Bundeswehr nahegelegt zu entscheiden und zu führen. Doch gerade in Momenten, in denen eine Entscheidung getroffen werden müsste, wird so oft nicht entschieden und nicht geführt. Das Festhalten an alten Strukturen, die schon längst hätten überholt werden müssen, führt genau zu diesem Problem. Fraglich ist bspw., ob jeder Offizier im Truppendienst der Bundeswehr Kompaniechef gewesen sein muss. In mehr als 13 Dienstjahren sind mir eine große Anzahl von verwendeten Kompanieführern begegnet, die nur aufgrund der starren Vorgaben der Personalführung für die Wahrnehmung dieses Dienstpostens eingeteilt wurden, obwohl sie entweder selbst kein Interesse an dieser Verwendung hatten oder bereits vorher Evidenz über die mangelnde Sozial- und Führungskompetenz vorlag. Doch genau solche, mit Sicherheit nicht einfachen, Entscheidungen der Personalführung, sind notwendig, um eine funktionierende und auf Vertrauen basierende Einsatzarmee zu etablieren. Dass es eine immanente Spannung im Vorgesetzten- und Untergebenenverhältnis gibt, liegt in der Natur der Sache. Doch solche Mängel haben im Auslandseinsatz harte Konsequenzen und müssen bereits vor Verlegung in das Einsatzland abgestellt werden.

Ebenso ist es schmerzhaft zu beobachten, dass selbst im Auslandseinsatz der Kampf nicht vollends den Aufständischen gilt, sondern der aus dem Inland bekannte Ellenbogenkampf fröhlich weiter geht. Auch im Auslandseinsatz werden Karrieren gemacht. Eine besonders gute Einsatzbeurteilung mit nach Hause zu nehmen scheint bei gewissen Dienstposteninhabern auf der Prioritätenliste ziemlich weit oben angesie-

74

delt zu sein. In den Stäben der in den Auslandseinsätzen eingesetzten Truppenteilen wird nach guter inländischer Manier das Beurteilungswesen gelebt und nach unten weiter gegeben. Hierdurch entsteht ein zusätzlicher Druck, der in der Einsatzrealität nichts verloren hat. Nichtsdestotrotz ist es unstrittig, die physische und psychische Belastbarkeit auch im Auslandseinsatz unter Beweis stellen zu müssen und letztlich auch zu dokumentieren. Doch denklogisch sollte dies nicht deshalb geschehen, um eine besonders gute Beurteilung zu bekommen, sondern um das Maß des persönlichen Einsatzes und den eigenen Beitrag möglichst hoch anzusetzen, also um der Sache besonders gut zu dienen und nicht dem beurteilenden Vorgesetzten. Hier gilt es neue Konzepte zu entwerfen, die einen Riegel vor die kontraproduktive Praxis des beurteilungsmäßigen Ellenbogenkampfes im Auslandseinsatz schieben. Es ist absolut unerträglich für das soldatische Verständnis und für diese besondere Berufsgruppe, wenn Soldatinnen und Soldaten, die als Veteranen heimkehren, nicht durch den Einsatz selbst, sondern durch ihre Vorgesetzten traumatisiert sind, die nur ihre eigene Beurteilung mit Höchstpunktzahl im Hinterkopf haben. Nur zu oft wird auch im Auslandseinsatz versucht, Karriere zu machen, sodass der Ellenbogenkampf selbst in diesem Ausnahmezustand keine Grenzen kennt und weiter ausgefochten wird. Und dies auf dem Rücken der baldigen Veteranen ohne Rücksicht auf die Belastungen, die ein Einsatz ohnehin mit sich bringt.

TIC, TIC, TIC

Auf Übungsplätzen der Bundeswehr wird immer wieder, und gerade in der Vorbereitung auf einen Auslandseinsatz, das Verhalten bei Anschlägen trainiert. Sei es das Verhalten bei dem Auftreffen auf eine Sprengfalle oder der Beschuss durch feindliche Kräfte. Es wird einstudiert, wie die verschiedenen Manöverelemente effektiv eingesetzt werden können, um die meist unübersichtliche Lage bearbeiten zu können. Hier wird dem Führungspersonal einiges abverlangt, doch es bleibt eine Übung auf einem Truppenübungsplatz in Deutschland. Jeder Teilnehmer wird am Ende des Tages oder am Ende des jeweiligen Ausbildungsabschnitts wieder wie gewohnt seinen normalen Aktivitäten nachgehen und das Geschehene vergessen, in der Gewissheit, dass es nicht real war. Doch genau dieses wird es in dem Moment, wenn jemand fernab der Heimat durch das Funkgerät schreit „TIC, TIC, TIC!" Feindkontakt! Diesen Schrei hört in der Heimat niemand. Und es ist auch keine Übung.

Unser Team war auf dem Rückweg von einem Gesprächstermin, als wir im afghanischen Gebirge einen platten Reifen hatten, ca. 100 km entfernt vom Feldlager in Kunduz. Bei dem eingesetzten Fahrzeugtyp ist kein Reserverad vorgesehen. Das Rad besitzt jedoch eine Notlaufeigenschaft, also im Inneren des Reifens ein Notrad aus Hartplastik, welches dafür ausgelegt ist, ungefähr 50 km überbrücken zu können. Mit dieser Notlaufeigenschaft brachen wir nun den Rückweg Richtung Feldlager an. Unsere Kolonne bestand nur aus einer handvoll Fahrzeugen, da die Feldnachrichtenkräfte innerhalb der Aufklärungskompanie weitestgehend autark im Raum operieren können und auch sollen. Da wir selbst fernab einer gut befahrenen Hauptstraße operierten, versuchten wir, uns vorerst Richtung Norden zu einer Hauptstraße durchzuschlagen, und das im Schritttempo. Dass wir mit einer solchen Einschränkung der Bewegung schnell das allgemeine Interesse auf uns ziehen könnten, war uns sofort bewusst, sodass erhöhte Aufmerksamkeit notwendig wurde. Der Nachmittag neigte sich dem Ende und wir kamen schlecht voran.

Wir suchten uns vorerst eine günstigere Position innerhalb eines Tals, von dem aus wir zumindest die nähere Umgebung gut überblicken konnten. Von hier aus teilten wir der taktischen Operationszentrale unsere Lage mit und forderten Hilfe an, denn uns wurde zusehends bewusst, dass das Erreichen des Lagers mit dem defekten Fahrzeug nicht möglich sein würde. Die Hilfe wurde zugesagt und befand sich von nun an auf dem Weg zu uns. Doch aufgrund der Vorbereitungszeit und der Entfernung war mit einer Ankunft erst in einigen Stunden zu rechnen. Mit Blick auf die umliegenden Berge wurde uns immer mehr bewusst, dass wir uns weiter raus aus dem Gebirge in Richtung Hauptstraße bewegen mussten, denn mit zunehmender Dunkelheit konnten wir nicht mehr erkennen, wer sich auf den Bergen befand. Die Lage wurde angespannter und wir schlugen uns weiter Richtung Hauptstraße durch. Kurz vor der Hauptstraße haben wir nach mehrstündiger langsamer Fahrt mit den zu Hilfe eilenden Kräften gekoppelt. Es war bereits dunkel und die letzten Kilometer des beschädigten Fahrzeuges waren eine enorme Belastung für das Material als auch die Besatzung, denn die Notlaufvorrichtung zerbrach, und das Fahrzeug wippte ununterbrochen auf und ab. Nun wurde lediglich mit dem Licht der Stirnlampen und unter Eigensicherung das Rad gewechselt. Mit neuem Rad ging es dann auf der Hauptstraße weiter in Richtung Feldlager.

Beim ersten technischen Halt fiel dann auch noch der Motor des reparierten Fahrzeuges aus, sodass das gerade erst instandgesetzte Fahrzeug abgeschleppt werden musste. Als wenn die Lage bis dahin nicht ohnehin schon aufreibend genug gewesen wäre, mussten wir also die restlichen Kilometer in Kolonne mit einem abgeschleppten Fahrzeug bestreiten. Wir teilten ein Fahrzeug als Spitzenfahrzeug ein und die anderen Fahrzeuge folgten mit einem gewissen Abstand. Nachdem wir im Spitzenfahrzeug eine bereits im Meldewesen auffällige Stelle passiert hatten, war es soweit und wir hörten von den Fahrzeugen hinter uns, die diese Stelle nun passierten – „TIC, TIC, TIC!“.

Nun musste alles sortiert, aber schnell gehen. Solche Situationen wurden hunderte Male geübt, und dennoch ist jede Situation einzigartig. Wir im Spitzenfahrzeug stoppten und sicherten die Umgebung. Wer meldet was? Wo laufen Informationen zusammen? Wer muss was tun? Es war stockduster mitten in der Nacht: Lediglich die Beleuchtungen unserer Fahrzeuge brachten etwas Licht ins Dunkel. Unsere eigenen Koordinaten wurden sofort per Funk an die taktische Operationszentrale gemeldet und der Fokus lag voll auf uns. Nun schallte es über Funk „Durchstoßen!“, ebenfalls ein Szenario, welches auf verschiedenen Truppenübungsplätzen mehrfach einstudiert wurde. Minuten vergingen wie Stunden und wir hofften, dass die anderen Fahrzeuge – nicht zu vergessen das abgeschleppte Fahrzeug – alsbald an uns vorbei fahren würden. Dann war es soweit, und im Rückspiegel konnten wir die ersten Fahrzeugbeleuchtungen wahrnehmen. Mehrere Fahrzeuge fuhren an uns vorbei, kurze Vollzähligkeit – alle durch! Wir schlossen sofort auf und legten in sicherer Entfernung einen kurzen Orientierungshalt ein, um zu prüfen, was soeben passierte.

Meldungen über Material und Personal wurden über Funk weitergegeben und der Weg Richtung Feldlager fortgesetzt. Angekommen im Feldlager ist es üblich, sich sofort in der taktischen Operationszentrale zurückzumelden. Die Fahrzeugführer taten dies und ernteten als erste Reaktion nicht etwa ein Schulterklopfen auf das Überstehen dieser Situation, sondern die Frage, was wir denn in einer solchen Gegend zu suchen hätten. Tatsächlich wurden wir sogar gefragt, ob wir uns Sehenswürdigkeiten anschauen wollten.

In uns machte sich Wut und Entsetzen breit. Gerüchte verbreiten sich im Feldlager wie ein Waldbrand im Hochsommer. Letztlich stellte sich heraus, dass wohl einige Aufständische unsere Lage erkannt und sich an besagter Stelle positioniert hatten, um einen Treffer mit ihren Panzerfäusten in unserer Kolonne zu platzieren. Dass keines der abgegebenen Geschosse eines unserer Fahrzeuge traf, kann wohl unter einer riesigen Portion Glück verbucht werden. Die betroffenen Kameraden hatten nun aber zwei Baustellen zu bewältigen, nämlich der sicheren Verwundung oder gar dem Tod von der Schippe gesprungen zu sein und den zusätzlichen Anschuldigungen des verantwortlichen Führungspersonals. Innerhalb unserer

Teams wurde schnell reagiert und der Ablauf des Tages bis ins Kleinste
zerlegt und in einem Bericht zusammengefasst. Auch das Gespräch mit
dem Führungspersonal wurde gesucht und es wurde aufgezeigt, welchen
Auftrag Feldnachrichtenkräfte haben und welche Notwendigkeiten das
militärische Nachrichtenwesen mit sich bringt. Grobe Unkenntnis in Form
der Anschuldigungen führten dennoch zu einem tiefen Graben zwischen
denen, die dabei waren, und denen, die das ganze Geschehen aus der war-
men taktischen Operationszentrale im Kinoformat mitverfolgten. Wir als
Team haben sehr viel aus diesem TIC gelernt: Wir sind zusammengerückt.
Wir sind noch mehr WIR geworden, denn wir hätten gemeinsam sterben
können. Der Begriff Kamerad bekommt eine weitaus tiefere Bedeutung.
Was gestern noch wichtig erschien, spielt heute keine Rolle mehr. Jeder aus
dem damaligen Team geht heute weiter seine eigenen Wege und dennoch
ist man für immer durch dieses Ereignis vereint. Das Datum kehrt wieder,
Jahr für Jahr.

Heimkehr

Nach sieben langen Monaten war es dann soweit, die Rückkehr in die
Heimat. Als Führungspersonal verlegt man als einer der ersten in den Einsatz und als einer der letzten zurück in die Heimat. Und das ist auch in
Ordnung so. Die Anspannung war groß, denn wohl jeder hat sich vor
seiner Rückkehr mit den unterschiedlichsten Fragen zur Heimkehr auseinandergesetzt. Ich ließ meine Frau und unseren sechs Monate alten Sohn
zurück. Wie wird das Wiedersehen? Verstehen wir uns noch? Brauche ich
Zeit zum Ankommen? Werde ich viel gefragt? Kenne ich selbst die Antworten auf all die Fragen überhaupt? Die Rückreise zieht sich über mehrere Tage. Das Warten auf Anschlussflüge wird zur Qual. Doch nach einigen
Tagen haben wir es geschafft: Wir betreten wieder deutschen Boden. Die
Gefühle sind durcheinander. Die Autobahnfahrt vom Flughafen nach
Hause ist unwirklich. Feste Straßen und Straßenbeleuchtung machen einen
futuristischen Eindruck. Erst da wurde mir bewusst, wie unterschiedlich
Länder sein können. Als Familie beschlossen wir noch vor der Rückreise
die Heimkehr mit dem zu beginnen, was wir am liebsten taten – reisen.
Während einer längeren Fernreise zum ganz anderen Ende der Welt, nach
Neuseeland, fanden wir als Familie wieder sehr schnell zueinander.

Problematischer wurde nach erfolgreicher Wiedervereinigung mit der Familie die Reintegration am Standort. Einiges hat sich verändert und auch
wir haben uns verändert. Ich ärgere mich über verschiedenste Aussagen
beim Bataillonsantreten. Triviales wird wichtig geredet und es werden Aus-

zeichnungen für die Erfüllung der normalen Dienstpflichten verteilt. Anfangs fällt es mir schwer, die dauerhaften Vergleiche mit dem Auslandseinsatz abzustellen. Doch auch das gelingt mir im Verlauf der Zeit immer besser. Ich erkenne dennoch bei mir selbst, wie ich immer wütender darüber werde, was sich im Inland abspielt und welche Banalitäten Personal über mehrere Wochen beschäftigten können. Der Übergang zum normalen Tagesdienst fällt Vielen schwer. Man lebt noch sehr lange in seiner Gedankenstruktur des Auslandseinsatzes. Vorgesetzte schaffen es immer wieder, Kriegsheimkehrer vor versammelter Mannschaft durch unüberlegte Aussagen so sehr zu destabilisieren, dass die Vorgesetzten der Zwischenebene eine enorme Aufklärungsarbeit leisten müssen, um die Situation nicht eskalieren zu lassen. Gerade in solchen sensiblen Phasen ist die Empathie der Vorgesetzten von besonderer Bedeutung. Denn viele Kriegsheimkehrer haben nach der Wiedereingliederung in den Tagesdienst immer noch sehr mit sich selbst zu kämpfen und benötigen eine besondere Aufmerksamkeit. Leider denken in der Bundeswehr viele Vorgesetzte nur an ihre eigene Karriere und gehen notfalls über Leichen, ohne die besonders notwendige Empathie gegenüber den Kriegsheimkehrern zu berücksichtigen. Sie sehen ihre Untergebenen oft nur als Objekte, als Zahlen und Dienstposten. Sie sollten jedoch als Subjekte wahrgenommen werden, denn sie haben qualitative Eigenschaften wie Personalität, Entscheidungsfreiheit sowie die Möglichkeit zur Selbstbestimmung. Und das sollte respektiert und anerkannt werden, in besonderem Maße für unsere Veteranen, die über viele Monate Entbehrungen in diesen Eigenschaften hinnehmen mussten. Die eigentliche zweite Familie finden Kriegsheimkehrer unter ihresgleichen. Es verbindet sie ein gemeinsames Erlebnis und ähnliche Erfahrungen hinsichtlich Entbehrung, Angst, Neugier, Vertrauen und letztlich tiefe Kameradschaft.

Fazit

Während eines Einsatzes, wie bspw. dem eigenen Einsatz in Afghanistan, betreten wir oft die Sphären der philosophischen Anthropologie: Wir als Menschen werden uns selbst zum Rätsel und teilweise sogar zum Problem. Wir hinterfragen uns selbst, stellen uns selbst in Frage und entwickeln eigene Annahmen und Antworten, die unsere eigene Existenz betreffen. Der Veteran als Subjekt und nicht nur als bloßes Objekt variiert in seinen qualitativen Eigenschaften als Person. Einsätze verändern, sie machen zu Veteranen. Sie heben die Gedanken zur eigenen Existenz in der Gesellschaft auf eine andere Ebene, nicht höher oder niedriger, vielmehr hori-

zontal verschoben. Dieser Beitrag möchte nicht nur ein Loblied auf die
Veteranen singen, sondern die Komplexität des täglichen Dienstes im Auslandseinsatz und später im Veteranendasein unterstreichen. Veteranen
werden sich selbst zum Rätsel und beginnen sich Fragen zu stellen: Warum
bin ich hier? Welchen Sinn hat dieser Einsatz? Wie verändert mich die
lange Abwesenheit? Manche werden sich selbst zum Problem: Was soll ich
hier? Warum bin ich nicht zu Hause geblieben? Was wird aus meinen Kindern, wenn ich sterbe? Und die Antworten auf diese Fragen sehen sehr
unterschiedlich aus. Sie trennen die Veteranen in zwei Lager. Diejenigen,
die ihren inneren Frieden gefunden haben und diejenigen, die weiter auf
der Suche nach den Antworten sind. Für die zweite Gruppe wird der Einsatz nicht aufhören, sie bleiben auf der Suche. Der jeweilige Einsatz lastet
sehr unterschiedlich.

In diesem Beitrag wurde verstärkt auf die Probleme des militärischen
Nachrichtenwesens sowie Aspekte der Personalführung abgestellt. Dies
sind vermehrt Problematiken, die mich selbst als jetzigen Veteranen teilweise an den Rand der Verzweiflung getrieben haben. Das Bewusstsein,
kein komplettes System ändern zu können und auch strukturelle Probleme
während des Auslandseinsatzes nicht ad hoc abstellen zu können, zer-
mürbt den jeweiligen Adressatenkreis ähnlicher Erfahrungen. Nur im aus-
giebigen Dialog kann erahnt werden, was die Veteranen wirklich beschäftigt. In der einsatzvorbereitenden Ausbildung, aber auch in der Führerausbildung sollte verstärkt darauf geachtet werden, die unterstellten Soldaten
sowie andere Disziplinen gleichwertig wahrzunehmen.

Abschließend möchte dieser Beitrag auf eine wichtige Kernprob-
lematik hinweisen, die je nach Personalkonstellation im Kontingent die
unterschiedlichsten Ausformungen annehmen kann. Es ist absolut qualvoll
zu beobachten, dass Kriegsheimkehrer teilweise nicht durch den Einsatz
selbst, sondern durch die Willkür und das Verhalten ihrer Vorgesetzten
traumatisiert sind, die ihren Karrierekampf auf dem Rücken der zukünfti-
gen Veteranen ausfechten. Die Personalführung der Bundeswehr ist gefördert, neue Konzepte zu entwerfen, die dieser Situation entgegenwirkt.
Denn nicht nur die Soldaten im Auslandseinsatz, die durch diese Praxis
latent gezwungen werden, sich dauerhaft miteinander zu messen, leiden.
Auch die verantwortlichen Disziplinarvorgesetzten, die eine Unmenge an
Beurteilungsbeiträgen anfertigen müssen, verschenken wertvolle Ressourcen und einen nicht zu geringen Teil ihres Einsatzzeitraumes mit der umfassenden Einschätzung der physischen und psychischen Belastbarkeit des

Soldaten. Die Energie, die auch im Auslandseinsatz in das Beurteilungswesen investiert wird, wäre an anderer Stelle sinnvoller eingesetzt.

Das Führungspersonal der Zwischenebene, also die Führungskräfte mit direkter Personalverantwortung, befindet sich im Auslandseinsatz dauerhaft im Zweifrontenkrieg zwischen TIC und Karriere. Diese Spannung kann zermürben, denn leider lassen sich viele Kameraden auf die Grabenkämpfe ein, die für die eigene Karriere ausgefochten werden und vergessen, dass sie ebenso an einer zweiten Front kämpfen, die um einiges wichtiger ist. Denn darum sind sie im Einsatz, um zu kämpfen und zu führen, nicht um die eigene Karriere voranzutreiben. Die Personalkonstellation im Kontingent kann sehr unterschiedlich ausfallen. Professionell sind Kontingente mit Führungskräften und Soldaten, die sich nur auf die Front einlassen, wegen der sie in den Einsatz geschickt wurden. Zu bedauern sind diejenigen, die durch andere gezwungen werden, an zwei Fronten zu kämpfen. Und zu rügen sind diejenigen, die diesen Kampf an der Karrierefront auch im Auslandseinsatz kämpfen wollen. Es liegt in der Verantwortung der Personalführung, diesem entgegenzuwirken. Ebenso müssen aber auch die Soldaten selbst darauf achten, sich nicht auf die Karrierekämpfe einzulassen. Denn im Auslandseinsatz zählt nur eins: Gemeinsam für die Sache anzupacken!

Verantwortung nach dem Einsatz

von Marcus Grotian

> „Mein Onkel wurde getötet, und meine Großmutter auf offener
> Straße verprügelt. Sie drohten uns, dass einer aus der Familie für sie
> kämpfen muss, sonst würden alle sterben. Da mussten wir fort."

Was sich im Frühjahr 2015 wie eine »normale« syrische Flüchtlingsgeschichte anhört, ist in diesem Falle der Bericht einer Flüchtlingsfamilie aus
Kunduz zu Beginn der jährlichen Frühjahrsoffensive der Taliban in Afghanistan. Doch entgegen den medial gut aufbereiteten syrischen Schicksalen findet das Los der Afghanen kaum Beachtung. Die Frühjahrsoffensive
im Raum Baghlan-Kunduz, das Ringen der afghanischen Sicherheitskräfte
um Stabilität, die Brutalität der Taliban in den (wieder) besetzten Gebieten:
Alles kaum noch eine Schlagzeile wert. Deutsches Blut im Staub Nordafghanistans versickert und wird von den politischen Ereignissen weggespült.
Was bleibt, sind Fragen und eine Generation von Soldaten, die in einem
Einsatz war, den manch einer mit dem Begriff »kriegsähnliche Zustände«
umschreiben würde. Aber die nicht selbst entscheiden können, ob sie sich
nun Veteranen nennen dürfen. Ich dürfte es gemäß eines Arbeitspapiers
des Bundesministeriums für Verteidigung z.B. nicht, da ich noch aktiver
Soldat bin.

Wer in Afghanistan war, weiß, dass wir untereinander sehr genau
wahrnehmen, wer wo eingesetzt war, und wie es zu der speziellen Zeit
damals war. Wir vergessen dabei, dass es für einen Außenstehenden diese
Nuancen nicht gibt. Wenn ich von meinem Einsatz erzähle, geschah dabei
nichts Spannendes. Gut, die zwei Raketen, die über uns hinweggeflogen
sind, sind ja 500 m weiter weg eingeschlagen. Und der Anschlag gegen den
Kommandeur des PRT am zweiten Tag meines Einsatzes in Kunduz war
locker 800 m weit entfernt. Als der Apache-Helikopter in der Luft schwebend über dem Lager auf einmal das Feuer auf das Nachbardorf eröffnet
hat: Das war schon ein wenig wie im Film. Und als ich einmal die Waffe im
Anschlag hatte und dachte, ich muss jetzt um mein Leben kämpfen – nur
ein Missverständnis. Für die zivile Gesellschaft gehört davon nichts zur
Lebenswirklichkeit.

»Kämpfen können, um nicht kämpfen zu müssen« war jahrzehntelang der Leitspruch der Bundeswehr. Daraus hervor kamen Generationen, die bereit gewesen wären, wenn es hätte sein müssen. Ich selbst sah mich bis zu meinem ersten Einsatz in Bosnien als so jemanden an. Jeder, der gedanklich durchspielt, ob er oder sie den härtesten Aufgaben gewachsen wäre, kann dies letztlich nur aus seiner Einstellung, Motivation und Ausbildung rückschließen. Bis zu dem Moment, in dem man es wirklich beweisen muss, ist es das einzige Fundament, sind es die einzigen Parameter, die einem vorliegen. Die Überzeugung – auch ein wenig Hoffnung – in dem Moment, in dem es drauf ankommt, zu tun was nötig ist. Dinge zu tun, die keinen Platz haben in einer pazifistischen Gesellschaft wie der unseren. Der Luftschlag von Kunduz im September 2009 und seine mediale Aufarbeitung mag dazu Beweis sein. Wäre ich als Kommandant eines Schützenpanzers mutig den Rohren gegnerischer Kampfpanzer entgegengefahren? Oder abgesessen, dem Schützentrupp voran, den Angriffsschwung nutzend, den Untergebenen ein Vorbild? Ich habe es gedanklich durchgespielt, wieder und wieder. Realitätsnahe Hollywoodfilme wie die ersten 30 Minuten von »Der Soldat James Ryan« wieder und wieder geschaut, und überlegt: Wie hätte ich gehandelt?! Die Überlebensdauer einer Schützenpanzerbesatzung wurde in der Zeit des Kalten Krieges vorsichtig optimistisch mit 30 Minuten auf dem Gefechtsfeld angegeben. Auf Übungen habe ich durch die Optik meines Schützenpanzers den Abschussblitz eines gegenüberstehenden Kampfpanzers gesehen und gewusst, dass ich den Abschussknall nicht mehr hören würde, hätte er wirklich auf mich gezielt. Zu schnell fliegt das Geschoß, als dass der Knall noch vom nahenden Ende berichten könnte. Dies war unsere Lebens- und Übungswirklichkeit in den 1990er Jahren.

Durch die Tür gehen

Ich möchte anhand von zwei persönlichen Episoden versuchen, die Brücke zwischen heutigen (Einsatz)Veteranen und den Veteranen des Kalten Krieges zu schlagen. Die erste erlebte ich völlig beiläufig während einer Erkundung. Ein alter Pionier-Stabsfeldwebel erzählte mir im Frühjahr 2003 auf der Rückkehr ins niedersächsische Munster unvermittelt: „Das hier war mein Abschnitt. Den Ort vor uns hätte ich mit 1.000 kg Sprengstoff in ein großes Loch verwandelt. Panzerhindernis!" Irritiert schaute ich die beschauliche Ansammlung von Höfen und Häusern an. „Schau mal in den Rückspiegel! Vorderhang! Die wären über die Kuppe und hier hätten wir sie am Vorderhang aufgehalten, so dass eigene Kräfte sie hätten abschießen können!" In der Tat sah ich im Rückspiegel einen langgestreckten Hügel hinter uns aufragen, und verstand. „Wir wären damals hier Frontgebiet gewesen, jeder wusste, wo seine Stellung war, wo der Sprengstoff lagerte, was er zu tun hatte. Aber wir wussten auch: Den ersten Tag überleben wir nicht, wenn es losgeht." Ich war unangenehm überrascht. Der Kalte Krieg war zu Ende, als ich 1995 Soldat wurde. Mir wurde klar, wie sehr sich unsere Erfahrungen unterschieden, obwohl wir uns schon länger kannten. Ich war frisch aus dem SFOR-Einsatz zurückgekehrt, und das Gerede von früher war für »uns Einsatzsoldaten« eher nervig. Natürlich war für uns all das Erlebte realer. Echte Munition, echte Demonstranten, ein ganzes Land voll echter Minen. Kein »Feind Rot«, der divisionsweise angreifen konnte, aber nicht Russe genannt werden sollte und trotzdem die Waffensysteme Russlands ins Felde führte.

Mein zweites Erlebnis ist ein sehr persönliches aus Kunduz. Im Frühjahr 2011 zerrissen mehrere Anschläge unsere Vorbereitung für den Einsatz als Gefechtsverband im Raum Kunduz. Die gefallenen Kameraden des Schwesterverbandes im OP-North waren durch einen Afghanen in Polizeiuniform, einen sogenannten Innentäter, in ihrem Lager ermordet worden. Das Misstrauen gegenüber Afghanen, mit denen wir eigentlich zusammenarbeiten sollten, und die überall in den Lagern waren, wurde dadurch nicht geringer. Kurz darauf fiel ein Offizier unseres Vorgängerkontingents. Ein guter Kamerad aus unserer Mitte musste daher schon vorab in den Einsatz verlegen, um die entstandene Lücke zu schließen. Die familiäre und psychische Belastung kann ich nur erahnen. Wie erklärt man seiner Frau, dass schon alles gut wird, wenn der Vorgänger gefallen ist? Der Anschlag auf General Kneip und die dabei gefallenen und teilweise schwerstverwundeten Kameraden und Afghanen zeigten noch einmal eindrucksvoll die Gefahren – auch an scheinbar sicheren Orten. Kaum mehr als einige Tage, nachdem ich bei der Trauerfeier in Hannover unserem gefallenen Kameraden das letzte Geleit gegeben hatte, stand ich nun also selbst in Kunduz. Am Tag zwei wurde der Konvoi des Kommandeurs des PRT Kunduz, Oberst Norbert Sabrautzki, in ca. 800 m Luftlinie Entfernung von mir angesprengt. Ich stand gerade im Freien, und mein Vorgänger und ich konnten die Detonation und die folgende schwarze Rauchsäule aufsteigen sehen. „Geht ja gut los!", denke ich. Am Abend stehe ich in meiner ersten »Abendlage«. Nur ein bisschen zuhören und lernen. Bis zu dem Moment, als der Offizier direkt neben mir angesprochen und als Kommandant des zwölf Tonnen schweren Fahrzeuges erkennbar wird, das am Morgen durch die Wucht der Detonation auf die Seite geworfen wurde. Surreal. Ein Angriff in so geringer Nähe.

Der Verantwortliche für die Lagersicherheit warnte erneut eindringlich vor Innentätern. In den folgenden Tagen gab es noch einen Raketenangriff, bei dem ich auf dem Weg zu meiner Unterkunft die Rakete über meinen Kopf – und das Feldlager – habe fliegen sehen. Der Einschlag war knapp außerhalb des Lagers, weniger als 300 m entfernt von unseren Schlafplätzen, zu denen ich unterwegs war. Auch unvergessen der Moment, in dem ich am frühen Abend einen amerikanischen Apache-Kampfhubschrauber im Schwebeflug über dem Rand des Feldlagers beobachte. Friedlich, bis dieser unvermittelt seine Bordkanonen und zwei Raketen abfeuert. Ziel war ein dem Feldlager nahegelegenes Dorf, liebevoll »Raketendorf« genannt, weil dort besonders pfiffige Afghanen gerne den Umgang und die Flugbahnen von ballistischen Raketen testeten.

Insgesamt gab es keinen Verband in Kunduz vor uns, der keine Gefallenen hatte. Wir hatten uns auf Tod und Verwundung eingestellt. Ich erzähle all das, damit der Leser die Welt bei den folgenden Geschehnissen aus meinen Augen sehen kann.

Ca. 23:30 Uhr am Abend sitze ich noch allein im Zelt meiner Abteilung, als mich Schüsse aus ca. 200 bis 300 m Entfernung aufschrecken. Dazwischen ist eine Reihe kleinerer Detonationen, und der Schein von Signalraketen flackert durch die halbgeschlossenen Fenster. »Innentäter« blitzt es in meinen Gedanken auf und ich ziehe meine Pistole. Im Freien steigert sich das Stakkato der Abschüsse, als es ein kratzendes Geräusch aus dem Bereich der Zelttür gibt. Ich nehme mein Sturmgewehr, lade fertig, entsichere und gehe in Anschlag. Die Sekunden verrinnen, doch außer dass der Feuerkampf draußen immer wilder wird und näher kommt, passiert an der Tür nichts. Ich höre neben dem Gefechtslärm Rufe und Schreie. Ich habe Todesangst. Was nun? Ich blicke mich um. Verstecken! Ich schaue 30 Sekunden lang nach einem Versteck... in einem Zelt... absurd... und verdammt... ist dies nicht der Moment, wo es darauf ankommt? Was muss getan werden? Die Operationszentrale ist auch nachts besetzt, und wer zu ihr will, muss an unserem Zelt vorbei. Raus und kämpfen... ja... das wäre richtig! Es klappert im Bereich der Tür. Ich gehe langsam auf sie zu. Ich höre laute Rufe näherkommen und ein hupendes Auto. Wie viele werden es sein... Vier bis fünf schätze ich. Ich stehe an der Tür. Das Flackern schimmert durch die Zeltwand. Herzklopfen. Durchatmen... Ich reiße die Tür auf... Finger am Abzug, bereit zu kämpfen... und sehe Feuerwerk am Nachthimmel explodieren... Die Abschiedsfeier der Fallschirmjäger, die unser Vorgängerkontingent gestellt haben. Laut hupend wird der Kompaniechef durch das Feldlager gefahren… Ich brauche 30 Minuten um mich zu beruhigen. Die Geräusche an der Tür stellen sich hinterher als Drucker heraus, der nachts seine Reinigungsprozedur startet. Keine Geschichte, die zu persönlichem Ruhm verhilft und bisher verschwiegen war...

Seitdem weiß ich für mich, dass ich durch »die Tür gehen« kann. Aber ich erinnere mich auch an die ungeheure Kraft der Todesangst – und dass ich 30 Sekunden nach einem Versteck gesucht habe. Ich habe mich mit drei Trägern der Tapferkeitsmedaille unterhalten und erfahren, dass jeder zu dem Orden noch eine Reihe weiterer Andenken mit sich trägt. Bilder gefallener Kameraden im Kopf, die sie nicht retten konnten z.B.. Ich maße mir nicht an zu wissen, wie es Kameraden im Gefecht ging. Wie Kameraden in echter Gefahr Herausragendes geleistet haben. Oder auch Fehler gemacht haben. Damit will ich mich nicht vergleichen. Aber ich weiß, seitdem ich Todesangst hatte, dass ich froh bin, den nötigen Mut gefunden zu haben.

Den Begriff des Veteranen also nur an einem Einsatz festzumachen, greift für all die Kameraden zu kurz, die bereit waren, ihr Leben einzusetzen für die Landesverteidigung. Sie waren oft mental bereit, sich den schlimmsten Entscheidungen zu stellen, mussten es aber nicht. Die Kameraden, die im Einsatz ihr Leben und das ihrer Kameraden auf dem Spiel sahen, werden hingegen immer betonen, welch andere Qualität das eigene Engagement hatte. Dies spiegelt sich auch in den »Drinnie-Draußie-Befindlichkeiten« innerhalb der Truppe wieder. Nur weil jemand nicht jeden Tag im Außendienst mit der Waffe im Anschlag Türen auftritt, ist es kurzsichtig, ihm zu unterstellen er wäre kein Vollprofi. Genauso wie nicht jeder, der den ganzen Tag außerhalb der Lager seinen Dienst verrichten musste, dadurch automatisch zum Profi geworden ist. Ich habe von genug Kameraden gehört, die den Einsatz durch pures Glück überstanden haben, nicht aber wegen einer professionellen Einstellung zu unserem Beruf und seinen Besonderheiten.

Für mich und einige meiner Kameraden, die mit mir durch Ausbildung und Einsätze gegangen sind, war der Soldatenberuf immer mehr als die Arbeit als Verteidigungsbeamter. Auch wenn „hier nicht jeder Uniform trägt“, wie die Werbung der Bundeswehr einst so schön verlauten ließ. Berufszufriedenheit für Überzeugungstäter ist in solch einem Umfeld aber immer schwerer zu erreichen. Zumal die Nachhaltigkeit unserer Einsätze dem Diktat der Politik unterworfen sind. Wer beim Sichern einer Brücke, Stadt oder einer Region, die am nächsten Tag, dem nächsten Monat oder Jahr wieder in der Hand der Taliban ist, einen Kameraden verloren hat, dem wird deutlich, dass politische Gründe des Handelns manchmal für den Einzelnen keine befriedigende Antwort geben können. Genauso wie der Dienstherr das nicht immer kann. Ich erinnere mich noch an einen Besuch im Zentrum Innere Führung, wo einer der Herausgeber dieses Buches und ich die Frage in den Raum warfen, warum den Truppen in Afghanistan denn nicht alle Möglichkeiten der Eskalation zur Verfügung gestellt werden, damit dann der Führer vor Ort entscheiden kann, welches Mittel er einsetzt. Dies hatten wir an den Beispielen des Kampfpanzers Leopard und der fehlenden CRC-Schutzausstattung gegen demonstrierende Mengen erläutert. Die Antwort des vortragenden Oberstleutnants: Spöttisch wurden wir gefragt, ob wir schon einmal etwas von demonstrierenden Mengen in Afghanistan gehört hätten. Zehn Monate später mussten eine handvoll deutsche Soldaten auf aufgebrachte Demonstranten mit Gefechtsmunition anlegen, weil sie keine milderen Mittel zur Verfügung hatten. Die Gasflaschen, Schutzschilde und Schlagstöcke kamen erst zwei Wochen, nachdem man sie gebraucht hätte, im Einsatzland an.

Um selbst festlegen zu können, wie viel Nachhaltigkeit die Afghanistan-Mission haben soll, haben einige Engagierte den gemeinnützigen Verein »Patenschaftsnetzwerk Afghanische Ortskräfte e.V.« gegründet. Wir betreuen und helfen den ehemaligen Ortskräften, die uns in Afghanistan zur Seite standen, sei es als Küchenkraft oder als Übersetzer. Wir versuchen denen, die für uns Sprache und Kultur übersetzt haben, denselben Dienst hier in Deutschland zu erweisen. Aus unserer Sicht verdienen sie mehr, als in der Menge der Asylsuchenden unterzugehen. Sie alle haben bewiesen, dass sie unseren Werten näher standen, und dass sie unseren Weg für ihr Land als vielversprechender sahen als den der Fundamentalisten.

Eine kleine Gruppe Menschen also, die es aufgrund ihres Einsatzes für uns alle verdient hat, dass man sie nicht vergisst und dass man auch ihnen beiseite steht. Wenn ich nur wüsste, warum mir das so bekannt vorkommt...

Realitäten an der Heimatfront

von Manuel K.

Im Sommer 1997 trat ich – geprägt von Idealismus und einem gepflegten demokratischen Halbwissen – direkt nach meiner Berufsausbildung als freiwilliger Unteroffizieranwärter meinen vierjährigen Dienst in der Bundeswehr an. Es sollte ein neuer Lebensabschnitt werden, in welchem ich mein Leben mit 18 jungen Jahren auf eigene Füße stellen wollte.

Die Bundeswehr legte zu diesem Zeitpunkt ihren Fokus noch auf die Landesverteidigung. Auf eigenen Wunsch erlernte ich meine militärischen Grundfertigkeiten in einem Jägerbataillon, wobei ich sehr eindrucksvoll meine körperlichen Grenzen aufgezeigt bekam und lernte, diese zu überwinden. Zu meinem Bedauern erschlossen sich mir jedoch in meinem eigentlichen Verwendungsbereich, der Panzerartillerie, alle Ausmaße moralischer Zersetzung. Zugegeben waren auch jene Erfahrungen in jungen Jahren sehr lehrreich. Mit dem Gedanken dort in meiner Laufbahn nicht enden zu wollen, wechselte ich in die Laufbahngruppe der Mannschaftssoldaten, um mir die Möglichkeit einer Versetzung zu verschaffen, welche nach einer abgeschlossenen Ausbildung zum Geschützführer fast unmöglich gewesen wäre. Dieses Ziel erreichte ich nach einem Jahr und wurde in den Stabsdienst eines Panzerbataillons versetzt. Die Ausbildung in meinem neuen Arbeitsbereich des Personal- und Sicherheitswesens übernahm der Abteilungsfeldwebel persönlich. Seine Abteilung führte er auf der Basis seiner langjährigen Erfahrung. Ich erlernte alle Kniffe der Personalführung, und er übergab mir nach meiner erfolgreichen Ausbildung umgehend die Führung aller Personalangelegenheiten der Mannschaften des Bataillons. Ich fand mich in einer straff durchorganisierten Abteilung wieder, hatte zwei mir anvertraute Grundwehrdienstleistende zur Verfügung und den Respekt meiner Vorgesetzten. Nach zwei Jahren Dienstzeit war ich endlich in der Bundeswehr angekommen.

Durch meine vor den Offizieren sehr offen zur Schau gestellte Wortgewandtheit machte ich mir schnell einen Namen unter den Mannschaften, woraufhin mich diese zu ihrer Vertrauensperson wählten. Einen Aufgabenbereich, welchen ich wie zuvor bei der Panzerartillerie mit Freude annahm und würdig vertrat. Abgerundet durch einen fünfminütigen Anfahrtsweg von zu Hause und meine Beförderung zum Hauptgefreiten gestaltete sich mein soldatisches Leben nahe zu paradiesisch. Rundum zufrieden erfüllte ich die an mich gestellten Anforderungen minutiös und präsentierte meine als Infanterist erlernten Fähigkeiten gerne auf der Schießbahn, um dem Klischee des Schreibtischsoldaten entgegen zu wirken. Ich ging im Soldatenleben völlig auf.

Und dann kam das Jahr 1999

Die Spannungen auf dem Balkan hatte ich durch die Medien bereits vernommen. Als jedoch die Bombardements Sarajevos einsetzten, beschlich mich bereits ein Gefühl, dass dieser Konflikt auch bald Einfluss auf mein eigenes Leben nehmen würde. Jenes Gefühl fand leider seine Bestätigung, als ich kurz darauf den Umschlag mit dem Einsatzbefehl meines Bataillons öffnete. Ehrfurchtsvoll übergab ich diesen meinem Abteilungsfeldwebel.

Als Würdigung meiner Fähigkeiten wurde mir dieser zurück übergeben. Ich war damit selbst für einen Einsatz im Kosovo geplant. Man versetzte mich zudem in die Position eines »Vorgesetzten auf besondere Anweisung« und vertraute mir die Anfertigung der Auslandsakten aller Soldaten der Einsatzkompanie an. Zusätzlich sollte ich als Geschäftszimmersoldat und Kompaniecheffahrer dieser Einsatzkompanie abkommandiert werden. Ich hatte somit zwei Zuständigkeitsbereiche zu bewältigen, welche jedoch unmittelbar miteinander verzahnt waren. Mein sonst so paradiesischer Alltag nahm ein jähes Ende und das Chaos seinen Lauf.

Dieser recht kurzfristig angelegte Einsatz im Kosovo stellte die Bundeswehr vor nie dagewesene Herausforderungen, welche durch die strukturelle Beschaffenheit der Truppe aus meiner Einschätzung heraus nicht zu bewältigen waren. Denn bis dato war die Bundeswehr als Verteidigungsarmee konzipiert, welche man nicht binnen kürzester Zeit mal eben zur Einsatzarmee umstricken konnte.

Die Soldaten meines eigenen Datenbestandes konnte ich umgehend bearbeiten. Jedoch erweckten die Personalakten der mir von anderen Bataillonen abkommandierten Soldaten den Eindruck, als wenn die dortigen Personalabteilungen des Lesens nicht mächtig waren. Dabei hatten sie doch den gleichen Befehl erhalten.

Man kommandierte junge Mannschaftssoldaten in diese Einsatzkompanie ab, welche erst drei Monate bei der Bundeswehr waren und damit gerade mal ihre Spezialgrundausbildung abgeschlossen hatten. Diese hatten ihr Handwerk zwar frisch erlernt, jedoch nicht die Möglichkeit erhalten, dieses auch festigen zu können. Laut ihren Aktenständen erfüllten sie durch fehlende Ausbildungen teilweise nicht einmal die Grundvoraussetzungen, um an der Einsatzvorausbildung überhaupt teilnehmen zu dürfen.

90

Zunächst ging ich davon aus, dass ich es einfach mit einer unangebrachten Arbeitsweise anderer Personalabteilungen zu tun hatte: Ich begann dementsprechend, telefonischen Kontakt mit diversen Bataillonen aufzunehmen, was kein leichtes Unterfangen war, denn man brachte mir auf Grund meines Mannschaftsdienstgrades nicht die meinem Aufgabenfeld entsprechende Priorität entgegen. Ebenso ließ man sich nur ungern von einem Hauptgefreiten auf eine fehlerhafte Arbeitsweise hinweisen. Zusätzlich zu allen Unterlagen, welche in der Vorausbildung erstellt werden mussten, telefonierte ich Tag ein Tag aus noch fehlenden Unterlagen hinterher. Dies setzte mich natürlich immer weiter unter Druck, denn die Zeit bis zur Verlegung in den Einsatz wurde mit jedem Tag knapper.

Oftmals bestätigte sich mein Verdacht: In einigen Fällen schickte man mir diese ungeeigneten Soldaten vorsätzlich. Es gipfelte darin, dass ich mich von einem Abteilungsoffizier eines dieser Bataillone am Telefon anschreien lassen musste. Auf diese Art und Weise legte er mir nahe, die fehlenden Ausbildungen einfach zu ergänzen. Ich meldete dies meinem eigenen Offizier und stellte sofort klar, dass wenn auch er mir diesen Befehl erteilte, ich diesen verweigern würde. Die Konsequenzen dafür nahm ich gern in Kauf. Langsam dämmerte mir, in welche Lage ich hier geriet. Und siehe da, einige Tage nach dem Telefonat erschienen die fehlenden Nachweise. Die Durchführung der damit belegten Ausbildungen bezweifle ich jedoch bis heute.

Die Situation wurde für mich immer unbehaglicher und der Druck stieg weiter. Kurz nach meiner deutlichen Positionierung erweiterte man meinen Aufgabenbereich und verlangte von mir noch zusätzlich die Ausbildung zum Kampfmittelerkunder. Ich wusste so schon nicht mehr, wo mir der Kopf stand. Es beschlich mich zusätzlich noch das Gefühl, als ob man sich hier die Möglichkeit verschaffen wollte, aufmüpfige Soldaten in einem Moment der glücklichen Fügung für meine Vorgesetzten militärisch zu entsorgen. Denn diese Ausbildung war lediglich auf zehn Tage angesetzt und brachte den jeweiligen Soldaten in die Situation, in einer unübersichtlichen Lage im Einsatz derjenige zu sein, der mal eben zu prüfen hat, ob z.B. Minen vergraben sein könnten.

Zu alledem zog ich mir durch die Unachtsamkeit eines Kameraden noch ein Schleudertrauma zu. Meine bei diesem Unfall gerissene Schädeldecke diagnostizierte man mir erst Monate später. Mit einer Halskrause bewaffnet und vollgepumpt mit Schmerzmitteln, stürzte ich mich jeden Tag aufs Neue mit immer mehr Unbehagen in den Dienstalltag. Sollten mir als Vertrauensperson von den Kameraden doch mehr und mehr Ungereimtheiten im Ablauf der Vorausbildung zugetragen werden. Meine eigentliche Dienstunfähigkeit schob ich beiseite. Denn auch hier geriet ich in einen weiteren Gewissenskonflikt: Diesen Berg an Ungereimtheiten konnte ich keinem anderen Kameraden übergeben. In meiner Situation war nicht einmal daran zu denken, zur Ruhe zu kommen um meinen Gesundheitszustand zu verbessern.

Einige Tage jagte ich für wenige Unterschriften bis zu 500 Kilometer durchs Land, kam erst in der Nacht zurück in die Kaserne. Am darauf folgenden Tag musste ich dann den Versuch über mich ergehen lassen, mir ein Disziplinarverfahren anzuhängen. Besaß ich doch die Frechheit, mein Dienstfahrzeug über Nacht vor dem Stabsgebäude zu parken. Ein Paradebeispiel für die Realitäten, welche jetzt in der Bundeswehr aufeinander prallten.

Letztendlich gelangte ich zu dem Fazit, dass man hier im Begriff war, völlig unzulänglich ausgebildete Soldaten in den Einsatz zu schicken. Doch am stärksten erschütterte mich die Tatsache, dass ein sehr hoher Prozentsatz von ihnen den Status eines Grundwehrdienstleistenden inne hatte.

An mich selbst dachte ich in diesem Zusammenhang noch nicht einmal, denn bis dato hatte ich nicht eine Stunde in dieser Vorausbildung verbracht. Für mich persönlich war sie scheinheilig, nichts weiter als ein schlechter Witz. Meine Grundausbildung war qualifizierter. Von psychologischer Vorbereitung auf die Umstände vor Ort im Einsatz keine Spur. Wie sollte diese auch erfolgen, hätte sie doch den politisch propagierten Darstellungen widersprochen.

Derartige Umstände belasteten mich moralisch immer schwerer. War ich sonst recht eindrucksvoll in der Lage, die Kameraden meiner Laufbahngruppe vor der Willkür der internen Führung zu schützen waren mir jedoch zu dieser Zeit die Hände gebunden. Die sprichwörtliche Bombe, die hierbei geplatzt wäre, hätte enorme Wellen geschlagen. Zudem hatte ich mich durch meine Positionierung zu diesem Thema bereits in die Schusslinie gebracht.

Ich schlief keine Nacht mehr wirklich durch, hatte ich doch niemanden, dem ich mich anvertrauen konnte. Privat hätte man mir keinen Glauben geschenkt, meine Familie wollte ich nicht unnötig belasten, und im Dienst stellte es eine enorme Gefahr dar. Zum ersten Male in meinem jungen Leben fühlte ich mich völlig isoliert. Für mich war klar, würde auch nur einer dieser Kameraden diesem Einsatz zum Opfer fallen, würde ich mir dies nicht verzeihen können: Hatte man mir doch die Rolle eines Schreibtischtäters auferlegt.

Wenige Tage später brach ich zusammen. Meine Nerven lagen blank. Ich fand mich bewegungsunfähig, aber bei vollem Bewusstsein auf dem Boden meines Wohnzimmers wieder. Mein Hirn war einfach nur noch leer. Keinen klaren Gedanken konnte ich mehr fassen. Wie viele Stunden ich in diesem Zustand dort verbrachte, kann ich nicht beurteilen, denn auch mein Zeitgefühl erlag völlig dieser Situation.

Mein Zusammenbruch führte mir meine Lage sehr deutlich vor Augen. Was sollte ich tun? Wie konnte ich das Blatt wenden? Sollte ich meine Kameraden warnen und damit riskieren, sie schon vor ihrem Einsatz zu demoralisieren? Würde dies doch noch eine zusätzliche Gefährdung nach sich ziehen. Zudem würde ich mich der Zersetzung schuldig machen. War dies nur für mich ein unhaltbarer Zustand? Steigerte ich mich in diese Umstände einfach nur zu sehr hinein?

Ebenso gestaltete sich mein eigener Zustand selbst als einsatzgefährdend. Denn zum einen war ich nicht ausgebildet, zum anderen schon vor Antritt des Einsatzes innerlich völlig ausgebrannt. Es beschlich mich zusätzlich die Angst vor der Situation stehen zu müssen, in der einer meiner Kameraden zu Schaden kommen würde. Ich würde mich selbst als Mitverursacher dieser Ereignisse sehen und wüsste, um ehrlich zu sein, nicht damit umzugehen.

Diese mich quälenden Gedanken zwangen mich zu handeln. Ich musste eine Situation schaffen, welche es meinen Kameraden ermöglichte, ihre prekäre Lage zu erkennen und ihnen den Weg zum Handeln aufzuzeigen.

Und so trat ich am darauf folgenden Tag vor meinen Abteilungsoffizier und stelle einen mündlichen Antrag auf eine Kommandierung: Aus der Einsatzkompanie zurück auf meinen alten Dienstposten. Ich begründete diesen mit dem Umstand des ausufernden Aufgabenbereiches zur Erstellung der Auslandsakten, der dadurch fehlenden Zeit für die eigentliche Einsatzvorbereitung und meinem rapide angeschlagenen Gesundheitszustand. Nachdruck verlieh ich diesem Antrag mit der Drohung, diese Bombe beim Wehrbeauftragten platzen zu lassen. Ich zog somit alle Register.

Natürlich landete ich umgehend vor dem Kommandeur meines Bataillons, welcher mich nach militärischer Art und Weise sprichwörtlich faltete. Doch standhaft entgegnete ich seinem lautstarken Monolog: "Herr Oberstleutnant, hätten Sie dem Deutsch-Französischen Stab mitteilen wollen, dass wir die Soldaten nicht in den Einsatz verlegen können, da wir nicht wissen, ob diese über einen geeigneten Ausbildungsstand verfügen?" Es folgte selbstverständlich ein in der Lautstärke noch angehobener Monolog seinerseits, bevor er mich aus seinem Büro warf. Der gesamte Stab vernahm diesen und so hoffte ich, dass sich dies im Bataillon herumsprechen würde. Was es dann auch tat.

Innerhalb kurzer Zeit erfolgte meine geforderte Rückkommandierung. Ich stand kurz vor der Fertigstellung der Akten, schloss diese in Windeseile ab und reichte umgehend meine Überstunden ein, ergänzt durch meinen gesamten Jahresurlaub. Geordneter Rückzug war nun meine Devise, denn von nun an stand ich voll in der Schusslinie.

Mein Tanz auf Messers Schneide erhielt leider nicht die gewünschte Resonanz. Keiner der Soldaten folgte meinem Beispiel. Wie mein Handeln aufgenommen wurde, blieb mir bis zu ihrer Rückkehr verschlossen.

Ich konnte keinen Abstand finden

Mehrere Monate konnte ich meinem Dienst fernbleiben, versuchte mich wieder aufzubauen. Alles an Nachrichten über diesen Einsatz saugte ich auf, in der Hoffnung, keine Verlustmeldungen verdauen zu müssen. Die Ungewissheit der Familien der Soldaten im Einsatz spürte ich am eigenen Leibe. Auch den Kontakt zu meiner Abteilung hielt ich aufrecht, um mich zu vergewissern, ob es irgendwelche Informationen gab. Für mich war es kein wirklicher Urlaub. Ständig kreisten meine Gedanken um die Kameraden im Einsatz. Im Grunde floh ich vor dieser für mich schrecklichen Erfahrung. Meine gesamte Weltsicht war zerstört. Die Moral für meinen Beruf sank dramatisch.

Nach meiner Rückkehr ins Bataillon wurde ich von allen zusätzlichen Diensten befreit. Ich bezog mein Büro, arbeitete in meinem Aufgabenbereich, doch musste ich feststellen, dass ich mich nicht mehr als Teil der Truppe fühlte. Ebenso fiel es mir schwer, mich wieder in den militärischen Alltag einzufinden. Fuhr ich vor noch nicht einmal einem Jahr mit voller Überzeugung in die Kaserne, sah ich nun alles mit eher gemischten Gefühlen. Die Sorge um meine Kameraden, die Erinnerungen an diese folgenschwere Zeit und die wieder eingekehrte Ruhe passten für mich nicht zusammen. Zusätzlich musste ich erfahren, dass der Kamerad, welcher meinen Platz in der Einsatzkompanie einnahm, aus psychologischen Gründen aus dem Einsatz zurückgeführt wurde. Seine Behandlung wurde zivil ausgelagert, und so bekam ich ihn nicht mehr zu Gesicht.

Es kam der Tag ihrer Rückkehr

Die Erleichterung, welche mich an diesem Tag ergriff, als sie allesamt in einem Stück zurückkehrten, können Sie sich nicht vorstellen. Sie mischte sich jedoch mit der Fragestellung, wie die Kameraden mich sehen würden. Es lasteten doch nun Erfahrungen auf ihnen, welche ich nicht im Stande war zu teilen. Würden sie mich gar als »Kameradenschwein« sehen?

Zu meinem Erstaunen jedoch wurde ihnen der Kontakt zur regulären Truppe untersagt. Diese quälende Frage musste noch einige Zeit auf mir lasten. Doch hielt ich es nicht lange aus. Unter dem Vorwand, ihre Entlassung aus der Bundeswehr vorzubereiten, gelangte ich in die Kompanie. Und um ehrlich zu sein, war auch kein großer Widerstand zu bemerken. Ich war so verdammt froh, diese Kameraden zu sehen, und sie vernahmen dies auch. Woraufhin mich einer von ihnen zur Seite zog und wir auf seine Stube verschwanden.

Was mir dieser Kamerad in diesem Gespräch offenbarte, bestätigten alle meine Bedenken gegenüber der Durchführung dieses Auslandseinsatzes. Er schien erleichtert, endlich darüber reden zu können. Dieser Monolog aus Einsatzgeschichten, welcher dort auf mich einschoss, brachte das zu erwartende Ausmaß aller für diese Soldaten zu erleidenden Konsequenzen zum Ausdruck. Mir wurde bewusst, dass die Grundwehrdienstleistenden unter ihnen, welche kurz vor ihrer Entlassung standen, all dies mitnehmen würden. Selbst die psychologische Nachbereitung des Einsatzes, welche wiederum zivil ausgelagert wurde, lief unter dem Motto: „Jungs, Ihr müsst alles vergessen." Ein verbaler Schlag ins Gesicht junger Soldaten mit derartig intensiven Einsatzerfahrungen.

Betrübt fuhr ich nach Hause und traf kurz darauf meine Entscheidung, die Bundeswehr zu verlassen. Einem solchen Dienstherrn fühlte ich mich nicht mehr verpflichtet. Ich begab ich mich zum psychologischen Dienst, versuchte dort meine Situation zu schildern, jedoch brach ich schon im Ansatz völlig zusammen. Die gute Dame schrieb mich dienstuntauglich, und mit einem beschleunigtem Verfahren fing ich an, meine Entlassung vorzubereiten. Selbst meine Auskleidung organisierte ich selbst. Ich wollte auf jedwede Verzögerung verzichten.

An meinem letzten Tag trat ich noch einmal vor die Kompanie. Ohne Miene blickte ich in die Gesichter meiner Kameraden und erntete zumindest in einigen Blicken Verständnis für die von mir getroffene Entscheidung. Mit dem Gefühl eines geprügelten Hundes und in meiner Gedankenwelt völlig zerrüttet, durchfuhr ich zum letzten Mal das Tor meiner Kaserne.

Meine Rückkehr ins zivile Leben gestaltete sich vor dem Hintergrund meines beschleunigten Entlassungsverfahrens als nächste Hürde. Meine erforderlichen Unterlagen, um mich beim Arbeitsamt zu melden, fanden auch nach mehreren Monaten noch nicht den Weg zu mir. Meine finanzielle Abfindung traf auch nicht auf meinem Konto ein und so sah ich mich gezwungen, mich ein letztes Mal gegenüber meinem alten Dienstherrn aufzubäumen. Ich reichte meine Beschwerde direkt an den Präsidenten der Wehrbereichsverwaltung ein und löste so eine weitere kleine Detonation aus. Jedoch entschuldigte man sich direkt bei mir und sorgte für eine umgehende Abstellung meines Problems. Die Auszahlung meiner Abfindung deckelte jedoch lediglich die Höhe der bis dahin aufgelaufenen Rechnungen. Meine Wohnung gab ich zwischenzeitlich auf, um mich finanziell nicht weiter zu ruinieren. Mein nun mit einundzwanzig Jahren erst begonnenes Leben stand in Trümmern. Ich kehrte zurück in den Schoß meiner Familie, doch konnte ich die Hintergründe meiner Situation niemandem offenbaren. Immer weiter zog ich mich zurück, vernachlässigte den Kontakt zu meinem Freundeskreis.

Mein Blick auf die Realität veränderte sich dramatisch

Ich bin kein Veteran, weise diesen zu verdienenden Status auch weit von mir, doch glaube ich, nachvollziehen zu können, mit welchen schwerwiegenden Folgen noch heute junge Soldaten diesen Realitätswechsel erleben. In meiner Zeit des innerlichen Rückzuges gewann ich Abstand zu dieser Gesellschaft, welche ich zuvor mit meinem Leben zu verteidigen bereit war. Mein Fokus legte sich auf geopolitische Sachliteratur, um die Hintergründe meiner gemachten Erfahrung zu ergründen. Ich lernte die Welt um mich herum zu verstehen. Mein Leben selbst stieß mich immer weiter in diese Richtung. Bei Vertragsverhandlungen zu einer Mietwohnung wurde mir offengelegt, dass ich unter Beobachtung des Inlandgeheimdienstes stehe. Mit dem Wortlaut: „Ich habe es mir erlaubt, ein wenig Informationen über sie einzuholen." ratterte der Vermieter mir die Eckdaten meines Lebens herunter. Es hatte den Anschein, als würde mein Lebensfilm vor mir ablaufen. Viele Details rief er mir erst wieder in Erinnerung. Und er fuhr fort: „In diesem Zeitraum befindet sich jedoch eine nicht unbeträchtliche Lücke von mehreren Monaten." Mich übermannte in dieser so unverhofften Situation für wenige Sekunden die Sprachlosigkeit, bevor ich ihm entgegnete: „Rucksacktrip durch Indien. Hätten Sie eigentlich wissen müssen. Unsauber gearbeitet. Darf ich wissen, auf welchem Wege sie an derartig detaillierte Informationen zu meiner Person gelangt sind?" „Das würde, wie Sie sicher verstehen, an dieser Stelle zu weit führen. Doch für mich ergibt das hier einen recht passablen Eindruck. Wann hatten sie vor einzuziehen?", bekam ich zur Antwort.

Sie können sich vorstellen, dass eine solch durchlebte Situation weitreichende Gedankengänge nach sich zieht. Über den NSA-Abhörskandal kann ich persönlich nur müde lächeln.

Es fand seinen Höhepunkt kurz nach der Hochzeit meines Bruders vor wenigen Jahren. Er und seine Frau standen beide im Dienste der Bundeswehr. Scherzhaft gab ich der Braut zu verstehen, dass sie sich nicht wundern brauche, dass sie nun bedingt durch unseren gemeinsamen Nachnamen dienstlichen Besuch bekäme. Sie lachte noch, doch knapp eine Woche später fand sie sich im Einzelverhör mit dem MAD wieder, bei dem ihr nahe gelegt wurde, den Kontakt zu meiner Person zu meiden.

Nachdem ich dies erfuhr, stellte sich mir zu guter Letzt die Frage, warum man einen derartigen Zirkus um meine Person veranstaltete. Meine geschilderte Erfahrung bei der Bundeswehr machte mich zwar vermutlich zum ersten Mannschaftssoldaten, der seinen Einsatz aus Gewissensgründen ablehnte, doch sehe ich in den ergriffenen Maßnahmen keine Verhältnismäßigkeit meiner Person gegenüber.

Und so schlägt sich diese Erfahrung immer wieder in meine Erinnerung und verändert meinen Blick auf die Realität. Sie beeinflusst bis heute meine immer kritischer werdende Einstellung gegenüber der Gesellschaft, in der wir alle leben. Die Begrifflichkeit der »westlichen Wertegemeinschaft« ist für mich an Hohn kaum mehr zu überbieten.

Man bat mich, die mir zugetragenen Einsatzgeschichten meiner Kameraden in ihrer Ausführlichkeit zu schildern. Doch vertrete ich die Meinung, dass dies die Aufgabe der Kameraden ist, welche den Mut finden, sich ihrer eigenen Realität zu stellen. Zumindest eine Geschichte möchte ich Ihnen jedoch nicht vorenthalten:

Nach der Rückkehr meiner Kameraden wurden mir einige Einsatzfotos gezeigt. Ich habe das gesamte Fotomaterial der in diesem Einsatz gefundenen Massengräber in ihrer Abscheulichkeit zu Gesicht bekommen. Ein weiterer Schub in die uns umgebene Realität. Viele dieser Bilder habe ich verdrängen können. Doch einige haben sich bis zum heutigen Tage in mein Gedächtnis gebrannt. Mit einem dieser Fotos schilderte mir der Kamerad, welcher dieses schoss, die dahinter verborgene Geschichte. Ich erkannte ein Wohnzimmer mit einem an der Wand stehenden Sofa, auf dem ein Rentnerpaar saß. Sie hielten einander die Hand. Auf den zweiten Blick waren die Einschusslöcher einer Gewehrsalve quer über die

Wand zu erkennen. Die Distanz zwischen ihnen ließ darauf schließen, dass sie direkt von der Eingangstür des Zimmers abgefeuert wurde. Die beiden gehörten jeweils einer der ethnisch aufeinander gehetzten Volksgruppen an und wurden einen Tag zuvor von Presseoffizieren des Kontingentes interviewt. Bis zu diesem Tag hatten sie dieses vorsätzlich geschaffene Gemetzel überlebt, so dass man sich ihr außergewöhnliches Glück propagandistisch zu Nutze machen wollte. Die Naivität dieser Presseoffiziere hatte ihrem Glück ein Ende bereitet.

Ich persönlich werde dieses Bild bis in meinen verdienten Lebensabend in mir tragen, denn aus diesem Foto reifte für mich die Erkenntnis, dass die Naivität, welche wir der uns umgebenen Realität entgegenbringen, Menschen Tag für Tag das Leben kostet. Der Materialismus, mit welchem wir unsere Sinne betäuben, ist die Ursache dieses Übels. Und es ist bedrückend, auch mich selbst nicht davon freisprechen zu können.

Doch schätze ich mich glücklich, diesen Umstand zumindest erkannt zu haben, um ihm schrittweise entgegen zu wirken und seinen Folgeerscheinungen wie der Gier, dem Streben nach Macht, Neid und dem aus alledem resultierenden Hass zu trotzen. Hier verbirgt sich ebenso der Ansporn, an diesem Buchprojekt teilzunehmen. Prüfe ein jeder, mit welchem Ausmaß an Naivität er seiner ihn umgebenden Realität entgegen tritt. Die daraus folgende Erkenntnis könnte diese in eine positivere Zukunft lenken.

Ebenso liegt darin der Hintergrund, mich in Anonymität zu hüllen. Denn sollten, wie viele unserer Veteranen, auch Sie zu dieser Erkenntnis gelangen, wird Ihnen das Ausmaß an Naivität in Ihrer unmittelbaren Umgebung erschreckend genug erscheinen. Sie werden wie ich nicht das Bedürfnis verspüren, jenes Ausmaß aus einem noch nicht zu definierenden Radius auf sich zu ziehen.

Doch vor allem wünsche ich diese Erkenntnis denjenigen, die diese unmenschliche Realität vorsätzlich vorantreiben. Jene Gestalten würden, besäßen sie auch nur noch einen Funken Menschlichkeit, im Anblick des Ausmaßes ihrer Taten vor Scham im Boden versinken wollen. Allzu gern wäre ich bereit, das benötigte Loch mit einem Klappspaten auszuheben. Sie wären erstaunt über meinen Elan und die Tiefen, in die ich vordringen würde.

Und so wünsche ich den Veteranen, so sehr ich auch über ihr Schicksal betrübt bin, den Mut zu finden, sich ihrer Realität zu stellen. Auf dass sich die aus ihren Erfahrungen resultierenden Erkenntnisse in diesem Projekt wieder finden, um der besagten Naivität in unserer Gesellschaft entgegen zu wirken.

Kapitel II

Veteranen und Gesellschaft

Das Nichtsehen – aus der Perspektive eines Zivilisten

von Thomas Krafft

Weder habe ich bei der Bundeswehr gedient, noch gibt es Soldaten oder Veteranen in meiner Familie. Daher wende ich mich der Frage nach der Unsichtbarkeit des Veteranen aus der Sicht von jemandem zu, der die Veteranen der Bundeswehr bis vor kurzem nicht gesehen hat. Warum war das so?

Als ich in den 1990er Jahren im oberbayerischen Weilheim gemustert wurde, hatte ich bereits verweigert. Um den Wehrdienst verweigern zu dürfen, war es ausreichend, auf wenigen Seiten unter Bezug auf den Artikel 4 Absatz 3 des Grundgesetzes darzulegen, dass und inwiefern man den Umgang mit Waffen generell nicht mit dem eigenen Gewissen vereinbaren kann. Denn: „Niemand darf gegen sein Gewissen zum Kriegsdienst mit der Waffe gezwungen werden." Leider kann ich mich nicht erinnern, womit ich eine solche Behauptung begründete. Auch wenn ich ausschließe, dass ich irgendetwas erfunden hatte, stellt sich mir nun die Frage, ob meine damalige Verweigerung wirklich etwas mit meinem Gewissen zu tun hatte. Dieser Zweifel wird durch eine weitere Erinnerung genährt, die ich an das Gespräch während der Musterung habe. Ich erinnere mich nämlich, dass ich mich doch noch für den Wehrdienst entschieden hätte, hätte man mich als Gebirgsjäger genommen. Für diesen Dienst, von dem ich damals eine romantische Vorstellung hatte, war ich jedoch nicht geeignet. Also blieb ich bei meiner Verweigerung. Im Nachhinein erscheint mir dieses Verhalten eher opportun als gewissenhaft. Ein weltfremder Pazifismus ist nicht Ausdruck des Gewissens, sondern Ideologie. In meinem Freundes- und Bekanntenkreis gab es niemanden, der sich mit der Bundeswehr oder dem Wehrdienst identifizierte. Dafür war es üblich, den Einsatz von Soldaten allgemein mit Gewalt gleichzusetzen und auf dieser Ebene – scheinbar zu Recht – abzulehnen. Die unzulässige Vereinfachung und Verallgemeinerung, dass jeder Soldat ein (potentieller) Mörder sei, blieb unwidersprochen im Raum stehen. Es stellt für jeden Einzelnen und für die Gesellschaft als Ganzes eine große Herausforderung dar, wenn jungen Menschen mit Hilfe von Zeugnissen und Abschlüssen vermittelt wird, sie seien aufgeklärt und gebildet, obgleich sie sich noch nicht einmal der eigenen Vorurteile und stillschweigenden Denkvoraussetzungen bewusst geworden sind.

Teil unserer Welt sind auch Katastrophen, Krisen und Kriege. Zu ihr gehört auch die Bundeswehr, und mit ihr sind auch die Veteranen der

Bundeswehr ein Teil unserer gesellschaftlichen Realität. Wenn ich soeben zugab, mich anlässlich meiner Musterung opportun verhalten zu haben, heißt das nicht, dass diese Entscheidung schlecht war oder ich sie bereue. Für mich war der Zivildienst, den ich anstelle des Wehrdienstes in einem Krankenhaus zur Unterstützung der Pflege leistete, eine prägende und wertvolle Erfahrung. Hinweisen möchte ich darauf, dass ich mich damals gegen den Wehrdienst entschieden habe, ohne dass ich mir eine eigene Meinung zum Thema gebildet hatte. Es dauerte über zehn Jahre, bis ich wieder mit dem Thema Bundeswehr konfrontiert wurde. Mitte 2011 erzählte mir ein Freund von einem Buch über Soldaten der Bundeswehr, die aus Einsätzen heimkehrten und sich hier, in unserem Land, nicht mehr zurecht fanden.[1] Ich muss zugeben, dass mich das damals relativ wenig interessierte. Ich dachte in etwa, dass es eben überall Schwierigkeiten und Probleme gibt. Zudem war ich der Meinung, dass es Sache der Zuständigen und der Betroffenen wäre, solche Probleme zu lösen. Heute frage ich mich, ob hinter dieser Haltung Gottvertrauen oder Gleichgültigkeit stand. Es ist wohl meist eine Mischung aus beiden Faktoren. Dennoch, dem Freund zuliebe begleitete ich diesen zu einem Gespräch mit dem Autor des Buches. Diese Begegnung war für mich entscheidend. Bei dieser Gelegenheit erfuhr ich das erste Mal von Schwierigkeiten der Soldaten im Einsatz, vom Ausbruch eines Traumas und dem langen, oftmals viel zu langen Weg vom Anspruch auf Hilfe hin zur Hilfe selbst. Zu diesen Themen gibt es einige Beiträge in diesem Buch, die davon aus erster Hand erzählen. Ich persönlich realisierte zum damaligen Zeitpunkt nicht einmal, wie schlecht es dem Autor selbst ging, wie sehr er unter seinen traumatischen Erfahrungen litt und wie viel Kraft ihn dieses an sich unspektakuläre Gespräch mit uns kostete. Den konkreten Bezug zwischen dem, wovon er erzählte, und ihm selbst konnte ich nicht herstellen. Das lag zum einen an seiner Professionalität. Er wollte funktionieren und musste es wohl auch – und so blieb der verletzte Veteran in ihm unsichtbar für mich.

Zum andern aber hing mein Nichtsehen sicher auch damit zusammen, dass ich in Schule, Studium und in verschiedenen anderen Kontexten gelernt hatte, vom konkreten Geschehen abzusehen, um mich so distanziert und reflektiert zu den Dingen verhalten zu können. Diese Fähigkeit zur Abstraktion verleitet oftmals dazu, sich nicht auf die Situation

---

[1] Andreas Timmermann-Levanas und Andrea Richter: Die reden – Wir sterben, Frankfurt 2010; erhältlich auch bei der Bundeszentrale für politische Bildung.

oder den Gegenüber einzulassen. Man meint zwar, dass man das tut – und man tut es auch irgendwie –, nur weiß man eben nicht, was man davon halten soll. Und weil man gelernt hat, nach Gewissheit zu streben, wahrt man die Distanz eines Unbeteiligten. Für mich blieb damals die Wirklichkeit des Leides, um das es dem Autor des Buches ging und unter dem er litt, virtuell, bloße Vorstellung. Dies ist sicher in Teilen der Tatsache geschuldet, dass wir alle, der eine mehr, der andere weniger, durch die medialen Möglichkeiten und die nachrichtliche Durchdringung unseres Alltages überfordert sind. Es geht mir in dieser Feststellung besonders um den Kontrast der relativ heilen Welt, in der wir uns bewegen dürfen, mit den weltweiten Zuständen und Ereignissen, die schrecklich genug sind, um unsere Aufmerksamkeit zu fesseln. Es geht um den Kontrast von verhungernden Kindern, von Kleinkindern mit Hungerbäuchen vor dem Hintergrund des soeben verzehrten Abendessens. Nichts Besonderes, nur Brot, Butter, Käse, Wurst – nicht einmal ein Burger oder ein Filet. Es geht um die Unvereinbarkeit des gemütlichen Tagesausklangs auf der Couch mit den Bildern von Verzweiflung und Elend. Diese Bilder weiter auszumalen, halte ich für unnötig. Wir alle wissen nur zu gut, was gemeint ist, und dennoch ist es so. Die Frage, mit der wir uns beruhigen, ist die nach der Möglichkeit, etwas dagegen zu tun. Was soll man denn tun? Was kann man denn tun? Um weitermachen zu können wie bisher, um ganz normal weiterleben zu können, muss man Wege finden und Techniken entwickeln, diese andere Seite unserer eigenen Wirklichkeit auszublenden. Denn auch darüber wissen wir Bescheid: Wir wissen, dass für die Kosten unserer Lebensstandards nicht nur wir selbst, sondern auch andere Menschen aufkommen müssen. Mit unserer Gier nach Rohstoffen finanzieren wir grausame Konflikte. Aus Bequemlichkeit und Gewohnheit verschmutzen wir die Umwelt aller Menschen. Und wir hindern andere Menschen daran, zu uns zu kommen, weil uns unser Wohlstand und unsere Trägheit wichtiger sind als diese Menschen. Unsere Gewohnheiten sind unsere Religion, und unser Fortschritt besteht darin, dass wir uns immer besser ablenken können – ablenken von uns selbst und vom Anderen, der unsere Hilfe braucht. Es wäre ein Anfang, nähmen wir den vereinsamten alten Menschen in unserer Nachbarschaft oder die Familie wahr, die sich schämt, wenn sie mit ihrem schwer behinderten Kind spazieren geht. Das betrifft uns alle, aber wir haben gelernt, es auszublenden, nicht weiter zu beachten und uns zuerst einmal um uns selbst zu kümmern.

Dass in unserem Land auch viel Gutes geschieht, steht dabei außer Frage. Es geht nicht um Schuld oder Kritik, sondern um eine Analyse der gegenwärtigen Unsichtbarkeit von hilfsbedürftigen Menschen in diesem

Land. Diese Analyse nimmt ihren Ausgang bei mir selbst. Sie führt mich noch einmal zurück zur Frage des Gewissens, die schon eingangs Thema war. Aus heutiger Sicht wundere ich mich darüber, dass die Behauptung, aus Gewissensgründen jeden Waffengebrauch überhaupt verweigern zu müssen, auch nur eine Sekunde Bestand haben konnte. Obgleich diese Behauptung für die Mehrheit der Wehrdienstverweigerer geradezu selbstverständlich gewesen sein dürfte, handelt es sich dabei eigentlich um die lautstarke Verkündigung, eher Unrecht und auch Leid und Tod erleiden, als Gewalt ausüben zu wollen. Wir alle sind in der Lage, uns Situationen vorzustellen – Situationen, wie sie in manchen Regionen der Welt alltäglich sind –, in denen es problematisch ist, nicht zur Waffe zu greifen. Vielleicht würde ich eine Waffe gebrauchen müssen, wenn es an mir wäre, mich, meine Familie oder andere, wehrlose Menschen gegen das nackte Böse, wie es uns in manchen Formen des Terrors heute vor Augen tritt, zu verteidigen. Womöglich gebietet uns dann unser Gewissen den Gebrauch von Waffen. Wenn aber auch nur ein einziger solcher Fall denkbar ist, widerlegt dieser eine Fall die Behauptung, den Waffengebrauch generell ablehnen zu können, geschweige denn, ihn aus ethischen Gründen ablehnen zu müssen. Wir müssten womöglich feststellen, dass es Situationen gibt, in denen uns unser Gewissen gebietet, Gewalt anzuwenden. Dass uns solche Situationen im Regelfall erspart bleiben, ist ein unvorstellbares Glück, dessen wir uns nur selten bewusst sind. Doch nicht nur die voranschreitende Vernetzung und Verknüpfung der Menschen weltweit, sondern schon unser Menschsein an sich verlangt von uns, dass wir uns nicht damit begnügen, dass es uns gut geht und unsere Sicherheit gewährleistet wird. Wir müssen uns der Frage stellen – und je besser es uns geht, desto dringlicher ist diese Frage –, was wir konkret tun können, um die Situation notleidender, unterdrückter und bedrängter Menschen zu verbessern. Dass es auf diese Frage keine einfachen Antworten gibt, darf uns nicht dazu verleiten, die Frage fallen zu lassen. Sie geht jeden Einzelnen an, und sie geht uns alle an. Der einzelne Bürger kann seinen Konsum einschränken, er kann spenden, er kann sich engagieren. Das ist sehr viel, aber lange nicht genug. Der Einzelne kann nicht verhindern, dass Menschen in fernen Regionen aufgrund willkürlicher, äußerlicher Kriterien unterdrückt, schikaniert und ermordet werden.

Unter anderem für solche Aufgaben gibt es in Deutschland die Bundeswehr, die wiederum alleine viel zu klein und ohnmächtig wäre, als dass sie viel bewegen könnte. Deshalb ist die Bundeswehr verschiedentlich eingebunden in die Europäische Union, die NATO und die Vereinten Nationen. Unter anderem diese Bündnisse bringen es mit sich, dass deutsche Soldaten heute weltweit im Einsatz sind. Dabei handelt es sich einmal um Einsätze, deren Sinn und Zweck als sogenannte humanitäre Einsätze fraglos gut sind. Am anderen Ende der Skala steht unsere Beteiligung an der Operation Enduring Freedom in Afghanistan. Ich weiß nicht, ob wir den Menschen dort wirklich und dauerhaft helfen können, aber ich hoffe es. Diejenigen, die solche Einsätze einseitig auf wirtschaftliche Interessen zurückführen, sollten sich fragen, ob sie die Wirklichkeit allen Ernstes für eindimensional halten, und ob es plausibel ist, die Menschheit in gute und böse Menschen zu unterteilen. Ob es in dieser Weltzeit überhaupt unkritische Entscheidungen geben kann. Ich persönlich denke, dass jede ehrlich gemeinte und ernsthaft getroffene Entscheidung besser ist als die Ironie des Kritikers, der sich dem Maßstab seiner eigenen Kritik selbst nicht unterwirft. Dabei steht außer Frage, dass diejenigen, die über Kriegs- und andere Einsätze der Bundeswehr entscheiden, Menschen sind wie wir alle. Aber es sind Menschen, die auf Erfahrungen und Informationen zurückgreifen können, die ich nicht habe. Es sind Menschen, die nicht einfach so dort stehen, wo sie stehen, sondern von Anderen für geeignet erachtet worden sind, dort zu stehen. Diese Menschen müssen Entscheidungen treffen und verantworten, deren Tragweite zum Zeitpunkt der Entscheidung selten absehbar ist. Dazu gehört viel Mut. Und dazu gehören auch Vertrauen und Respekt, die diese Menschen dafür verdienen, dass sie sich dieser Aufgabe stellen. Auch wenn es sicher überall menschelt und gerade in komplexen Organisationen wie der Bundeswehr manches nicht so läuft, wie es der Theorie nach laufen sollte, vertraue ich darauf, dass diese Menschen ihre Entscheidungen nach bestem Wissen und Gewissen treffen.

Bei aller Unsicherheit und Überforderung ist klar, dass eine Gesellschaft, die Menschen dazu ausbildet, verpflichtet und dafür bezahlt, dass diese Menschen sie schützen, verteidigen oder in fernen Regionen vertreten, diesen Menschen dankbar sein muss. Es ist ja nicht nur so, dass diese ihren Auftrag unter Einsatz ihrer körperlichen und seelischen Gesundheit, unter Einsatz ihres Lebens leisten, sondern auch so, dass diese Gefahren gesellschaftlich in Kauf genommen werden. Nach allem, was ich heute über die gegenwärtigen Einsätze, Konflikte und Kriege weiß, bin ich dankbar, dass ich mich nicht selbst an ihnen beteiligen muss. Mein Dank gilt daher auch denen, die sich genau dazu bereit erklären. In bestimmter Hinsicht gehen sie »statt meiner« und »für mich«. Und wenn wir uns dieser Zusammenhänge nicht bewusst sind, spricht das nicht gegen die Zusammenhänge, sondern stellt unsere eigene Mündigkeit als Bürger in Frage. Ich weiß, wie schwer es ist, als Veteran der Bundeswehr in unserer Gesellschaft wahrgenommen zu werden, weil ich an mir erfahren habe, wie lange es dauert, bis man auch nur anfängt, den Anderen in seiner Andersartigkeit wahrzunehmen. Die Sorge um und Fürsorge für die Veteranen der Bundeswehr ist nicht nur Sache der Bundeswehr, sondern Aufgabe und Pflicht der Gesellschaft. Wir müssen und wir können uns mit unseren Soldaten und mit unseren Veteranen solidarisieren, weil wir darauf vertrauen können, dass kein Soldat seine Waffe gewissenlos einsetzt. Das ist der tiefere Sinn von Artikel 4 Absatz 3 des Grundgesetzes. Dass niemand gegen sein Gewissen zum Waffendienst gezwungen werden darf, heißt nicht, dass jeder tun kann und tun soll, was er will. Der Grund, warum dem Gewissen im Grundgesetz ein hoher Stellenwert zukommt, ist nicht darin zu sehen, dass jeder für sich eine eigene Welt darstellt, die im Namen ästhetischer Vielfalt geschützt werden soll, sondern darin, dass es uns mit dem uns allen gemeinsamen Grund unseres Seins verbindet. Durch die Stimme des Gewissens in uns wissen wir, was wir zu tun und was wir zu unterlassen haben, wenn es darauf ankommt. Die Freiheit, uns danach zu verhalten, kommt uns nicht zu, weil jeder von uns aus sich selbst heraus unersetzlich ist, sondern sie entspricht unserer Würde als zu Freiheit und Mitschöpfung berufenen Geschöpfen. Als solche sind wir füreinander verantwortlich.

Afghanistan hat Veteranen produziert – was nun?

von Michael Daxner

Vorbemerkung

Mit der Wahl eines Themas ist für jeden wissenschaftlich arbeitenden Menschen eine Vorentscheidung getroffen: Er oder sie müssen sich für die Themenwahl, das Forschungsinteresse vor der Öffentlichkeit und den Fachleuten rechtfertigen. Was interessiert denn am Thema, wo ist das Problem, wie kommt man zu einem Ansatz, der verallgemeinerbare, theoriegestützte Aussagen zu diesem Thema vorbringt und verständlich macht? Ich habe in langen Jahren der Konfliktforschung andere Schwerpunkte bearbeitet: Interventionen (Bonacker 2010), den Heimatdiskurs (Daxner/Neumann 2012) und verschiedene friedenspolitische Aspekte des deutschen Engagements im Kosovo und in Afghanistan. Ich war auch in unterschiedlichen Positionen an beiden Interventionen beteiligt, habe deshalb viel Praxis in meine Studien einarbeiten können. Auf Veteranen oder Einsatzrückkehrer stößt man automatisch, wenn man sich mit dem Auslandseinsatz von Militär beschäftigt. Wer »Out of Area« eingesetzt wird, kehrt irgendwann zurück, zur Einheit, ins Privatleben, zur Familie, zu Freunden und in die Gesellschaft zu Hause; einige wollen immer wieder hinaus, andere nie mehr. All das ist wissenschaftlich interessant. Für die Soziologie: Es entsteht eine neue soziale Gruppe (Daxner/Mann 2015). Für die Militärwissenschaften: Welche Rolle haben Einsatzrückkehrer für die Interventionsarmee, wie gliedern sie sich in ihren jeweiligen zivilen oder militärischen Kontext ein? Für die klinische Psychologie: PTBS und andere physische und psychische Folgen des Einsatzes usw. Und es hat erhebliche Auswirkungen auf Urteile zu Moral, Ethik und politischer Anerkennung von Auslandseinsätzen.

Vorschnell wird von der Beschäftigung mit einem Thema auf Identifikation mit den Einsatzrückkehrern geschlossen, oder aber mit der Verwechslung von Wissenschaft (dem Produzenten und Boten von Information) und den Subjekten, um die es geht, die Gesellschaft und die Veteranen. Ich bin im Gefolge des Kosovo-Einsatzes noch nicht wirklich auf die Rückkehrer gestoßen, auf die Afghanistan-Veteranen aber spätestens nach Ankündigung des Abzugsdatums für ISAF 2014, also im Jahr 2010. Dann aber habe ich gemerkt, wie viele Widerstände einer systematischen und nicht nur punktuellen, interessengeleiteten Beschäftigung mit dem Thema und nicht nur den Wertungen entgegengebracht werden. Das darf einen Wissenschaftler nicht entmutigen, hat mich auch nicht vom Thema abgebracht, und ich habe in diesen Jahren eine Menge gelernt – und eine Menge von Vorurteilen abgebaut, und auch wohl neue aufgebaut. Unparteiisch ist man bei Krieg und Frieden nie, auch wenn man Wissenschaft so unparteilich und objektiv wie möglich zu betreiben versucht.

Diese Vorbemerkung erscheint mir notwendig, damit den Leserinnen und Lesern dieses und anderer Artikel zu diesem Thema klar wird: Wer sich wie zu Veteranen verhält und was Einstellungen und Politiken ihnen gegenüber für Folgen haben – öffentlich und privat – ist noch lange nicht ausgemacht, und gerade deshalb ist ja Forschung so notwendig, um den Gerüchten und vorschnellen Meinungen ein tragfähiges Gegengewicht zu bieten.

Out of Area

Einsatzrückkehrer, so sollte man sie nennen, kommen aus den »Out of Area«-Einsätzen der Bundeswehr nach Deutschland zurück. Leichtfertig sagt man, sie kehren in die Heimat zurück. Natürlich war ihr Einsatzort nicht die Heimat, aber was dann? Das Lager in Mazar-E-Sharif, das viele deutsche Soldaten nicht verlassen haben, war mehr Heimat als viele Orte in Deutschland, wo diese Soldaten noch nie in ihrem Leben gewesen waren. Die Qualität des Einsatzes bestimmt das spätere Leben als Veteran.[1] Der Einsatz ist eine Statuspassage, an dessen Ende ein anderes Lebensumfeld als vorher steht, und diese Passage ist eingebettet in eine größere. Auch Soldatsein ist eine solche Passage. Erst allmählich nehmen sich die öffentlichen Diskurse dieses Themas an.

Warum werden die Veteranen gerade jetzt in der Öffentlichkeit entdeckt? Die Berichterstattung in den großen Medien nimmt sich des Themas verstärkt an; die Erlebnisberichte von Einsatzrückkehrern werden immer zahlreicher verlegt; die für die Aufmerksamkeit besonders wichtigen Film- und Fernsehmedien thematisieren das Leben von Veteranen und PTBS-Betroffenen und nicht zuletzt nimmt sich die Forschung des Themas an.

---

[1] Die noch wenigen Soldatinnen mögen verstehen, warum ich hier durchweg von Männern spreche und den Gender-Aspekt gesondert abhandle.

Einer der wichtigsten Gründe liegt im Adressatenkreis dieses Buches selbst. Einsatzrückkehrer sind in einem Selbstfindungsprozess, sie wollen bestimmen, wo ihr Platz in der Gesellschaft ist, und letztlich wer sie als Veteranen sind. Denn das erklärt sich nicht von selbst. Veteranen sind nicht mehr unmittelbar an eine Tradition gebunden, in denen ihre Identität stark durch die Kriegserfahrung ihrer soldatischen Lebensphase bestimmt war (Weltkriege, Rolle des Militärs, öffentliche Wahrnehmung, Anerkennung und Ablehnung). Der Platz in der Gesellschaft hängt auch davon ab, wohin die Veteranen zurückkehren: In ihre Einheiten der Bundeswehr, in private Sicherheitsdienste, in ein nicht-militärisches berufliches Umfeld, in einen pathologisierten Zwischenzustand, wenn sie etwa PTBS-betroffen sind oder andere Schädigungen aus dem Einsatz davon getragen haben. Sie alle verbindet die Tatsache, dass sie eine neue soziale Gruppe darstellen, deren Platz in der Gesellschaft auch noch nicht gefestigt ist und verschiedene Optionen enthält. Und dann natürlich erhebt sich die Frage, warum nur die militärischen Rückkehrer Veteranen sind, ob nicht zivile Veteranen aus Regierungs- und Nichtregierungsorganisationen, aus humanitären oder diplomatischen Einsätzen in Konfliktgebieten auch diese Bezeichnung erhalten sollten. Zugleich gibt es eine Dimension, die weniger zusammenfasst als differenziert: Wer ist Veteran, und wenn Rückkehrer nicht darunter gezählt werden, warum nicht und von wem? Der erwähnte Soldat, der aus dem Feldlager nie herauskam, wird von vielen als Veteran abgelehnt, hält sich aber selbst für einen, war er doch »Out of Area« und nicht in seiner Heimatgarnison tätig. Hat einer am Computer Luftraumüberwachung gemacht, zählt das so viel wie ein Feuergefecht in einem Dorf? Die Spannbreite vom Bundeswehrangehörigen, der irgendwann ehrenhaft entlassen wird, über die Rückkehrer aus Auslandseinsätzen bis hin zu speziellen Kampferfahrungen als Zurechnungskriterien ist weit. Es macht einen großen Unterschied, ob man sich selbst analysiert und zuordnet oder ob man wahrgenommen und anerkannt wird. Veteranen leisten einen erheblichen Anteil an Zuordnungen, Inklusion und Ausschluss aus dem Veteranenstatus; nicht ganz wie ein Orden, aber beinahe so.

Nur wenn die beiden Ebenen einigermaßen zur Deckung gebracht werden können, sind ein gesellschaftliches Verständnis und ein gemeinsames Verständnis der Rückkehrer denkbar. Ob das wünschbar ist, bleibt noch eine andere Frage. Das pazifistische Grundmuster der westdeutschen und später gesamtdeutschen Geschichte nach 1945 hat einige Zeit getragen, vor allem in den gewollten und politisch wie kulturell begleiteten Traditionsbrüchen zur Wehrmacht und noch früherem Militarismus. Wir können dieses Muster begrüßen, vor allem, weil es durch die Tabuisierung von militaristischen Rückfällen die Figur des Staatsbürgers in Uniform ebenso glaubwürdig wie das Zusammenrücken von Gesellschaft und Bundeswehr macht. Die Zustimmung der Bevölkerung zur Bundeswehr ist mit ca. 60 Prozent im Übrigen fast genauso groß, wie die Ablehnung des Afghanistan-Einsatzes war. Nun muss man aber auch sehen, dass dieser Pazifismus unter den außerordentlichen Bedingungen des Kalten Kriegs und der Anlehnung an die USA bzw. NATO selbst beschützt wurde. Nach 1989 sollte sich das globale Gefüge ändern, und damit die Rolle Deutschlands, und zwar keineswegs nur in der Sicherheitspolitik. Mit den Einsätzen im Kosovo, am Horn von Afrika und vor allem in Afghanistan wurden mehrere Grenzen überschritten. Die souveräne Bestimmung dessen, was die Bundeswehr im Einsatz tun sollte, durfte, konnte, wurde supra-national erweitert; wenn man so will, wurde die deutsche Souveränität beschnitten. Zugleich wurde die Frage gestellt, wozu und für wen oder was die Einsätze gefordert und durchgeführt wurden; für die platte Antwort „für Deutschland", in der Variante „für unser Vaterland" oder „für unsere Sicherheit", gibt es heute keine Chance. Nein, wir verteidigen weder unsere Grenzen noch greifen wir präventiv einen Feind an, dennoch kämpfen die Soldaten in einem Krieg, den wir nicht führen. Humanitäre Einsätze, Kriege gegen einen entgrenzten Gegner (War on Terror), Stabilisierungsmissionen und Einsätze, die weder Sieg noch Niederlage kennen, haben die alten Kriegsmuster abgelöst – aber nicht alle Bilder und Vorstellungen dieser Muster.

Es verwundert nicht, dass zusätzlich zu der Verunsicherung über die Zuschreibungen und Identitäten der Einsatzrückkehrer zunehmend Vergleiche mit anderen Veteranenkulturen angestellt werden. Vor allem die USA spielen hier eine herausragende Rolle, weil ihre militärischen Grundmuster ganz andere sind als die meisten europäischen im Nachkrieg: Bei den Amerikanern sind die Rahmen für Kämpfer (Warrior), für den Auftrag zu siegen, für die mehrheitliche Anerkennung nach der Rückkehr, u.a. durch ein riesiges Fürsorgesystem fest eingebaut. Sie werden mit einer Form von Patriotismus gestützt, die uns weitgehend fremd (geworden) ist. Aber auch andere Traditionen, wie die französische, britische oder skandinavische geben uns Problemlösungen vor, für die wir generell oft noch gar nicht die richtigen Fragen gestellt haben, wir Deutschen, aber im speziellen die Rückkehrer selbst. Sich bloß im Verband zu organisieren oder Klubs und Lobbys zu gründen ist ein Weg, sich zu verständigen und – wenn gewollt – Gehör zu verschaffen. Aber auch hier gibt es bereits eine Vielzahl von Artikulationsplattformen, die sich durchaus voneinander unterscheiden, oft gegeneinander argumentieren und noch nicht gefestigt sind.

Bei allen Rückkehrern vermischen sich Sphären, die in anderen Feldern getrennt sind. Ziviles und militärisches Gelände verschwimmt, wenn es um die Familien, die sozialen Beziehungen und die Konfrontation mit dem Alltag der Rückkehrer geht: Auch die Frage, von wem die Veteranen Anerkennung wofür erwarten oder verlangen, geht quer durch die gesellschaftlichen Bereiche. Den »Dank des Vaterlandes« gibt es so glatt ohnedies nicht, die Medaillen und die Ehrenurkunden tragen nicht weit. Die Grundsatzfrage aller Veteranen ist, was einer denn gewesen sein will im Einsatz, damit er jetzt sich selbst anerkennen und von andern Anerkennung fordern kann.

Die Rhetorik mancher Bundeswehr-Gegner, die ich nicht mit der Friedensbewegung oder Friedensforschung gleichsetze, markiert ein Extrem: Veteranen werden abgelehnt, weil sie der Bundeswehr angehört haben oder weiter dort arbeiten. Diese Position kann nicht zwischen der Empathie und den politischen und moralischen Rahmenbedingungen unterscheiden. Umgekehrt ist die Heroisierung der Veteranen eine Gefahr, wenn das Heldentum der Kämpfer als rückwärtsgewandte Möglichkeit überhöht wird. Das berührt einen ganz brisanten Punkt: Alle Einsatzrückkehrer sind Überlebende. Sie konkurrieren mit den Gefallenen, um Anerkennung, aber auch bei der Sinnfrage der Opfer, die sie gebracht haben und die für die Gefallenen vergeblich waren (Daxner 2015, Daxner/Mann 2015). Aus beiden Extremen erwachsen ungute Rhetorik und unangemessenes Pathos. Nach dem aber besteht offenbar ein Bedürfnis, wie man vielen Texten der Heimkehrerliteratur entnehmen kann. Es ist hier ein Genre entstanden, das einerseits differenziert genug ist, um deutliche Unterschiede je nach dem Erfahrungs-, Bildungs- und Wertehorizont der AutorInnen zuzulassen, andererseits aber deutlich erkennbare Vorbilder in etablierten Veteranenkulturen aufweist, nicht zuletzt auf der Seite ideologisierter Heroisierung (Luttrell/Robinson). »Lone Survivor« ist ein Musterexemplar der Navy-Seal-Literatur; kritische Berichterstattung ist eher in Expertenkreisen bekannt.

„Was waren wir denn nun?", fragen sich viele Rückkehrer. Aufbauhelfer? Kämpfer? Opfer? Täter? Diese vier Ausprägungen haben wir in der Forschung stark in der öffentlichen Wahrnehmung vertreten gefunden, sie sind nicht willkürlich zugordnet. Der Aufbauhelfer tritt immer mehr in den Hintergrund. Opfer sind viele Rückkehrer, entweder weil sie ein Opfer für den Einsatzzweck – Deutschland, NATO, Bündnis, seltener die Afghanen, den Weltfrieden usw. – gebracht haben oder weil sie Opfer unklarer Information, schlechter Ausrüstung, aber auch mangelnder Wertschätzung durch die deutsche Öffentlichkeit und Politik sind, weil sie schlecht versorgt werden und weil sie mit ihren Identitätsproblemen allein gelassen werden. Vor dem Täter-Profil gibt es verständlich große Reserven. In vielen literarischen Verarbeitungen kommt gerade das Unrecht, das einzelne oder Gruppen getan haben mögen, aus dem Unbewussten hoch. Niemand wird diesem Aspekt des Einsatzes entkommen. Es geht hier meist nicht um Kriegsverbrechen und um Verletzungen des Kriegsvölkerrechts und anderer Konventionen, sondern um objektives und oft subjektiv wahrgenommenes Unrecht, das man im Einsatz begangen hat und für das im Nachhinein niemand zuständig sein will, also bleibt es an einem hängen (Dirk Kurbjuweit, Phil Klay). Viele der heutigen Veteranen organisieren sich für sich selbst und in Gruppen um den Kampfeinsatz. Kampf als professionelle Aufgabe von Soldaten, für die sie ausgebildet sind und letztlich in den Einsatz gehen, ist ein Feld mit gesicherten Hauptlinien der Argumentation. Kampfeinsätze sind nicht mehr die »Feuertaufe« der alten Erzählungen, sondern die folgerichtige Konsequenz der Ausbildung. Mittlerweile ist die Bundeswehr eine Interventionsarmee. Man muss das Profil der Profession keineswegs teilen, um festzustellen, dass diese Folgerichtigkeit ja gewollt und angelegt ist. Dass sie individuell und subjektiv ganz unterschiedliche Auswirkungen auf das Leben nach dem Kampf haben kann, ist ebenso klar – und beschäftigt die Rückkehrer, ihre Angehörigen und diejenigen, die sich dafür interessieren.

Wir haben den vier Profilen noch eines hinzugefügt. Veteranen sind Chronisten der Einsätze, und indirekt sind sie Teil des Geschichtsunterrichts und des kollektiven Gedächtnisses der Gesellschaft zu den Einsätzen.

Öffentlich und privat: Kameraden

In den bisherigen Ausführungen habe ich die wichtigsten Bestimmungen und Begriffe für eine Diskussion des Komplexes »Veteranen« gegeben. Diese helfen weiter, eine andere Reihe von Besonderheiten dieser Gruppe zu verstehen. Ich nehme als erstes und wichtigstes Schlüsselwort fast jeder Debatte mit Einsatzrückkehrern »Kameradschaft«. Dieser scheinbar ganz selbstverständliche Begriff entfaltet eine ungeahnte Vielfalt, wenn man ihn entwickelt und die Zusammenhänge untersucht, in denen er gebraucht wird. Kameradschaft unter Soldaten kann man definieren als Freundschaft, die entsteht, wenn man aufeinander angewiesen ist. Dazu zählt das seit Jahrhunderten abgewandelte Bild des Kameraden, der den verwundeten anderen aus der Gefahrenzone birgt – oder seinen toten Körper dem Gegner wegnimmt. Dieses Bild wird vielfach variiert, man fragt sich, wie denn

112

der Veteran vorher gelebt hatte, bevor er die Kameradschaft der Front, pardon, des Einsatzes erfahren hatte. Ich komme zu dieser sarkastischen Frage, weil die Überhöhung der Kameradschaft auf mehrere, oft vermengte Defizite schließen lässt, die im Einsatz zu Werten bzw. Tugenden gefestigt werden. Dass man seinem Kollegen hilft, ist doch selbstverständlich. Aber hört diese Selbstverständlichkeit nicht auf, wenn es um die Rettung des Kollegen unter Einsatz des eigenen Lebens oder der Gesundheit geht? Die Grenze wird beim Kampfeinsatz eindeutig hinausgeschoben, die Kameradschaftshilfe steht ganz oben im Ehrenkodex. Man kennt so etwas von Bergsteigerlegenden oder Berufen, die kollektive Gefährdung beinhalten, von Bergleuten oder Matrosen. „Ich hatt' einen Kameraden." ist eine besondere Beziehung, die erst durch die gemeinsame Fronterfahrung gestiftet wurde. Oft ist es eine Erfahrung, die nur untereinander weitergegeben werden kann (Recondos). Darin liegt ein Schlüssel, der nicht nur mit dem Kampf, der zusammenschmiedet, erklärt werden kann. Oft sind die Kameraden im Feldlager – vor, nach oder anstatt den Kämpfen – mehr als Familienersatz, sie sind die Familie. Psychologisch ist das erklärbar, aber sozial und politisch steckt noch etwas dahinter. In der Kameradschaft unter Gleichen wird etwas hergestellt, was oft – keineswegs ausschließlich – vor und nach dem Einsatz nicht die Regel ist: Eine durch die Umstände hergestellte Gleichheit. Wenn wir die Zeit vor dem ersten Auslandseinsatz und die Zeit vor der Stiftung von Kameradschaft durch Kampferfahrung einmal außen vor lassen, können wir vermuten, dass mit dieser Freundschaft und Verbundenheit die Grenze zwischen dem militärischen und dem zivilen Erlebnisraum gefestigt wird. Dass es hier neue Muster im Vergleich zu den Weltkriegsveteranen gibt, steht ebenso zu vermuten, wie die besonderen Tabus, die in Deutschland berührt werden, wenn die Thematik öffentlich wird. Auch hier kann die Forschung Neuland betreten, in der vergleichenden Erkundung der sozialen und kulturellen Kontexte von Rückkehr (Giordano, Scholz).

Hier sollte auch die Genderfrage angesprochen werden. Die überwiegende Zahl der Soldaten im Einsatz war und ist männlich, die Zahl der Soldatinnen ist jedoch gewachsen und mittlerweile erheblich. Berufsbild, Selbstwahrnehmung, Zukunftsperspektiven, Sinngebung und auch die Kommunikation der Erlebnisse und Wertungen unterscheiden sich von den Aussagen der männlichen Kameraden. Aber es gibt zu wenig Befunde, als dass man repräsentativ ein Muster nachzeichnen könnte, und auch die vergleichende Forschung – etwa Soldatinnen in Israel und den USA – hilft hier nicht viel weiter. Aber sicher ist, dass die Frauen sich sowohl in das

Genre der Heimkehrerliteratur einbringen als auch, dass sie als Veteraninnen eine eigene Stimme beanspruchen werden.

Der soziale Kontext

Afghanistan ist seit 2003 mein Forschungs- und teilweise Arbeitsgebiet. Ich bin früh auf die Problematik der Veteranen gestoßen (Daxner/Neumann), aber eher in der für die deutsche Bevölkerung neuen Erfahrung, erstmals wieder im Krieg zu sein. Unabweisbar für die Forschung wurde das Thema, als nach 2010 – der Ankündigung des Abzuges 2014 – Rückkehrerliteratur massiv anwuchs und sozusagen den Boden für die gestiegene Aufmerksamkeit bereitete, die die Veteranen erwarteten und die Anerkennung, die sie einforderten. Das Genre eroberte diese Aufmerksamkeit nicht zuletzt durch die Gleichzeitigkeit, mit der Gefallene und Schwerbeschädigte öffentliche Reaktionen hervorriefen, und in dem Maß, in dem das betroffene Umfeld – Familie, Freunde, Stammeinheit, ziviles Berufsfeld – von den Folgen des Einsatzes direkt oder indirekt betroffen waren. Mit den Toten wird die staatliche und die private Trauerordnung neu organisiert; mit den Verwundeten und Einsatzgeschädigten kommen Fragen nach dem Grad der Behinderung, der Berufsfähigkeit, der Traumatisierung, aber auch des Umlenkens der Einsatzkameradschaft in andere Sozialformen zum Tragen. Filme, von großer Kunst bis zum Tatort, schaffen hierzu Bilder, die oft seltsam altmodisch im Vergleich zu den neuen Formen von Kriegsführung und Einsatzerfahrung anmuten, und den »Gesichtern«, also Träumen, Erinnerungen und Imaginationen der Veteranen eingeschrieben werden. Da taucht natürlich nicht nur der Kamerad auf, sondern auch Afghanistan, der Taliban, Menschen und Landschaften, das Fremde, das Dort, an das man erinnert, wenn man schon im Hier ist. Es ist erstaunlich, wie viel private Ethnologie in den Erlebnisberichten verpackt ist, wie viel Wissen und Halbwissen sich mit Vorstellungen und Wünschen verbindet und so dazu beträgt, die Erfindung von Afghanistan weiterzutreiben (Daxner 2010). Hier findet die Deutungsmacht ein reiches Betätigungsfeld und kann – muss aber nicht – den Veteranen helfen, kritisch ihre Identitätssuche zu unterstützen. Auch die Selbstwahrnehmungen werden in Bezug zu dem wohl einmaligen Ausflug in das umkämpfte Dort, nach Afghanistan, gesetzt. Ausnahmen sind die Veteranen, die mehrfach im Einsatz waren, und die, die immer wieder »Out of Area« eingesetzt werden wollen, bei der Bundeswehr oder privaten Sicherheitsdiensten.

Die Statuspassage Einsatz innerhalb der Statuspassage Soldatsein hat wohl für die meisten Veteranen eine dauernde Bedeutung. Wir kennen noch nicht ihre Halbwertzeit und wir wissen nicht, wie diese Bedeutung im Lauf der Zeit variiert werden wird. Wir können anhand der Aussagen vieler Blogs, Erlebnisberichte und Texte darüber Vermutungen anstellen, sollten aber die Forschungen genauer werden lassen, damit nicht bewusst oder unbeabsichtigt neue Vorurteile zu den bereits bestehenden treten. Und dazu kommt, dass die Bedeutung nicht deckungsgleich mit dem Sinn ist, den die Rückkehrer ihrem Einsatz, seinem Kontext und dem politischen Umfeld geben. Vielen fällt es leichter zu begründen, warum sie sich im Kampf oder im Feldlager so und nicht anders verhalten haben, als wozu sie das getan haben. Mit der Antwort, dass sie die Sicherheit Deutschlands am Hindukusch verteidigt haben, gebe ich mich nicht zufrieden, das zu beweisen fiele den meisten zu schwer. Aber Legenden werden geschmiedet. Noch ist der Diskurs nicht festgelegt, was Deutsche in Afghanistan getan haben und wozu sie es getan haben. Ich vermute, dass einige Einsatzrückkehrer nachholend Wissen über das Land erwerben, in dem sie eingesetzt waren. Damit erfahren sie auch etwas über Deutschland und ihren Platz hier.

Ambiguität und Zukunft

Ich schreibe diesen Text in einem Buch von Einsatzrückkehrern für Einsatzrückkehrer und die Öffentlichkeit. Diese Tätigkeit erinnert mich an eine Diskussion im Bundestag, als Sprecher von humanitären Organisationen auch beanspruchten, Veteranen werden zu dürfen, schließlich kämen sie auch von Einsätzen, oft gefährlichen, wieder zurück. Das macht noch keine Veteranen. Es ist auch keine Auszeichnung oder Diskriminierung, jetzt ein Veteran zu werden, wo es viele Rückkehrer gibt. Die Statuspassage Einsatz muss öffentlich anerkannt werden, das Leben „Danach" muss einen nicht abstreifbaren Bezug zum Einsatz haben, es muss genügend Gleichgesinnte geben, die eine soziale Gruppe erster Ordnung bilden. Ich analysiere die neue soziale Gruppe vor allem, weil ich ihr eine wichtige Rolle in den öffentlichen Diskursen Deutschlands vorhersage, die sich um Krieg, Frieden, Einsatz und die deutsche Rolle in der globalen Sicherheitspolitik drehen. Veteranen werden künftig entweder einer neuen nationalistischen Verhärtung und Verengung unserer Gesellschaft das Wort reden, oder sie werden Teile einer aktiven Friedenspolitik. Dass sie sich um Deutungshoheit bemühen, ist jetzt schon evident (Daxner 2015). Ob und wie sie ihre Stimme hörbar machen, hängt von ihrer institutionellen Entwicklung ab. Davon, welche Regeln sie sich geben, und davon, wieweit sie in einer bestimmten Form von wem anerkannt werden. Dabei werden zwei besondere Aspekte eine Rolle spielen, zum einen die besondere Opfer-Ambiguität[2], zum anderen die Angehörigen. Dass viele Veteranen sich als Opfer darstellen, wohl auch selbst wahrnehmen, verwundert nicht. Je schwächer das Bewusstsein für den Sinn ihres Einsatzes ausgeprägt ist, desto mehr stellen sie die Anerkennung für ihre Leistung durch andere – Vorgesetzte, Militärführung, Öffentlichkeit, Medien – in Frage. Das würden sie wahrscheinlich vehement leugnen, wenn es ihnen so direkt angetragen wird. Aber viele Zeugnisse der Heimkehrerliteratur bestätigen diese Auffassung. Da jede Veteranin und jeder Veteran zwischen den beiden Opferpolen hin und her springen kann, lässt sie sich nicht auf eine bestimmte Interpretation fixieren. Das kann auch von Vorteil sein, solange man nicht weiß, wer man ist und was man will. Dass man sich im Einsatz aufgeopfert hat und die, die das Opfer befohlen haben bzw. um derentwillen es erbracht wurden, keine Anerkennung bieten, ist ein ständiger Anstoß zu Kritik – und wohl auch zur Organisation von Veteranen in gleichgesinnten Gruppen.

Die Angehörigen sind für unser Thema viel wichtiger, als es den ersten Anschein hat. Es gibt die Soldaten und Soldatinnen in ihren Einheiten, und darum herum ein relativ homogenes familiäres und soziales Umfeld. Im Einsatz sind Angehörige, Freunde, Bindungen, auch volatile oder brüchige, weit fort. Vor Ort gibt es die Kameraden, die militärische Einheit, ein meist kommunikativ nicht erreichbares lokales Umfeld, und die unterschiedlichen Bemühungen, diese Distanz zu überwinden. Hier gibt es einerseits eine Vielzahl von Tabuzonen – Sexualität, Vertrauen, Religion, Sorge und Differenzen über den Sinn und die Legitimität der Abwesenheit. Andererseits sind Selbst- und Fremdwahrnehmung auf wenige Korridore eingeschränkt: Kommunikation im Einsatz, Kommunikation mit zu Hause, Selbstreflexion und das tatsächliche Einsatzgeschehen. Diese Aspekte können alle privat und persönlich zur Persönlichkeitsstruktur, manchmal auch zur Persönlichkeitsentwicklung beitragen, oder sie werden ideologisiert und politisiert. Dann sind wir wieder bei der Legitimität der Forde-

---

[2] Ambiguität bedeutet nicht Ambivalenz, also Doppeldeutigkeit. Ambig ist eine Situation, in der zwei gegeneinander unverbundene Bedeutungen für sich stehen: ein Opfer kann dadurch entstehen, dass jemandem etwas geopfert wird (Gott, dem Vaterland, der eigenen Ruhe). Oder jemand kann Opfer von Gewalt, Bosheit, Unfähigkeit oder Naturgewalten werden. Veteranen nehmen oft beides in Anspruch und spielen mit der Ambiguität, oft ohne sich dieser Taktik bewusst zu sein. Diese Ambiguität gibt es anderswo auch, aber wenn sie verbal gesteuert ist, wirkt sie besonders (im Englischen müsste man zwischen sacrifice, offering und victim changieren).

rungen von Veteranen und bei den verschiedenen Ebenen von Anerkennung.

All das wird noch zugespitzt, wenn das Sterben und die schwere Verwundung im Spiel sind. Gefallene sind etwas für den öffentlichen Diskurs: Für die Familie und die Freunde ist es der tote Sohn, der tote Vater, der tote Freund. Verwundungen, Beschädigungen und Invalidität sind noch nicht hinreichend thematisiert, um Empathie, Verständnis und auch Kritik am Einsatz zu thematisieren. Die Angehörigen beginnen sich zu organisieren, sie versichern sich ihrer Sprache und wollen gehört werden (Tanja Menz, Marita Scholz). Auch sie werden zu der sozialen Gruppe der Einsatzrückkehrer gehören.

Ausblick

Mit jedem Satz tut sich ein neues Forschungsthema auf. Das ist nicht ungewöhnlich bei Feldern, in denen – wie hierzulande – Wissenslücken, Tabus und Desinteresse aufeinander stoßen. Prognosen sind schwierig ohne zureichenden tragfähigen Wissensuntergrund und eine ziemlich genaue Kenntnis der Kontexte.

Mein Weg zu Veteranen, mit Veteranen, für Veteranen

von Gabriele Douqué

Meine Kindheit und Jugend verbrachte ich in der ehemaligen DDR. Als Waisenkind wurde ich von einem Volkspolizisten und dessen Ehefrau als Pflegekind im Alter von fünfeinhalb Jahren aufgenommen. Dieser Mann (in Uniform) prägte damals mein Unterbewusstsein bis in die heutige Zeit, denn es war wohl für mich der erste Mensch, der mir Gutes tat, der mich bemerkte und sich meiner annahm. Und bei diesem Pflegevater galten militärische Werte, klare Strukturen sehr viel. Warum auch immer, hatte ich jahrelang als Kind das Bild im Kopf, alle Träger von Uniformen der DDR wären die besonders Guten. Nun in meiner Jugend änderte sich das. Ich habe das schmerzlich erfahren und erleben müssen. Mein Weltbild verschob sich gewaltig, bevor ich 1972 als politischer Häftling in die BRD verkauft wurde.

Hier hatte ich dann trotzdem vor allem zu Militär und Polizei eine gewisse Distanz. Sie waren für mich Respektpersonen und ja, ich betrachtete sie als Hüter der Ordnung im Innen und Außen. Mehr Bezug gab es jedoch nicht. Und das blieb sehr lange so.

Treu und brav ging ich zu den Wahlen, machte mein Kreuzchen dort, wo ich meinte, das sei schon die richtige Partei. Ich engagierte mich stark in einer Vereinigung für politische Häftlinge aus der DDR, lebte in Westberlin. Jede Veranstaltung der alliierten Soldaten in Berlin fand ich großartig, nahm daran teil. Mehr aber auch nicht. So vergingen viele Jahre.

Das Thema der deutschen Soldaten in Einsätzen war mir bekannt durch die Medien, aber es berührte mich nicht besonders. Ja, um ehrlich zu sein interessierte es mich eigentlich nicht. Ich war konsumierende Bürgerin, zwar politisch interessiert, aber doch bequem. Während einer Berufsausbildung im Jahre 1993 hatte ich als Dozenten einen Militärarzt der Marine. Dieser berichtete uns Pflegeschülern in witziger Form von seinen Erlebnissen in Somalia. Es war keinem von uns wirklich bewusst, was dieser Soldat vielleicht wirklich erlebt hatte. Ja, wir haben nicht mal hinterfragt, warum ein deutscher Soldat nach Somalia musste. Noch heute schäme ich mich dafür.

Erst als meine jüngste Tochter einen Berufssoldaten in die Familie brachte, begann ich, mich sehr intensiv mit der Bundeswehr, den Einsätzen der Bundeswehr und mit ihren Grundlagen und Folgen auseinanderzusetzen. Den alles entscheidenden Wandel meines gleichgültigen Denkens brachte ein Artikel im Spiegel über das Schicksal eines traumatisierten Soldaten. PTBS!

Diese Erkrankung im Zusammenhang mit Kriegserlebnissen in unserer Zeit, in unserer Gesellschaftsordnung? In unserem Deutschland? So was kannte ich ja nur aus amerikanischen Filmen oder noch von Patienten, die im Zweiten Weltkrieg gedient hatten. Rambo, ja, das war ein Vietnamveteran. Aber das war ja ein Film, so was gibt es nicht bei uns. Und vor allem war ich sicher, dass für die verletzten Mädels und Jungs in unserem Land gut gesorgt wurde.

Wen kümmern diese Themen denn bei uns? Weder in meinem Arbeitsleben, noch im Bekanntenkreis wurde je über so etwas gesprochen. Jeder Busfahrer, jeder Arbeiter auf einer Baustelle, der LKW-Fahrer in seinem Lieferwagen, sie alle könnten theoretisch in einem dieser Kriege gewesen sein. Und nach Ablauf ihrer Dienstzeit vom Dienstherrn und den Politikern vergessen. Akte zu, der nächste bitte. Immer klarer wurde mir, dass auch ich dafür indirekt mitverantwortlich war. Denn ich habe diese Politiker gewählt, die die Mandate für solche Kriegseinsätze beschlossen und unterzeichnet haben. Und mit mir Millionen anderer Wähler, die sich über Konsequenzen keine Gedanken machten.

Es erschütterte mich, welchen Kampf der junge Mann im Spiegel-Artikel nun durchstehen musste und immer noch kämpfte. Er hatte ein Buch darüber geschrieben, hielt in der Nähe meines Wohnortes eine Lesung ab, und da wollte ich hin. Diese Lesung sowie die dort stattfindenden menschlichen Begegnungen waren mein Auslöser. Mehrere Mädels und Jungs, welche in Einsätzen waren, lernte ich dort kennen, und niemals werde ich die Wirkung dieser jungen Menschen auf mich vergessen. Denen in die Augen zu schauen und dabei das Leid zu erkennen, erschütterte mich zutiefst.

Schon vorher hatte ich im sozialen Netzwerk des Internets Kontakte zu dieser Gruppe von Menschen gesucht, aber nun wollte ich mehr tun. Ich wollte sie öffentlich unterstützen, die Problematik bekannt machen, effektiv helfen. Immer wieder hatte ich von erschütternden Schicksalen erfahren: Was den Mädels und Jungs in den Kriegseinsätzen widerfahren war und wie sie dann nach ihrer Dienstzeit vergessen wurden auf den Fluren der Ämter.

Vergessene Veteranen sind unsichtbare Veteranen
Und ja, ich sage ganz bewusst »Kriegseinsätze«, denn nichts anderes waren und sind sie noch heute. Das schöne, heile Bild der Brunnen bauenden,

120

Schulen errichtenden Männer in Uniform, das ist für mich eine Lüge gegenüber der Öffentlichkeit. Folgerichtig trat ich dem Bund Deutscher EinsatzVeteranen (BDV) als Supporterin bei.

Dort hätte ich die Möglichkeit gehabt ehrenamtlich als Fallmanagerin mit Veteranen zu arbeiten, sie direkt individuell zu unterstützen, zu helfen. Doch mein zu sehr ausgeprägtes emphatisches Verhaltensmuster hätte mich nicht die nötige Distanz wahren lassen. Ich hätte zu sehr mit den Veteranen gelitten. Im Interesse der Veteranen und in meinem Interesse gab ich diesen Gedanken auf. Es gab ja noch andere Aufgaben.

Gleichzeitig ergab sich durch meine viele Freizeit in Folge meiner Berentung, dass ich nach einer sinnvollen Beschäftigung suchte. Wieder über Kontakte des sozialen Netzwerkes ergab sich die Möglichkeit, ehrenamtlich bei der Bundeswehr tätig zu sein: Diese ehrenamtliche Tätigkeit ist bei der Familienbetreuungsorganisation der Bundeswehr möglich. Nach einem Bewerbungsgespräch wurde ich angenommen, und nun bringe ich mich auch dort seit einigen Jahren ein. Vorrangig ist diese Arbeit für die Angehörigen von Soldaten im Einsatz, für mich inzwischen eine unverzichtbare und schöne Aufgabe, meinen Teil beizutragen.

Im Juli 2013 ergab sich wiederum eine Möglichkeit, öffentlich auf die Probleme der Veteranen und vor allem auf deren Existenz in unserer Gesellschaft hinzuweisen. Schon länger trug ich mich mit dem Gedanken, den Jakobsweg zu pilgern. Bei einer Veranstaltung der Bundeswehr, am Infostand des BDV, verkündete ich plötzlich lautstark, dass ich meinen Jakobsweg den Veteranen widmen wolle. Es solle ein Solidaritäts- und Spendenlauf werden! Nun konnte ich nicht mehr kneifen: Ich hatte es den Jungs versprochen! Aber auch meine innere Stimme meldete sich zu Wort. Ist es richtig, was ich da tun will? Dient es wirklich den Veteranen? Was ist, wenn ich es nicht schaffe? Bekomme ich genügend Unterstützung?

Es begann eine aufregende Zeit der Planung, der Vorbereitungen, der Absprachen. Den Termin meines Aufbruchs hatte ich so gelegt, dass er nach der ersten großen Veteranenveranstaltung in Berlin stattfinden sollte. 29./30. Mai 2014. Die örtliche Zeitung berichtete von meinem Vorhaben und so wurde auch gleichzeitig das Veteranenthema bekannter gemacht. Zur gleichen Zeit befand sich auch ein Familienangehöriger in Afghanistan im Einsatz. Als Zeichen der Solidarität wurde für jeden Einsatzmonat eine große gelbe Schleife an einem Baum im Garten befestigt, und auch das war es der Zeitung wert, darüber zu berichten bzw. die Hintergründe dieser »Beflaggung« zu erklären.

Im Internet hatte ich neben meiner persönlichen Seite bei Facebook reichlich Werbung für mein Unterfangen und auf einer anderen sozialen Plattform einen Spendenaufruf für den BDV mit der Beschreibung meines Vorhabens veröffentlicht. Ich wollte mich nur meinem Pilgerlauf widmen können und von unterwegs kurze Berichte meiner Erlebnisse via Facebook senden.

Und so brach ich dann auf zu meinem Jakobsweg für die Veteranen. Ausgestattet mit Oberkleidung des BDV. Gut sichtbar das Veteranenlogo und die Symbolik unseres Vereins. Eine 70jährige mit Militärhut, verabschiedet von einer Gruppe Veteranen auf dem Flughafen Schönefeld. Das Interesse und die Neugier der Passagiere dort waren stark – wir erregten Aufmerksamkeit. Ich konnte trotz meiner Aufregung und des Trennungsschmerzes in den Gesichtern der Menschen lesen: „Was ist das? Was machen die? Wer sind die?“ Ja, das sollte so sein. Wir wollen und sollen Aufmerksamkeit erregen, Fragen aufwerfen und dann aufklären, erklären.

Wie schon gesagt, mein Outfit erregte schon in Deutschland die Aufmerksamkeit der Menschen, und so erging es mir auch in Frankreich und Spanien. Verstärkt wurde dieser Auftritt noch durch einige der Patches, welche an meinem Rucksack deutlich sichtbar waren. Es waren Patches, die auf Militär hinwiesen, und dementsprechend wurde ich oftmals darauf angesprochen. Für mich stets ein sehr willkommener Grund zu erklären, woraus tolle Gespräche und Diskussionen entstanden. Mit Holländern, Franzosen, Engländern, Schotten, Amerikanern, Italienern und Brasilianern sprach ich über das Thema Veteranen. Und immer, außer bei einem absoluten deutschen Friedensverfechter, erntete ich Verständnis, Respekt für die Soldaten und vor allem Anerkennung für deren Dienst an unserem Land. Oftmals sprachen mich deutsche Pilger an, erzählten mir von ihren Wehrdienstzeiten. Doch jedes Mal herrschte beim Thema »Veteranen und Veteranenversorgung« betroffenes Schweigen. Manchmal bedauerte ich, dass ich kein Infomaterial bzw. Flyer mithatte. Die Frage danach kam oft. Doch neben dem Gewicht meines Rucksackes auch noch Werbematerial mitzuschleppen, das war unmöglich.

Vieles erfuhr ich über die Versorgung von Soldaten und Veteranen in anderen Ländern. Ich kann mir kein Urteil darüber erlauben, ob dort alles besser ist, denn ich war nicht dort. Ich habe es nicht erlebt, mit eigenen Augen gesehen. Sehr herzliche, warmherzige Begegnungen hatte ich mit Ex-Soldaten und auch mit Vietnamveteranen aus Amerika. Ein französischer Ex-Legionär lud mich abends zum Pilgermenü ein und erzählte mir von seinem Soldatenleben. Niemals vergessen werde ich den pensionierten Oberleutnant, der den Jakobsweg rauf und runter läuft, weil er mit seinem Pensionärsdasein nicht zurechtkommt.

Es waren großartige Stunden mit solchen Menschen und ich bin dankbar, dass ich so ein kleines bisschen dazu beitragen konnte, den Veteranen ein Gesicht, eine Stimme und Gehör zu verschaffen.

Mögen viele Menschen sich mit den Veteranen solidarisieren, egal welchen Alters, welchen Geschlechts. Diese Veteranen haben für unsere Demokratie gekämpft und gelitten. Sie sind unter uns und verdienen unsere Aufmerksamkeit. Im Nachhinein entstand aus meinen Erlebnissen und Erfahrungen ein kleines Buch. Gewidmet habe ich es unseren Veteranen der Bundeswehr mit folgenden Worten:

„Widmung: Dieses Buch widme ich den Veteranen der Bundeswehr, die seit 1992 in Einsätzen weltweit ihr Leben, ihre körperliche und seelische Gesundheit für den Frieden, im Auftrag unserer Politiker riskiert haben. Es war mir eine Ehre, in vielen Gesprächen und Begegnungen mit Menschen aus aller Herren Länder unterwegs auf Euch und Eure Probleme aufmerksam zu machen. Ich bezeuge Euch allen meinen höchsten Respekt. Meinen Jakobsweg de France 2014 ging ich als Solidaritäts- und Spendenlauf für diese Mädels und Jungs. Treu gedient – Treue verdient!“

„Das Problem wieder hier anzukommen" – Einsatzrückkehrer und Gesellschaft[1]

von Anja Seiffert

Soldatinnen und Soldaten kommen aus den internationalen Missionen der Bundeswehr mit oft dramatischen Erlebnissen von Not und Leid, von Tod, Verwundung und auch von Versehrtheit zurück und müssen sich mit diesen Erfahrungen in das alltägliche Leben zu Hause wieder einfinden. Abgesehen von psychischen Einsatzfolgen wissen wir jedoch in Deutschland nur wenig darüber, wie Soldatinnen und Soldaten die Rückkehr nach dem Einsatz meistern, wie sie tatsächlich in den Alltag zurückfinden, mit welchen Schwierigkeiten sie nach der Rückkehr etwa konfrontiert sind und womit sie auch noch lange danach kämpfen.[2] Die Gruppe der Einsatzrückkehrer und Einsatzveteranen[3] der Bundeswehr ist wissenschaftlich ebenso wie die Frage nach der Integration dieser Gruppe in ihr soziales und professionelles Umfeld wenig erforscht.

---

[1] Der vorliegende Text ist eine aktualisierte und erweiterte Version eines bereits elektronisch veröffentlichten Beitrages der Autorin (Siehe Anja Seiffert, Aus der Einsatzrealität zurück in den Alltag, in: Bundesministerium der Verteidigung (Hrsg.), Sicherheitspolitischer Reader 2/2014) und greift zudem auf weitere Veröffentlichungen der Autorin zurück, die im vorliegenden Beitrag jeweils genannt sind. Die hier vorgetragenen Ansichten und Meinungen sind ausschließlich diejenigen der Autorin und geben nicht notwendigerweise die Sicht oder die Auffassung des Bundesministeriums der Verteidigung wider. Das Zitat in der Überschrift ist einem Interview unserer Befragung 2013 von Einsatzrückkehrern und Einsatzveteranen der Bundeswehr entnommen. Siehe hierzu Anja Seiffert/Julius Heß, Afghanistanrückkehrer. Der Einsatz, die Liebe, der Dienst und die Familie. Ausgewählte Ergebnisse der sozialwissenschaftlichen Langzeitbegleitung des 22. Kontingents ISAF, Forschungsbericht, Potsdam 2014, S. 28.

[2] Einblicke in die Lebenswelten von Einsatzrückkehrern der Bundeswehr bietet etwa der von Sabine Würich/Ulrike Scheffer herausgegebene Band »Operation Heimkehr«. Bundeswehrsoldaten über ihr Leben nach dem Auslandseinsatz, Berlin 2014.

[3] Der Veteranenbegriff ist in Deutschland noch nicht abschließend einheitlich definiert. Siehe zur Diskussion Michael Daxner, Veteranen, in: Wissenschaft / Frieden 2014-4, S. 24–26. Im vorliegenden Beitrag wird im Sinne eines vorläufigen Arbeitsbegriffs zwischen noch aktiven und bereits aus der Bundeswehr ausgeschiedenen Einsatzrückkehrern unterschieden. Von Einsatzveteranen wird gemäß der bisherigen offiziellen Definition immer dann gesprochen, wenn Soldatinnen und Soldaten gemeint sind, die bereits aus der Bundeswehr ausgeschieden sind und mindestens 30 Tage in einem Auslandseinsatz eingesetzt waren. Vgl. hierzu http://www.bundeswehr.de (11. November 2015). Von Einsatzrückkehrern wird hingegen dann gesprochen, wenn noch aktive Soldatinnen und Soldaten der Bundeswehr gemeint sind, die ebenfalls mindestens 30 Tage in einem Auslandseinsatz der Bundeswehr eingesetzt waren.

Deshalb wurde am Zentrum für Militärgeschichte und Sozialwissenschaften der Bundeswehr (ZMSBw) Ende 2012 eine Studie zum Thema »Afghanistanrückkehrer« initiiert und vom Bundesministerium der Verteidigung beauftragt. Diese Untersuchung ist in die erste sozialwissenschaftliche Langzeitbegleitung von Einsatzsoldaten der Bundeswehr eingebettet. Sie basiert im Wesentlichen auf einer fortlaufenden Befragung von sämtlichen Angehörigen des 22. Kontingents ISAF, die überwiegend von März bis Oktober 2010 im Einsatz in Afghanistan waren.[4] Die Angehörigen dieses Kontingents wurden von einem Forscherteam des ZMSBw über einen Zeitraum von mehr als vier Jahren sozialwissenschaftlich begleitet. Mit Hilfe von Interviews, Gesprächen und durch Fragebogen, im Rahmen von Feldforschungen im Einsatz in Afghanistan und auch in den Jahren danach wurden Erkenntnisse sowohl zur damaligen Einsatzrealität in Afghanistan als auch zu den Erfahrungen nach der Rückkehr gesammelt und ausgewertet.

Im Wesentlichen sollen mit dieser Studie erste Erkenntnisse gewonnen werden über mittelfristige Auswirkungen, die die im Afghanistaneinsatz gemachten (Gewalt-)Erfahrungen auf das weitere Leben von Einsatzrückkehrern und Veteranen der Bundeswehr haben. Diese Untersuchung ist noch nicht abgeschlossen. Ein Forschungsbericht mit Ergebnissen der Wiederholungsbefragung des Kontingents im Jahr 2013 zum Thema »Der Einsatz, die Liebe, der Dienst und die Familie« wurde jedoch im August 2014 veröffentlicht (Seiffert/Heß 2014).[5]

Zur persönlichen und sozialen Aufarbeitung von Einsatzerfahrungen

Die Angehörigen des damaligen 22. Kontingents ISAF waren in einer hochriskanten Phase des Einsatzes in Afghanistan.[6] Anschläge, Hinterhalte und Gefechte bestimmten damals die Einsatzrealität. Am Ende des Einsat-

---

[4] Die Befragungen beziehen sich auf die etwa 4.500 Soldatinnen und Soldaten des 22. Kontingents ISAF. Die Angehörigen dieses Kontingents wurden zu vier Zeitpunkten (vor dem Einsatz, im Einsatz, sechs Wochen danach und dann nochmals mehr als zwei Jahre nach der Rückkehr) schriftlich mittels Fragebogen befragt.

[5] Die dort präsentierten Befunde beziehen sich jedoch ausschließlich auf den Anteil der zum Befragungszeitpunkt im Jahr 2013 noch aktiven Soldatinnen und Soldaten des Kontingents. Die Ergebnisse der Veteranenbefragung, die zu einem späteren Zeitpunkt durchgeführt werden musste, sind noch nicht enthalten. Diese Befunde sind für den Abschlussbericht im Jahr 2016 geplant.

[6] Vgl. zu den unterschiedlichen Phasen des ISAF-Einsatzes Winfried Nachtwei, Der Afghanistaneinsatz der Bundeswehr – von der Friedenssicherung zur Aufstandsbekämpfung, in: Seiffert et al., a.a.O., S. 33-48.

zes blickt das Kontingent auf schwerwiegende Erfahrungen mit direkter und indirekter Gewalt zurück: Fast die Hälfte des Kontingents (46 Prozent) hat nach eigenen Angaben feindlichen Beschuss erlebt. Mehr als ein Drittel (37 Prozent) von ihnen gibt an, mit dem Tod von Kameraden konfrontiert worden zu sein und etwa ein Fünftel (21 Prozent) hat nach eigenen Angaben in Gefechten gegen Aufständische gestanden.[7]

Solche einschneidenden Erlebnisse müssen nach der Rückkehr nach Deutschland verarbeitet und in den Alltag zu Hause integriert werden. Unserer Studie zufolge gelingt vielen Einsatzrückkehrern dieser Integrationsprozess über die Zeit hin offenbar auch ohne andauernde Schwierigkeiten. Die meisten berichten, dass sie mehr als zwei Jahre später mit den teilweise extremen Beanspruchungen des Einsatzes mittlerweile überwiegend gut zurechtkommen. Das aber gilt zum einen längst nicht für alle und zum anderen lassen sich die Erfahrungen des Einsatzes, zumal die Erlebnisse mit direkter und indirekter Gewalt, nicht einfach abhaken, sie prägen vielmehr. Persönliche Veränderungen stellen für die in der Studie befragten Afghanistanrückkehrer nicht die Ausnahme, sondern die Regel dar. Diese Veränderungen werden individuell jedoch höchst unterschiedlich bewertet und betreffen verschiedene Lebensbereiche, wie die eigene Person, die Paarbeziehung oder das Verhältnis zu den Kindern, berufsbezogene Fähigkeiten und Kompetenzen, aber auch Wertvorstellungen.[8]

Nicht gerade wenige der für die Studie befragten Einsatzrückkehrer schildern zwei Jahre später sogar positive Veränderungen insbesondere der eigenen Person. Dazu gehören etwa ein gesteigertes Selbstbewusstsein (68 Prozent), eine höhere Wertschätzung des Lebens (56 Prozent) oder eine gewachsene psychische Belastbarkeit (41 Prozent). Diese Befunde sind jedoch nicht so überraschend, wie oft vermutet wird. Sie decken sich im Großen und Ganzen vielmehr mit vergleichbaren internationalen Forschungen über Integrationserfahrungen von Einsatzrückkehrern.[9]

Gleichzeitig dürfen diese Befunde nicht darüber hinwegtäuschen, dass sich die Afghanistanerfahrung für einen, wenn auch kleineren, aber

---

[7] Ausführlicher zur Diversität der Erfahrungswelten in Auslandseinsätzen: Anja Seiffert, Generation Einsatz – Einsatzrealitäten, Selbstverständnis und Organisation, in: Seiffert et al., a.a.O., S. 79-100.

[8] Zu teilweise ähnlichen Ergebnissen kommt auch die qualitative Studie von Gesine Seng, Zurück aus Afghanistan. Persönliches Wachstum bei Soldaten nach Auslandseinsätzen. Diplomarbeit, Universität Bremen 2013 (unveröffentlicht).

[9] Für die kanadischen Streitkräfte bspw.: Donald McCreary et al., Towards a Better Understandig of Post-Deployment Reintegration, in: Shelly MacDermid Wadsworth et al, Military Deployment and its Consequences for Families, New York, 2014, S.173-192.

signifikanten Prozentsatz der im Rahmen unserer Studie befragten Einsatzrückkehrer deutlich negativ ausgewirkt hat. Die Bearbeitung der Erfahrungen ist für die meisten nicht nur enorm belastend, sondern kann manchmal
auch überwältigend sein. Spuren des Erlebten können sich nicht nur in
einem veränderten Wertehorizont, sondern ebenso in andauernden
Fremdheitsgefühlen oder in seelischen Verletzungen zeigen, die mitunter
noch lange nach dem Einsatz oder auch erst nach Ausscheiden aus dem
aktiven Dienst auftreten.

In der Studie geben fünfzehn Prozent der befragten Einsatzrückkehrer an, dass sie die Afghanistanerfahrung aggressiver gemacht hat. Jeder
Zehnte schildert, dass er oder sie sich vom bisherigen Umfeld entfremdet
fühlt. Sechs Prozent finden nach eigener Aussage Freundschaften sogar
nur noch unter Kameraden und immerhin vier Prozent fühlen sich auch
noch zwei Jahre nach dem Einsatz fremd im eigenen Leben.

Positive und negative Veränderungen in Folge von Auslandseinsätzen können anscheinend gleichzeitig nebeneinander bestehen,
wobei die negativen Auswirkungen weitaus dramatischer für das weitere
Leben der davon Betroffenen sind.

Beredtes Zeugnis legt dafür die über die Jahre gestiegene Zahl von
Soldatinnen und Soldaten ab, die nach ihrem Einsatz in Afghanistan unter
psychischen Erkrankungen leiden.[10] Die von Professor Hans-Ulrich Wittchen vom Institut für Klinische Psychologie und Psychotherapie der TU
Dresden geleitete sogenannte Dunkelzifferstudie kommt zu dem Schluss,
dass von 10.000 Bundeswehrsoldaten rund 300 pro Jahr mit einer Posttraumatischen Belastungsstörung (PTBS) aus dem Afghanistaneinsatz zurückgekehrt sind. Im Vergleich zu den PTBS-Raten US-amerikanischer
Soldatinnen und Soldaten, die im Irak oder in Afghanistan eingesetzt waren, sind diese Zahlen vergleichsweise noch gering. Allerdings bleibt der
von Wittchen geleiteten Dunkelzifferstudie zufolge nahezu jeder zweite
PTBS-Fall (45 Prozent) in der Bundeswehr unerkannt und dementsprechend unbehandelt. Wesentlich unterschätzt werden zudem andere
einsatzbedingte psychische Störungen, bspw. Angststörungen oder beginnende Alkoholabhängigkeit. Den Grund, warum sich die betroffenen
Einsatzrückkehrer mit ihrem Leiden nur selten offenbaren, sehen die Au-

---

[10] Vgl. Psychotraumazentrum Bundeswehrkrankenhaus Berlin (Hrsg.), Jahrbuch 2011/2012, Berlin
2013, S. 20ff.; Peter Zimmermann/Herbert Jacobs/Jens T. Kowalski, ISAF und die Seele – Zwischen
Schädigung und Wachstum, in: Seiffert et al., 2012, a.a.O., S. 143-152: 143.

toren vor allem in »massiven Barrieren«, die die Betroffenen wahrnehmen.[11] Für Einsatzveteranen, hier verstanden als aus der Bundeswehr ausgeschiedene Einsatzsoldaten, liegen hingegen noch keine offiziellen Zahlen zu psychischen Folgeerkrankungen vor.

Ein neues Phänomen ist das unterdessen nicht. So formulierte der US-amerikanische Psychotherapeut Jonathan Shay Mitte der 1990er Jahre basierend auf Eindrücken, die er im Laufe seiner Arbeit mit Vietnamkriegsveteranen gesammelt hatte: „Menschen verlassen das Land und kehren zurück mit Erfahrungen, die auf extreme Weise anders sind als die ihrer zurück gebliebenen Mitmenschen."[12] Besonders die unmittelbare Zeit nach dem Einsatz wird von vielen der von uns befragten Afghanistanrückkehrern so auch als enorme Belastungsprobe gesehen. Sowohl die Heimkehrenden als auch ihr soziales und familiäres Umfeld müssen sich erst wieder in den gemeinsamen Alltag einfinden und sich an die alltäglichen Routinen zu Hause und am Standort gewöhnen. Auch neu erworbene Wertvorstellungen und Verhaltensänderungen, die sie in ihren Einsätzen kennen- und schätzen gelernt haben, müssen erst mit dem Leben zu Hause in Einklang gebracht werden. Durch die Abwesenheit können sich aber auch die Rollen- und Verhaltensmuster im familiären und sozialen Umfeld gewandelt haben und das Zusammenleben herausfordern.[13]

Auch wenn die meisten Partnerschaften der für unsere Studie befragten Einsatzsoldaten die schwierige Heimkehr erstaunlich gut überstanden haben, sich positive (22 Prozent) und negative (25 Prozent) Auswirkungen des Einsatzes in etwa auch die Waage halten und zudem Soldatenpartnerschaften nach Auslandseinsätzen sogar stabiler zu sein scheinen als in der Durchschnittsbevölkerung, so sind die Belastungen für diese dennoch erheblich. Insbesondere die langen Abwesenheiten wirken sich auf

---

[11] Vgl. Hans-Ulrich Wittchen/Sabine Schönfeld et al., Traumatische Ereignisse und posttraumatische Belastungsstörungen bei im Ausland eingesetzten Soldaten. Wie hoch ist die Dunkelziffer?, in: Deutsches Ärzteblatt Int. 2012, 109 (35-36): S. 559-568. DOI:10.3238/arztbl.2012.0559 (20. Dezember 2013); Hans-Ulrich Wittchen/Sebastian Trautmann Prävalenz, Inzidenz und Determinanten von traumatischen Ereignisse, PTBS und anderen psychischen Störungen bei Soldaten mit und ohne Auslandseinsatz, Information zur Pressekonferenz am 26. November 2013, S. 1-7.
[12] Jonathan Shay, Achill in Vietnam. Kampftrauma und Persönlichkeitsverlust, Hamburg 1998 (engl. 1995) , S. 57.
[13] Vgl. Anja Seiffert/Julius Heß, Afghanistanrückkehrer; Peter Wendl, Soldat im Einsatz - Partnerschaft im Einsatz. Praxis- und Arbeitsbuch für Paare und Familien in Auslandseinsatz und Wochenendbeziehung, (4. Aufl.) Freiburg et al. 2013; Maren Tomforde, Einsatzbedingte Trennung. Erfahrungen und Bewältigungsstrategien, Forschungsbericht des Sozialwissenschaftlichen Instituts der Bundeswehr (78), Strausberg 2006.

manche Beziehungen nicht gut aus. Die meisten der beendeten Paarbeziehungen scheiterten der Studie zufolge daran. Psychische Probleme, die nach dem Einsatz entweder bei den Heimgekehrten oder aber auch bei den Partnern auftraten, werden als andere Trennungsgründe genannt, die direkt mit dem Einsatz verbunden sind.

Das Einfinden in den Alltag ist vor allem für jene, die psychisch und physisch versehrt zurückkehren, eine gewaltige Herausforderung. Das gilt für etwa sieben Prozent der in unserer Studie befragten Afghanistanrückkehrer, die nach eigenen Angaben auch noch mehr als zwei Jahre später unter psychischen oder physischen Verletzungen in Folge des Einsatzes leiden. Darunter befinden sich übrigens viele, die im Einsatz in Gefechte involviert waren (zehn Prozent im Vergleich zu vier Prozent). Kampfhandlungen sind für die daran Beteiligten, so belegen die Befunde unserer Studie, enorm belastend. Für sie und ihr Umfeld verändert sich das Leben mitunter von Grund auf. Manchen von ihnen bricht auch alles weg, nicht nur das gewohnte Leben und das Vertrauen in sich selbst, sondern auch die Liebe. Das gilt der Studie zufolge für fast ein Drittel (32 Prozent) der Partnerschaften von gefechtserfahrenen Einsatzrückkehrern (im Vergleich zu 18 Prozent der Partnerschaften von Befragten ohne diese Erfahrung).[14] Die Betroffenen müssen dann völlig neue Lebensperspektiven entwickeln und brauchen dabei Unterstützung. An erster Stelle werden da als Ansprechpartner Familie und Freunde sowie Kameraden genannt. Erst danach folgen Vorgesetzte und psychosoziale Institutionen.

Einsatzerlebnisse haben also nicht nur individuelle, sondern auch soziale Auswirkungen, unabhängig davon, ob diese von den Betroffenen selber als positiv oder negativ wahrgenommen werden. Die Rückkehrer agieren nicht in einem abgeschlossenen Raum, sondern in einem sozialen Umfeld, das von ihren Erfahrungen ebenso mit beeinflusst wird, wie umgekehrt der soziale Kontext die Möglichkeiten der individuellen Bearbeitung mitbestimmt.[15]

---

[14] Die Trennungsquote für die in der Studie befragen Einsatzrückkehrer liegt für die Zeit seit dem Einsatz bei 20 Prozent. Im Vergleich zum statistischen Durchschnitt in der Bevölkerung liegt die Scheidungsquote jedoch unter den Raten für vergleichbare Bevölkerungsdaten (Vgl. Seiffert/Heß 2014, S. 51ff.).

[15] Teilweise beziehe ich mich hier und im Folgenden auf Anja Seiffert, „Willkommen in meiner Welt" – Einsatzsoldaten und Heimatgesellschaft, in: Glatz/Tophoven (Hrsg.), Am Hindukusch – und weiter? Die Bundeswehr im Auslandseinsatz: Erfahrungen, Bilanzen, Ausblicke, Bonn 2015, S. 235-248.

Zwischen individueller und kollektiver Aufarbeitung von Auslandseinsätzen

Die Einsatzrückkehrer kommen in eine Gesellschaft, in der ihre Erfahrungen weder auf einen ausgeprägten kulturellen noch politischen Resonanzboden treffen. Schon die Konfrontation mit Sterben, Trauer und Tod macht viele in unserer modernen Gesellschaft sprach- und auch hilflos. Der gewaltsame Tod von Soldaten oder das Töten des Gegners in fernen Einsatzländern stößt bei uns erst recht auf Befremden. Zwar ist Deutschland nach der Zäsur des Ost-West-Konfliktes zu einem – wenn auch zurückhaltenden – Akteur im weltpolitischen Interventionsgeschehen geworden, wir haben in Deutschland aber noch keine Erzählung über die meist jungen Einsatzveteranen der Bundeswehr.

Das lässt sich auch an der in unserer Gesellschaft weit verbreiteten Sprach- und Begriffslosigkeit ablesen, wenn es um die öffentliche Erinnerung an die Einsatztoten der Bundeswehr oder um die Anerkennung und Würdigung jener geht, die in den internationalen Missionen im Auftrag und mit Mandat des Parlaments hohe Risiken und große Verantwortung getragen haben. Veteranen und Gefallene, Traumatisierte und Versehrte sind für die Bundeswehr keine Randerscheinung mehr. Die deutsche Gesellschaft aber kennt für die Heimkehrer weder eine positive Konnotation noch eine kulturelle Repräsentation. Verwunderlich ist das nicht, sind friedens- und sicherheitspolitische Einstellungen doch von grundlegenden Haltungen und Wertüberzeugungen geprägt, die sich nicht so schnell ändern.[16]

Im Verständnis der meisten Deutschen ist die Bundeswehr vor allem für friedensbewahrende und -schaffende Missionen gedacht. Das belegen Jahr für Jahr auch die Bevölkerungsbefragungen des ZMSBw. Kampfeinsätze hingegen werden seit Jahren von einer großen Mehrheit der deutschen Bevölkerung abgelehnt.[17]

Die für den Veteranendiskurs so wesentlichen Begriffe wie Gefallene, Versehrte oder Traumatisierte verweisen aber auf eben jenen, mit

---

[16] Hierzu im europäischen Vergleich Heiko Biehl, United we Stand, Divided we Fall? Die Haltungen europäischer Bevölkerungen zum ISAF-Einsatz, in: Anja Seiffert/Phil C. Langer/Carsten Pietsch, Der Einsatz der Bundeswehr in Afghanistan, S. 169-186.

[17] Siehe die Ergebnisse der repräsentativen Bevölkerungsbefragungen des ZMSBw zum verteidigungs- und sicherheitspolitischen Meinungsklima in der Bundesrepublik Deutschland unter: http://www.zmsbw.de/html/publikationen/sozialwissenschaften/forschungsberichte (11. November 2015).

Kampfhandlungen verbundenen Einsatzkontext. „Menschen machen sich zum Autor ihrer Geschichte, sie dürfen aber nicht damit rechnen, auch gehört zu werden", formulierte der Historiker Klaus Naumann treffend mit Blick auf die Narrative von Einsatzveteranen. Und dennoch – es geht kein Weg daran vorbei, dass Rückkehrer ihre Erfahrungen und ihr Wissen in die öffentliche Debatte auch einbringen. Wie sonst soll sich die Bevölkerung annähernd ein Bild über die Einsatzrealitäten machen und sich kritisch darüber auseinandersetzen?

Auch den meisten der für unsere Studie befragten Afghanistanrückkehrern ist bewusst, dass sich viele in unserer Gesellschaft mit Kampfeinsätzen nicht leicht tun. Das erschwert nicht nur die Verarbeitung dieser Erfahrungen für die davon Betroffenen, sondern kann auch zu Rückzugstendenzen führen. Vielfach berichteten die Einsatzrückkehrer in den Befragungen davon, dass sie ihre im Ausland gemachten Gewalterfahrungen zu Hause oder am Standort lieber verschweigen. Nicht wenige, die Gefechte erlebten, verstummen sogar vollständig, wenn es um ihre traumatischen Gewalterlebnisse geht. Immerhin 26 Prozent der für die Studie befragten Rückkehrer, die in Gefechten involviert waren, sagen, dass sie seither mit niemandem mehr über das im Einsatz Erlebte reden. Fast die Hälfte (44 Prozent) der Gefechtserfahrenen kann oder will auch mit Partnern und Familien nicht darüber sprechen, um diese nicht zu belasten, und 42 Prozent von ihnen reden allenfalls mit Kameraden darüber. Bei den Einsatzrückkehrern, die keine direkten Gefechtserlebnisse im Einsatz machten, waren diese Effekte wesentlich schwächer ausgeprägt.[18] Zu fremd scheinen vielen von ihnen die Lebenswelten ihrer Einsätze und die Lebenswirklichkeiten hier in Deutschland. Es gibt offenbar etwas Unaussprechliches, was man den Daheimgebliebenen lieber nicht zumutet. Themen, die an die menschliche Existenz rühren. Die Lebensgefahr, die Angst, das Sterben oder auch das Töten.

Menschen entwickeln verschiedene Strategien, um mit dem Erlebten fertig zu werden. So gibt es unter den Einsatzrückkehrern zahlreiche Geschichten der Selbstbehauptung, etwa über die besondere Kameradschaft und die enge Verbundenheit im Einsatz. Soziale Anerkennung und Unterstützung aber sind wichtige Faktoren für eine gelingende Verarbei-

---

[18] Anja Seiffert/Julius Heß (2014): Afghanistanrückkehrer. Der Einsatz, die Liebe, der Dienst und die Familie: Ausgewählte Ergebnisse der sozialwissenschaftlichen Langzeitbegleitung des 22. Kontingents ISAF. Forschungsbericht. Zentrum für Militärgeschichte und Sozialwissenschaften der Bundeswehr: Potsdam.

tung von dramatischen Ausnahmesituationen.[19] Wer bspw. auf ein unter-
stützendes und wohlwollendes soziales Umfeld zurückgreifen kann, ist
besser in der Lage, schwerwiegende Ereignisse und belastende Herausforderungen zu bewältigen.[20] In der Heimat aber treffen Einsatzrückkehrer
häufig auf Mitmenschen, die mit ihren Erfahrungen nur wenig anzufangen
wissen. Das kann die Sprachlosigkeit im Verhältnis von Einsatzrückkehrern und Gesellschaft vergrößern und mit dazu beitragen, dass sich
Einsatzveteranen aufgrund ihrer militärischen Gewalterfahrungen in der
Gesellschaft marginalisiert fühlen – mit der Folge, dass sich Fremdheits-
und Distanzierungsgefühle im Verhältnis von Rückkehrern und Gesellschaft verstärken können.

Zur gesellschaftlichen Wahrnehmung von Einsatzrückkehrern

Antworten auf Fragen wie jene, ob sich die deutsche Bevölkerung überhaupt für die Erlebnisse von Einsatzrückkehrern interessiert, ob diese mit
Unterstützung rechnen können oder wie die Gesellschaft denjenigen begegnet, die körperlich und seelisch verletzt aus den Einsätzen zurückkehren, sind daher nicht nur von psychologischem Interesse, sondern haben
politische und gesamtgesellschaftliche Relevanz.

Aufarbeitung ist in diesem Sinne zu verstehen als Bereitschaft, sich
auf verschiedenen Ebenen – sowohl politisch als auch sozial – mit den
Auslandseinsätzen der Bundeswehr und ihren Folgen auseinanderzusetzen.
Wie die Gesellschaft die Heimkehrer der Bundeswehr wahrnimmt und wie
sie mit den Veteranen, Versehrten, Traumatisierten und Gefallenen der
Einsätze umgeht, kann so wichtige Hinweise darauf liefern, wie es um die
Beziehungen von Bundeswehr, Politik und Gesellschaft in Deutschland
bestellt ist. Dieser Themenkomplex soll im Folgenden anhand weiterer
empirischer Befunde kurz skizziert werden.

Die sozialwissenschaftliche Forschung ist dem Meinungsklima
über die Bundeswehr in einer Vielzahl von quantitativen und qualitativen
Studien nachgegangen. Sie zeigen unisono, dass die Bundeswehr hohe

---

[19] Vgl. etwa Aaron Antonovsky, Salutogenese: Zur Entmystifizierung der Gesundheit. Dt. erweiterte
Herausgabe von Alexa Franke, Tübingen 1997.
[20] Vgl. Julius Heß/Anja Seiffert/Peter Zimmermann, Repatriierungen aus dem Auslandseinsatz. ISAF
und KFOR 2002 – 2010. Eine Längsschnittuntersuchung, Strausberg 2012 (unveröffentlicht).

Anerkennung in der Gesellschaft genießt.[21] Wie Einsatzrückkehrer von der deutschen Gesellschaft wahrgenommen werden und welche Unterstützung die Bevölkerung für angemessen hält, ist wissenschaftlich hingegen noch nicht breiter untersucht worden. Diese Frage wird intensiver eigentlich erst seit wenigen Jahren diskutiert, insbesondere im Zusammenhang mit den Afghanistanrückkehrern der vergangenen Jahre.

Ein vollständiges Bild darüber, wie Einsatzveteranen von der Gesellschaft wahrgenommen werden, liegt noch nicht vor. Erste Inhaltsanalysen der veröffentlichten Meinung über die Auslandseinsätze der Bundeswehr weisen jedoch darauf hin, dass die Soldatinnen und Soldaten von der eigenen Gesellschaft durchaus als professionell und tapfer sowie als sozial und interkulturell kompetent gesehen werden. Als aktive Kämpfer, die in den internationalen Missionen der Bundeswehr offensiv militärische Gewalt anwenden, werden sie hingegen eher selten wahrgenommen.[22] Im »Heimatdiskurs« überwiegen vielmehr Bilder von gezeichneten und traumatisierten Heimkehrern. Auf der einen Seite fällt die Identifikation mit dem Opfer vielen in unserer Gesellschaft nachvollziehbar leichter als die mit dem Kämpfer. Auf der anderen Seite kontrastiert dieser Opferdiskurs aber durchaus mit der Selbstwahrnehmung vieler Einsatzrückkehrer.[23] Nicht wenige gerade der Kampferfahrenen kommen unserer Studie zufolge mit einem gestärkten Selbstbewusstsein aus den Einsätzen zurück. Da sie als Zeitzeugen für die gesellschaftliche Aufarbeitung von Auslandseinsätzen eine bedeutende Rolle spielen, scheinen Auseinandersetzungen und Konflikte nicht unwahrscheinlich.

Auch der Veteranenbegriff ist in Deutschland nicht positiv konnotiert. Zumindest weisen Bevölkerungsbefragungen darauf hin, dass die Deutschen den Veteranenbegriff mehrheitlich nicht mit der Bundeswehr verbinden. Die meisten denken bei Veteranen an ehemalige Soldaten des Zweiten Weltkrieges oder allenfalls an Vietnamkriegsveteranen.[24] Warum aber, diese Frage stellt sich hier, wird der Veteranenbegriff nur selten mit

---

[21] Vgl. Thomas Bulmahn/Meike Wanner, Ergebnisse der Bevölkerungsumfrage 2013 zum Image der Bundeswehr und Bewertung des Claims „Wir.dienen.Deutschland", Potsdam 2013, S. 45.

[22] Vgl. Laura Mae Herzog/Christian Kobsda/Hannah Neumann/Anna Oehlaf, Von friedlichen Aufbauhelfern und professionellen Kämpfern. Die Darstellung der deutschen Soldatinnen und Soldaten im Heimatdiskurs, in: Michael Daxner/Hannah Neumann (Hrsg.), Heimatdiskurs. Wie die Auslandseinsätze der Bundeswehr Deutschland verändern, S. 137-165: 153f.

[23] Vgl. Seiffert, Generation Einsatz, S. 91.

[24] Vgl. zu statistisch-empirischen Angaben hier und im Folgenden Thomas Bulmahn, Bevölkerungsbefragung 2012.

der Bundeswehr assoziiert? Dieser Befund, so Thomas Bulmahn, der Autor der Studie, ist leicht zu erklären, denn die Mehrheit unterstützt zwar eine Veteranenpolitik, aber nur wenige haben von einer politischen Debatte über mehr öffentliche Wertschätzung und praktische Unterstützung für Einsatzrückkehrer gehört und in diesem Kontext überhaupt den Veteranenbegriff wahrgenommen. An den meisten scheint diese Debatte schlicht vorbeizugehen.[25]

Einer symbolischen Veteranenpolitik, wie wir sie aus anderen Ländern – allen voran den USA – kennen, steht die deutsche Bevölkerung aber befremdlich gegenüber. Eine Veteranenkarte nach US-amerikanischem Vorbild sehen bspw. viele ebenso skeptisch wie private Veteraneninitiativen. Häufiger werden stattdessen verbesserte soziale und medizinische Maßnahmen zur Betreuung und Versorgung von psychisch verletzten oder körperlich versehrten Einsatzrückkehrern und ihren Familien sowie von Hinterbliebenen gefordert. Das sehen übrigens auch viele der im Rahmen der Studie von uns befragten Einsatzrückkehrer ähnlich. Die meisten sagen in den Interviews, dass sie auf eine primär symbolische Anerkennung keinen größeren Wert legen. Bei dem vielfach geäußerten Wunsch nach mehr Anerkennung geht es ihnen meist eher um Offenheit und Transparenz mit Blick auf ihre Einsatzrealitäten und um den gesellschaftlichen und politischen Rückhalt für ihre Einsätze.

Im Bereich der rechtlichen, sozialen und medizinischen Versorgung von Einsatzrückkehrern ist in den vergangenen Jahren Einiges auf den Weg gebracht worden. Dazu gehören u.a. das Einsatzweiterverwendungsgesetz ebenso wie die Etablierung psychosozialer Netzwerke an den Standorten, die Einrichtung von Familienbetreuungszentren, Einsatznachbereitungsseminare oder Präventivkuren. Nachholbedarf wird vor allem bei der Anerkennung gesundheitlicher Spätfolgen ebenso wie bei der Unterstützung durch Vorgesetzte, den psychosozialen Angeboten für Angehörige sowie bei den Rahmenbedingungen für Einsatzveteranen gesehen.

Bundeswehrintern ist durchaus eine größere Aufgeschlossenheit für die Belange von Einsatzrückkehrern und deren Angehörigen zu beobachten. Eine Sensibilisierung ist aber auch notwendig, da eine als falsch empfundene Behandlung – etwa bei der Antragstellung auf Anerkennung gesundheitlicher Folgeschäden – von den Betroffenen oft als zusätzliche Verletzung empfunden wird. Das Problem besteht dabei nicht allein in

---

[25] Vgl. Bulmahn, Bevölkerungsbefragung 2012, S. 35

langwierigen Verfahren, sondern auch in einer Distanzierung, die sich in einer das Leid versachlichenden Sprache ausdrücken kann und von den Betroffenen nicht selten als Abwehr empfunden wird.

Gleichzeitig herrscht bei manchen in Deutschland die Meinung vor, dass die aus den Einsätzen Heimgekehrten sich ja freiwillig gemeldet haben und daher nun auch mit den Folgen dieser Entscheidung leben müssten. Dieser Trend zur Privatisierung der Aufarbeitung kann sich angesichts der Tatsache, dass die Bundeswehr heute eine Freiwilligenarmee ist, künftig weiter verstärken. Ein solches Verständnis verkennt jedoch, dass die Aufarbeitung von Auslandseinsätzen keine rein persönliche Angelegenheit ist. Soldatinnen und Soldaten der Bundeswehr sollen in den internationalen Missionen ja die Interessen und Werte der eigenen Gesellschaft vertreten. Das ist Kernbestand der Inneren Führung, muss aber auf die sich wandelnden Einsatzrealitäten immer wieder neu bezogen werden.[26] Sie sind daher nicht irgendwelche Heimkehrer, sondern vom Parlament entsandte Soldatinnen und Soldaten.

Auch eine primär nur an der psychosozialen Versorgung orientierte Bewältigung von Einsatzfolgen geht leicht an der Sache vorbei. Die Fokussierung der öffentlichen Debatte auf traumatische Einsatzfolgen hat in der Tendenz bereits zu einer Psychologisierung des Diskurses über die internationalen Missionen der Bundeswehr beigetragen. Die politisch und gesellschaftlich so wichtige Frage, ob und wofür Soldatinnen und Soldaten in internationalen Missionen notfalls auch militärische Gewalt anwenden sollen, gerät dabei jedoch immer wieder in den Hintergrund. Die Gesellschaft aber braucht, ebenso wie die Soldatinnen und Soldaten, eine verlässliche politische Legitimation, auch zur Einordnung der Erfahrungen von Einsatzveteranen.

Brauchen wir eine Anerkennungspolitik?

Die Auslandseinsätze der Bundeswehr sind bis heute gesellschaftlich und politisch nur ungenügend aufgearbeitet worden.[27] Das zeigt sich auch in

---

[26] Vgl. ausführlicher zu den Folgen von Auslandseinsätzen für die Innere Führung: Anja Seiffert, Soldat der Zukunft. Folgen und Wirkungen von Auslandseinsätzen auf das soldatische Selbstbild, Berlin 2005.
[27] Einer der ersten Beiträge hierzu ist der von Glatz/Tophoven herausgegebene Sammelband »Am Hindukusch – und weiter?«, in dem aus verschiedenen Perspektiven eine Bilanz des Afghanistaneinsatzes gezogen wird. Siehe Glatz/Tophoven, Am Hindukusch – und weiter? Die Bundeswehr im Auslandseinsatz: Erfahrungen, Bilanzen, Ausblicke, Bonn 2015.

den Debatten. Manche in Deutschland sehen die Veteranen und Gefallenen, die Versehrten und Verwundeten als Zeichen der Normalisierung und meinen, die Bundeswehr sei insbesondere mit dem Afghanistaneinsatz „erwachsen geworden."[28] Andere hingegen befürchten, dass sich dahinter ein grundsätzlicher Wandel im Verständnis von Krieg und Frieden verbirgt.[29] Aus meiner Sicht ist die Situation noch komplizierter: Gerade die offene Auseinandersetzung mit den Erfahrungen von den aus den internationalen Missionen der Bundeswehr Zurückgekehrten kann verhindern, dass diese eigene Sonderkulturen entwickeln und aus dem Gefühl heraus, nicht verstanden zu werden, auf Distanz zur Gesellschaft gehen. In diesem Sinne kann eine Anerkennungspolitik, die gleichermaßen von den Betroffenen wie von der entsendenden Gesellschaft mitgetragen wird, ein wichtiges Instrument zur Integration sein.

Wie diese Anerkennung aussehen kann, muss aber im gesellschaftlichen Diskurs geklärt werden. Ein derartiger Aushandlungsprozess wird ohne die Aufarbeitung der bisherigen Einsatzerfahrungen nicht gut gelingen. Er kann zudem weder als konfliktfrei noch als kurz- oder mittelfristig abschließbar bestimmt werden. Mitglieder einer hochgradig pluralisierten und individualisierten Gesellschaft unterscheiden sich natürlich auch in ihren Einstellungen darüber, welche Anerkennung als angemessen gelten kann. Das ist auch nicht zu hinterfragen. Für die fortlaufenden Klärungsprozesse braucht es Zeit; sie lassen sich nicht einfach nach Plan abarbeiten. Es gibt aber zwei unterschiedliche Möglichkeiten des Umgangs mit dem Thema: Während die eine Strategie eher auf Auseinandersetzung – auch kritisch – und damit auf Integration setzt, befürwortet eine andere eher die Exklusion und riskiert damit aber auch die Ausgrenzung.[30] Letzteres kann demokratiepolitisch nicht gewünscht sein.

---

[28] Interview mit Generalmajor Erich Pfeffer, in: Bundeswehr aktuell vom 18. Februar 2013, S. 5.
[29] Vgl. Armin Wagner/Heiko Biehl, Bundeswehr und Gesellschaft, in: Aus Politik und Zeitgeschichte APuZ, 44/2013, 28. Oktober 2013, S. 23-30: 28.
[30] Vgl. Anja Seiffert, Generation Einsatz, in: Aus Politik und Zeitgeschichte, 63: 44, S. 11-17.

Eine kritische Betrachtung der Parlamentsarmee

von Klaas Hinners

Nachdem nun das Ende näher ist als der Anfang, hat mein vierzigjähriges Dienstjubiläum in der Bundeswehr zu einem Resümee eingeladen. Dieses möge nicht nur der Rückschau als Selbstzweck dienen, sondern ist fokussiert auf Lehren für die zukünftige Entwicklung der Bundeswehr – aus der Maulwurfsperspektive.

Mein Involvement

Zur Chronologie sei vorausgeschickt, dass ich im Juli 1973 für 15 Monate als Wehrpflichtiger einrückte und danach als chronisch eher unterforderter Student der Land- und Forstwirtschaft ein bis zwei Wehrübungen pro Jahr in verschiedenen Panzergrenadierbataillonen und bei der Heimat der Panzertruppe in Munster ableistete. Diese Gastspiele schlossen das Laben an »Leckerbissen« wie Einzelkämpfer-Lehrgang und Fallschirmspringen ein.

Der Grund für die Pflege meiner militärischen Passion als Reservist war neben Finanzproblemen als Student vor allem die Begeisterung an jeder Art von militärischem Schauspiel. Das Leben als Soldat war mir auf den Leib geschneidert, auch wenn das rigorose Prinzip von Befehl und Gehorsam nicht immer mit dem Drang nach Freiheit und Selbstbestimmung kompatibel war, mit dem Erklimmen höherer Ränge jedoch immer weniger zur Belastung wurde. Es gab jedoch nie einen Zweifel daran, dass das Durchsetzen im Kalten Krieg gegen das »Empire of the Evil« auch Selbstdisziplin erforderlich sein ließ, um diesen »Krieg« zu gewinnen. Der Triumph des Westens und die Befreiung der von der Sowjetunion unterjochten Völker sind bekannt, aktuell revanchistische Bestrebungen in Russland ebenso.

Es wurde von mir aber auch ohne Beorderung zum Militärdienst weiter im Geiste mitmarschiert. Inzwischen standen jedoch Familie und Brutpflege im Vordergrund – und nicht zuletzt auch die berufliche Entwicklung zur Finanzierung des Ganzen.

Nach zwanzig Jahren in der forstlichen Entwicklungshilfe erfolgte 2002 ein fliegender Wechsel nach Brandenburg, wo inzwischen von mir parallel ein land- und forstwirtschaftlicher Betrieb aufgebaut worden war, der eine Größe erreicht hatte, die seinen Mann ernähren sollte. Dadurch kam es zu einer neuen Einplanung bei der Bundeswehr. Bei der Einstellungsuntersuchung lagen als Triumph der Bürokratie sogar die 18 Jahre alten ärztlichen Unterlagen zur Entlassungsuntersuchung wieder vor. Reserveoffiziere waren in den neuen Bundesländern rar. Diesmal wegen fortgeschrittenen Alters wurde ich allerdings nur als Verbindungsoffizier im Rahmen der Zivil-Militärischen Zusammenarbeit (ZMZ) beim Landeskommandos Brandenburg eingesetzt.

Ich wurde Interim-Geschäftsführer eines sog. Contractors und war in diesem Auftrag von 2005 bis 2007 in Afghanistan. Einzige Auftraggeber waren ISAF-Truppensteller. Die von ISAF privatisierten Aufgaben reichten von mobilen Klärwerken über Air-Conditioner bis zur Abfallentsorgung und Unterkünfte auf Containerbasis. Mein Einsatz in Afghanistan wird der Schwerpunkt folgender Analyse sein.

Bundeswehr als THW in Afghanistan

Am Beispiel Afghanistan soll gezeigt werden, wie weit sich die Bundeswehr von ihrer Zweckbestimmung als wirksames Instrument der Abwehr eines Angriffs nach Artikel 115a Grundgesetz in Verbindung mit Artikel 87a Grundgesetz entfernt hat. Der Umfang dieser Verirrung lässt besorgen, dass die zehnjährigen Bemühungen in Afghanistan erfolglos bleiben werden und das von ISAF unterstützte Regime und seine lebensfremde Konzeption in den nächsten Jahren vollends zusammenbrechen wird.

Dabei bekommen die gewonnenen Erfahrungen neue Aktualität und Relevanz im Hinblick auf die Ereignisse, etwa in der Ukraine oder in Syrien. Es scheint offensichtlich, dass das im Kalten Krieg aufgebaute Abschreckungspotenzial in einem Ausmaße verloren gegangen ist, das es fraglich erscheinen lässt, ob die freie Welt überhaupt noch ernstgenommen wird. Vom Kaukasus bis zur Ostsee entwickelt sich Konfliktpotenzial, das mit unseren Vorstellungen von Freiheit und Selbstbestimmung nicht mehr kompatibel zu sein scheint.

Nach 9/11 war es mit Überschreiten der Ablauflinien im Rahmen der Operation »Enduring Freedom« mit der Unterstützung durch lokale Kräfte gelungen, ein terroristisches Taliban-Regime in wenigen Wochen hinwegzufegen. Dieses sollte ohne Taschenkarten und ohne Rechtslehrer erfolgen, dafür mit fliegenden Gun Ships und massiven Bombardierungen. Offensichtlich wurde mit ausgesprochener Brutalität und Zielorientierung vorgegangen. Entsprechend könnten die Verluste Unbeteiligter die der Kombattanten überstiegen haben. Dabei vermochte die akkreditierte Presse den Ereignissen kaum zu folgen, zumal die einzelnen Verbände auf weitgehend unabhängig operierende Kampfgruppen in Truppstärke aufgeteilt waren, deren vordringlichste Aufgabe die Steuerung des Einsatzes der Luftwaffen zur Unterstützung der Einsätze einer Vielzahl von Anti-Taliban Warlords im Rahmen der Northern Alliance war.

Der Erfolg war so durchschlagend, dass von einem Triumph geredet werden kann: Innerhalb von drei Monaten waren die Taliban in fluchtartigen Absetzbewegungen unter massiven Verlusten verschwunden oder in einem »Last Stand« am Flughafen von Kandahar aufgerieben.

In völliger Unkenntnis der tatsächlichen Lage wurden dann von politischer Seite Bemühungen eingeleitet, neue staatliche Strukturen zu schaffen. Dabei standen offensichtlich Vorstellungen im Vordergrund, die an wohlmeinender Naivität kaum noch zu übertreffen sind. Es wurde völlig ignoriert, dass Afghanistan lediglich ein geografischer Begriff zwischen historisch russischen und britischen Einflusszonen ist, in denen staatliche Strukturen seit Jahrhunderten über die Paläste kaum hinausreichen. Ein Sammelsurium von Völkern besiedelt Afghanistan mit hunderten Dialektgruppen, die linguistisch so weit voneinander entfernt sind, dass nur eine Verständigung innerhalb von 25 Sprachgruppen möglich ist. Durch den Islam und das Fehlen einer Epoche der Aufklärung orientiert sich das gesellschaftliche Denken vor allem in der Provinz im Wesentlichen an Vorstellungen, die in Mitteleuropa vor dem Dreißigjährigen Krieg Mode gewesen sind. Wie im Irak kommt hinzu, dass sich sowohl Sunniten wie auch Schiiten gegenüberstehen.

Weit über den Taliban-Zirkel hinaus werden die Vorstellung der internationalen Besatzer als Gefährdung traditioneller Lebensformen empfunden. Als Beispiel mag die Frauenpolitik dienen, die völlig unvereinbar mit afghanischen Vorstellungen ist. Dabei ist den Afghanen durchaus nicht verborgen geblieben, dass ihnen hier Gesellschaftskonzepte aufgezwungen werden sollen, die in den letzten Jahrzehnten immer deutlicher werden lassen, dass diese nicht nachhaltig bzw. zukunftsfähig sind. Dementsprechend wird es auch unter gemäßigten Afghanen als Zumutung empfunden, sich diese Lebensformen überstülpen zu lassen. Kulturelle Inkompatibilität ist auch dadurch gegeben, dass demokratische Willensbildung weder mit der Rolle der Frau in der afghanischen Gesellschaft noch mit dem Prinzip der Führung durch die Älteren oder Familienoberhäupter vereinbar ist, abgesehen von praktischen Problemen, die dadurch entstehen, dass die Quote der Analphabeten so hoch liegt, dass Wahlzettel in Form von Briefmarken-Alben mit dem Konterfei der Kandidaten anzukreuzen sind.

Das Karzai-Regime zeichnete sich durch grenzenlose Korruption aus, finanziert neben der westlichen Entwicklungshilfe insbesondere durch den – nie von der ISAF unterbundenen – Drogenanbau. Ein schönes Beispiel ist der Versuch der Anmietung eines Industriegeländes mitsamt Hallen durch unsere Firma. Diese sollte schließlich daran scheitern, dass der Komplex sich als die Tarnung für die Anstellung von Karzai-Gefolgsleuten entpuppte, die – bis auf eine Sekretärin mit Telefon – als einzige Arbeitsleistung das Errichten einer Kontoverbindung zur monatlichen Überweisung des Lohnes erbrachten: Gebäude und Hallen waren leer!

Der Contractor Community blieb es nicht verborgen, dass auch diese in den Drogenhandel involviert war. So überraschte es nicht, als der Country Director und der Director Middle East einer unserer Konkurrenzfirmen auf dem Wege von Kabul nach Kandahar geköpft aufgefunden wurden. Die Geschäftsführung in Düsseldorf stammte aus Mazedonien und war Dauerauftragnehmer der Bundeswehr seit 2003 im Bereich Life-Support Services mit opulenter finanzieller Vergütung: Im Rahmen des einsatzbedingten Sofortbedarfes war diese 2003 ohne Ausschreibung zugeteilt worden. Trotz Sinkens des Vergütungs-Niveaus durch zunehmenden Wettbewerb sollte es bei der Bundeswehr auf dem Niveau des Mehrfachen des Ortsüblichen bleiben. Die Prolongierung alter Verträge war für die Verantwortlichen offensichtlich einfacher. Angesichts einer Stehzeit des Stelleninhabers von nur vier Monaten wäre eine europaweite Ausschreibung auch gar nicht von derselben Person abschließbar gewesen. So überließ man diese lieber dem Nachfolger, der dann dasselbe tat.

Politik im Einsatz

Es gab einmal eine Zeit, in der es – sinngemäß – hieß: "After the declaration of war operations should be left to the professionals – and eventually politicians only should be told who has won."

Mit verheerenden Folgen für die Schlagkraft der Truppe wird bei uns der umgekehrte Weg gewählt und die Bundeswehr von der Politik geführt, die sich dadurch auszeichnet, dass dortige Entscheidungsträger eher durch offene Feindschaft (PDS), kritische Distanz (B90/Die Grünen), Gleichgültigkeit (SPD) etc. und nur noch in Ausnahmefällen durch Begeisterung, Stolz und Unterstützung geprägt sind. Symptome zeigen sich in u.a. bei Verlusten: Über 50 Bundeswehr-Angehörige sind in Afghanistan gefallen – nach bizarrer Diskussion der Wortwahl, weil man sich nicht im Krieg, sondern in einer Stabilisierungsmission wähnte. Gefallene werden zudem nicht mehr akzeptiert als Teil des Selbstverständnisses und Grundlage für Pflichterfüllung (»Casualty Shyness«).

Im Casino der Panzertruppenschule in Munster prangte bei meinem Offizier-Lehrgang noch das bekannte »The Germans to the Front«

142

aus dem Einsatz des 1. Ostasiatischen Infanterie-Regiments, das 1901 mit der berühmten »Hunnenrede« nach China verabschiedet worden war. Als nicht mehr zeitgemäß wurde dieses im Rahmen der »Political Correctness« neudeutscher Form entfernt und durch Nichts ersetzt. Hingegen fand sich im englischen Offiziercasino in Sennelager ein analoger Ölschinken bereits zwei Jahre nach der »Battle for Goose Green« auf den Falkland-Inseln – als Zeichen ungebrochenen Spirits in der britischen Armee.

Absurde »Rules of Engagement« bis hin zur Taschenkarte für jeden Mannschaftsdienstgrad, die einen militärisch zielgerichteten Einsatz der Bundeswehr unterbanden und innerhalb der ISAF-Truppensteller so unterschiedlich waren, dass die Zusammenarbeit nur vereinzelt möglich war: Deutsche, Franzosen, Italiener und Türken waren nur formal in ISAF-Strukturen eingebunden.

Mit der Ernennung von Ursula von der Leyen zur Verteidigungsministerin stehen Bemühungen um Frauenförderung, Kinderbetreuung, geregelte Arbeitszeiten, PTBS und Wohnkomfort eher im Fokus als die Schlagkraft der Truppe. Entsprechend wird bei der Personalrekrutierung eine Klientel angesprochen, die sich mehr an den Segnungen des öffentlichen Dienstes orientiert als an der Bereitschaft zum aufopferungsvollen Dienen – schon gar nicht unter Einsatz des Lebens. Der »Warrior-Instinkt« bleibt auf der Strecke. Zurück bleiben Beamtenseelen.

Material und Ausrüstung der Bundeswehr haben inzwischen ein derartiges Zerfallsstadium erreicht, dass zur Sicherstellung der Einsatzbereitschaft eines (!) Panzergrenadierbataillons im Rahmen der »Very High Readyness Joint Task Force« (VJTF) auch andere Kampfbataillone der Brigade regelrecht kannibalisiert werden mussten.

Auftragstaktik

Grundlage für die militärischen Triumphe des Deutschen Heeres in den Anfangsjahren des Zweiten Weltkrieges war der von der Luftwaffe unterstützte Blitzkrieg, getragen von der Entschlusskraft des örtlichen Führers, der Mobilität und Feuerkraft der Panzerwaffe, dem Zusammenspiel der vorhandenen Kräfte und geringer Einflussnahme der politischen Führung, nachdem die Ablauflinien überschritten waren. Politisches »Meddling« sollte sich erst nach der Invasion der Sowjetunion so steigern, dass der Krieg zu einem Fiasko wurde. Die Wehrmacht wurde zur Beute eines politischen Regimes mit verbrecherischem Konzept. Einzelheiten sind bekannt.

Im Rahmen der in der Bundeswehr unter »Personalauswahl« beschriebenen Vorgänge ist heute nicht mehr der entscheidungsfreudige Führer gefragt, sondern der funktionierende Bürokrat, ausgewiesen durch Computerkenntnisse, die einen Verteiler aufblähen und immer mehr Kräfte im Verwalten bindet. Dabei ist die EDV mehr Fluch als Segen. Entscheidungen vor Ort werden nur noch nach Rücksprache mit einer kafkaesken Vielzahl von Stäben und Kommandos gefällt. Vollendete Paralyse findet sich dann in Bereichen, wo auch zivile Bundeswehr-Behörden einzubinden sind. Die Folgen z.B. im Beschaffungswesen sind aktuell gerade von Transporthubschrauber NH 90 bis zum Schützenpanzer Puma durch den Blätterwald gerauscht. Als Trost bleibt die Aufgabe permanenter Umstrukturierung als Lebensaufgabe.

Der karrierebewusste Soldat zeichnet sich inzwischen oft durch geschmeidiges Umgehen von Entscheidungen aus. Der kantige Charakter, der lieber das Falsche jetzt als das Richtige zu spät macht, ist ein Auslaufmodell. Bei der Bundeswehr reicht dagegen schon das Erreichen der – vorzeitigen – Pensionierung als vorbildliche Pflichterfüllung. Dieses Verhalten scheint besonders die Generalität erfasst zu haben, zu der ohne politische Stromlinienförmigkeit gar kein Zugang mehr zu finden ist.

Illustriert sei die Lage durch folgende Anekdote aus Kabul: Als beorderter Reservist mit Bundeswehr-Truppenausweis versehen, gelang es bei der Bundeswehr im Camp Warehouse nicht, den Stab zum Ausstellen eines ISAF-Ausweises als Contractor zur Sicherstellung des Zugangs zu unseren Baustellen in ISAF-Liegenschaften zu bewegen. Dabei vergingen wegen Rücksprachen mit Dienststellen in Köln/Potsdam etc. Wochen. Mit dem Dilemma konfrontiert wurde mir schließlich innerhalb von fünf Minuten ein ISAF-Military Ausweis (mit Dienstgrad Captain) von der British Army ausgestellt, für die Dienstleistungen von uns auch erbracht wurden. Offensichtlich zeichnet sich die britische Armee durch einen pragmatischen Ansatz aus, der dadurch bedingt sein mag, dass sich diese seit dem Zweiten Weltkrieg mit ca. der Hälfte des Personals irgendwo in der Welt herumschlägt bzw. durch entschlossenes Auftreten Konflikte verhindert. Hier wurde eine verschworene, durch »Regimental Spirit« zusammengeschweißte Gemeinschaft erhalten, gekennzeichnet durch Opferbereitschaft, Mut und Kameradschaft statt Vorschriften und Obrigkeitshörigkeit. Ein Geist, der bis zum Abtreten der im Zweiten Weltkrieg geformten Generäle auch noch in der Bundeswehr zu finden war. Ich erinnere die Maxime eines meiner Kommandeure: „Wenn wir uns immer an die Vorschriften halten, läuft gar nichts mehr.“

Wenig hilfreich bei dem beschriebenen Szenario ist auch das bis zum Exzess betriebene Rotationsprinzip. Die Stehzeit auf einem Dienstposten beträgt für Offiziere nur ca. drei Jahre, so dass gewonnene Erfahrungen und Ausbildungen gar nicht genutzt werden, sondern nach Erreichen der Beherrschung der Aufgabe bereits die nächste Dienststellung wartet. Man wird den Eindruck nicht los, dass ein zu langer Friedensdienst sich fatal auf die Schlagkraft der Truppe auswirkt.

Privatisierung

Vor dem Hintergrund der aufgezeigten Fehlentwicklungen erscheint es zumindest verwegen, anzunehmen, im Rahmen der bestehenden Denkmuster für alle Herausforderungen der Zukunft in asymmetrischen oder konventionellen Kriegen gewappnet zu sein. Möglicherweise bietet der private Sektor Alternativen. Im Bereich Nachschub, Instandsetzung, Betrieb von Liegenschaften, Catering, Versorgung und Transport hat die Bundeswehr bereits die Fähigkeit eingebüßt, diese Dienste selber zu stellen. Dabei waren die bisherigen Privatisierungsbemühungen durchaus noch halbherziger Natur, etwa in Form von staatseigenen Betrieben wie dem Fuhrpark-Service oder der Kleiderkammer.

Dazu stellt sich die Frage, ob weitere Kernaufgaben des Militärs für eine Privatisierung geeignet sind. Dabei ist davon auszugehen, dass das Zeitalter der Bürgerarmeen mit Abschaffung der Wehrpflicht in vielen NATO-Streitkräften ohnehin als ausgelaufen betrachtet werden kann und sich das Personal als Arbeitnehmer für Lohn und Sozialleistungen und nicht aus patriotischer Begeisterung zur Verfügung stellt. Dabei wurden mit der Rekrutierung von Ausländern durchaus positive Erfahrungen gesammelt. Zu nennen sind hier insbesondere die Fremdenlegion und die Gurkas. In beiden Fällen werden diese Söldner in vorhandene Gehaltsstrukturen analog zu nationalen Verbänden eingebunden, Offiziere jedoch in den meisten Fällen durch Landeskinder gestellt.

Nach ersten Erfahrungen in Afrika und Jugoslawien haben sich darüber hinaus eine Vielzahl von Private Military Companies gebildet. In Irak und Afghanistan zeigte sich ihre höhere Effizienz allein dadurch, dass diese an Einsatzbeschränkungen der Parlamentsarmeen nicht gebunden sind und sich so eine kostengünstige Alternative zu Konfliktlösungen, insbesondere im asymmetrischen Bereich entwickelt hat. Dabei sind diese teilweise noch in traditionelle Strukturen und Befehlsketten eingebunden, teilweise aber mit eigenen Verbänden nur noch an vorhandene Stäbe angehängt. Auch die Bundeswehr wird sich dieser marktwirtschaftlichen Lösung vermutlich nicht ewig verweigern können.

Unbemerkt von der Öffentlichkeit ist bereits ein Prozess in diese Richtung dadurch vollendet worden, dass sich die Rekrutierung des Nachwuchses immer weiter in die neuen Bundesländer verschiebt. Dort wird offensichtlich eine Laufbahn in den Streitkräften noch als attraktiv empfunden. Im Westen wird dieser Dienst angesichts moderner Lebenskonzepte öfter als Zumutung empfunden, soweit überhaupt noch als Berufung wahrgenommen.

Fazit

Nach fast 60 Jahren Friedensdienst stellt sich die Frage, ob die Bundeswehr, die möglicherweise kämpfen kann, mit dem vorhandenen Personalbestand und politischer Führung überhaupt noch kämpfen will. Aktuelle Ereignisse lassen vermuten, dass daran zumindest in Russland Zweifel bestehen und damit Abenteuer initiiert werden, die auch vor dem Baltikum nicht Halt machen könnten. Nachdem der Kalte Krieg noch siegreich für die freie Welt mit dem Zusammenbruch des sowjetischen Reiches endete, könnte der russische Präsident die Bereitschaft des Westens zum Kampf so einschätzen, dass der Friede in Europa nicht länger garantiert werden kann. Parallelen zur Beschwichtigungspolitik vor Ausbruch des Zweiten Weltkrieges drängen sich auf. Das Schicksal Syriens mit dem Entstehen eines islamischen Kalifates namens IS bestätigt den Trend zur Anwendung von »Soft Power« in Form endloser diplomatischer Bemühungen ohne nachhaltigen Entschluss. Primat der Politik scheint nur noch zu sein, Probleme bis zur nächsten Wahl zuzukleistern und schlimmstenfalls dem Nachfolger den Scherbenhaufen zu überlassen, im Falle strategischer Fehler der nächsten Generation.

Nach alledem kann ich abschließend nur feststellen, dass mir in Form eines Parallellebens die Bundeswehr im Vergleich zu meinen ungedienten Zeitgenossen mehr gegeben hat, als mir diese an Zeit und Energie genommen hat, auch weil mir das ultimative Opfer versagt bzw. erspart geblieben ist. Es bleibt die Hoffnung, dass sich auch in der nächsten Generation noch Männer finden, die nach dem Sieg im Kalten Krieg für die nächsten Herausforderungen in der Geschichte nicht nur bereitstehen, sondern ihren Posten auch im Krieg beziehen können und damit die glaubhafte Abschreckung produzieren, die diesen Krieg verhindern möge. Vor dem Hintergrund aktueller Ereignisse sollte dabei berücksichtigt werden, dass ein Appeasement in den Zweiten Weltkrieg geführt hat.

Vom Warten auf das Veteranenkonzept[1]

von Julia Weigelt

In den USA und vielen anderen Ländern ist es ganz normal, von Veteranen zu sprechen. In Deutschland und für die Bundeswehr ist dieser Begriff relativ neu. Vor allem seit dem Afghanistan-Einsatz wird darüber diskutiert, wer eigentlich ein Veteran ist und wer nicht? Die Auffassungen sind unterschiedlich und gehen zwischen Bundeswehrführung, den Soldaten und Reservisten weit auseinander.

Für Stabsfeldwebel der Reserve Dunja Neukam ist die Begriffsdefinition abgeschlossen. Sie sagt: „Ich bin Veteran, weil ich sieben Mal im Einsatz war, davon vier Mal in Afghanistan." Und sie ist Veteran, weil sie inzwischen nicht mehr bei der Bundeswehr ist. Denn noch aktive Soldaten können nach Vorstellung des Verteidigungsministeriums keine Veteranen sein. Offiziell ist das aber alles noch nicht. Denn das Verteidigungsministerium hat trotz der jahrelangen Veteranen-Debatte immer noch keine verbindliche Regeln aufgestellt: Es gibt weiterhin kein Veteranenkonzept. Die ehemalige Angehörige des Sanitätsdienstes Dunja Neukam ist enttäuscht, denn davon erhofft sie sich mehr als nur gesellschaftliche Anerkennung: „Wir brauchen auf jeden Fall ein Veteranenkonzept. Wenn ich sehe, dass manche Leute zehn Jahre auf Absicherungen warten müssen, um Gelder zu bekommen, und ich auch selber betroffene Veteranen betreue, muss auf jeden Fall politisch etwas gemacht werden."

Neukam engagiert sich im Bund Deutscher EinsatzVeteranen vor allem für Soldaten, die im Einsatz körperliche und seelische Wunden davongetragen haben. Wer für Deutschland in den Krieg zieht, der verdient Wertschätzung, Anerkennung und Fürsorge auch über die Dienstzeit hinaus – davon ist Neukam überzeugt. Und auch eine verbesserte finanzielle Versorgung ist ihr wichtig. Ihr Vereinskamerad Oberfeldwebel Sebastian Runge stimmt ihr zu. Er sei kein Veteran, weil er noch nicht im Auslandseinsatz war. Dennoch beschäftigen auch ihn die Folgen des Afghanis-

---

[1] Der vorliegende Text ist im Juni 2015 entstanden. Die Begriffsdefinition zur Unterscheidung von Soldaten, Einsatzsoldaten, Veteranen und Einsatzveteranen ist inzwischen weiter vorangekommen (siehe Seite 35 Fußnote 1). Der Inhalt dieses Beitrages ist zum Zeitpunkt der Buchveröffentlichung daher nicht mehr uneingeschränkt aktuell, er zeigt aber, wie schwierig sich die Einigung auf Begrifflichkeiten gestaltet und wie sehr durch verschiedene Interessenvertretungen darum gerungen wird.

tan-Einsatzes: 2010 trug er den Sarg eines Gefallenen, der am Flughafen Köln aus dem Hindukusch ankam.

Runges Beispiel zeigt, wie komplex die Debatte ist, und wie emotional aufgeladen. Es geht um Alt gegen Jung, Soldaten mit und ohne Einsatz- oder Kampferfahrung, es geht um eine drohende Spaltung der Bundeswehr, eine zunehmende Entfernung zwischen Armee und Gesellschaft – und um Einkaufsgutscheine. Denn mit dem Veteranenstatus könnte es für ehemalige Soldaten auch Vergünstigungen im Alltagsleben geben. So jedenfalls die Erwartung.

Auch Oberstleutnant André Wüstner ist frustriert. Für den Vorsitzenden des Bundeswehrverbandes, also der größten Interessenvertretung von Soldaten, ist die Veteranendebatte eine Dauerbaustelle: „Das ist zum wahnsinnig werden. Wir sind jetzt seit mehreren Jahren dran, das »Wofür Bundeswehr« und »Wofür Soldat sein« und »Was ist, wenn ich denn versehrt nach Hause komme«, zu debattieren. Wir haben jetzt, glaube ich, eine Chance mit Blick auf den Weißbuchprozess."

Das Weißbuch, in dem u.a. die deutschen Interessen und die Ausrichtung der Sicherheitspolitik definiert werden, ist schon fast zehn Jahre alt. Das Verteidigungsministerium, kurz BMVg, arbeitet gerade an einem neuen. Verbandschef Wüstner hofft, dass mit der dadurch angestoßenen Diskussion über die Sicherheitspolitik und die Rolle der Bundeswehr auch die Veteranenfrage endlich offiziell geklärt wird.

Veteran – über die Definition dieses Begriffes bestimmen Politiker. Doch die bewegen sich nicht, kritisiert Wüstner. Parteien und Abgeordnete duckten sich weg, weshalb der Bundeswehrverband sich direkt an Abgeordnete wende, um das Thema in den Blickpunkt zu richten. Wüstner selbst lässt offen, wer Veteran ist und wer nicht. Für den Chef des Bundeswehrverbandes hat eine genaue Begriffsdefinition nicht die höchste Priorität. Wichtig sei vielmehr, dass den Soldaten Respekt, Anerkennung und Wertschätzung entgegengebracht werde. Das sei die zentrale Herausforderung.

Die Veteranen-Debatte schwelt schon seit Jahren: 2010 gründete sich der Bund Deutscher EinsatzVeteranen, damals unter dem Namen Bund Deutscher Veteranen. 2011 sprach der damalige Verteidigungsminister Thomas de Maizière erstmals im Bundestag von Veteranen, die er zum Schwerpunkt seiner Arbeit machen wolle. Doch warum ist die angekündigte Konzeption ins Stocken geraten? André Wüstner: „Die Konzeption ist eigentlich nicht ins Stocken geraten, sondern sie ist noch nie richtig angelaufen. De Maizière hatte damals auf einem Flug in die Staaten mehr oder

148

weniger unbeabsichtigt von einer Veteranen-Konzeption gesprochen und dann wurde das aufgegriffen, auch medial, und man kam nicht mehr raus."

Veteranen der Bundeswehr – also ein schon immer ungeliebtes Thema, das Politiker gerne auf die lange Bank schieben? Wann kommt denn nun das Konzept? Ulrich Pohlmann, Abteilungsleiter im Verteidigungsministerium, sagte dazu im Juni 2015 auf einer Podiumsdiskussion: „Wir sind zur Zeit dabei, diese in den Abteilungen abzustimmen. Das wird jetzt noch die eine oder andere Woche in Anspruch nehmen. Die Abteilungen geben uns dazu ihre Rückmeldungen, und dann denke ich, dass wir im Sommer mit allen abgestimmt fertig sind." Danach beginne das Ministerium, die Umsetzung zu planen. Knackpunkt bleibt: Ist ein Veteran nur der, der im Auslandseinsatz war und nicht mehr aktiv bei der Bundeswehr ist? So definierte es der ehemalige Verteidigungsminister de Maizière, und so will es laut Pohlmann auch das Ministerium festschreiben. Der Reservistenverband hat damit ein Problem: Dessen Präsident, der CDU-Bundestagsabgeordnete Roderich Kiesewetter, ist der Ansicht: Jeder ehemalige Soldat ist ein Veteran, auch, wenn er nicht im Auslandseinsatz gewesen ist. Die Begriffsdebatte ist für ihn also weiterhin nicht abgeschlossen.

Man könne zwischen Einsatzveteranen und Veteranen unterscheiden, schlägt Kiesewetter vor. Doch wer Soldaten ohne Auslandseinsatz den Veteranenstatus verweigern wolle, der stoße direkt die nächste Debatte an. Nämlich: Sollte zwischen Kämpfern und Kartoffelschälern im Feldlager Kunduz unterschieden werden? Kiesewetter schließt das aus. Der Präsident des Reservistenverbandes: „Für mich entzündet sich der Streit eher daran: Ist damit eine Leistung verbunden – ja oder nein? Ich sage: Keine Leistung, sondern Anerkennung. Viele wollen Freiparkscheine oder Einkaufsgutscheine oder sonstige Vergünstigungen haben. Davon halte ich wenig, weil jede Berufsgruppe ihre Last zu tragen hat."

Um seine Position doch noch durchzusetzen, fordert der CDU-Abgeordnete das Verteidigungsministerium auf, die Verbände erneut einzubeziehen – was weitere Monate kosten würde. Roderich Kiesewetter: „Das eigentliche Problem ist, dass wir mehr gesellschaftliche Anerkennung brauchen; dass die Masse unserer Bevölkerung keine Ahnung hat von dem, was in den Einsätzen vorgeht. Wir brauchen also eine andere Öffentlichkeitsarbeit. Und wenn das Konzept mithilft, die Situation ehemaliger Soldaten, die in Einsätzen waren, oder auch ehemaliger Soldaten, die gesundheitliche Probleme haben, besser zu thematisieren, dann ist es gut. Was nicht sein kann, ist, dass es nur beruhigende Kosmetik ist."

Ministerin von der Leyen sei gefordert, das Konzept dann der Öffentlichkeit zu erklären. Das solle mit einer Diskussionsreihe im ganzen Land geschehen, bei der Industrie, Arbeitgeberverbände, Gewerkschaften und Jobcenter beteiligt werden sollen, fordert Kiesewetter. Und auch kritische Stimmen sollen in den Foren zu Wort kommen, sagt der Präsident des Reservistenverbandes. „Kann ja kontrovers gemacht werden. Ich kann mir auch vorstellen, dass man hier Kräfte aus der Plattform zivile Konfliktbearbeitung, ziviler Friedensdienst und andere einbezieht, dass man auch eine kontroverse Diskussion bekommt. Ich erwarte auch, dass das BMVg nicht nur ein Konzept macht, sondern dass das dann auch mit Leben gefüllt wird."

Eine kontroverse Diskussion also, um das Bewusstsein der Deutschen für Soldaten, Einsätze und deren Folgen zu schärfen. Dass der Bundeswehr- und der Reservistenverband selbst dieses Bewusstsein erlangt haben, ist noch nicht allzu lange her. Die beiden etablierten Verbände wurden von neuen Vereinen wie dem Bund Deutscher EinsatzVeteranen wachgerüttelt. Unter anderem mit deutlichen Forderungen zu einem möglichen Veteranen-Gedenktag, den der damalige Verteidigungsminister de Maizière 2012 ins Spiel gebracht hatte. Der CDU-Politiker war zunächst für den Volkstrauertag. Doch da dieser Tag mit dem nationalsozialistischen Heldengedenken in Verbindung gebracht werden könnte, schlug er schließlich den 22. Mai vor. An diesem Tag waren 1956 die wehrrechtlichen Grundlagen der Bundeswehr auf den Weg gebracht worden. Doch von der Politik ist in der Veteranen-Diskussion bisher nichts umgesetzt worden. Daher organisieren sich die Mitglieder des Veteranenverbandes inzwischen ihre eigenen Gedenkveranstaltungen – vorbei an der Bundeswehrführung, dem Ministerium und der Gesellschaft. Eine Entwicklung, die Sorgen macht – und zeigt, dass es für die Politik höchste Zeit wird, das ungeliebte und emotionale Thema der »Neuen Veteranen« endlich anzupacken.

Neue Kriegsheimkehrer.
Die Darstellung von Bundeswehrsoldaten im Spielfilm

von Thomas Bohrmann

Erst seit dem Wandel der Bundeswehr von einer Verteidigungsarmee zu einer Einsatzarmee hat die Darstellung der deutschen Streitkräfte in den audiovisuellen Medien zugenommen. In Spielfilmen und besonders in zahlreichen Fernsehdokumentationen wird der Alltag von deutschen Soldatinnen und Soldaten sowohl im Einsatz als auch bei der Ausbildung und der speziellen Einsatzvorbereitung präsentiert. Dieser Beitrag möchte jene Spielfilme analysieren, die Geschichten von Kriegsheimkehrern[1] erzählen, die als Bundeswehrsoldaten im Einsatz waren und die sich nach dem Auslandsaufenthalt in der Heimat wieder zurecht finden müssen. Diese Soldaten können – im Unterschied zu den deutschen Kriegsveteranen der Weltkriege – als »neue Kriegsheimkehrer« oder »junge Veteranen«[2] bezeichnet werden. Dass der Veteranenbegriff mittlerweile auch von der offiziellen Politik verwendet wird, kommt in einer Rede des früheren Bundesverteidigungsministers Thomas de Maizière zum Bericht des Wehrbeauftragten zum Ausdruck. Die neue Einsatzrealität der Bundeswehr verdeutlicht, „dass es in Deutschland seit einigen Jahren wieder Veteranen gibt, Veteranen der Bundeswehr. Ich bekenne mich heute zu diesem Begriff. Die Bundeswehr ist eine Armee im Einsatz. Wie andere Nationen sollten auch wir deshalb von unseren Veteranen sprechen.“[3] Der Veteranen- bzw. Kriegsheimkehrerbegriff wird bei der nachfolgenden Medienanalyse auf alle Personen angewandt, die an Auslandseinsätzen der Bundeswehr teilgenommen haben, unabhängig davon, ob es sich um aktive oder ehemalige Soldaten handelt. Das Forschungsinteresse des Beitrags bezieht sich auf die Beantwortung der zugrunde liegenden Frage, ob die mediale Verarbeitung

---

[1] Der vorliegende Text verwendet für den Begriff der Kriegsheimkehrer die maskuline Form, weil die präsentierten Spielfilme ausschließlich Soldaten zeigen. Selbstverständlich wird hier nicht geleugnet, dass es auch Soldatinnen im Einsatz gab und gibt.

[2] So zwei der Begriffe, die der Bund Deutscher EinsatzVeteranen gebraucht.

[3] Rede von Thomas de Maizière zur Beschlussempfehlung und Bericht des Verteidigungsausschusses zu der Unterrichtung durch den Wehrbeauftragten (Jahresbericht 2010), gehalten am 22. November 2011, online unter: http://www.bmvg.de (27. November 2015).

von Kriegsheimkehrern der Bundeswehr im Spielfilm Verständnis für die Lebenssituation der (neuen oder jungen) Veteranen schafft.

Der Beitrag gliedert sich in vier Teile: Zunächst werden 1. die Besonderheiten des Unterhaltungsmediums Spielfilm skizziert. Dann kommen 2. die Forschungsmethode und das zugrunde liegende Forschungsinteresse zur Sprache. Es schließen sich 3. filmanalytische Zugänge an, die die jeweiligen Spielfilme mit ihrer thematischen Behandlung besonders auch im Hinblick auf verschiedene Analysekategorien vorstellen. Im Schlusskapitel wird 4. das Ergebnis zusammengefasst.

Der Spielfilm als Unterhaltungsmedium

Jeder Film erzählt eine Geschichte in bewegten Bildern und spricht als populäres Medium ein heterogenes Massenpublikum an, das ihn zu individuellen Unterhaltungszwecken nutzt. Wenn hier von der Unterhaltungsfunktion des Spielfilms die Rede ist, könnte man darunter zunächst ein rein passives, oberflächliches Geschehen verstehen, das allein der Zerstreuung vom Alltag dient. Eine solche Perspektive greift jedoch zu kurz. Unterhaltung ist kein passiver Vorgang, sondern zielt auf eine aktive Auseinandersetzung, in der unterschiedliche Erlebnisdimensionen der Rezipienten, wie dies der unterhaltungsethische Ansatz des Medienethikers Hausmanninger zeigt, angesprochen werden.[4] Das Unterhaltungsphänomen kann durch den Begriff der delectatio (lat. Vergnügen, Lust) präzisiert und als Ausdruck differenzierter Lebensvollzüge der Rezipienten betrachtet werden. Bei der Filmrezeption findet das Unterhaltungsmoment nämlich auf verschiedenen Ebenen statt, die jeweils anders geartete Erlebnisformen beim Rezipienten anzusprechen vermögen. Hausmanninger unterscheidet hier 1. die sensomotorische, 2. die emotionale, 3. die kognitive und 4. die reflexive Ebene.

Die sensomotorische Ebene beschreibt eine erste Form der delectatio, bei der die Funktionen des Körpers und der Sinnesorgane angesprochen werden. Für den Unterhaltungsfilm bedeutet dies, dass der Mensch sich an den Geräuschen des Films und der Filmmusik, an den Farben, an

---

[4] Vgl. z.B. Hausmanninger, Thomas (1999) Von der Humanität vergnüglicher Mediennutzung. Überlegungen zu einer Ethik medialer Unterhaltung, in: Theologie der Gegenwart 42, S. 2-14, hier: S. 5-7; Ders. (2002) Vom individuellen Vergnügen und lebensweltlichen Zweck der Nutzung gewalthaltiger Filme, in: Ders./Bohrmann, Thomas (Hrsg.), Mediale Gewalt – Interdisziplinäre und ethische Perspektiven, München: Wilhelm Fink Verlag, S. 231-259, hier: S. 235-244.

den Spezialeffekten und ähnlichem erfreut. Im Vordergrund steht dabei der auditive und visuelle Genuss der durch die Filmsprache bzw. Filmtechnik vermittelten Spannung. Bei der Filmrezeption stehen also zunächst insbesondere die Sinnesorgane Auge und Ohr im Zentrum. Diese unterhaltsame Lustform wird als delectatio sensibilis bezeichnet. Die emotionale Ebene der Filmrezeption bezieht sich auf die lustvoll erlebten Gefühle. Jeder Film weckt spezifische Emotionen wie Rührung, Freude, Mitleid, Angst oder Furcht. Lust wird hier als delectatio emotionalis erfahren. Auf der kognitiven Ebene wiederum wird die menschliche Lust an der Erkenntnis (Informationsgewinnung) befriedigt. Hausmanniger spricht hier von der delectatio cognitionis. Der Rezipient erlebt einen Film bspw. dann als lustvoll, wenn er die Handlung sukzessive versteht, dramatische Zusammenhänge und Handlungsmotivationen der Figuren entschlüsselt, gesellschaftliche Problemstellungen oder kritische Anspielungen registriert, vorgestellte Werte erkennt. Auf allen hier angesprochenen drei Ebenen ist die Rezeption immer reflexiv, denn der Zuschauer weiß, dass der Film fiktional ist. So sterben in einem gewalthaltigen Genre bspw. keine Menschen in realiter und die erlebte Spannung resultiert lediglich aus den verschiedenen Bauformen des Erzählens. Diese lustbesetzte Tätigkeit an der eigenen Reflexivität, die als delectatio reflexiva bezeichnet werden kann, ist eine Form der Bewältigungskompetenz während des Rezeptionsprozesses, da Rezipienten um die reine Fiktionalität der im Film aufgebauten ästhetischen Welten wissen und sich somit vom medialen Inhalt distanzieren können. Eine solche Reflexivität erlaubt dem Menschen, medial inszenierte Themen zu seinen eigenen individuellen Einstellungen und moralischen Haltungen in Beziehung zu setzen. Diese rezeptionsästhetischen Überlegungen zeigen deutlich, dass Unterhaltung ein vielschichtiges Phänomen ist, das man nicht vorschnell als eine passive Konsumhaltung der Rezipienten bewerten darf. Unterhaltung ist immer ein aktives menschliches Verhalten, bei dem verschiedene Erlebnisebenen aktiviert werden.

Die Themen, über die der Spielfilm erzählt, sind komplex und bilden prinzipiell das gesamte Leben sowohl in seiner Leichtigkeit als auch in seiner dramatischen Schwere ab. Alle gesellschaftlich relevanten Themen, die freilich in ihrer filmischen Darstellung auch dem sozialen Wandel unterworfen sind, können behandelt werden und dementsprechend das Unterhaltungsphänomen auf der kognitiven (delectatio cognitionis) und der reflexiven (delectatio reflexiva) Ebene ausdrücken: Freundschaft, Liebe, Familie, Krankheit, Krieg, Tod. Oft damit verbunden sind die in einer Gesellschaft vorhandenen moralischen Probleme, über die Filme mit ihrer Bildsprache einen entsprechenden Diskurs zu führen beabsichtigen. Immer wieder werden Menschen in diesem Sinne präsentiert und vor die grundlegende Frage gestellt, wie sie sich in einer konkreten Situation entscheiden sollen. „Was soll ich tun?" – diese alte philosophische Frage bereitet der Spielfilm in unzähligen Geschichten auf und stellt sie somit den Rezipienten selbst als Problem vor: „Was würde ich in einer ähnlichen Situation tun?" Dementsprechend erfüllen Filme also eine thematisch-diskursive sowie eine moralisch-diskursive Funktion.

Methodische Vorüberlegungen

Im Rahmen dieses Beitrags kann keine komplette Filmanalyse im Sinne der medienwissenschaftlichen Forschung[5] vorgestellt werden. Anstelle der üblichen Dreiteilung von narrativer, visueller und auditiver Analyseebene soll hier allein die narrative Ebene Beachtung finden und dabei vor allem die Charakterisierung der Filmfiguren und die Berücksichtigung von Filmthema und -aussage. Dabei geht es im Wesentlichen darum, zu klären, ob die behandelten Spielfilme über Kriegsheimkehrer der Bundeswehr Verständnis für die Lebenssituation der (neuen oder jungen) Veteranen schaffen können. Verständnis zielt in diesem Zusammenhang auf ein Verstehen der Situation bzw. eines Zustandes. Es geht hier also um die Lebenssituation heimgekehrter Soldaten aus dem Einsatz. Für die Operationalisierung der Forschungsfrage sind folgende Leitkriterien des analytischen Zugangs von besonderem Interesse: Authentizität (authentisches Bild des Einsatzes im Hinblick etwa auf Lagerleben, Bedrohung durch Gegner, physische Gewalt), Transparenz (politische Begründung für den Auftrag der Soldaten), Realitätsbezug (realistische Darstellung des physischen und psychischen Zustands von Soldaten besonders in der Heimat) und Auflösung (Darstellung eines positiven Auswegs aus der Krise bzw. dem Trauma).

Der Gegenstandsbereich sind Spielfilme, die über Bundeswehrsoldaten nach ihren Einsätzen im Ausland erzählen. Dabei handelt es sich (fast) ausschließlich um Fernsehfilme. Zwar hat das Kino die Bundeswehr und ihre Soldatinnen und Soldaten im Einsatz mittlerweile auch als Motiv

---

[5] Vgl. Bohrmann, Thomas (2007) Die Dramaturgie des populären Films, in: Ders./Veith, Werner/Zöller, Stephan (Hrsg.), Handbuch Theologie und Populärer Film, Bd. 1, Paderborn u.a.: Schöningh Verlag, S. 15-36.

154

entdeckt[6], doch wird in diesen Filmen kein Heimatdiskurs über zurückgekehrte Soldaten geführt. Sowohl »Snipers Valley« als auch »Zwischen Welten« thematisieren das Leben während des Einsatzes und seiner damit verbundenen Herausforderungen und Gefahren für Soldaten, aber eben nicht die Zeit nach dem Einsatz mit seinen damit verbundenen ganz eigenen Problemen und Bewältigungsstrategien. Nur der Kinofilm »Schutzengel« (D 2012, Regie: Til Schweiger) bringt die Situation von Kriegsheimkehrern der Bundeswehr ausdrücklich zur Sprache, auch wenn der Action-Thriller primär im Polizei- und Verbrechermilieu spielt. Kriegsheimkehrer werden im deutschen Spielfilm vor allem im Fernsehen präsentiert, und hier insbesondere im Kriminalfilm. Er zählt in Deutschland zum beliebtesten Genre und ist daher eher dazu geeignet, dem Publikum auch ernste und bedrückende Themen zu präsentieren. In der Krimireihe Tatort, die innerhalb der medienwissenschaftlichen Diskussion als „»Seismograph« deutscher Befindlichkeiten und Mentalitäten, als Beobachter der Gesellschaft insgesamt"[7] identifiziert wird, wurden in den Jahren 2011 und 2012 zwei Folgen mit einer bundeswehrspezifischen Kriegsheimkehrerproblematik am Sonntagabend im Fernsehen ausgestrahlt.[8] Darüber hinaus spielte das Veteranenthema auch in der Fernsehserie »Kommissar Stolberg«[9] (2006 bis 2013) und der Fernsehfilm-Reihe »Bloch«[10] (2002 bis 2013) um den gleichnamigen Psychiater und Psychotherapeuten eine Rolle. In beiden Formaten wurde es jeweils einmal inszeniert.

Von besonderem Interesse für die Herausarbeitung der Kriegsheimkehrersituation sind zudem zwei Spielfilme, die sich ausschließlich mit den Alltagsproblemen von zurückgekehrten Bundeswehrsoldaten aus Afghanistan beschäftigen. Mit »Nacht vor Augen« (D 2008, Regie: Brigitte Bertele),[11] einer Abschlussarbeit an der Filmakademie Baden-Württemberg,

---

[6] Vgl. Snipers Valley – Mörderischer Frieden (D 2007, Regie: Rudolf Schweiger), der den Auslandseinsatz der Bundeswehr im Kosovo thematisiert, sowie Zwischen Welten (D 2014, Regie: Feo Aladag) über den Afghanistaneinsatz.

[7] Gräf, Dennis (2010) Tatort. Ein populäres Medium als kultureller Speicher, Marburg: Schüren Verlag, S. 8.

[8] Vgl. Tatort: Heimatfront (D 2011, Regie: Jochen Alexander Freydank, Erstausstrahlung ARD: 23. Januar 2011), Tatort: Fette Hunde (D 2012, Regie: Andreas Kleinert, Erstausstrahlung ARD: 2. September 2012).

[9] Vgl. Kommissar Stolberg: Krieger (D 2012, Regie: Michael Schneider, Erstausstrahlung ZDF: 7. Januar 2012).

[10] Vgl. Bloch: Tod eines Freundes (D 2009, Regie: Züli Aladag, Erstausstrahlung ARD: 16. September 2009).

[11] Der Film wurde am 9. Februar 2008 auf der Berlinale uraufgeführt und vom SWR am 19. Oktober 2009 erstmals im Fernsehen gezeigt.

erzählte in Deutschland erstmalig in fiktiver Form ein Film über das beim Militär längst bekannte psychische Krankheitsbild PTBS (Posttraumatische Belastungsstörung). Dasselbe Thema verarbeitete im selben Jahr der Fernsehfilm »Willkommen zu Hause« (D 2008, Regie: Andreas Senn).[12] Die genannten Spielfilme reihen sich ein in den einsatzbezogenen Aufarbeitungsprozess, zu dem unterschiedliche Erzählungen durch Film, Fernsehen und Literatur von Soldatinnen und Soldaten gehören. Die Mitglieder der Bundeswehr, die hier zu Wort kommen, etwa im Dokumentarfilm und in autobiografischen Texten oder über die der fiktionale Filme berichtet, sind inzwischen Teil der sogenannten »Generation Einsatz«[13] geworden.

Veteranen im Film: Wenn der Krieg nach Hause mitgenommen wird

Nacht vor Augen

Der mit vielen Preisen ausgezeichnete Abschlussfilm »Nacht vor Augen« eröffnet 2008 den medialen Diskurs über Kriegsheimkehrer aus Afghanistan. Nach einem Auslandsaufenthalt kehrt der Zeitsoldat David Kleinschmidt (Hanno Koffler) nach Hause zurück und nimmt seine frühere Arbeit als Rettungssanitäter wieder auf. Doch der Einsatz hat ihn verändert. Er ist schreckhaft, verschlossen und kann die Intimitäten seiner Freundin kaum erwidern. Viel Zeit verbringt er mit seinem schüchternen, achtjährigen Halbbruder Benni, der von seinen Mitschülern gemobbt wird. Im Spiel versucht David, ihm Härte beizubringen und ihm zu zeigen, wie er sich zur Wehr setzen kann. Dabei wird dieses Spiel jedoch immer gewalttätiger. Mit seinem aggressiven Verhalten verletzt David zunehmend seine Familie und seine Freunde. Als er bei einem Fußballspiel herumpöbelt und sich nicht beruhigen lässt, ruft seine Freundin die Polizei, die ihn abholt und zu einer Militärpsychologin bringt. David erkennt seinen Krankheitszustand und willigt schließlich in eine Therapie ein.

»Nacht vor Augen« stellt den schleichenden Veränderungsprozess eines traumatisierten Kriegsheimkehrers in deutlichen Bildern vor. Auch wenn sich sein soziales Umfeld bemüht, ihn ins zivile Leben und den All-

---

[12] Die Erstausstrahlung von »Willkommen zu Hause« fand am 02.02.2009 zur Primetime um 20.15 Uhr in der ARD statt.

[13] Vgl. Brinkmann, Sascha/Hoppe, Joachim (Hrsg.) (2010) Generation Einsatz. Fallschirmjäger berichten ihre Erfahrungen aus Afghanistan, Berlin: Miles; Seiffert, Anja, „Generation Einsatz", in: Aus Politik und Zeitgeschichte, 63. Jahrgang 44/2013, S. 11-16.

tag zu integrieren, fällt es der Familie und den Freunden schwer, David zu verstehen. Als er seinen alten Freunden in der Stammkneipe erzählt, dass er bei einem Einsatz gegen Taliban im Affekt einen kleinen Jungen erschossen habe, können und wollen sie diese Geschichte nicht glauben. Sie hören seiner Erzählung zwar zu, doch lassen sie sich vom gleichzeitigen Kartenspiel nicht ablenken. Auch wenn seine Freunde froh sind, dass David wieder zu Hause und bei ihnen ist, wollen sie nicht hören, was er erlebt hat. Eine wirkliche Auseinandersetzung mit dem Einsatz der Bundeswehr in Afghanistan findet auch bei seiner Mutter nicht statt. Sie ist irritiert, als David ihr Fotos auf seinem Laptop zeigt, auf denen er eine Waffe trägt. „Und wieso seid ihr da bewaffnet?", fragt sie verwundert. Sein Stiefvater versucht Benni und letztlich auch seiner Frau den militärischen Einsatz mit einer knappen Begründung zu erklären: „Der David war in Afghanistan, um dort gegen die Terroristen zu kämpfen, die Deutschland und unsere Nachbarn bedrohen." Die Bilder des Einsatzes lassen David nicht mehr los, immer wieder sieht er den kleinen Jungen, den er erschossen hat; er ist aggressiv gegenüber seiner sozialen Umwelt und sich selbst. Die Aufforderung seiner Freundin „Tu' was dagegen!" ignoriert er, es fehlen ihm Kraft und Einsicht, sich mit seinen Erlebnissen auseinanderzusetzen. Er verweigert das Einsatznachbereitungsseminar und zunächst auch den Besuch bei einer Militärpsychologin. Der Film endet dann aber versöhnlich. David stellt sich letztlich seinem Trauma. Nach beendetem Krankenhausaufenthalt kehrt er verändert und sichtlich ruhiger zu seiner Freundin und seiner Familie zurück.[14] »Nacht vor Augen« transportiert die Botschaft, dass Soldaten nach einem Einsatz verändert zurückkehren, sich aber auch – nach anfänglichem Unverständnis von Seiten der sozialen Umwelt – mit Mut ihren Ängsten und psychischen Störungen stellen können.

Willkommen zu Hause

Der ARD-Spielfilm »Willkommen zu Hause« erzählt eine ähnliche Geschichte wie »Nacht vor Augen«. Auch hier steht das Schicksal eines nach

---

[14] Während der Film mit einem einfühlsamen Gespräch zwischen David und seinem kleinen Halbbruder Benni aufhört, fügt das Originaldrehbuch noch eine Szene an, die deutlicher den Heilungsprozess Davids mit seiner Vergangenheit zum Ausdruck bringt: David blickt aus dem Fenster und sieht draußen den kleinen afghanischen Jungen stehen, der ihn in den letzten Monaten innerlich verfolgt hatte. Dann sieht sich David „selbst auf den Jungen zugehen, ihn an die Hand nehmen und friedlich mit ihm weggehen." Stuttmann, Johanna (2009) Nacht vor Augen. Ein Drehbuch, Berlin: Pro Business, S. 120.

Deutschland zurückgekehrten traumatisierten Bundeswehrsoldaten im Zentrum. Ben Winter (Ken Duken) hat seinen dreimonatigen Auslandseinsatz beendet und wird von seiner Freundin Tine, seinen Eltern und seinen Freunden freudig empfangen. Auch wenn ihm körperlich nichts fehlt, so haben ihn der Einsatz und die Erlebnisse verändert. Vor allem ein Anschlag, bei dem er zusieht, wie sein Kamerad Torben stirbt, lässt ihn nicht zur Ruhe kommen. Torbens Vater möchte von Ben erfahren, wie sein Sohn gestorben ist. Dazu ist Ben aber nicht in der Lage, da er sich an den Vorfall im Einzelnen nicht mehr erinnern kann. In der kommenden Zeit verändert sich Bens Verhalten immer mehr: Er isoliert sich von seiner Freundin und seiner Familie, kann sich nicht darüber freuen, dass seine Freundin ein Kind erwartet und schlägt einen Freund in der Dorfkneipe krankenhausreif. Nur die Nachbarin, eine Ärztin, erkennt, dass Ben unter einem Trauma leidet. Dieser missachtet aber zunächst ihre Diagnose. Erst nach einem weiteren Zwischenfall in einem Supermarkt, gesteht sich Ben seine Krankheit ein und begibt sich in stationäre Behandlung. Hier erfährt er den Namen für sein psychisches Leiden: PTBS.

»Willkommen zu Hause« ist die Entwicklungsgeschichte eines traumatisierten Heimkehrers aus Afghanistan. Zunächst lehnt er jede Hilfe ab, leugnet sein auffälliges Verhalten und sein psychisches Trauma, ist dann aber bereit, sich mit seinem Leiden aktiv auseinanderzusetzen und selbst eine Lösung für seinen Zustand zu finden. Die Situation, die die Soldaten in Afghanistan vorfinden, und den politischen Auftrag beschreibt Ben mit plastischen Worten (»Stimme aus dem Off«), während der Film entsprechende Bilder zeigt: „Hier ist alles kaputt. Es gibt keine Telefonleitung, keinen Strom, kein Fernsehen, keine Supermärkte, keine Schokolade, kein Bier. Dafür gibt es Esel als Hauptverkehrsmittel. Plastiktüten als Kinderspielzeug. Malaria, Hepatitis, Hautkrankheiten und russische Maschinengewehre für hundert Dollar das Stück an jeder Ecke. Wir fahren Hilfsgüter und Patrouille im Schichtdienst. Wir sprechen mit den Leuten und versuchen, ihnen zu zeigen, dass wir für sie da sind. Den brüchigen Frieden sichern, beim Aufbau des Landes helfen, heißt es hier." Auch das vorgestellte Lagerleben vermittelt einen authentischen Blick auf den Einsatz: Soldaten werden beim Essen und beim Sport gezeigt, und auch das durch eine hohe Mauer und einen Stacheldraht gesicherte Camp wird immer wieder ins Bild gesetzt. Als sich Ben in psychiatrische Behandlung in ein Bundeswehrkrankenhaus begibt, kann sein Heilungsprozess beginnen. Mit Hilfe des Militärarztes erinnert er sich allmählich wieder detailliert an den Anschlag, bei dem Torben ums Leben kommt. Nach dem Krankenhausaufenthalt ist Ben endlich bereit und auch aufgrund seiner geheilten Amnesie fähig, das Grab seines gefallenen Kameraden zu besuchen und mit Torbens Vater zu sprechen. Dieser findet jetzt endlich Frieden, als Ben ihm erzählt, dass Torben in seinen Armen gestorben sei. Nach diesem Gespräch steigt Ben erleichtert in das Auto zu seiner Freundin.

Mit diesem Ende wird der Konflikt des Films aufgelöst. Gleichwohl lässt der Film die Zuschauer nachdenklich zurück, was einerseits an Bens Schlussmonolog – mit seiner Stimme aus dem Off – liegt („Ich bin freiwillig Soldat geworden und wollte nach Afghanistan. Torben und ich haben an einem humanitären Einsatz teilgenommen, aber letztlich waren wir im Krieg. Dieser Krieg hat Torben das Leben gekostet.") und anderseits an den eingeblendeten Bildern deutscher Politiker. So sieht man den früheren Bundeskanzler Gerhard Schröder zusammen mit seinem Außenminister Joschka Fischer bei einer Pressekonferenz anlässlich des Beginns des Bundeswehr-Einsatzes in Afghanistan im November 2001, den damaligen Verteidigungsminister Peter Struck, wie er auf der Pressekonferenz vom 05. Dezember 2002 den Afghanistaneinsatz mit den Worten „Theoretisch kann man schon sagen, dass die Sicherheit der Bundesrepublik Deutschland auch am Hindukusch verteidigt [wird]" legitimierte sowie Bundeskanzlerin Angela Merkel bei einem Truppenbesuch im Jahre 2007 in Afghanistan. Danach werden folgende Sätze eingeblendet: „Zur Zeit sind mehr als 3.000 deutsche Soldaten in Afghanistan stationiert. Die Zahl der Auslandseinsätze der Bundeswehr in Krisengebieten nimmt zu." »Willkommen zu Hause« vermittelt die Botschaft, dass Soldaten, die im Einsatz waren, mit traumatischen Erlebnissen zurückkommen können und plädiert für eine Auseinandersetzung mit der Problematik. Gleichzeitig macht der Film deutlich, dass es sich beim Afghanistaneinsatz um einen Krieg handelt, der Opfer kostet. Und diese Opfer werden auch weiterhin zu beklagen sein.

Tatort: Heimatfront

Die Grundstruktur eines Kriminalfilms kann wie folgt kurz zusammengefasst werden: Im Zentrum stehen ein oder mehrere Verbrechen und die dazugehörige Aufklärung. Dabei verübt ein Täter ein Verbrechen, dem ein bestimmtes Motiv zugrunde liegt. Ein Kommissar oder ein polizeiliches Team sind bestrebt, das Verbrechen aufzuklären und treten dabei als Ermittler auf.

Die Kriminalhauptkommissare Kappl (Maximilian Brückner) und Deininger (Gregor Weber) aus Saarbrücken versuchen, den Mord an einer jungen Künstlerin aufzudecken, die während der Videoaufnahme einer Performance erschossen wurde. Bei dieser Kunstaktion verwendete sie

Videomaterial von Therapiesitzungen mit vier traumatisierten Bundeswehrsoldaten, die in Afghanistan stationiert waren. Die Künstlerin, die als Schreibkraft bei einer Therapeutin arbeitete, hat sich die Videos widerrechtlich besorgt, um mit ihnen ihre Anti-Kriegs-Haltung visuell zu unterstützen. Der Verdacht fällt auf die Gruppe der vier Soldaten, die kurz vor ihrem Dienstzeitende stehen und sich durch gegenseitige Alibis schützen. Es stellt sich schließlich heraus, dass einer der Soldaten, der nach seinem Einsatz unter einem psychisch induzierten Tremor leidet, eine Beziehung mit der Künstlerin hatte und diese nach verschmähter Liebe mit der Waffe eines Kameraden erschossen hat.

Der Titel dieses Tatorts bringt das Grundthema des Films mit einem Wort zum Ausdruck: »Heimatfront« heißt, dass der Einsatz nach der Rückkehr in die Heimat nicht zu Ende ist. Das Einsatzgebiet befindet sich nun zu Hause; man kämpft gegen eine Frau, die die soldatischen Ängste öffentlich machen möchte und die die Liebe nicht mehr erwidert; mehr noch kämpft man aber an gegen seine seelischen Wunden. Die vier Soldaten werden als traumatisierte Kriegsheimkehrer dargestellt, die während ihres Einsatznachbereitungsseminars ihre Erlebnisse mit Hilfe von gesprächstherapeutischen Sitzungen zu verarbeiten versuchen. Jeder von ihnen leidet unter einem anderen gesundheitlichen Problem: Alkoholismus, PTBS, Verlust eines Beines oder Depressionen mit Suizidgefährdung. Eine Aussage des Dienstvorgesetzten bringt die Situation der Heimkehrer auf den Punkt: „Da kommt ein anderer Mensch zurück als der, der gegangen ist." Der politische Sinn des Einsatzes wird ganz am Rande thematisiert; der Einsatz selbst kommt nur durch die plastischen Erzählungen der Soldaten während der Therapiesitzungen zur Sprache. Einer der Soldaten schreit am Ende des Films seinen Seelenzustand laut heraus: „Wir waren in Afghanistan. Wir werden bespuckt und beleidigt und niemand, keine Sau, interessiert sich für uns. Niemand sagt, das sind unsere Männer. Sie haben ihr Leben riskiert. Und wenn sich die Scheiß Politik nicht um uns kümmert, dann tue ich es." Insgesamt zeigt »Heimatfront«, was ein moderner Krieg aus Soldaten machen kann und wie sie für ihren Dienst gesellschaftliche Anerkennung einfordern. Eine positive Auflösung bietet der Film damit allerdings nicht, wenn man von der erfolgreichen Ermittlung und der Festnahme des Täters im Kontext einer Kriminalgeschichte absieht.

Direkt im Anschluss an den Sonntagskrimi wurde das Thema in einer Talkrunde mit dem Titel »Im Krieg gedient, zu Hause ausgedient – Lassen wir unsere Soldaten im Stich?« (Anne Will, 23. Januar 2011, 21.45 Uhr) mit ausgewiesenen Gästen weiterbehandelt. Heike Groos, die sich als Sanitätsoffizier mehrmals im Einsatz in Afghanistan befand und ihre dort gemachten Erfahrungen niedergeschrieben hat,[15] bescheinigte hier dem Tatort im Hinblick auf die dargestellte Situation der Soldaten ein durchaus realistisches Szenario.

Tatort: Fette Hunde

Der zweite Film aus der Tatort-Reihe mit einer Veteranenproblematik wurde vom WDR produziert und spielt in Köln. Lissy Brandt, die ehemalige Mitarbeiterin der Kriminalhauptkommissare Ballauf (Klaus J. Behrendt) und Schenk (Dietmar Bär), feiert mit ihren Freunden die Rückkehr ihres Mannes Sebastian, der bei der Bundeswehr als Dolmetscher in Afghanistan gearbeitet hat. Der Heimkehrer flieht aber vor der Feier und seinen Freunden. Am nächsten Tag werden die Kommissare zu einem Tatort gerufen, an dem die Leiche eines jungen afghanischen Mannes mit aufgeschnittenem Bauch gefunden wurde. Bei der Obduktion und den weiteren Ermittlungen wird festgestellt, dass Milad Rahimi ein Drogenkurier (Bodypacker) war, der kurz vorher mit seiner Schwester Amina nach Deutschland eingereist ist. Die Suche nach Amina bleibt zunächst erfolglos. Da sie – ebenfalls ein Drogenkurier – weiß, dass sie sich wegen der Drogen in ihrem Körper in Lebensgefahr befindet, wendet sie sich in ihrer Not an Sebastian Brandt, mit dem sie in Afghanistan eine Affäre hatte. Die Kommissare Ballauf und Schenk können ihr Leben retten und schließlich auch den Mörder ihres Bruders stellen: Matthias Jahn, ebenfalls ein Afghanistanveteran, der den Drogentransport aus Afghanistan arrangiert und im Auftrag einer größeren Drogenorganisation gehandelt hat.

Der Tatort »Fette Hunde« legt einen anderen narrativen Schwerpunkt als »Heimatfront« und pointiert die Drogenproblematik des Einsatzortes Afghanistan und seiner Bewohner anhand von zwei nach Deutschland kommenden Geschwistern. Damit wird ein authentisches Problem Afghanistans angesprochen, denn in dem Land floriert der Anbau von Schlafmohn, dem Grundstoff für Opium. In Afghanistan werden etwa 80 Prozent des weltweiten Rohopiums produziert.[16] Für die Vernichtung der Opiumfelder, so beklagt einer der Kriegsheimkehrer, haben die Soldaten aber kein Mandat. Letztlich ziehen viele Bauern es vor, Mohn anzu-

---

[15] Vgl. Groos, Heike (2010) Das ist auch euer Krieg! Deutsche Soldaten berichten von ihren Einsätzen, Frankfurt a.M: S. Fischer Verlag; Dies. (2. Aufl. 2011) Ein schöner Tag zum Sterben. Als Bundeswehrärztin in Afghanistan, Frankfurt a.M.: S. Fischer Verlag.
[16] Vgl. http://www.sueddeutsche.de/panorama/drogenproduktion-in-afghanistan-bauern-pflanzen-so-viel-opium-an-wie-noch-nie-1.2217767 (25. September 2015).

bauen, da sie damit zehn Mal mehr verdienen als mit dem Anbau von Weizen. Neben dieser angesprochenen Thematik, die einen wunden Punkt in der Entwicklung Afghanistans trifft, bemüht sich der Film um eine realistische Darstellung des körperlichen und seelischen Zustandes der heimgekehrten Soldaten. Sebastian Brandt sucht eher die Gemeinschaft mit seinen Kameraden aus Afghanistan als die seiner Familie und Freunde. Er hat plötzlich Angst vor dem Familienhund und sieht in einem Flashback einen streunenden afghanischen Hund, der einen toten Soldaten anfrisst, womit der Filmtitel erklärt wird. Ein Vorstellungsgespräch, das seine Frau vermittelt hat, nimmt er nicht wahr. Den Zustand ihres Mannes kommentiert sie mit folgenden Worten: „Das letzte Mal, als er nach Hause gekommen ist, hat er vier Wochen gebraucht, bis er sich wieder alleine in den Supermarkt getraut hat." Sebastians Kamerad Matthias Jahn hat im Krieg einen Unterarm verloren und trägt seitdem eine Prothese. Seine finanziellen Verhältnisse sucht er mit Drogengeschäften aufzubessern. Ein weiterer Soldat kehrt nach dem Einsatz in eine verlassene und halb leer geräumte Wohnung zurück, er wurde von seiner Freundin verlassen. Der Sinn des Einsatzes in Afghanistan – Kampf gegen die Taliban sowie Bau von Schulen – wird kurz angerissen. Auch dieser Tatort »Fette Hunde« zeigt keine positive Auflösung. Zwar ist der Mörder von Mihad gefasst, doch Amina wird nach Afghanistan zurückgeschickt und Sebastian kehrt am Ende, umringt von Kameraden, nach Afghanistan zurück. Er ist schon längst zum „Einsatzjunkie"[17] geworden.

Kommissar Stolberg: Krieger

Armin Trenck, ein ehemaliger Elitesoldat des KSK mit Einsatzerfahrung in Serbien, Kosovo und Afghanistan, wird beim morgendlichen Joggen im Wald erschossen. Zunächst geraten drei junge Männer in Verdacht, die in der U-Bahn ein Pärchen belästigt haben und daraufhin von Trenck zusammengeschlagen wurden. Bei ihren Ermittlungen stoßen Kommissar Stolberg (Rudolf Kowalski) und seine Kollegen aber auf ein brisantes Ereignis während Trencks Einsatzes in Afghanistan: Der Elitesoldat hatte bei einer Patrouille seinen Kameraden Arnd Peters versehentlich angeschossen, der aufgrund dieser Verletzung nur noch im Innendienst der Bundes-

---

[17] Zum Begriff: Groos, Heike (2014) Militärdienst und die Stabilität sozialer Beziehungen, in: Bohrmann, Thomas/Lather, Karl-Heinz/Lohmann, Friedrich (Hrsg.), Handbuch Militärische Berufsethik, Bd. 2: Anwendungsfelder, Wiesbaden: Springer VS, S. 335-355, hier: S. 352-353.

wehr arbeiten kann. Außerdem werden Kommissar Stolberg und sein Team auf einen weiteren Kameraden aus Afghanistan, Jan Marek, aufmerksam, der nach seiner Bundeswehrzeit erfolgreich eine Personenschutzagentur aufgebaut hat. Marek ist ein guter Freund der Familie Trenck und schildert den Kommissaren, dass der Einsatz Trenck stark verändert habe. Er sei gewalttätig geworden, insbesondere gegenüber seiner Ehefrau, und auch sein Sohn leide unter der strengen väterlichen Erziehung. Schlussendlich wird Marek aber als der Mörder entlarvt. Er konnte das gewaltsame Verhalten gegenüber Ehefrau und Sohn nicht mehr mit ansehen und erläutert gegenüber Kommissar Stolberg sein Motiv mit folgenden Worten: „Es wäre nicht mehr lange gut gegangen!". Auf Stolbergs Einwand „Das wissen Sie nicht!" erwidert er kurzerhand „Ich wollte es nicht darauf ankommen lassen."

»Krieger« vermittelt das authentische Bild eines ehemaligen Soldaten, der unter seinen Erlebnissen leidet und dabei seine Familie in Mitleidenschaft zieht. Auch wenn der politische Grund des Einsatzes nicht thematisiert wird, verschweigt der Film keineswegs die Gefährlichkeit des Krieges. Zwei von Trencks Kameraden sind durch eine Mine gestorben, auf die ihr Gefechtsfahrzeug fuhr; ein anderer Soldat wurde durch einen Selbstmordattentäter getötet. Aber auch von Trenck selbst ging eine Bedrohung aus. Marek beschreibt ihn als „eine scharf geladene Waffe, die jeden Moment losgehen konnte." Ganz der Erzählkonvention des Krimis folgend besteht die Auflösung in der Aufdeckung des Falles und der Stellung des Mörders. Wie Trencks Ehefrau und sein Sohn auf die Aufklärung des Mordes reagieren und wie sie damit umgehen, wird nicht erzählt.

Bloch: Tod eines Freundes

Der Psychotherapeut Dr. Maximilian Bloch (Dieter Pfaff) wird von seiner Lebensgefährtin Clara zu ihrer Freundin Nele Seifert geschickt. In ihrem Garten wacht jede Nacht ein Bundeswehrkamerad ihres in Afghanistan ums Leben gekommenen Ehemanns Richard. Frank Rode, der mittlerweile das Militär verlassen hat, leidet nach seinem Einsatz an einem psychischen Trauma. Immer mehr verschließt er sich vor dem Alltag und grenzt seine Ehefrau und seine Tochter aus seinem Leben aus. Sein einziger Lebensinhalt besteht scheinbar nur noch darin, die Witwe seines gefallenen Kameraden vor einer möglichen, aber letztlich nicht vorhandenen Gefahr zu beschützen. Bloch erkennt, dass Rode eine tickende Zeitbombe ist und Hilfe benötigt. Zunächst lehnt er jedoch jede Hilfe durch den Psychologen ab. Nur sehr zaghaft kann Bloch auf ihn zugehen. Als Rode im Schlaf seine Frau angreift, erkennt er seine scheinbar ausweglose Situation und will sich das Leben nehmen, wozu ihm aber am Ende der Mut fehlt. Erst nach diesem Vorfall ist er fähig, sich an den Anschlag, bei dem sein Kamerad Richard starb, lückenlos zu erinnern und sich mit seinem Trauma auseinanderzusetzen.

»Tod eines Freundes« stellt das Thema Kriegsheimkehrer nicht im Kontext einer Kriminalgeschichte dar, sondern als psychologisches Drama eines ehemaligen Soldaten, der sich nach dem Einsatz in seinem alten Leben nicht mehr zurechtfindet. Der Film beschreibt ausführlich den Veränderungsprozess eines ehemaligen Einsatzsoldaten: Er tyrannisiert die Familie seines verstorbenen Kameraden, aber gleichzeitig auch seine eigene. Rode leidet unter Schlaflosigkeit, meidet die gemeinsamen Mahlzeiten mit Ehefrau und Tochter, zieht sich lieber in den ausgebauten Speicher, den er in einen militärischen Erinnerungsraum verwandelt hat, oder in einer im Wald selbst errichteten Höhle zurück. Immer mehr verliert er den Bezug zur Realität und wird von Erinnerungen aus seiner Einsatzzeit verfolgt. Den Einsatz selbst schildert Rode dem Psychologen Bloch in all seiner Gefährlichkeit. Gleichzeitig wird der Anschlag, dem Richard zum Opfer fiel und die stete Bedrohung durch Talibankämpfer auch auf der Bildebene präsentiert. Rodes Tochter Tina und Richards Sohn Paul, beide gleich alt, sprechen über den politischen Sinn des Afghanistaneinsatzes der Bundeswehr. Während die pazifistisch eingestellte Tina den Einsatz ablehnt, hält ihr Paul entgegen, dass man manchmal Stabilität nur mit Waffengewalt erreichen könne: „Da unten werden Terroristen ausgebildet. Ganz davon abgesehen, wie die Taliban ihre eigene Bevölkerung behandeln." Paul und Tina führen einen Diskurs für und wider militärische Einsätze und repräsentieren damit Meinungen, die in der deutschen Politik und Bevölkerung ebenso vertreten sind. Durch das beharrliche Zureden Blochs kann sich Rode am Ende öffnen und sich seinen Erinnerungen stellen. Das heißt aber auch, sich von ihnen zu befreien. Zuletzt ist der Kriegsheimkehrer sogar in der Lage, seine militärischen Erinnerungsgegenstände, wie Fotos aus dem Einsatz, abzuhängen und in eine Schachtel zu stecken.

Schutzengel

Der Vollständigkeit halber soll als letztes behandeltes Medienprodukt auf den Kinofilm »Schutzengel« eingegangen werden. Für die vorliegende Fragestellung ist der Film deshalb von Bedeutung, weil Produzent, Regisseur, Co-Autor und Hauptdarsteller Til Schweiger seinen Film vor ca. 700 deutschen Soldaten in Afghanistan am 24. Juni 2012 uraufgeführt hat. Der Kinostart in Deutschland fand am 27. September 2012 statt. Erzählt wird die Geschichte der 15jährigen Waisen Nina, die beobachtet hat, wie der einflussreiche Waffenhändler Backer einen Mord beging. Der Personenschützer Max Fischer (Til Schweiger), ein ehemaliger KSK-Soldat mit Einsatzerfahrung in Afghanistan, beschützt die in ein Zeugenschutzprogramm aufgenommene Nina vor einer Verbrecherbande, die Backer engagiert hat. Da auf Nina und Max wiederholt Anschläge verübt werden, fliehen sie zu Rudi, einem Kriegskameraden von Max, der in Afghanistan beide Beine verloren hat und seitdem zurückgezogen lebt. Rudi wird von Backers Helfern beim Angriff auf sein Haus erschossen. Am Ende kann sich Max aber gegen eine Vielzahl von Männern erfolgreich verteidigen und als klarer Sieger aus diesem Kampf hervorgehen. Obwohl der Film primär ein Actionfilm ist, spielt der soldatische Hintergrund von Max eine entscheidende Rolle. Zwar leidet er nicht erkennbar unter einem psychischen Trauma und er hat auch keinen körperlichen Schaden erlitten, wie sein Kamerad Rudi, aber dennoch lastet sein Einsatz, den er ausdrücklich als Krieg bezeichnet, auf seiner Seele. Während Rudi seine Kriegserlebnisse vor allem mit seinem Humor verarbeiten kann, ist Max unfähig, über seine Zeit als Soldat zu sprechen. Seine Erfahrungen haben ihn sprachlos gemacht. Dies war auch der Grund, warum die Beziehung zu seiner damaligen Freundin Lilly scheiterte. Lilly erklärt Nina gegenüber, wie schwierig die Beziehung mit Max war: „Er hat nie über seine Erlebnisse gesprochen. Er konnte nicht über die Dinge reden, die er gesehen hat oder wie er sich damit fühlt.“

Auch wenn der Einsatz in Afghanistan für die Rezipienten nur anhand der Fotos, auf denen Rudi, Max und andere Soldaten zu sehen sind, visualisiert wird und der politische Auftrag der Afghanistanmission nicht zur Sprache kommt, vermittelt »Schutzengel« dennoch ein authentisches Bild über die Befindlichkeit von Soldaten während und nach dem Einsatz. Die Vergangenheit ist immer präsent. Vordergründig endet der Film mit einem Happyend. Max hat den Angriff auf ihn überlebt und seine Widersacher inklusive Backer, der Nina nach dem Leben trachtete, eliminiert. Mit Lilly und Nina zieht er sich in das britische Seebad Brighton zurück. Aber seine seelischen Wunden sind nach wie vor existent. Der Nachspann[18] will die Rezipienten auf das Schicksal der Einsatzsoldaten aufmerksam machen, die für ihr Land kämpfen, verwundet werden und auch sterben. »Schutzengel« vermittelt die Botschaft, dass ein militärischer Ein-

---

[18] „Dieser Film ist gewidmet allen in Afghanistan gefallenen, verwundeten und traumatisierten Soldaten und ihren Angehörigen und für alle unsere Soldaten, die sich in diesem Moment im Einsatz befinden.“

satz im Ausland ein Krieg ist, der jeden verändert. Letztlich will er allen Soldatinnen und Soldaten mit Einsatzerfahrung ein filmisches Denkmal setzten.

Ergebnis und Ausblick

Im Gegensatz zu den Vereinigten Staaten von Amerika, die durch den Vietnamkrieg und eine engagierte Beteiligung an den neuen Kriegen viele fiktive Geschichten militärischer Operationen und damit zusammenhängender traumatischer Kriegserlebnisse und Veteranenerzählungen kennen gelernt haben,[19] wurde in Deutschland lange Zeit kein medialer Diskurs über diese Thematik im Rahmen des fiktiven Films geführt,[20] obwohl bereits nach der deutschen Wiedervereinigung im Jahre 1990 erste Friedenseinsätze (Peacebuilding- und Peacekeeping-Missionen) der Bundeswehr stattfanden und sich die deutschen Streitkräfte in der Folgezeit an mehreren internationalen militärischen Operationen beteiligten. Diese Situation änderte sich mit dem Afghanistaneinsatz, der 2008 mit dem Spielfilm »Nacht vor Augen« erstmalig thematisiert wurde, wenngleich der Einsatzbeginn am Hindukusch schon Anfang des Jahres 2002 lag.

Dieser Textbeitrag kann als Resümee verstanden werden. Er setzt sich mit der Frage auseinander, welche fiktiven Geschichten in den audiovisuellen Medien (Fernsehen und Kino) über Bundeswehrsoldaten, die aus Afghanistan heimkehren, zwischen den Jahren 2008 und 2012 erzählt worden sind. Man kann vor allem dem deutschen Fernsehen attestieren, dass es sich in den letzten Jahren mit dem Krieg in Afghanistan auseinandergesetzt und sich bewusst der Kriegsheimkehrerproblematik gestellt hat. Das Thema wird entweder intensiver und differenzierter (»Nacht vor Augen«, »Willkommen zu Hause«, »Bloch: Tod eines Freundes«) oder stärker span-

---

[19] Beispielhaft können für Veteranengeschichten des Vietnamkriegs folgende erfolgreiche Kinofilme genannt werden: Die durch die Hölle gehen (The Deer Hunter, USA 1978, Regie: Michael Cimino); Zwischen Himmel und Hölle (Heaven & Earth, USA 1993, Regie: Oliver Stone); Geboren am 4. Juli (Born on the Fourth of July, USA 1989, Regie: Oliver Stone). Vgl. dazu Haupts, Tobias (2013) Coming home again. Zur Scheinnormalisierung des Kriegsheimkehrers im US-amerikanischen Vietnamkriegsfilm, in: Kappelhoff, Hermann/Gaertner, David/Pogodda, Cilli (Hrsg.), Mobilisierung der Sinne. Der Hollywood-Kriegsfilm zwischen Genrekino und Historie, Berlin: Vorwerk 8, S. 160-183. Home of the Brave (USA 2006, Regie: Irwin Winkler) thematisiert bspw. das Leben von Kriegsveteranen, die aus dem Dritten Golfkrieg heimgekehrt sind.

[20] Als Ausnahmen der letzten Jahre können zwei Kinofilme über deutsche Kriegsveteranen des Zweiten Weltkriegs genannt werden: Das Wunder von Bern (D 2003, Regie: Sönke Wortmann) und Quellen des Lebens (D 2013, Regie: Oskar Roehler).

nungsgeladen behandelt, Letzteres vor allem im Rahmen des Kriminal-
oder Actionfilms (»Krieger«, »Heimatfront«, »Fette Hunde«, »Schutzengel«). Unterschiedliche Themen, die Soldaten im Einsatz existentiell betreffen, werden insgesamt authentisch inszeniert, wenngleich aufgrund der
narrativen Regeln in vereinfachter und verdichteter Form. Dies gilt insbesondere für das Anforderungsprofil, das Soldaten in Peace Support Operations zu erfüllen haben;[21] den starken kameradschaftlichen Zusammenhalt;
die außerordentlichen Verpflichtungen, die den Soldatenberuf prägen, was
sich vor allem im Einsatz der eigenen physischen und psychischen Gesundheit und des eigenen Lebens widerspiegelt[22] und damit verbunden die
körperlichen und seelischen Wunden, die nach Hause mitgenommen werden und zur Belastung für die Soldaten selbst und ihr soziales Umfeld
werden können.[23] In allen besprochenen Filmen haben sich die Soldaten
auffallend verändert. Als alltagsprägende Erlebnisse werden die Erfahrungen des Krieges nach Hause transportiert und erschweren dort die Reintegration in Familie, Freundeskreis und Gesellschaft. Die Kriegsheimkehrer der Filme leiden unter den Extrembelastungen des Einsatzes, die sich
in der Heimat in posttraumatischen Belastungsstörungen äußern. Dabei
wird die eigene Erkrankung zunächst häufig verdrängt und geleugnet. Catri
und Michael Tegtmeier, die zu PTBS eingehend geforscht haben, beschreiben dieses Verhalten als eine typische soldatische Reaktion, denn
„[b]etroffene Soldaten nehmen offensichtlich massive Barrieren wahr, die
sie davon abhalten, sich mit ihrem Leiden zu offenbaren.“[24] Eine solche
Blockade hängt sicherlich auch mit einem verzerrten soldatischen Selbstverständnis zusammen, wonach psychische Erkrankungen als Zeichen von

---

[21] Hierzu kann z.B. die ständige Wachsamkeit und die Konzentration auf den jeweiligen Augenblick
gezählt werden, so dass Soldaten in der Lage sein müssen, sofort von Hilfsmaßnahmen für die
einheimische Bevölkerung zur Bekämpfung von Gegnern wechseln zu können; ebenso wichtig für den
Soldatenberuf sind neben den gelernten taktischen Fähigkeiten vor allem eine gewisse Härte gegen sich
selbst und ein mutiges Auftreten, um sich so auf auftragsbedingte Gefahren einzulassen. Vgl. Budde,
Annika (2014) Entscheiden und Handeln unter extremen Bedingungen, in: Bohrmann,
Thomas/Lather, Karl-Heinz/Lohmann, Friedrich (Hrsg.), Handbuch Militärische Berufsethik, Bd. 2:
Anwendungsfelder, Wiesbaden: Springer VS, S. 233-242, hier: S. 237.
[22] Vgl. Bohrmann, Thomas (2013) Grundperspektiven der militärischen Berufsethik, in: Bohrmann,
Thomas/Lather, Karl-Heinz/Lohmann, Friedrich (Hrsg.), Handbuch Militärische Berufsethik, Bd. 1:
Grundlagen, Wiesbaden: Springer VS, S. 15-34, hier: S. 18-20.
[23] Die in den Spielfilmen angesprochenen Probleme decken sich wesentlich mit den Erfahrungen, wie
sie Soldaten in Erlebnisberichten darstellen. Vgl. z.B. Werner, Ute Susanne (Hrsg.) (2010) „Ich kriege
mich nicht mehr unter Kontrolle“. Kriegsheimkehrer der Bundeswehr, Köln: Fackelträger Verlag.
[24] Tegtmeier, Catri/Tegtmeier, Michael A. (2014) Umgang mit Extremerfahrungen, in: Bohrmann,
Thomas/Lather, Karl-Heinz/Lohmann, Friedrich (Hrsg.), Handbuch Militärische Berufsethik, Bd. 2:
Anwendungsfelder, Wiesbaden: Springer VS, S. 299-314, hier: S. 304.

Labilität und mit dem anspruchsvollen Berufsbild des Soldaten unvereinbar erscheinen.

Die Auseinandersetzung mit den aus dem Krieg nach Hause ge-
brachten seelischen Wunden ist das zentrale Motiv, das alle behandelten
Filme miteinander verbindet. Nach jüngsten Veröffentlichungen kann man
eine PTBS-Wahrscheinlichkeit von 2,9 Prozent (bei einer gleich hohen
Dunkelziffer) bei Bundeswehrangehörigen vermuten.[25] Da der Ort der
erzählten Geschichten die Heimat ist – nur in Rückblenden wird in den
Filmen Afghanistan gezeigt – gehören alle gesammelten, belastenden Erlebnisse des Einsatzes zur Vorgeschichte (Backstory). Die während des
Krieges gemachten Gewalterfahrungen bilden gleichsam – in der Sprache
der Filmdramaturgie – die Backstorywounds.[26] Letztlich setzen sich die
Spielfilme allesamt mit der Frage auseinander, ob die heimgekehrten Soldaten sich den Backstorywounds stellen und sie schlussendlich verarbeiten
können. Wenn dieser Verarbeitungsprozess der seelischen Wunden gut
gelingt, kommt eine Geschichte zu einem positiven und versöhnlichen
Abschluss. Für die meisten Menschen ist ein befriedigendes Ende während
der Medienrezeption wünschenswert, denn viele sehnen sich nach Harmo-
nie und Vollkommenheit, was besonders durch die geschlossene Form des
Erzählens ausgedrückt wird. Auch wenn die besprochenen Filme ein abge-
schlossenes Ende – die Kriminalfilme vor allem aufgrund der gelösten
Morde – und im Ansatz auch ein Happyend (besonders in »Nacht vor
Augen«, »Willkommen zu Hause«, »Schutzengel«) zeigen, verschwindet die
quälende Einsatzerfahrung nicht. Wunden können heilen, aber die seelischen Narben bleiben. In den behandelten Spielfilmen werden die nach-
wirkenden psychischen Einsatzbelastungen durch fiktive Einzelschicksale
in besonderer Weise exponiert. Durch die dargestellte Häufung psychischer Erkrankungen in den Medien kann aber ein einseitiges Bild der neu-
en Veteranen in der Realität entstehen. Allerdings wäre die Inszenierung
eines gelingenden Soldatenlebens im Film ohne größere gesundheitliche
Beeinträchtigungen für die Rezipienten weniger interessant. Ohne die an-
gesprochene Problematik zu negieren, ist gleichwohl zu betonen, dass die
meisten Soldatinnen und Soldaten sich nach ihren Einsätzen gut in die
Gesellschaft wieder integrieren können und sie mit den Belastungen auch

---

[25] Vgl. Tegtmeier/Tegtmeier (2014) Umgang mit Extremerfahrungen, S. 303.
[26] Vgl. zur Begrifflichkeit Krützen, Michaela (2004) Dramaturgie des Films. Wie Hollywood erzählt,
Frankfurt a.M.: S. Fischer Verlag, S. 34-50.

überwiegend gut zurechtkommen.[27] Es sollte zudem nicht verschwiegen werden, dass die eher problemorientierten filmischen Erzählungen wie »Nacht vor Augen« und »Willkommen zu Hause« einen in mancher Hinsicht schnellen Therapieerfolg aufzeigen und eine damit verbundene schnelle Lösung anbieten. Allerdings orientiert sich jeder spannende Unterhaltungsfilm an narrativen Konventionen, zu denen ein starker Konflikt und eine oft befriedigende Lösung als tragende Bausteine zwingend gehören. Gleichwohl ist und bleibt die Reintegration von Kriegsheimkehrern ein moralisches Problem, das nach einer gesellschaftlichen Aufarbeitung verlangt.

Die vorgestellten Spielfilme sprechen aufgrund der Handlungsstruktur und der Aussage vor allem vier unterschiedliche gesellschaftliche Gruppen an, die aus einer ethischen Perspektive für die Kriegsheimkehrerthematik als Verantwortungsträger bezeichnet werden können. Zu ihnen zählen Soldaten, Angehörige von Soldaten, die Zivilgesellschaft und Politiker. Die Filme wollen die Öffentlichkeit nicht nur für die Situation der neuen Veteranen sensibilisieren, sondern die Soldaten eines Einsatzes selbst auch dazu ermutigen, sich mit den belastenden Kriegserlebnissen aktiv auseinanderzusetzen und sich ggf. eine psychische Erkrankung einzugestehen und sich professionell helfen zu lassen. Nicht die Reaktion auf eine extreme Belastung während eines gefährlichen Einsatzes, „sondern das erlebte Ereignis ist unnormal. Eine PTBS kann jeder bekommen, der ein Trauma erlebt hat. Es ist kein Zeichen von Schwäche.“[28] Die Angehörigen (Familie, Freunde) von Kriegsheimkehrern müssen sich bewusst sein, dass veränderte Menschen zurückkommen. In »Willkommen zu Hause« kommt die verständnislose Haltung der Angehörigen in der Aussage von Bens Freundin Tine treffend zum Ausdruck: „Ich dachte, du kommst zurück und alles ist wie früher! Ich dachte, wir machen da weiter, wo wir aufgehört haben!“ Angehörige sollten den Kriegsheimkehrern an erster Stelle mit Empathie begegnen, ihre Situation ernst nehmen und ihnen insbesondere zuhören. Im Tatort »Heimatfront« beklagt ein Soldat die fehlende Anerkennung seitens der Zivilgesellschaft („Niemand sagt, das sind

---

[27] Vgl. die differenzierenden Ergebnisse einer groß angelegten Studie: Seiffert, Anja/Heß, Julius (2014), Afghanistanrückkehrer. Der Einsatz, die Liebe, der Dienst und die Familie: Ausgewählte Ergebnisse der sozialwissenschaftlichen Langzeitbegleitung des 22. Kontingents ISAF, Forschungsbericht, Potsdam, herausgegeben vom Zentrum für Militärgeschichte und Sozialwissenschaften der Bundeswehr.
[28] Tegtmeier/Tegtmeier (2014) Umgang mit Extremerfahrungen, S. 301.

unsere Männer. Sie haben ihr Leben riskiert.") , und in »Bloch: Tod eines Freundes« formuliert der Sohn des in Afghanistan gefallenen Soldaten seinen Unmut über das Verhalten vieler in der Öffentlichkeit mit folgenden Sätzen: „Mich macht das einfach wütend, wie alle über unsere Soldaten reden [...] In anderen Ländern werden Soldaten geehrt. Und hier werden sie bei der Vereidigung ausgebuht."

Das »freundliche Desinteresse«, von dem der frühere Bundespräsident Horst Köhler sprach, ist zwar aufgrund der deutschen Vergangenheit zu erklären, denn die „Deutschen sind nach 1945 ein wirklich friedliebendes Volk geworden und halten gern vorsichtige Distanz zu allem Militärischen".[29] Aber eine solche Einstellung, so bemängelt Köhler, widerspricht dem politischen Wirklichkeitssinn. Die neuen weltpolitischen Veränderungen, auf die die neue Bundeswehr immer wieder neu eine Antwort finden muss, werden viel zu wenig zur Kenntnis genommen. Bereits vor zehn Jahren forderte der ehemalige Bundespräsident eine breite gesellschaftliche Debatte der „Außen-, Sicherheits- und Verteidigungspolitik unseres Landes." Diese Worte sind heute nach wie vor aktuell. Die besprochenen Filme setzen also auch einen moralischen Appell an die Zivilgesellschaft, sich stärker in den friedenspolitischen Diskurs einzubringen. Dazu könnten verschiedene Akteure der Gesellschaft, wie z.B. Kirchen, Medien, Schulen, Gewerkschaften, ihren Beitrag leisten und dazu motivieren. Schließlich sind es aber die Politiker als gewählte Volksvertreter, die den Bürgerinnen und Bürgern den Sinn einer Armee und den Nutzen von Auslandseinsätzen erklären sollten. Diese Aufgabe gehört nicht in erster Linie zum Kompetenzbereich von Soldatinnen und Soldaten. Sie sind Staatsdiener – die Landesfarben an der Uniform lassen sie das nicht vergessen – und handeln im Auftrag der Politik. Und aus diesem Grund „ist [es] vor allem die Aufgabe der Regierung, ihren Soldaten in der Gesellschaft aktiv zu mehr Geltung zu verhelfen. Sie haben einen Anspruch darauf, dass die politische Führung der Bevölkerung vermittelt, unter welchen Rahmenbedingungen, mit welchem Ziel und in welcher Intensität Auslandseinsätze der Bundeswehr erfolgen."[30] Die Politik ist nicht nur für die

---

[29] Köhler, Horst, Einsatz für Freiheit und Sicherheit. Rede des Bundespräsidenten bei der Kommandeurtagung der Bundeswehr am 10. Oktober 2005 Bonn. Online unter: www.bundespraesident.de (25. September 2015).

[30] Bohnert, Marcel (2013) Armee in zwei Welten, in: Böcker, Martin/Kempf, Larsen/Springer, Felix (Hrsg.), Soldatentum. Auf der Suche nach Identität und Berufung der Bundeswehr heute, München: Olzog Verlag, S. 75-89, hier: S. 86.

170

Legitimität militärischen Handelns im Ausland verantwortlich, sondern auch für die soziale Reintegration der Kriegsheimkehrer in die Gesellschaft. Ob die Einführung etwa eines Veteranentages ein erfolgreicher Beitrag zu einer neuen Veteranenpolitik sein könnte, müsste sich bspw. erst noch herausstellen, aber prinzipiell ist eine solche Idee zu begrüßen. In der Bevölkerung zumindest wird eine entsprechende besondere politische bzw. gesellschaftliche Wertschätzung mehrheitlich begrüßt.[31] Letztlich bleibt es Aufgabe der Politik, Veteranen vielfältig zu unterstützen und das Versorgungsnetz weiter auszubauen.

Die vorgestellten Spielfilme machen insgesamt auf die Probleme der neuen deutschen Veteranen aufmerksam und setzen sich damit für eine breite gesellschaftliche Auseinandersetzung ihrer Lebenssituation ein. Legt man den in diesem Beitrag explizierten Unterhaltungsbegriff mit seinen unterschiedlichen Erlebnisdimensionen zugrunde, wird deutlich, dass auch diese Filme mehr als nur eine passive Konsumhaltung befriedigen. Die Rezipienten werden besonders emotional und kognitiv angesprochen, so dass der reflexive Umgang mit der Thematik um Auslandseinsätze der Bundeswehr insgesamt gefördert wird. Durch die Filme werden der Einsatz und vor allem seine Folgen für die betroffenen Waffenträger mit Nachdruck angesprochen und herausgestellt. In diesem Sinne können sie bei Rezipienten, die nicht von vorneherein die Bundeswehr und alles Militärische ablehnen, gewiss Verständnis für die Lebenssituation der neuen Kriegsheimkehrer in Deutschland wecken. Die meisten filmischen Erzählungen stellen die Gefahren des Einsatzes authentisch dar. Zum Teil kommt auch die politische Begründung des Einsatzes zur Sprache, wenngleich eine entschiedenere Verbalisierung mitunter angebracht wäre. Auch die Auswirkungen des Einsatzes für die Soldaten in der Heimat werden realistisch gezeigt. Aber nicht alle Filme beinhalten eine positive Auflösung. Insgesamt regen die Filme zum Nachdenken an und können damit den Kommunikationsprozess über eine ernste politische Problematik fördern. Es bleibt zu wünschen, dass das Thema nach dem Ende des Afghanistaneinsatzes der Bundeswehr nicht plötzlich aus dem medialen Diskurs verschwindet, sondern zukünftig weiterhin präsent bleibt.

---

[31] So findet z.B. ein besonderer Tag der Bundeswehr, an dem auch die Veteranen geehrt werden, mit 73 Prozent viel Zustimmung. Vgl. Bulmahn, Thomas, Wahrnehmung und Bewertung des Claims „Wir. Dienen. Deutschland.", Image der Bundeswehr sowie Haltungen zum Umgang mit Veteranen. Ergebnisse der Bevölkerungsumfrage 2012, Kurzbericht, Strausberg 2012, hrsg. vom Sozialwissenschaftlichen Institut der Bundeswehr, S. 37.

Wir. Dienen. Deutschland. – Was Soldaten antreibt

von Axel Bollmann

Soldaten gieren nach Anerkennung, so kommentierte im Februar 2013 der damalige Verteidigungsminister Thomas de Maizière die Diskussion um das Ansehen der Bundeswehr in der Gesellschaft. Die direkte Ansprache des ehemaligen Inhabers der Befehls- und Kommandogewalt über die deutschen Streitkräfte in Friedenszeiten an die Soldaten lautete: „Sie haben den verständlichen, aber oft übertriebenen Wunsch nach Wertschätzung. Sie sind vielleicht geradezu süchtig danach." Überdies wurde die Auffassung de Maizières mit einer direkten Aufforderung versehen: „Hört einfach auf, dauernd nach Anerkennung zu gieren."[1]

Mit diesen Äußerungen löste Thomas de Maizière umgehend eine gesellschaftliche Debatte zum Ansehen der Bundeswehr aus. So bezeichnete bspw. der damalige Vorsitzende des Deutschen BundeswehrVerbandes, Oberst Ulrich Kirsch, die Äußerungen des Ministers als enttäuschend und unangemessen: „Deutsche Soldaten gieren nicht. Weder nach Anerkennung, noch nach sonst irgendetwas. Sollten die Soldaten ein größeres Bedürfnis nach Respekt und Wahrnehmung haben, dann liege das daran, dass sie viel zu lange viel zu wenig davon bekommen hätten."[2]

Mit dieser Aussage stand der damalige Vorsitzende des Bundeswehrverbandes nicht alleine in der Öffentlichkeit. Vielmehr knüpfte er an die Äußerungen des Bundespräsidenten a.D. Horst Köhler an. Dieser bezeichnete bereits 2008 die Einstellung der Deutschen zu ihrer Armee als „freundliches Desinteresse."[3] Die Botschaft hinter diesem Wortpaar war, dass der Bundespräsident sich von der deutschen Bevölkerung mehr Solidarität für die Soldaten wünschte. Diese Äußerung verband der Bundespräsident mit dem Versuch, die deutsche Gesellschaft auf die Notwendigkeit hinzuweisen, dass deutsche Interessen auch militärisch abgesichert werden müssen: „Die auswärtigen Bedingungen für unsere Freiheit und unseren Wohlstand haben wir uns noch nicht ausreichend bewusst ge-

---

[1] Lohse, Eckart / Wehner, Markus: Giert nicht nach Anerkennung. Thomas de Maizière im Gespräch. Frankfurter Allgemeine Zeitung, 24. Februar 2013.

[2] *ebd.*

[3] Teevs, Christian: Köhler fordert mehr Aufklärung über Auslandseinsätze. Spiegel Online, November 2008.

173

macht. Und darum tun wir noch nicht genug dafür, diese Faktoren zu stabilisieren und zu pflegen. Es werden uns Opfer abverlangt werden. Dieser Tatsache ins Auge zu blicken und die damit verbundenen Schmerzen aushalten zu können, da werden wir noch lernen müssen."[4] In diesen Sätzen sprach Horst Köhler zwei wesentliche Punkte an, die in der gesellschaftlichen Debatte 2008 einem Tabubruch gleichkamen. Zum einen ging er darauf ein, dass Deutschland außen- und sicherheitspolitische Interessen hat, die notfalls auch militärisch geschützt und verteidigt werden müssen. Mit dem zweiten Punkt thematisierte der Bundespräsident mögliche Opfer und die damit verbundenen Schmerzen. Mit dieser Aussage wagte er den Versuch, die deutsche Gesellschaft mit Blick auf den Kampfeinsatz in Afghanistan auf tote, verwundete und traumatisierte Soldaten vorzubereiten. Die Debatte, die mit diesen Äußerungen ausgelöst wurde, verlief jedoch heftiger, als es Horst Köhler offenbar menschlich verkraften konnte. Knapp ein Jahr nach diesen Äußerungen trat der Bundespräsident zurück.

Als Konsequenz des Drucks einer an den Frieden gewöhnten Gesellschaft wurden jahrelang die kriegerischen Realitäten in Afghanistan von der Politik verschwiegen und verzerrt. Stattdessen wurde ein öffentliches Bild des Einsatzes geschaffen, welches im Laufe der Zeit immer weniger mit der Realität der Soldaten in Einklang zu bringen war. So sprach der Verteidigungsminister a.D. Karl-Theodor zu Guttenberg in einem ZDF-Interview zu der zweiteiligen Dokumentation »Unser Krieg« von Realitäten, mit denen „fürchterlich rumgeeiert" wurde und gab jahrelange Versäumnisse der Politik zu: „Und dann sprach man plötzlich in Afghanistan von Stabilisierungseinsätzen, hat hübsche Bilder gezeichnet, aber es hatte eben nichts mit der Wirklichkeit zu tun."[5]

Exemplarisch für dieses »Rumeiern« kann das Verhalten von Guttenbergs Vorgänger im Verteidigungsministerium, Franz Josef Jung, genannt werden. Dieser versuchte, indem er das Wort »Krieg« gegen »Friedens- oder Stabilisierungseinsatz« austauschte, der Öffentlichkeit den Einsatz konsequent als bewaffnete Entwicklungshilfe zu vermitteln. Selbst einen Tag, nachdem zwei deutsche Fallschirmjäger durch einen Selbstmordattentäter in den Tod gerissen wurden, äußerte sich der Verteidigungsminister gegenüber den Medien mit dem Satz: „Es ist eben kein

---

[4] ebd.
[5] Renz, Michael / Deick, Christian: Dokumentation: Unser Krieg – Kampfeinsatz in Afghanistan. ZDF, Mainz 2013.

174

Krieg.“[6] Dass dieses »Rumeiern mit den Realitäten« von den Bundeswehrsoldaten, die den Auftrag hatten in einem Krieg zu kämpfen der offiziell
keiner war, nicht als Wertschätzung für die eigenen Entbehrungen und die
der Angehörigen verstanden wurde, dürfte offensichtlich sein.

Ferner wurden den Soldaten Mittel, die sie dringend für ihre Auf-
tragserfüllung und die eigene Sicherheit benötigt hätten, vorenthalten. Ein
Grund dafür war das unrealistische Bild, das über den Einsatz aufrechterhalten wurde. Das friedliche Bild, welches die Politik zeichnete, war bspw.
nicht mit dem Einsatz schwerer Waffen in Einklang zu bringen: „Ja, so
lange wir mit den Realitäten so herumgewurschtelt haben, wie wir es getan
haben, war für viele dann auch im politischen Geschäft nicht offensichtlich, dass man für einen Krieg, oder für kriegsähnliche Zustände, aber es
war ein Krieg, auch entsprechende Waffen brauchte, um unsere Soldaten
besser zu schützen, um ihnen, wenn sie draußen im Feld waren, auch den
entsprechenden Rückhalt zu geben. Und das wurde lange gefordert, und es
wurde sehr lange vom Tisch gewischt“, begründete zu Guttenberg im
zweiten Teil der Dokumentation diese politischen Versäumnisse.[7] So wurde der deutschen Gesellschaft lange ein Bild über den Einsatz in Afghanistan vermittelt, das weit von dem abwich, was die Soldaten erlebten. Somit
ist es auch nicht verwunderlich, dass sich wiederkehrende Soldaten mitunter von der deutschen Gesellschaft missverstanden und für ihre Leistungen
nicht wertgeschätzt fühlten.

In dem Artikel »No Parade for Hans« der New York Times
beschreibt der Autor Nicholas Kulish als Außenstehender seine Eindrücke
über die deutsche Gesellschaft und ihre Soldaten: „Often, as I have passed
through the main train station here in the German capital, I have seen the
sad, lone figure of a soldier, heavy pack on his back, waiting for a train like
the rest of us, but separated from the crowd by the uniform he wears. No
one would stop to thank him for his service or to ask whether he had been
deployed to Afghanistan.“[8] Ein neutral gestimmter deutscher Leser wird
sich vermutlich fragen, warum die wartenden Zugreisenden einen wild-
fremden Soldaten ansprechen sollten, der am Bahngleis wartet. Und trotzdem liefert dieser Satz aufschlussreiche Informationen darüber, wie je-

---

[6] Hengst, Björn: Gefallen in Afghanistan – der Krieg der nicht Krieg heißen darf. Spiegel Online, 27.
Oktober 2008.
[7] Renz, Michael / Deick, Christian: Dokumentation: Unser Krieg – Kampfeinsatz in Afghanistan.
ZDF, Mainz 2013.
[8] Kulish, Nicholas: No Parade for Hans. The New York Times 15. November 2009.

mand, der in den USA sozialisiert wurde und es gewohnt ist, dass die Bevölkerung ihren Soldaten für ihren Dienst dankt, die Situation in Deutschland wahrnimmt.

Passend zu dieser Wahrnehmung berichten junge Offiziere in dem Buch »Armee im Aufbruch«, einem Buchprojekt, in dem sich mehrere Autoren z.T. kritisch über das Verhältnis zwischen Soldaten und Gesellschaft äußern, dass viele Soldaten außerhalb des Dienstes nicht mehr ihre Uniformen in der Öffentlichkeit tragen. Einige berichten davon, dass sie durch Zivilisten in der Öffentlichkeit angepöbelt wurden.[9] Sicherlich ist dieses Bedrohungsgefühl eher subjektiver Natur und spiegelt vermutlich nicht die Einstellung der meisten Bundesbürger gegenüber ihrer Armee wieder. Trotzdem gibt es diese Bedrohung aus Teilen der Gesellschaft und wird von den Soldaten wahrgenommen. Exemplarisch für dieses Bedrohungspotenzial seien hier Brandanschläge auf Bundeswehrfahrzeuge durch linksextreme Gruppen in Havelberg, Sachsen-Anhalt[10] oder die Verteilung von Steckbriefen genannt, in denen mit Slogans wie »Nicht zögern, Reinhauen« zu konkreten Gewalttaten gegen Soldaten aufgerufen wurde.[11]

Aber haben Soldaten, losgelöst von den oben aufgeführten negativen Betrachtungen, wirklich ein übertriebenes Bedürfnis nach Wertschätzung, wie es der ehemalige Minister für Verteidigung de Maizière ausdrückte, oder hatte Oberst Ulrich Kirsch mit seiner Einschätzung recht, dass Soldaten bisher viel zu wenig Wertschätzung erhalten haben?

Mit der zweiten Frage beschäftigt sich u.a. eine Bevölkerungsumfrage im Auftrag des Zentrums für Militärgeschichte und Sozialwissenschaften der Bundeswehr (ZMSBw). Ein interessantes Ergebnis der Umfrage ist, dass die Bundeswehr bei einer Mehrheit von 56 Prozent der Bundesbürger ein hohes Ansehen genießt. Auf gesamtgesellschaftlicher Ebene wird das Ansehen der Bundeswehr durch die Umfrageteilnehmer jedoch nur von 32 Prozent als hoch eingestuft. In derselben Studie ist außerdem ermittelt worden, dass 55 Prozent der Bundesbürger die öffentliche Wertschätzung für die Soldatinnen und Soldaten der Bundeswehr als »zu gering« oder »eher zu gering« erachten. Diese Ergebnisse könnten ein Indiz

---

[9] Vgl. Falkowski, Nathalie: Armee im Aufbruch. Zur Gedankenwelt junger Offiziere in den Kampftruppen der Bundeswehr. In: Marcel Bohnert / Lukas J. Reitstetter (Hrsg.), Miles-Verlag, Berlin 2014.

[10] Flade, Florian / Meyer, Simone: Krieg gegen die Bundeswehr im eigenen Land. Die Welt Online, 4. August 2013.

[11] Lutz, Martin: Die neue linke Militanz. Die Welt Online, 19. Juli 2010.

dafür sein, dass das gesellschaftliche Ansehen der Bundeswehr durch die Bevölkerung negativer wahrgenommen wird, als es tatsächlich der Fall ist.[12]

Was die Studie nicht beantwortet, ist die Frage, ob der Soldatenberuf wirklich mit einem höheren Bedürfnis nach Anerkennung korreliert. Ein Bedürfnis nach besonderer Wertschätzung lässt sich bereits durch die besonderen Belastungen, Verpflichtungen und Härten vermuten, die dem Soldatenberuf innewohnen. Diese Besonderheiten spiegeln sich bereits im Eid wider, den jeder Soldat im Rahmen seines feierlichen Gelöbnisses ablegt: „Ich schwöre, der Bundesrepublik Deutschland treu zu dienen und das Recht und die Freiheit des deutschen Volkes tapfer zu verteidigen, so wahr mir Gott helfe."[13] Allein die Formel zum treuen Dienen spiegelt ein konsequentes Unterordnen zum Wohle der Gesellschaft wider. Die Pflicht, das Recht und die Freiheit des deutschen Volkes tapfer zu verteidigen fordert, dass ein Soldat in letzter Konsequenz seine körperliche Unversehrtheit und sein eigenes Leben einsetzen muss, um seinem Eid gerecht zu werden.

Da ich mich als ehemaliger Soldat oftmals mit der Frage beschäftigt habe, ob die Soldaten der Bundeswehr genügend Anerkennung für ihren Dienst erhalten, habe ich mich entschlossen, dieses Thema im Rahmen der Abschlussarbeit meines Psychologiestudiums zu untersuchen. Die Studie »Freundliches Desinteresse – Empirische Studie über Soldaten und das Bedürfnis nach Anerkennung« sollte in erster Linie untersuchen, ob sich aus den Besonderheiten des Soldatenberufs wirklich ein von der gesellschaftlichen Norm abweichendes Bedürfnis nach Anerkennung nachweisen lässt.

Des Weiteren wurde überprüft, ob es einen Zusammenhang zwischen der Teilnahme an Auslandseinsätzen der Bundeswehr und einem erhöhten Bedürfnis nach Anerkennung gibt. Darüber hinaus bot sich die Überprüfung an, ob das Innehaben einer Führungsposition innerhalb der Bundeswehr mit dem Bedürfnis nach Einfluss und Macht korreliert.

---

[12] Bulmahn, Thomas / Wanner, Meike: Ergebnisse der Bevölkerungsumfrage 2013 zum Image der Bundeswehr sowie zur Wahrnehmung und Bewertung des Claims „Wir. Dienen. Deutschland." In: Zentrum für Militärgeschichte und Sozialwissenschaften der Bundeswehr (Hrsg.), Potsdam 2013, S. 41-48.
[13] Schnell, Karl H. / Ebert, Heinz-Peter: Disziplinarrecht, Strafrecht, Beschwerderecht der Bundeswehr, Soldatengesetz, § 9 Eid und feierliches Gelöbnis. In: Karl H. Schnell (Hrsg.), Walhalla, Regensburg, Berlin 2005, S. 9.

Um die Ausprägungen in der Persönlichkeit und den Bedürfnissen möglichst ökonomisch messen zu können, wurde der von Satow entwickelte und verifizierte Big-Five-Persönlichkeitstest (B5T) verwendet: Der Test eignete sich besonders für die Studie, da er neben den fünf grundlegenden Persönlichkeitsdimensionen Neurotizismus, Extraversion, Gewissenhaftigkeit, Verträglichkeit und Offenheit zusätzlich die drei Grundmotive Bedürfnis nach Anerkennung und Leistung, Bedürfnis nach Einfluss und Macht und das Bedürfnis nach Sicherheit und Ruhe misst.[14]

Unter den Big-Five-Persönlichkeitsdimensionen, die auch Faktoren genannt werden, versteht man Merkmale, die in unterschiedlicher Ausprägung bei allen Menschen vorhanden sind. Diese dispositionellen, d.h. relativ stabilen Persönlichkeitseigenschaften sind Merkmale, die eine Person in unterschiedlichen Situationen und über die Zeit hinweg immer wieder zeigt. Sie beinhalten die Kontinuität von Verhalten und Gefühlen und sind kulturübergreifend. Wie diese Eigenschaften zum Ausdruck gebracht werden, ist jedoch kulturabhängig.[15] So werden bspw. nach japanischen Darstellungsregeln negative Gesichtsausdrücke mit einem Lächeln oder Lachen überdeckt. Zweifellos einer der Gründe, warum in westlichen Ländern das Stereotyp des undurchsichtigen und unergründlichen Asiaten aufrechterhalten wird.[16]

Die fünf großen Faktoren der Persönlichkeit

Neurotizismus: Diese Ebene erfasst individuelle Unterschiede in der emotionalen Stabilität. In erster Linie beschreibt diese Dimension wie insbesondere negative Emotionen erlebt werden. Menschen mit hohen Werten auf dieser Ebene sind oft ängstlich, angespannt und nervös. Sie können weniger gut mit Stress umgehen und grübeln viel. Oftmals haben sie ein erhöhtes Risiko für depressive Störungen oder das Burn-Out-Syndrom.[17]

---

[14] Vgl. Satow, Lars: Big-Five-Persönlichkeitstest (B5T): Test- und Skalendokumentation. In: Lars Satow (Hrsg.), Markdorf 2012, S. 3.

[15] Vgl. Herzberg, Philipp Y. / Roth, Marcus: Persönlichkeitspsychologie. In: Jürgen Kriz (Hrsg.), Springer VS, Wiesbaden 2014, S. 39-44.

[16] Vgl. Richmond, Virginia P. / Mc Croskey, James C.: Nonverbal behaviour in interpersonal relations. In: Allyn / Bacon, Boston 1995.

[17] Vgl. Daniel, Jozef U. / Schuller, Ivan S.: Burnout in teacher's profession: Age, years of practise and some disorders. In: Peter Halama (Hrsg.), Studia Psychologica, 42, Bratislava 2000, S. 33-41.

Extraversion: Extravertierte Menschen sind gesellig, optimistisch, heiter, energisch, gesprächig, aktiv und selbstsicher. Sie sind eher nach außen orientiert. Das Gegenteil von Extraversion ist Introversion. Introvertierte sind zwar weniger lebhaft und überschäumend als Extravertierte, sie sind jedoch nicht unglücklich oder pessimistisch.[18] Erfolgreiche Führungskräfte sind häufig eher extravertiert. Arbeitsleistung sowie Arbeitszufriedenheit korrelieren generell mit Extraversion.[19]

Gewissenhaftigkeit: Gewissenhaftigkeit beschreibt die Ausprägung von Eigenschaften wie Pflichtbewusstsein, Ordnungsliebe, Disziplin, Zuverlässigkeit, Pünktlichkeit und Perfektionismus. Im Grunde unterscheidet dieser Faktor ordentliche und disziplinierte Menschen von nachlässigen und gleichgültigen.[20] Gewissenhafte Personen gehen eher systematisch und leistungsorientiert bei der Bewältigung von Aufgaben vor. Daher ist Gewissenhaftigkeit einer der wichtigsten Faktoren in der Arbeitsdiagnostik.

Offenheit für Erfahrung: Menschen mit starken Ausprägungen in dieser Eigenschaft schätzen neue Erfahrungen positiv ein. Sie bevorzugen Abwechslung, sind wissbegierig, kreativ und tolerant in ihrem Urteil. Sie haben oftmals eine Vorliebe für kulturelle Dinge wie Kunst, Literatur und Musik.[21]

Verträglichkeit: Verträglichkeit ist ein kennzeichnendes Merkmal für altruistische Menschen. Diese Personen zeichnen sich durch eine mitfühlende, verständnisvolle und wohlwollende Art aus. Sie sind harmoniebedürftig und neigen zu zwischenmenschlichem Vertrauen. Dabei bemühen sie sich um andere und sind in der Regel allgemein beliebt. Beruflich zeichnen sie sich als gute Teamplayer aus.[22]

---

[18] Vgl. Herzberg, Philipp Y. / Roth, Marcus: Persönlichkeitspsychologie. In: Jürgen Kriz (Hrsg.), Springer VS, Wiesbaden 2014, S. 40-44.
[19] Vgl. Lim, Beng-Chong / Ployhart, Robert E.: Transformational leadership: Relations to the five-factor model and team performance in typical and maximum contexts. In: Gilad Chen (Hrsg.), Journal of Applied Psychology, 89, Washington D.C. 2004, S. 610-621.
[20] Herzberg, Philipp Y. / Roth, Marcus: Persönlichkeitspsychologie. In: Jürgen Kriz (Hrsg.), Springer VS, Wiesbaden 2014, S. 40-44.
[21] Vgl. Satow, Lars: Big-Five-Persönlichkeitstest (B5T): Test- und Skalendokumentation. In: Lars Satow (Hrsg.), Markdorf 2012, S. 6.
[22] ebd.

Grundmotive

Im Gegensatz zu den Big-Five-Persönlichkeitsdimensionen geben die Grundmotive, die auch Bedürfnisse genannt werden, keinen Aufschluss über die elementaren Eigenschaften der Persönlichkeit eines Menschen. Vielmehr erklären sie, was einen Menschen antreibt und welche Ziele er im Leben verfolgt. Sie sind den charakteristischen Adaptationen zuzuordnen und haben einen größeren situativen Bezug als die dispositionellen bzw. Big-Five-Persönlickeitseigenschaften. Des Weiteren wird ihnen eine geringere genetische Ursache zugeschrieben, da sie hauptsächlich durch Lernerfahrungen im Zuge der Sozialisation erworben werden. Deswegen weisen sie eine geringere zeitliche Stabilität und situative Konsistenz als die Big-Five auf. Neben Motiven und Bedürfnissen gehören u.a. Interessen, Werte und Einstellungen zu den charakteristischen Adaptationen.[23] Dabei sind Motive oder Bedürfnisse nicht mit Motivation gleichzusetzen. Motivation ist eher das Ergebnis einer rationalen Abwägung und wird durch Faktoren wie z.B. der Aussicht auf eine Belohnung beeinflusst.

Da Motive zum besseren Verständnis von Persönlichkeit beitragen können, wurde der Test um drei Grundmotive ergänzt, die insbesondere in der Arbeitspsychologie eine Rolle spielen:[24]

Bedürfnis nach Anerkennung und Leistung (Leistungsmotiv): Personen mit einem ausgeprägten Bedürfnis nach Anerkennung und Leistung, versuchen immer der oder die Beste zu sein. Sie sind erst dann zufrieden, wenn sie ihre Ziele erreicht haben. Gleichzeitig wollen sie Anerkennung für ihre Leistung und sind bereit, dafür auf viele Annehmlichkeiten zu verzichten.[25] Die Logik hinter dieser Definition ist, dass es ohne eine zuvor erbrachte Leistung kein Bedürfnis nach Anerkennung geben kann.

Bedürfnis nach Macht und Einfluss (Machtmotiv): Personen mit einem großen Machtbedürfnis wollen der Welt ihren Stempel aufdrücken. Sie wollen gestalten und Verantwortung übernehmen. Sie sind erst dann zufrieden, wenn sie wichtige Dinge kontrollieren und beeinflussen können.[26]

---

[23] Vgl. Herzberg, Philipp Y. / Roth, Marcus: Persönlichkeitspsychologie. In: Jürgen Kriz (Hrsg.), Springer VS, Wiesbaden 2014, S. 75-100.
[24] Vgl. Satow, Lars: Big-Five-Persönlichkeitstest (B5T): Test- und Skalendokumentation. In: Lars Satow (Hrsg.), Markdorf 2012, S. 7-8.
[25] ebd., S. 7
[26] ebd.

180

Bedürfnis nach Sicherheit und Ruhe (Sicherheitsmotiv): Personen mit einem ausgeprägten Bedürfnis nach Sicherheit, sehnen sich nach Ruhe und abgesicherten Verhältnissen. Sie mögen keine Überraschungen, und wenn sie die Wahl haben, entscheiden sie sich für die Sicherheit und gegen das Risiko.[27]

Forschungsgegenstand der Studie sind Persönlichkeitsausprägungen und Bedürfnisse von Soldaten. Folglich musste zur Umsetzung der Studie die Experimentalgruppe aus Soldaten bestehen. Dabei sollten alle Dienstgradgruppen der Bundeswehr, d.h. Mannschaften, Unteroffiziere und Offiziere unabhängig von ihren Aufgaben und ihrer Teilstreitkraft in die Stichprobe einfließen. Die Teilstreitkräfte innerhalb der Bundeswehr sind Heer, Luftwaffe und Marine.

Da die Bundeswehr ein auf Zeitarbeitsverträgen basierendes Rekrutierungssystem verwendet, ist davon auszugehen, dass ein großer Teil der Freiwillig Wehrdienstleistenden (FWDL) und der Soldaten auf Zeit (SaZ) mit Auslandserfahrungen die Bundeswehr zum Zeitpunkt der Studie bereits verlassen hat. Um den Einfluss von Auslandseinsätzen auf die Bedürfnisse und die Persönlichkeit trotzdem erforschen zu können, wurden auch ehemalige Soldaten, die bereits aus der Bundeswehr ausgeschieden sind, befragt.

Um den Ablauf der Studie so ökonomisch wie möglich zu gestalten, wurde die Befragung online durchgeführt. Bereits kurze Zeit, nachdem der Persönlichkeitstest in den entsprechenden Interessengruppen verbreitet wurde, zeigte sich, dass mit diesem Thema einen Nerv bei den Soldaten getroffen wurde. Die Teilnahmebereitschaft war wesentlich höher, als ich es erhofft hatte, und die Verbreitung des Fragebogens der Studie entwickelte eine für mich erfreuliche Eigendynamik.

Insgesamt haben 486 Personen an der Studie teilgenommen. Nach der Kontrolle der Daten auf Vollständigkeit mussten 25 Datensätze aus der Studie entfernt werden. Somit blieben für die Studie 461 verwendbare Datensätze. Die Vergleichsgruppe sollte in ihrer Heterogenität der deutschen Gesellschaft entsprechen. Das bedeutet, dass sie unterschiedliche soziale Schichten, Berufsgruppen und beide Geschlechter umfassen sollte.

Die Teilnehmer zwischen 30 und 33 Jahre stellten die größte Altersgruppe innerhalb der Stichprobe dar. Zum Zeitpunkt der Studie war

---

[27] ebd., S. 8

der jüngste Teilnehmer 18 Jahre und der älteste 74 Jahre alt. Die aussage-kräftigsten Ergebnisse der Studie stellen sich wie folgt dar:

Die Aussage des ehemaligen Verteidigungsministers Thomas de Maizière, dass Soldaten nach Anerkennung gieren würden und einen übertriebenen Wunsch nach Wertschätzung aufweisen, konnte nicht wissenschaftlich belegt werden. Andernfalls hätte die Hypothese, dass Soldaten ein von der Norm abweichendes Bedürfnis nach Anerkennung haben, im Verlauf der statistischen Auswertung bestätigt werden müssen. Wäre dies der Fall gewesen, hätte die Varianzanalyse, die zur Überprüfung der Fragestellung durchgeführt wurde, mindestens einen signifikanten Unterschied zwischen den Vergleichsgruppen der Wehrdienstleistenden und Zivilisten feststellen müssen. Darüber hinaus hat der direkte Vergleich zwischen den Wehrdienstleistenden und den Zivilisten ergeben, dass die Soldaten und ehemaligen Soldaten der Stichprobe sogar geringere Ausprägungen im Bedürfnis nach Anerkennung und Leistung aufwiesen als die zivile Vergleichsgruppe. Folglich zeigten die Soldaten eine gegenteilige Ausprägung in diesem Merkmal zur Aussage de Maizières. Leider war dieser Effekt nicht so eindeutig, dass er als signifikant bzw. allgemein gültig belegt werden konnte. Die Gültigkeit besteht somit nur für die Stichprobe dieser Studie.

Woran könnte es liegen, dass die Soldaten dieser Studie eine geringere Ausprägung im Bedürfnis nach Anerkennung und Leistung aufwiesen als Zivilisten? Das Bedürfnis nach Anerkennung und Leistung zeichnet sich u.a. dadurch aus, dass Personen mit großen Ausprägungen in diesem Merkmal sehr zielstrebig sind und gleichzeitig Anerkennung für ihre erbrachten Leistungen haben möchten.[28] Dass Soldaten grundsätzlich leistungsorientiert sind, lässt sich bereits durch die schwierigen Bedingungen erahnen, unter denen Soldaten ihre Aufgaben erfüllen. Diese Widrigkeiten können so massiv sein, dass z.T. Grundbedürfnisse wie z.B. ausreichender Schlaf oder der Schutz des eigenen Lebens nicht erfüllt werden können. Auch soziale Bedürfnisse, wie der Kontakt zu den eigenen Angehörigen, müssen von den Soldaten oft unterdrückt werden.[29]

Eine Begründung, warum Soldaten kein stärkeres Bedürfnis nach Anerkennung und Leistung als Zivilpersonen aufweisen, könnte in den

---

[28] ebd., S.7
[29] Vgl. Herzberg, Philipp Y. / Roth, Marcus: Persönlichkeitspsychologie, Maslow zitiert nach Herzberg / Roth, In: Jürgen Kriz (Hrsg.), Springer VS, Wiesbaden 2014, S. 76-80.

182

allgemeinen Charakteristika von Bedürfnissen zu finden sein. Motive und Bedürfnisse sind Antriebskräfte, die dem menschlichen Handeln Richtung und Ziel geben. Menschen richten somit ihr Handeln nach diesen Zielen aus, um ihre Bedürfnisse zu befriedigen.[30] Eine Person, die z.B. ein starkes Bedürfnis nach Anerkennung und Leistung aufweist, wird voraussichtlich einen beruflichen Weg einschlagen, der dieses Bedürfnis befriedigt. Ansonsten würden sich aversive Gefühle wie Unzufriedenheit einstellen. Mit Blick auf die Bevölkerungsumfrage des ZMSBw von 2013 lässt sich erahnen, warum die Bundeswehr für Personen mit einer hohen Ausprägung in diesem Merkmal kein attraktiver Arbeitgeber ist. Diese Befragung hat nämlich – wie anfänglich bereits erwähnt – ergeben, dass lediglich 32 Prozent der Befragten der Auffassung waren, dass die Bundeswehr in der Gesellschaft ein hohes Ansehen genießt.[31] Da diese Umfrage den Anspruch hatte, repräsentativ zu sein, bedeutet dies im Umkehrschluss, dass 68 Prozent der Bevölkerung das Ansehen der Bundeswehr als durchschnittlich oder gering erachten. Diese Umfragewerte könnten ein Beleg dafür sein, dass die Bundeswehr für Personen mit einem ausgeprägten Bedürfnis nach Anerkennung und Leistung kein attraktiver Arbeitgeber ist. Ein Mensch mit einer starken Ausprägung in diesem Bedürfnis würde die Bundeswehr vermutlich meiden.

Eine weitere Erklärung für die niedrigen Werte im Bedürfnis nach Anerkennung und Leistung unter den Soldaten könnte die Beeinflussung dieses Motivs durch eine weitere unbekannte Variable sein. Für diese Möglichkeit spricht bspw., dass in dieser Studie Leistungs- und Machtmotiv deutlich miteinander korrelierten. Somit wäre es naheliegend, dass Personen mit einer hohen Ausprägung im Machtmotiv auch eine hohe Ausprägung im Leistungsmotiv aufgewiesen hätten.[32] Erstaunlicherweise haben wir es aber mit einer Umkehrung der zu erwartenden Effekte zu tun. Während die Soldaten im Machtmotiv einen deutlich höheren Mittelwert gegenüber den Zivilisten erreichten, erlangten die Soldaten beim Leistungsmotiv jedoch einen geringeren Wert als die Zivilpersonen.

---

[30] ebd.

[31] Vgl. Bulmahn, Thomas / Wanner, Meike: Ergebnisse der Bevölkerungsumfrage 2013 zum Image der Bundeswehr sowie zur Wahrnehmung und Bewertung des Claims „Wir. Dienen. Deutschland." In: Zentrum für Militärgeschichte und Sozialwissenschaften der Bundeswehr (Hrsg.), Potsdam 2013, S. 41-48.

[32] Satow, Lars: Big-Five-Persönlichkeitstest (B5T): Test- und Skalendokumentation. In: Lars Satow (Hrsg.), Markdorf 2012,

Möglicherweise wurde das Bedürfnis nach Anerkennung und Leistung während der Messung an den Soldaten durch subkulturelle Werte innerhalb der Bundeswehr beeinflusst. Eine Säule, auf der diese Werte aufbauen, findet sich im Soldatengesetz. So lautet Paragraf 7, der die Grundpflicht von Soldaten benennt: „Der Soldat hat die Pflicht, der Bundesrepublik Deutschland treu zu dienen und das Recht und die Freiheit des deutschen Volkes tapfer zu verteidigen."[33] Wenn man diesen Satz genauer betrachtet, fallen die Pflicht zum treuen Dienen und die Pflicht das Recht und die Freiheit des deutschen Volkes tapfer zu verteidigen auf. Die Pflicht zum treuen Dienen beinhaltet, wie in der Einleitung bereits behandelt, das Unterordnen der persönlichen Interessen zum Wohle des deutschen Volkes. Die Pflicht zur Tapferkeit beinhaltet, dass ein Soldat dafür bereit sein muss, Tod und Verwundung in Kauf zu nehmen. Unter der Berücksichtigung des Umstandes, dass die Soldaten der Bundeswehr weltweit unter Einsatz ihres Lebens und anderen Entbehrungen ihren Einsatz verrichten, kann man davon ausgehen, dass diese Werte innerhalb der Bundeswehr auch gelebt werden.

Werte werden innerhalb der Persönlichkeitspsychologie, genau wie Bedürfnisse und Motive, den charakteristischen Adaptionen zugeschrieben. Diese zeichnen sich dadurch aus, dass sie stark auf den situativen Kontext bezogen sind und vorwiegend durch sozialisationsbedingte Lernerfahrungen erworben werden. Das bedeutet, dass man durchaus davon ausgehen kann, dass Soldaten während ihres Wehrdienstes Werte wie die Pflicht zum treuen Dienen und die Pflicht zur Tapferkeit durch eine Sozialisation innerhalb der Bundeswehr erlernen können. Und man kann davon ausgehen, dass die Soldaten im Rahmen ihrer Ausbildung sehr oft mit diesen Werten konfrontiert werden und diese verinnerlichen. Ein anschauliches Beispiel für diese Konfrontation ist, dass bei Gefechtsübungen zwar versucht wird, eigene Verluste zu minimieren, sie jedoch trotzdem als selbstverständlich und unausweichlich angesehen werden.

Damit eng verwurzelt ist die Pflicht, den Kameraden in Not und Gefahr beizustehen. Diese Pflicht ist ebenfalls im Soldatengesetz durch den Paragrafen 12 »Kameradschaft« geregelt.[34] Alles in allem kann man diese Werte unter den Begriffen Selbstlosigkeit und Idealismus zusammen-

---

[33] Schnell, Karl H. / Ebert, Heinz-Peter: Disziplinarrecht, Strafrecht, Beschwerderecht der Bundeswehr, Soldatengesetz, § 7 Grundpflicht des Soldaten. In: Karl H. Schnell (Hrsg.), Walhalla, Regensburg, Berlin 2005, S. 8.
[34] ebd., S. 11

184

fassen. Werte wie diese behandelt u.a. das theoretische Wertesystem nach Schwartz. Gemäß Schwartz dienen Werte als Standards, die bei der Bewertung von Handlungen oder Verfahrensweisen herangezogen werden. Das Modell geht von einem kreisförmigen Kontinuum von elf Wertetypen aus. Diese Wertetypen liegen sich zueinander auf orthogonalen Dimensionen gegenüber. Wertetypen, die sich dimensional gegenüberliegen sind bspw. Macht und Leistung versus Idealismus und Wohlwollen. Erstere drücken gemäß Schwartz eher egoistische Ziele aus, letztere beziehen sich dagegen auf das Wohlergehen und die Interessen anderer.[35] Somit wäre es denkbar, dass idealistische Werte, wie z.B. die Pflicht zum treuen Dienen, bei der Messung des Leistungsmotivs die Merkmalsausprägung der Soldaten nach unten beeinflusst haben. Man könnte es auch so ausdrücken, dass Soldaten aufgrund ihrer Werte gelernt haben, keine Anerkennung für ihre Leistungen zu erwarten.

Ein bewusstes Antwortverhalten der Soldaten während des Tests, um die Werte im Leistungsmotiv nach unten zu korrigieren ist nicht anzunehmen. Die Gründe sind, dass zum einen die Probanden erst zum Ende der Befragung über den Untersuchungsgegenstand aufgeklärt wurden und zum anderen die Items zum Leistungsmotiv für Laien nur sehr schwer zu identifizieren sind, wodurch der Test schwer durchschaubar wird.

Eine Verzerrung bei der Messung des Leistungsmotivs durch das Geschlecht kann dagegen nicht gänzlich ausgeschlossen werden. Ein in der Studie durchgeführter statistischer Test hat signifikant belegt, dass Frauen geringere Ausprägungen im Bedürfnis nach Anerkennung und Leistung aufweisen als Männer. In der Zivilgruppe waren jedoch die weiblichen Teilnehmer mit 70 zu 32 mehr als doppelt so häufig vertreten wie die männlichen. Somit konnte in der Zivilgruppe kein repräsentatives Bild der Gesellschaft geschaffen werden. Im Falle eines ausgeglichenen Verhältnisses wäre der Wert im Leistungsmotiv der Zivilisten vermutlich stärker nach oben ausgeschlagen. Der Grund wäre die höhere Anzahl von Männern gewesen. Eventuell wäre es dann zu dem Ergebnis gekommen, dass Soldaten nach statistischen Maßstäben generell ein geringeres Bedürfnis nach Anerkennung aufweisen.

In der Soldatengruppe blieb die Merkmalsausprägung im Bedürfnis nach Anerkennung und Leistung auch unter der Berücksichtigung des

---

³⁵ Herzberg, Philipp Y. / Roth, Marcus: Persönlichkeitspsychologie, Schwartz zitiert nach Herzberg / Roth, In: Jürgen Kriz (Hrsg.), Springer VS, Wiesbaden 2014, S. 84-88.

Geschlechts unter dem Wert der Zivilisten. Und das, obwohl mit 285 Teilnehmern die Männer gegenüber den Frauen mit 64 Teilnehmerinnen in der Überzahl waren. In der Soldatengruppe war der weibliche Anteil mit 18,3 Prozent durchaus vertretbar, auch wenn die Bundeswehr lediglich einen Frauenanteil von ca. zehn Prozent aufweist.[36] Durch eine zweifaktorielle Varianzanalyse konnte gezeigt werden, dass sowohl bei Männern als auch bei Frauen ein stärkeres Bedürfnis nach Anerkennung und Leistung vorhanden ist, wenn sie der Zivilgruppe angehörten. Der Unterschied zwischen Wehrdienstleistenden und Zivilisten war zudem bei den weiblichen Teilnehmern besonders stark ausgeprägt. Somit haben in dieser Studie die Frauen ohne Bundeswehrerfahrung ein deutlich höheres Bedürfnis nach Anerkennung und Leistung aufgewiesen, als die Soldatinnen.

Die Nebenfragestellung, die davon ausgeht, dass Soldaten mit Einsatzerfahrung ein höheres Bedürfnis nach Anerkennung und Leistung aufweisen als Soldaten ohne Einsatzerfahrung wurde eindeutig widerlegt. Der statistische Test und die Verteilung der Mittelwerte mit 2,34 bei den Soldaten ohne Einsatzerfahrung versus 2,33 bei den Soldaten mit Einsatzerfahrung konnten eindeutig belegen, dass es praktisch gesehen keinen Unterschied im Leistungsmotiv zwischen beiden Gruppen gibt. Die Ursache für dieses Ergebnis ist, dass Soldaten die Entscheidung, ob sie an einem Einsatz teilnehmen oder nicht, nur in Ausnahmefällen während ihrer Dienstzeit treffen. Grundlegend treffen sie diese Entscheidung bereits bei ihrer Berufswahl, da sie während ihrer Dienstzeit in die jeweiligen Einsätze befohlen werden und somit nur sehr begrenzt auf die Situation einwirken können. Deswegen ist es nicht verwunderlich, dass beide Gruppen fast identische Ausprägungen im Leistungsmotiv aufweisen.

Mit einer weiteren Unterhypothese sollte überprüft werden, ob sich Soldaten mit Personalverantwortung wie Offiziere und Unteroffiziere signifikant im Bedürfnis nach Einfluss und Macht von Mannschaftssoldaten und Zivilpersonen unterscheiden. Mit der zu diesem Zweck durchgeführten Varianzanalyse konnten beim paarweisen Vergleich der Gruppen signifikante Unterschiede erkannt werden. Am deutlichsten fielen diese Unterschiede bei der Versuchsgruppe der Offiziere aus. Bei den Offizieren konnte nachgewiesen werden, dass sie signifikant höhere Werte im Machtmotiv aufweisen als Unteroffiziere, Mannschaften und Zivilisten.

---

[36] Lopez, Susanne / Bötel, Frank: Gelebte Normalität: Frauen in der Bundeswehr. In: Bundesministerium der Verteidigung (Hrsg.), www.bundeswehr.de, Berlin 2015.

Die Unteroffiziere zeigten wiederum signifikant höhere Werte im Machtmotiv als die Zivilpersonen. Der Direktvergleich zwischen den Unteroffizieren und den Mannschaften brachte dagegen kein signifikantes Ergebnis.
Vielmehr lagen Unteroffiziere und Mannschaften im Machtmotiv ungefähr
auf der gleichen Ebene: Die Unteroffiziere lagen mit dem Wert 2,23 sogar
leicht unter dem der Mannschaften mit 2,26. Allerdings ist davon auszugehen, dass Unterschiede in diesem Wertebereich eher zufällig entstanden
sein könnten.

Aufgrund dieser Ergebnisse wurde zusätzlich ein sog. t-Test für
unabhängige Stichproben als weiteres statistisches Testverfahren durchgeführt, um zu überprüfen, ob es generell einen Unterschied im Machtmotiv
zwischen Soldaten und Zivilisten gibt. Dieser Signifikanztest erbrachte den
deutlichen Beleg, dass Soldaten eine stärkere Ausprägung im Bedürfnis
nach Macht und Einfluss besitzen als Zivilpersonen. Im Volksmund wird
Macht eher mit egoistischen Beweggründen gleichgesetzt. Wer über Macht
verfügt, hat die Möglichkeit seine Interessen gegen die Interessen anderer
durchzusetzen. In der wissenschaftlichen Literatur gibt es dazu unzählige
Definitionen. Hans Werner Bierhoff hat folgende Definition verwendet:
„Unter Macht versteht man die Möglichkeit einer beeinflussenden Instanz
(Person, Gruppe oder Institution), nach eigenen Vorstellungen Einfluss zu
nehmen."[37] Diese Definition, die frei von jeder positiven oder negativen
Wertung ist, lässt sich gut als Erklärung anführen, warum Soldaten, wie in
dieser Studie belegt, ein höheres Machtmotiv aufweisen als Zivilpersonen.
Denn schließlich liegt es in der Natur des Militärischen, durch Waffengewalt Einfluss auf andere Völker, Gruppen oder Personen auszuüben. Und
zwar im Positiven, wenn es bspw. darum geht, eine andere bewaffnete
Gruppe vom Genozid an einer Ethnie abzuhalten, oder im Negativen,
wenn eine Armee ein fremdes Land überfällt und besetzt. Selbst bei der
Wahrnehmung des Naturrechts auf Selbstverteidigung geht es darum, die
bedrohliche Instanz zu beeinflussen und von ihren Absichten abzubringen.
Diese gewaltsame Machtausübung spiegelte sich bereits 1832 in dem berühmten Zitat des preußischen Heeresreformers Carl von Clausewitz wieder, als er in seinem Werk »Vom Kriege« schrieb: „Der Krieg ist eine bloße
Fortsetzung der Politik mit anderen Mitteln."[38] Inhaltlich spiegelt dieser
schlichte Satz den Kern des Krieges wieder, nämlich die gewaltsame

---

[37] Bierhoff, Hans-Werner: Sozialpsychologie, Ein Lehrbuch. In: Hans-Werner Bierhoff (Hrsg.),
Kohlhammer, Stuttgart 2006, S. 414.
[38] von Clausewitz, Carl: Vom Kriege. In: Nikol-Verlag, Hamburg 2008, S.47.

Machtausübung über eine andere Instanz, um politische Interessen durchzusetzen.

Die zutreffende und nicht so stark polarisierende Definition zum Machtmotiv von Satow eignet sich ebenfalls dazu, logische Erklärungen zu liefern, warum Soldaten ein stärkeres Bedürfnis nach Macht und Einfluss aufweisen als Zivilisten. Personen mit einem großen Machtbedürfnis wollen der Welt ihren »Stempel aufdrücken«. Sie wollen gestalten und Verantwortung übernehmen. Sie sind erst dann zufrieden, wenn sie wichtige Dinge kontrollieren und beeinflussen können.[39] Somit kann man argumentieren, dass Soldaten Personen sind, die sich dazu entschieden haben, Verantwortung für die Sicherheit ihrer Mitmenschen zu übernehmen. Des Weiteren ist es ihnen wichtig sich aktiv einzubringen und zu gestalten. Mit Blick auf die Anforderungen der zahlreichen Auslandseinsätze der Bundeswehr zeigt sich sehr deutlich, dass es wichtig ist, Soldaten mit solchen Merkmalsausprägungen in den eigenen Reihen zu haben. Und zwar unabhängig davon, ob es darum geht ein Feldlazarett in Kambodscha zu betreiben oder kurdische Peschmerga auf den Kampf gegen die Terroristen des Islamischen Staates vorzubereiten.[40]

So ist es auch nicht verwunderlich, dass die Gruppe der Offiziere signifikant höhere Ergebnisse im Machtmotiv aufweist als Unteroffiziere, Mannschaften und Zivilisten. Offiziere sind das höchste Führungspersonal innerhalb der Bundeswehr. Ihr Aufgabenspektrum ist vergleichbar mit dem des mittleren und höheren Managements der freien Wirtschaft. Dabei haben sie in den unteren Führungsebenen die Personalverantwortung für ca. 30 Soldaten. Nach oben ist diese Personalverantwortung je nach Führungsebene lediglich durch die Größe der Bundeswehr begrenzt. So ist bspw. der Generalinspekteur der Bundeswehr als ranghöchster Soldat der Vorgesetzte aller Soldaten.[41] Neben der Organisation des Grundbetriebes gehören außerdem die Planung und Durchführung von Ausbildungsvorhaben zu seinen Aufgaben. Des Weiteren führt er aktiv seine untergebenen Soldaten bei Gefechtsübungen und in den Einsätzen. Damit er als Vorgesetzter dazu in der Lage ist, seine gefassten Entschlüsse gegenüber seinen Untergebenen durchzusetzen, verfügt er über die Befehlsbefugnis. Dazu

---

[39] Vgl. Satow, Lars: Big-Five-Persönlichkeitstest (B5T): Test- und Skalendokumentation. In: Lars Satow (Hrsg.), Markdorf 2012, S. 7.
[40] Vgl. Lopez, Susanne / Bötel, Frank: Gelebte Normalität: Frauen in der Bundeswehr. In: Bundesministerium der Verteidigung (Hrsg.), www.bundeswehr.de, Berlin 2015.
[41] ebd.

188

heißt es im Paragraf 1 der Verordnung über die Regelung des militärischen Vorgesetztenverhältnisses (VorgV): „Ein Soldat, der einen militärischen Verband, eine militärische Einheit oder Teileinheit führt oder der eine militärische Dienststelle leitet, hat die allgemeine Befugnis, den ihm unterstellten Soldaten in und außer Dienst Befehle zu erteilen."[42] Ein Offizier befindet sich somit in einer sehr starken Position, um Macht auszuüben, da er die Befugnis hat, Befehle zu erteilen. Um diese Machtposition weiter zu erläutern, muss außerdem darauf eingegangen werden, was einen Befehl ausmacht. Was ein Befehl ist, regelt das Wehrstrafgesetz (WStG). Dort heißt es in Paragraf 2: „Ein Befehl ist eine dienstliche Anweisung zu einem bestimmten Verhalten, die ein militärischer Vorgesetzter einem Untergebenen schriftlich, mündlich oder in anderer Weise, allgemein oder im Einzelfall und mit Anspruch auf Gehorsam erteilt."[43] Somit hat ein Vorgesetzter der Bundeswehr Anspruch auf Gehorsam seiner Untergebenen. Allerdings ist in diesem Paragrafen von einer dienstlichen Anweisung die Rede. Das bedeutet, dass ein dienstlicher Zweck vorliegen muss, damit ein Befehl rechtmäßig ist. Es ist einem Vorgesetzten somit nicht gestattet, seine Macht bspw. für private Zwecke zu missbrauchen. Ein weiteres wichtiges Instrument zur Machtausübung innerhalb der Bundeswehr ist die Disziplinarbefugnis. Diese haben gemäß Paragraf 27 der Wehrdisziplinarordnung (WDO) die Offiziere sowie deren Vorgesetzte inne, die Inhaber einer Dienststellung sind, die an eine Disziplinarbefugnis gebunden ist.[44] In der Regel handelt es sich dabei um Dienstposten als Einheitsführer wie z.B. als Kompanie-, Batterie- oder Staffelchef. Offiziere, die eine solche Position bekleiden, verfügen normalerweise über hohe Personalverantwortung. Die Disziplinarbefugnis berechtigt sie, Disziplinarmaßnahmen zu verhängen, wenn Soldaten sich eines Dienstvergehens oder einer Straftat schuldig gemacht haben.[45] Zur Verhängung solcher Disziplinarmaßnahmen bedarf es im Anschluss lediglich der Zustimmung des Richters des zuständigen Truppendienstgerichtes.[46] Solche Disziplinarmaßnahmen können u.a. eine Disziplinarbuße bzw. ein Ordnungsgeld oder ein Disziplinararrest sein.[47]

---

[42] Schnell, Karl H. / Ebert, Heinz-Peter: Disziplinarrecht, Strafrecht, Beschwerderecht der Bundeswehr, Grundbegriffe militärischer Organisation, IV Dienststellen. In: Karl H. Schnell (Hrsg.), Walhalla, Regensburg, Berlin 2005, S. 1.
[43] ebd., S. 4
[44] ebd. S. 37
[45] ebd.
[46] ebd., S. 52.
[47] ebd., S. 33.

Gerade der Disziplinararrest offenbart die hohe Verantwortung und das Machtpotential, über welches Offiziere mit Disziplinarbefugnis verfügen. So heißt es in der WDO in Paragraf 26 zum Disziplinararrest: „Der Disziplinararrest besteht in einfacher Freiheitsentziehung. Er dauert mindestens drei Tage und höchstens drei Wochen."[48] Maßnahmen dieser Art können in der Bundesrepublik Deutschland gemäß Artikel 104 des Grundgesetzes ansonsten ausschließlich Richter auf Grundlage von förmlichen Gesetzen verhängen.[49] Um diesen Anforderungen gerecht zu werden, erhalten Offiziere eine umfangreiche rechtliche Ausbildung, die auch das Arbeiten mit Gesetzestexten und Verordnungen beinhaltet.

Solche Sachverhalte können als Erklärung für die ausgeprägte Machtmotivation von Offizieren herangezogen werden. Vermutlich ist bei vielen angehenden Offizieren die Machtmotivation bereits vor Dienstantritt stärker ausgeprägt als beim Durchschnittsbürger. Schließlich wurde in dieser Studie bereits behandelt, dass diese Motive dem menschlichen Handeln eine Richtung verleihen. Somit könnte ein hohes Machtmotiv ein auslösender Faktor für die Wahl der Berufslaufbahn des Offiziers sein. Dennoch ist es wahrscheinlich, dass sich die Machtmotivation von Offizieren im Zuge der Berufslaufbahn und steigender Verantwortung noch verstärkt. Schließlich werden die charakteristischen Adaptionen, denen auch das Machtmotiv zuzuordnen ist, vorwiegend durch sozialisationsbedingte Lernerfahrungen erworben.[50] Es ist anzunehmen, dass viele Vorgesetzte ohne eine ausgeprägte Machtmotivation den Anforderungen dieses Berufes nicht gewachsen wären. Schließlich müssen sie dazu befähigt sein, unangenehme Entscheidungen auch gegen Widerstand durchzusetzen. Hierfür sind Gestaltungs- und Verantwortungswille unverzichtbare Voraussetzungen, um als Führungspersonal bestehen zu können. Auch diese Merkmale sind Bestandteil einer hohen Machtmotivation.[51]

Ähnlich verhält es sich bei den Unteroffizieren, die ebenfalls Vorgesetzte sind und gegenüber den Zivilpersonen ein signifikant höheres Machtmotiv aufweisen. Unteroffiziere sind im Vergleich zur freien Wirt-

---

[48] ebd., S. 37.
[49] Vgl. Informations- und Medienzentrale der Bundeswehr: Grundgesetz für die Bundesrepublik Deutschland, Werte und Normen für Soldaten, Grundgesetz, Artikel 104 Rechtsgarantien bei Freiheitsentziehung. In: Bundesministerium der Verteidigung (Hrsg.), Bonn 2002, S. 55.
[50] Vgl. Herzberg, Philipp Y. / Roth, Marcus: Persönlichkeitspsychologie. In: Jürgen Kriz (Hrsg.), Springer VS, Wiesbaden 2014, S. 75-100.
[51] Vgl. Satow, Lars: Big-Five-Persönlichkeitstest (B5T): Test- und Skalendokumentation. In: Lars Satow (Hrsg.), Markdorf 2012, S. 7.

schaft am ehesten mit der Meisterebene zu vergleichen. Sie sind Fachleute, wenn es um handwerkliche militärische Fähigkeiten wie bspw. die Bedienung von technischem Gerät und Waffensystemen geht. Ihre Führungsverantwortung beschränkt sich dabei auf die Gruppen- bzw. Teileinheitsebene, was in etwa einem Team- oder Abteilungsleiter mit einer Verantwortung für sechs bis dreißig Mitarbeiter entspricht. Sie verfügen jedoch nicht wie einige Offiziere über Disziplinarbefugnis und sind weniger stark in operative und strategische Planungen eingebunden. Jedoch gibt es je nach Dienstposten unterschiedliche Abstufungen, was die Höhe der Verantwortung betrifft. Diese Verantwortung ist bei den Unteroffizieren sehr stark an das Lebensalter und die Erfahrung geknüpft. So ist bspw. der Kompaniefeldwebel, der im Volksmund als »Mutter der Kompanie« bezeichnet wird, der erste Ansprechpartner, wenn es um die sozialen Belange der Soldaten geht.

Die Dienstgradgruppe der Unteroffiziere lässt sich weiter in die Gruppen der Unteroffiziere ohne und mit Portepee untergliedern. Der Begriff Portepee ist militärhistorisch begründet und bezieht sich auf die Feldwebeldienstgrade der Bundeswehr. Ursprünglich war das Portepee eine am Degen getragene Schlaufe, die im Kampf den Verlust der Waffe verhindern sollte. Die Unteroffiziere ohne Portepee lassen sich am ehesten als Fachpersonal auf Grundlage einer beruflichen Qualifikation beschreiben. Dieses könnte bspw. eine Spezialtätigkeit im technischen Bereich als Mechaniker sein. In diesem Fachbereich sind sie auch Vorgesetzte gegenüber ihren untergebenen Soldaten. Die Unteroffiziere mit Portepee oder auch Feldwebel tragen wiederum eine höhere Führungsverantwortung oder sind in bestimmten Fachbereichen besonders qualifiziert. Diese besondere Qualifikation könnte bspw. eine technische Eignung auf der Meisterebene sein. Im Bereich der Personalführung führen Feldwebel militärische Einheiten von bis zu dreißig Soldaten. Von daher ist auch bei den Unteroffizieren anzunehmen, dass sie sich aufgrund ihrer verantwortungsvollen Tätigkeit im Verlauf ihrer Sozialisation bei der Bundeswehr, ein erhöhtes Machtmotiv angeeignet haben.

In der Gruppe der Mannschaftsdienstgrade konnte zwar ebenfalls ein höheres Machtmotiv als bei den Zivilisten festgestellt werden, jedoch war dieser Effekt nicht signifikant und könnte somit auch zufällig entstanden sein. Dennoch lässt sich auch bei den Mannschaftssoldaten vermuten, dass sich diese für den Soldatenberuf entschieden haben, um mit ihren

Taten etwas zu bewirken.[52] Schließlich lässt sich bereits der medialen Berichterstattung in Deutschland entnehmen, dass der Soldatenberuf die Möglichkeit eröffnet, sich weltweit zu engagieren. Etwas arglos lässt sich dieser Sachverhalt am ehesten als »Wille zum Kampf für eine gerechte Sache« beschreiben. Dieser Einsatzwille lässt sich beim Kampf gegen den globalen Terrorismus genauso wie beim Retten von Flüchtlingen im Mittelmeer erkennen und vermittelt den Soldaten das Gefühl, sich für eine gerechte Sache einzubringen. Somit lassen sich in den Tätigkeitsfeldern der Mannschaftssoldaten ebenfalls Aspekte der Machtmotivation erkennen.

Deutlich konnte in dieser Studie außerdem nachgewiesen werden, dass die Ausprägung im Machtmotiv mit dem Geschlecht korreliert. Und zwar weisen Männer generell ein größeres Bedürfnis nach Macht und Einfluss auf als Frauen. Ein weiterer interessanter Effekt war, dass Männer und Frauen ein höheres Machtbedürfnis gegenüber der zivilen Vergleichsgruppe aufwiesen, wenn sie Militärdienst abgeleistet haben. Bei den weiblichen Soldaten war dieser Effekt gegenüber den weiblichen Zivilpersonen sogar noch deutlicher als bei den männlichen. Dieser Effekt legt die Vermutung nahe, dass bei beiden Geschlechtern der Militärdienst mit einem erhöhten Machtmotiv korreliert.

Des Weiteren besteht die Möglichkeit, dass die hohe Anzahl der weiblichen Teilnehmer in der Zivilgruppe den durchschnittlichen Mittelwert der Zivilisten im Direktvergleich zwischen Zivilisten und Soldaten nach unten beeinflusst hat. Schließlich konnte signifikant nachgewiesen werden, dass Frauen generell ein niedrigeres Machtmotiv aufweisen als Männer. Allerdings war das Ergebnis, dass Soldaten generell ein höheres Machtmotiv aufweisen, so signifikant, dass es auch bei einem geringeren Frauenanteil in der Zivilgruppe vermutlich signifikant geblieben wäre. Des Weiteren wiesen auch die weiblichen Soldaten im Direktvergleich mit den weiblichen Zivilisten eine höhere Ausprägung im Bedürfnis nach Einfluss und Macht auf. Somit lässt sich die signifikant bestätigte Aussage, dass der Militärdienst mit einem höheren Bedürfnis nach Einfluss und Macht korreliert, weiter aufrechterhalten.

Um zurück auf die Debatte um die Anerkennung der Bundeswehr in der Bevölkerung zu kommen, soll hier erneut der Blick auf die Bevölkerungsumfrage des ZMSBw von 2013 gerichtet werden. In dieser Umfrage haben 17 Prozent der Bundesbürger auf die Frage, was ihnen spontan

---

[52] ebd., S. 7.

192

einfällt, wenn sie an die Bundeswehr denken: »Krieg«, »Waffen« und »Soldaten« geantwortet. 16 Prozent haben den »Einsatz der Bundeswehr in Afghanistan« genannt. Auf den letzten Plätzen landeten die Kategorien »Freiwilliger Wehrdienst«, »Arbeitgeber« und »Debatte um Drohnenbeschaffung« mit je zwei Prozent sowie »Kritik am Zustand der Bundeswehr« mit einer Nennung von einem Prozent.[53]

Diese Antworten sind ein Beleg dafür, dass die Wahrnehmung der Bundeswehr in der Bevölkerung stark durch Themen mit einem emotionalen Bezug beeinflusst wird. Für diese Annahme spricht außerdem, dass im Jahr 2013 der Afghanistaneinsatz in seine letzte Phase ging und die Eindrücke von gefallenen und verwundeten Soldaten noch in der Bevölkerung nachwirkten. Aufgrund dieses emotionalen Bezugs ist davon auszugehen, dass auch die Wertschätzung für die Soldaten in dieser Periode besonders hoch war und vermutlich bis zum nächsten großen Einsatz wieder abnehmen wird. Umso wichtiger ist es, dass in die Debatte um das Ansehen der Bundeswehr eine klare Definition darüber einfließt, welche außen- und sicherheitspolitischen Interessen Deutschland hat. Ein Schritt in die richtige Richtung ist die Entstehung des Weißbuchs 2016, in dem Auftrag und Fähigkeiten der Streitkräfte definiert werden sollen.[54] Nur so kann der Bevölkerung vermittelt werden, welche Aufgaben die Bundeswehr in Zukunft wahrnehmen soll.

Eine echte Wertschätzung für die Soldaten kann es nur geben, wenn der Bevölkerung bewusst wird, dass die Bundeswehr eine Parlamentsarmee ist, die durch demokratisch legitimierte Volksvertreter den Mehrheitswillen des Deutschen Volkes umsetzt. Ferner muss in der Bevölkerung die Erkenntnis reifen, dass die Politik und nicht die Soldaten die Einsätze verantworten. Slogans wie »Soldaten sind Mörder« zeigen immer wieder, dass gerade in Teilen der deutschen Friedensbewegung eine solche Differenzierung nicht stattfindet. Solange es in der Bevölkerung kein Bewusstsein dafür gibt, dass die Bundeswehr im Auftrag des Volkes handelt, kann es auch keine gebührende Anerkennung für die Soldaten geben. Unverzichtbare Voraussetzung ist jedoch, dass Politik und Medien ohne jegli-

---

[53] Vgl. Bulmahn, Thomas / Wanner, Meike: Ergebnisse der Bevölkerungsumfrage 2013 zum Image der Bundeswehr sowie zur Wahrnehmung und Bewertung des Claims „Wir. Dienen. Deutschland." In: Zentrum für Militärgeschichte und Sozialwissenschaften der Bundeswehr (Hrsg.), Potsdam 2013, S. 11-14.
[54] Vgl. Thieme, Ronny: Weißbuch 2016. In: Bundesministerium der Verteidigung (Hrsg.), www.bundeswehr.de, Berlin 2015.

che Verschleierung der Realitäten über die Bundeswehr und die Auslandseinsätze berichten. Die Aussage, dass Soldaten nach Anerkennung
gieren würden, ist dabei wenig hilfreich, da sie wissenschaftlich nicht belegt
werden konnte und den Soldaten somit nicht gerecht wird.

Laeso Militi – Dem verwundeten Soldaten: Plädoyer für ein Verwundetenabzeichen für die Soldaten der Bundeswehr

von Christian Richter

Einleitung

Westlich der Stadt Mitrovica in dem Dorf Jagnjenica räumten KFOR-Truppen im November 2011 eine serbische Straßensperre mit schwerem Gerät. Zahlreiche Serben eilten herbei und blockierten weiterhin den Weg. Die Soldaten der KFOR mussten daher Wasserwerfer und Tränengas einsetzen. Daraufhin wurden die Soldaten mit Molotowcocktails und vereinzelt auch mit Schusswaffen angegriffen.[1] Einer dieser Soldaten war der Panzergrenadier Manuel Sperl. Als er auftragsgemäß in der Postenkette stand, um die Menschenmenge aufzulösen, wurde Sperl durch eine serbische Handgranate schwer verletzt. Ein Splitter steckt seitdem in der Nähe seines rechten Auges. Weitere Splitter stecken in der Lunge, im rechten Ober- und Unterarm sowie im linken Oberschenkel. Insgesamt wurden 25 KFOR-Soldaten verletzt. Manuel Sperl wurde für die tapfere Erfüllung seines Auftrages unter Inkaufnahme persönlicher Gefahr mit der Verwundetenmedaille 2. Klasse ausgezeichnet.[2] Manuel Sperl ist Soldat des österreichischen Bundesheeres. Die zwei deutschen Soldaten, die an diesem Tage in Jagnjenica angeschossen wurden, haben kein Zeichen der Anerkennung erfahren.[3] Die Bundesrepublik Deutschland verfügt über kein Verwundetenabzeichen.

---

[1] Einige Dutzende Verletzte in Nordkosovo, NZZ, 29. November 2011, http://www.nzz.ch/kosovo-nord-serben-kfor-truppen-1.13448234 (18. November 2015).

[2] Ehrung für Kosovo-Heimkehrer in Hörsching, Nachrichten.at, 20. Januar 2012, http://www.nachrichten.at/oberoesterreich/Ehrung-fuer-Kosovo-Heimkehrer-in-Hoersching;art4,802125 (18. September 2015).

[3] KFOR-Einsatz: Deutsche Soldaten im Kosovo angeschossen, Spiegel Online, 28. November 2011, http://www.spiegel.de/politik/ausland/kfor-einsatz-deutsche-soldaten-im-kosovo-angeschossen-a-800467.html (18. September 2015).

Historische Wurzeln der modernen Verwundetenabzeichen

Die heutige Verwundetenmedaille der Republik Österreich wurde im Jahr 1975 gestiftet. Grund hierfür war die hohe Anzahl an verwundeten Soldaten in Auslandeinsätzen im Dienste der Vereinten Nationen.[4] Das österreichische Bundesheer nimmt seit 1960 an Einsätzen der Vereinten Nationen teil.[5] Allerdings wurde der Vorgänger der Verwundetenmedaille bereits im Ersten Weltkrieg von Kaiser Karl I. gestiftet.[6] Dieser schrieb am 12. August 1917:

> „Viele meiner wackeren Soldaten sind verwundet aus der Kampffront geschieden, ehe sie Gelegenheit fanden, sich eine Auszeichnung für tapferes Verhalten zu verdienen. Ähnlich ist es anderen ergangen, die infolge Kriegsstrapazen erkrankt, in ihrer Widerstandskraft dauernd geschädigt, dem Kampf nun fernbleiben müssen. Mein Wunsch ist es, diese Braven äußerlich ehrend gekennzeichnet zu sehen."[7]

Auf der Vorderseite trug die Verwundetenmedaille das Bildnis Kaiser Karl I., auf der Rückseite die Inschrift: »LAESO MILITI« – dem verwundeten Soldaten.[8] Der fürsorgliche Gedanke Kaiser Karl I. hat nicht nur eine monarchische, sondern auch eine demokratische Dimension. Mit der Verwundetenmedaille sollten nämlich Militärangehörige aller Ränge ausgezeichnet werden: Offiziere, Unteroffiziere und Mannschaftssoldaten.[9] Vielleicht mag dies auch ein Grund dafür gewesen sein, dass der damalige französische Ministerpräsident Georges Benjamin Clemenceau sich lobend über die nachahmenswerte neue österreichische Kriegsauszeichnung geäußert haben soll. Im Jahr 1916 wurde so »L`insigne des blessés militaires« gestiftet. Eingeführt wurde das französische Verwundetenabzeichen jedoch erst im Jahr 1920. Kaiser Wilhelm II. stiftete das deutsche Verwundetenabzeichen im Jahr 1918.[10] Das Verwundetenabzeichen wurde in Deutschland später für die Teilnahme am spanischen Bürgerkrieg und im

---

[4] WAS, Truppendienst 3/2003, S. 282.

[5] Steiner, Truppendienst 6/2014, S. 507.

[6] ebd.; WAS, Truppendienst 3/2003, S. 282.

[7] Zitiert nach: WAS, Truppendienst 3/2003, S. 282.

[8] WAS, Truppendienst 3/2003, S. 282.

[9] ebd.; Steiner, Truppendienst 6/2014, S. 508.

[10] ebd.

196

Zweiten Weltkrieg erneut gestiftet. Die demokratische Praxis, das Verwundetenabzeichen an Offiziere, Unteroffiziere und Mannschaften zu verleihen, wurde beibehalten.[11] Das Verwundetenabzeichen wurde in den drei Stufen Bronze für ein- und zweimalige Verwundungen, Silber für drei und viermalige Verwundungen und Gold für mehr als viermalige Verwundungen verliehen.[12] Der fürsorgliche und humane Aspekt des Verwundetenabzeichens wird es vermutlich gewesen sein, der dazu führt, dass das Verwundetenabzeichen die einzige deutsche Auszeichnung des Zweiten Weltkrieges ist, die nach dem deutschen Ordensgesetz von 1957 noch nachverliehen werden kann.[13]

Das vermutlich bekannteste Verwundetenabzeichen dürfte jedoch das »Purple Heart« der amerikanischen Streitkräfte sein. Das Purple Heart ist – abgesehen von der »Fidelity Medaillon« – die älteste militärische Auszeichnung der USA.[14] Bereits im amerikanischen Unabhängigkeitskrieg wurde The »Badge of Military Merit« am 7. August 1782 von General George Washington eingeführt. Die Idee für das Badge of Military kam jedoch sehr wahrscheinlich von Baron Friedrich von Steuben. General Washington wollte eine Auszeichnung, die sich von der Verleihungspraxis der europäischen Staaten dieser Zeit, nur Offiziere auszuzeichnen, grundlegend unterschied: „The road to glory in a patriot army and a free country is open to all".[15]

Nach dem Unabhängigkeitskrieg wurde die Auszeichnung vergessen. Erst im 20. Jahrhundert, nämlich im Jahr 1918, schlug General John J. Pershing eine Auszeichnung für militärische Verdienste vor.[16] Bis das Purple Heart in der heutigen Form gestiftet wurde, dauerte es jedoch noch bis zum Jahr 1932.[17] Allerdings wurde es dann rückwirkend bis in das Jahr

---

[11] Zum Ordenssystems der Wehrmacht vgl. Creveld, Kampfkraft, 1984, S. 133ff.

[12] Kirchner/Thiemann, Deutsche Orden und Ehrenzeichen – Kommentar zum Gesetz über Titel, Orden und Ehrenzeichen und eine Darstellung deutscher Orden und Ehrenzeichen von der Kaiserzeit bis zur Gegenwart, 4. Aufl. 1985, S. 189.

[13] Steiner, Truppendienst 6/2014, S. 511, vgl. Paragraf 7 Gesetz über Titel, Orden und Ehrenzeichen, http://www.gesetze-im-internet.de/ordeng/BJNR008440957.html (1. November 2015).

[14] The Military Order of the Purple Heart, History of the Purple Heart, http://www.purpleheart.org/DownLoads/Bank/MOPHInformationalBrochures/HistoryOfThePurpleHeart.pdf (27. Oktober 2015).

[15] Raymond, The Badge of Military Merit, http://www.purpleheart.org/Downloads/Raymond Prozent20Badge Prozent20of Prozent20Merit.pdf (27.10.2015).

[16] The National Purple Heart Hall Of Honor, History, http://www.thepurpleheart.com/history/ (27. Oktober 2015).

[17] Steiner, Truppendienst 6/2014., S. 511, The National Purple Heart Hall Of Honor, History, http://www.thepurpleheart.com/history/ (27. Oktober 2015).

1917 gestiftet. So empfingen Veteranen des Ersten Weltkrieges die ersten Purple Hearts im Mai 1932. Ursprünglich wurde das Purple Heart allgemein für besondere militärische Verdienste verliehen. Verwundet zu werden wurde als eine Form des militärischen Verdienstes angesehen. Als andere Auszeichnungen im Zweiten Weltkrieg für militärische Verdienste geschaffen wurden, perpetuierten sich die Verleihungsvoraussetzungen auf die Verwundung als den militärischen Verdienst schlechthin. Seit 1942 wird das Purple Heart nur noch für Verwundungen verliehen.[18] Es bleibt festzuhalten, dass die modernen Verwundetenmedaillen sich auch auf demokratische Wurzeln zurückführen lassen.

Über den Sinn eines Verwundetenabzeichens für die Bundeswehr

Das Zeitalter der Einsatzarmee

Die Bundeswehr wird mittlerweile nicht nur auf dem Balkan eingesetzt. Zurzeit dienen etwa 2.950 deutsche Soldaten weltweit in 14 Einsatzkontingenten.[19] Der Begriff des Einsatzes ist allerdings rechtlich nicht definiert und kann die Teilnahme an traditionellem Peacekeeping, in dem die Anwendung militärischer Gewalt auf Selbstverteidigung begrenzt ist, bedeuten. Einsatz kann aber auch die Teilnahme an einem bewaffneten Konflikt beinhalten. In diesem ist das Tötungsverbot aufgehoben, und die beteiligten Streitkräfte sind zur Vornahme von Schädigungshandlungen im Rahmen des Humanitären Völkerrechts berechtigt.[20] So griffen deutsche Jagdbomber im Rahmen der Operation Allied Force im Jahr 1999 Ziele in Serbien an. Die Bundeswehr wurde damit zum ersten Mal in ihrer Geschichte in einem bewaffneten Konflikt – umgangssprachlich Krieg – eingesetzt.[21]

---

[18] The National Purple Heart Hall Of Honor, History, http://www.thepurpleheart.com/history/ (27. Oktober 2015).

[19] Bundeswehr, Einsätze, Einsatzzahlen – Die Stärke der deutschen Einsatzkontingente (Stand 8. Februar 2016): http://www.bundeswehr.de/ (13. Februar 2016).

[20] Richter, Tödliche Militärische Gewalt und strafrechtliche Verantwortung – Anmerkungen zum Einstellungsbeschluss der Generalbundesanwaltschaft, Höchstrichterliche Rechtsprechung zum Strafrecht (HRRS) 2012, S. 36; Richter, Töten im Krieg – das Verhältnis zwischen allgemeinem Strafrecht und den Kriegsverbrechenstraftatbeständen des Völkerstrafgesetzbuches, in: Forster/Vugrin/Wessendorf, Das Zeitalter der Einsatzarmee – Herausforderung für Recht und Ethik, Berlin 2014, S. 230.

[21] Zur begrifflichen Unterscheidung: Richter, Tödliche Militärische Gewalt und strafrechtliche Verantwortung – Anmerkungen zum Einstellungsbeschluss der Generalbundesanwaltschaft, Höchstrichterliche Rechtsprechung zum Strafrecht (HRRS) 2012, S. 28.

Mit der Operation Enduring Freedom beteiligte sich die Bundeswehr zum zweiten Mal in ihrer Geschichte an einem internationalen bewaffneten Konflikt. Zudem war die Bundeswehr Teil der International Security Assistance Force (ISAF). Der ISAF-Einsatz wurde vom Sicherheitsrat der Vereinten Nationen nach Kapitel VII der UN-Charta mandatiert. Neben den Soldaten zahlreicher anderer Nationen sollten die Soldaten der Bundeswehr die Aufrechterhaltung der Sicherheit in Afghanistan unterstützen, um vor allem den Wiederaufbau des Landes zu ermöglichen. Zunächst kam es im Verantwortungsbereich der Bundeswehr in Nordafghanistan sehr selten zu Anschlägen oder Angriffen der Aufständischen. Daher wurde der Einsatz zunächst als gewöhnlicher Stabilisierungseinsatz wahrgenommen. Ab 2009 herrschte jedoch auch im Verantwortungsgebiet der Bundeswehr ein bewaffneter Konflikt.[22] So kämpften erstmals Bodentruppen, insbesondere deutsche Infanterie, in einem bewaffneten Konflikt. Insofern wird mittlerweile von der Bundeswehr zu Recht als einer Einsatzarmee gesprochen.[23]

Die Tapferkeitspflicht

Angesichts der regelmäßigen Verwundungen deutscher Soldaten in den Einsätzen wurde im Jahr 2010 vorgeschlagen, ein Verwundetenabzeichen für deutsche Soldaten zu stiften.[24] Das Bundesministerium der Verteidigung (BMVg) erklärte, dass Grundlage einer Auszeichnung insbesondere durch den Soldaten zu erbringende Leistungen seien, die bei einem Verwundetenabzeichen so nicht gegeben wären.[25] Dies begründet die Sorge zu der Annahme, dass das BMVg möglicherweise vergessen hat, was den Soldatenberuf ausmacht, nämlich das Alleinstellungsmerkmal der Tapferkeitspflicht. Es ist gerade die Kernleistung eines Soldaten im bewaffneten

---

[22] Vgl. Der Generalanwalt beim Bundesgerichtshof, 3 BJs 6/10-4, Ermittlungsverfahren gegen Oberst Klein und Hauptfeldwebel W. wegen des Verdachts einer Strafbarkeit nach dem VStGB und anderer Delikte, Einstellung des Verfahrens gemäß § 170 Abs. 2 Satz 1 StPO vom, 16. April 2010, S. 41ff, https://www.generalbundesanwalt.de/docs/einstellungsvermerk20100416offen.pdf (12. November 2015).

[23] Vgl. nur Forster/Vugrin/Wessendorf, Das Zeitalter der Einsatzarmee – Herausforderung für Recht und Ethik, Berlin 2014.

[24] Focus Online, 29. April 2010, Bundeswehr: FDP fordert Verwundetenabzeichen, http://www.focus.de/politik/deutschland/bundeswehr-fdp-fuer-verwundetenabzeichen_aid_503259.html (07. November 2015).

[25] Afghanistaneinsatz: Guttenberg verleiht neuen Kämpfer-Orden, Focus Online, 25. November 2010, http://www.focus.de/politik/ausland/afghanistan/afghanistan-einsatz-guttenberg-verleiht-neuen-kaempfer-orden_aid_575853.html (19. September 2015).

Konflikt, seine Furcht zu überwinden, seine Pflicht zu erfüllen und unter massiver Gefährdung seiner Gesundheit und seines Lebens tapfer zu kämpfen. Dies macht ihn letztlich zum Soldaten im Gegensatz zu anderen Staatsdienern wie z.B. Polizisten und Feuerwehrleuten. Die Statusgruppe der Soldaten ist in ihrer gesetzlich kodifizierten Verpflichtung zur Inkaufnahme von Gefahren für Gesundheit und Leben einzigartig.[26] Diese Tapferkeitspflicht gehört als Kampfauftrag zum Töten unter Einsatz des eigenen Lebens fundamental zu den besonderen Strukturgesetzlichkeiten der Streitkräfte, wie Befehl und Gehorsam, hierarchische Gliederung und eine auf Kameradschaft beruhende Gemeinschaft.[27] Die Funktionsfähigkeit der Streitkräfte ist ohne die Tapferkeit ihrer Soldaten nicht denkbar.[28] Der damalige Verteidigungsminister Thomas de Maizière hat dies einmal lakonisch wie folgt konstatiert: "Zum Dienst gehört auch Sterben und Töten".[29]

Hat der Soldat nun tapfer gekämpft und wurde dabei verwundet, ist dies auch ein Beleg dafür, dass er seiner Tapferkeitspflicht nachgekommen ist. Zudem dokumentiert die Verwundung schmerzlich das Opfer, das er freiwillig gegeben hat. Dieses Opfer gibt der Soldat der Bundeswehr dem deutschen Volk und seinem Staat, der Bundesrepublik Deutschland. Der deutsche Soldat schwört, „der Bundesrepublik Deutschland treu zu dienen und das Recht und die Freiheit des deutschen Volkes tapfer zu verteidigen."[30] Der amerikanische Sanitätssoldat, der einem schwer verwundeten deutschen Soldaten noch im Blackhawk-Helikopter das blutgetränkte Hoheitsabzeichen seiner Uniform mit den Farben Schwarz, Rot und Gold in die Hand drückte, hatte das erkannt.[31]

Das BMVg verkennt diesen Zusammenhang oder bekennt sich zumindest nicht dazu. Das im rückwärtigen Außengelände des BMVg plat-

---

[26] Stöhr, Mit Recht kämpfen – Über den verfassungsmäßigen Auftrag zum Ethos des Soldaten, in: Brinkmann/Hoppe/Schröder (Hrsg.), Feindkontakt – Gefechtsberichte aus Afghanistan, 2. Aufl. 2013, S. 204.

[27] Stern, Das Staatsrecht der Bundesrepublik Deutschland, Bd. II, 1. Aufl. 1984, S. 854.

[28] Gauder, Das Opfer des Soldaten – über den Lebenseinsatz auf Befehl und das Recht auf Leben, NZWehrR 2009, S. 114.

[29] Focus, Nr. 30/2011, S. 22.

[30] So der Wortlaut des § 7 Soldatengesetzes (Grundpflicht des Soldaten): „Der Soldat hat die Pflicht, der Bundesrepublik Deutschland treu zu dienen und das Recht und die Freiheit des deutschen Volkes tapfer zu verteidigen."

[31] vgl. Tim Focken, Verwundung – Ein Kampf auf den ich nicht vorbereitet war, in: Brinkmann/Hoppe/Schröder (Hrsg.), Feindkontakt – Gefechtsberichte aus Afghanistan, 2. Aufl. 2013, S. 71.

zierte, man könnte fast sagen, versteckte Denkmal für die Gefallenen der Bundeswehr trägt die Aufschrift: „Den Toten unserer Bundeswehr. Für Frieden, Recht und Freiheit". Diese unverdächtige Formulierung lässt mangels des Bezuges, für wen deutsche Soldaten mit ihrem Leben, Frieden, Recht und Freiheit verteidigt haben, nur eine ausschließlich kosmopolitische Interpretation zu. Danach sollen deutsche Soldaten Frieden, Recht und Freiheit für die ganze Welt verteidigen. Depenheuer hat zu Recht darauf hingewiesen, dass dieser Verzicht auf jeden Bezug zum deutschen Staat in der Sache eine Verabschiedung vom verfassungsrechtlichen Verteidigungsauftrag bedeutet. Die Streitkräfte wurden nach Art. 87a Grundgesetz nur zur Verteidigung aufgestellt. Der Einsatz der Streitkräfte nach Artikel 24 Absatz 2 Grundgesetz im Rahmen eines kollektiven Sicherheitssystems wie der UN ist dem Prinzip des Verteidigungseinsatzes unterzuordnen.[32] Der deutsche Soldat kämpft und stirbt notfalls also auch in Afghanistan für das deutsche Vaterland – auch wenn diese Formulierung im als postheroisch apostrophierten Deutschland des 21. Jahrhundert den einen oder anderen verschrecken mag.[33] Entsprechend ist die Äußerung des damaligen Bundesministers der Verteidigung Jung anlässlich der Totenfeier des ersten deutschen Soldaten, der nach dem Zweiten Weltkrieg in einem Feuergefecht gefallen ist, nicht ganz richtig, wenn er erklärt, der Hauptgefreite Sergej Motz sei für den Frieden gefallen.[34]

Die geborenen Verteidiger

Grundsätzlich können etwas vereinfacht drei Typen von Menschen identifiziert werden, die sich für den Dienst in den Streitkräften bewerben: Der erste Typ ist der rein ökonomisch motivierte Soldat, der kaum eine andere Chance auf ein einträgliches Einkommen hat, oder der Offiziersbewerber, der lediglich ein voll finanziertes Studium anstrebt. Der zweite Typ ist der Abenteurer, der im Krieg nur das Abenteuer sucht. Der dritte Typ Soldat ist der Soldat, der aus Überzeugung kämpft. Der Soldat, der, wenn nötig, tötet und die Gefahr des Getötetwerdens in Kauf nimmt, um die deutsche

---

[32] Depenheuer, Was wir verteidigen – Nur zur Verfolgung deutscher Interessen darf die Bundeswehr in Auslandseinsätze geschickt werden – nicht zur Schaffung von Frieden in aller Welt, FAZ net, 25. Februar 2009, http://www.faz.net/aktuell/politik/staat-und-recht/gastbeitrag-was-wir-verteidigen-1767283.html?printPagedArticle=true#pageIndex_2 (10. November 2015).
[33] Vgl. auch schon Thea Dorn, Nennen wir sie Helden, Die Zeit, Nr. 46 (2014), S. 3.
[34] Das ist Krieg, Sergej, Krieg, TAZ, 2. Oktober 2010, http://www.taz.de/1/archiv/digitaz/artikel/?ressort=hi/dig=2010/10/02/a0018/cHash=57374f9702 (10. November 2015).

Nation zu verteidigen und zu erhalten. Das Grundgesetz und das Soldatengesetz verlangen mit dem Verteidigungsauftrag und der Tapferkeitspflicht, wie gezeigt, den idealistischen Soldaten; den Soldaten, den man als Helden bezeichnen darf.[35] Entsprechend beruft sich die Bundeswehr in ihren Traditionsrichtlinien auf diesen idealistischen Soldaten, wenn sie sich in der Tradition der preußischen Heeresreformer sieht.[36] General Gerhard von Scharnhorst hat – beeindruckt vom napoleonischen Revolutionsheer – treffend formuliert: „Alle Bewohner des Staates sind geborene Verteidiger desselben."[37] Die mit diesem Gedanken begründete Wehrpflicht wurde zwar ausgesetzt, gleichwohl bleibt der Wehrdienst im weiteren Sinne eine wesentliche Pflicht des Citoyens wie es bereits Rousseau drastisch formuliert hat:

> „Sobald der Staatsdienst aufhört, die Hauptangelegenheit der Bürger zu sein, und sie ihm lieber mit ihrem Gelde als mit ihrer Person dienen, ist der Staat schon seinem Untergang nahe. Zum Kampf schicken sie Miettruppen und bleiben zu Hause…"[38]

Für den idealistischen Soldaten ist eine im Kampf erlittene Beeinträchtigung seiner Physis auch keine bloße Verletzung, sondern eine Verwundung. Entsprechend haben die deutschen Kampfkompanien im Afghanistaneinsatz sprachlich zu Recht zwischen Verletzung und Verwundung unterschieden. Wenn ein Soldat unter Feindeinwirkung Verletzungen erlitten hatte, wurde dies als Verwundung dokumentiert.[39]

---

[35] So auch schon Thea Dorn, Nennen wir sie Helden, Die Zeit, Nr. 46 (2014), S. 3.

[36] *Nota bene* wurde die Bundeswehr vor etwa 60 Jahren am 12. November 1955, dem 200. Geburtstag des Generals Gerhard Johann David von Scharnhorsts gegründet.

[37] Zitiert nach Hornung, Scharnhorst, Soldat – Reformer – Staatsmann, 1997, S. 203.

[38] Rousseau, Der Gesellschaftsvertrag, (Erstausgabe 1762) 2001, 3. Buch, Kapitel 15, S. 349.

[39] Für diesen Hinweis bin ich Major Marcel Bohnert, ehem. Kompaniechef in der Task Force Kunduz III (2011) zu Dank verpflichtet. Vgl. aber auch Tim Focken, Verwundung – Ein Kampf auf den ich nicht vorbereitet war, in: Brinkmann/Hoppe/Schröder (Hrsg.), Feindkontakt – Gefechtsberichte aus Afghanistan, 2. Aufl. 2013, S. 61ff; Zimmermann, Hinterhalt am Baghlan River in Afghanistan, in: Gillner/Stümke (Hrsg.), Kollateralopfer, 2014, S. 45; Grohmann, Führen im Einsatz und im Gefecht – Erfahrung als Kommandeur der Quick Reaction Force (QRF) in Afghanistan, in: Glatz/Tophoven (Hrsg.), Am Hindukusch – und weiter?, 2015, S. 100; Hecht, Afghanistan mit vollem Einsatz – Erfahrungen eines Panzergrenadierzugführers, in: Glatz/Tophoven (Hrsg.), Am Hindukusch – und weiter?, 2015, S. 115.

Orden, Medaillen, Auszeichnungen gehören zweifellos zu den attraktiven Seiten einer Armee.[40] Allerdings haben militärische Auszeichnungen auch eine Kehrseite.[41] Sie sind nämlich in gewisser Weise „auf dem Rücken des Gegners erkämpft".[42] Neben den Tugenden der Tapferkeit, der Einsatzbereitschaft und der Kameradschaft dokumentieren militärische Auszeichnungen eben auch Vernichtung und oftmals auch Tod.[43] Dies ist gerade auch den Soldaten wie z.B. einem Träger des Ehrenkreuzes der Bundeswehr für Tapferkeit sehr wohl bewusst:

> „Diese Auszeichnung bedeutet vor allem Tod, Verwundung, Verluste, Ängste, Trauer – das ist die Kehrseite der Medaille."[44]

Bei einem Verwundetenabzeichen verhält es sich jedoch anders. Quasi umgekehrt wird nicht die Gewaltanwendung ausgezeichnet, sondern die tapfere Inkaufnahme der lebensbedrohenden Gefahr. Sie zeigt so ungeschönt die Folgen eines Einsatzes militärischer Gewalt. Zudem fördert ein Verwundetenabzeichen nicht falschen Ehrgeiz aufgrund eines übertriebenen Geltungsbedürfnisses. Ein Verwundetenabzeichen ist ein Orden, den niemand anstrebt.[45] Die erlittenen Verwundungen grausamster Natur als Opfer für das deutsche Volk auszuweisen, verherrlicht so nicht den Einsatz militärischer Gewalt. Vielmehr werden so die schmerzhaften Folgen des Einsatzes militärischer Gewalt aufgezeigt. Insbesondere die Auszeichnung eines mit offensichtlich bleibenden Schäden versehrten Soldaten führt dazu, dass in der Gesellschaft sichtbar wird, welche Folgen Menschen zu tragen haben, die das deutsche Parlament stellvertretend für das deutsche Volk in einen Krieg – respektive bewaffneten Konflikt – oder sonstigen gefahrvollen Einsatz geschickt hat. Dies sollte dem Souverän und seinen politischen Vertretern zugemutet werden. Man darf annehmen, dass dies nicht dazu führen wird, dass der Souverän und Abgeordnete

---

[40] Hartmann, Wehrmacht im Ostkrieg, 2. Aufl. 2010, S. 199.
[41] ebd.
[42] ebd.
[43] ebd.
[44] Die Ehre des Soldaten Pordzik, Hannoversche Allgemeine, 17. Februar 2015
http://www.haz.de/Nachrichten/Politik/Deutschland-Welt/Die-Ehre-des-Soldaten-Pordzik
(10. November 2015).
[45] Steiner, Truppendienst 6/2014, S. 508.

deutsche Soldaten dann leichter in einen bewaffneten Konflikt entsenden. Vielmehr dürfte das Gegenteilige der Fall sein.

Schluss

Verwundete Soldaten sind mittlerweile durch das Gesetz zur Weiterverwendung nach Einsatzunfällen materiell recht gut abgesichert. Eine ideelle Anerkennung fehlt hingegen. Die Stiftung eines Verwundetenabzeichens kostet nicht viel. Dennoch könnte der Staat so dem Soldaten gegenüber die von ihm geleistete Treue öffentlich anerkennen. Dies wird insbesondere für den idealistischen Soldaten Bedeutung haben. Und der idealistische Soldat ist der Typ Soldat, den die Traditionsrichtlinien der Bundeswehr und das Grundgesetz vorsehen. Darüber hinaus zeigt es dem Souverän sehr deutlich, welcher Preis zu zahlen ist, wenn die Soldaten der Bundeswehr in Auslandseinsätze, insbesondere bewaffnete Konflikte, entsendet werden. Zudem steht die Regierung so auch unter einem höheren Begründungszwang, wenn sie Soldaten in Auslandseinsätze entsendet. Somit ist ein Verwundetenabzeichen auch ein effektives Mittel der demokratischen Kontrolle. Die Zahl der verliehenen Verwundetenabzeichen wäre leicht zu ermitteln. Sie wäre ein praktikabler Indikator für die Frage, welche Verluste die deutschen Streitkräfte in Konflikten erleiden, in die sie das Parlament, stellvertretend für den Souverän, das deutsche Volk entsendet hat.[46] Schließlich hilft ein Verwundetenabzeichen auch den bislang unsichtbaren verwundeten Veteranen sichtbar zu machen.

---

[46] Differenziert zum Begriff der Volkssouveränität: m.w. N. Stern, Stern, Das Staatsrecht der Bundesrepublik Deutschland, Bd. II, 1. Aufl. 1984, S. 20ff.

Kapitel III

Psychische Einsatzfolgen

Krieg im Kopf

von Danijel Višević

> „Und plötzlich war da diese Angst. Angst getötet zu werden.
> Angst zu sterben. Todesangst."
> Hunderte Bundeswehr-Soldaten leiden unter der Posttraumatischen
> Belastungsstörung. Die Dunkelziffer liegt vermutlich deutlich höher.

Nahe Kunduz in Afghanistan, August 2010: Dunkelheit, kein Mond am Himmel zu sehen. Es ist kurz vor Mitternacht, als sich Johannes Clair, seine Kameraden, Sanitäter und Kampfmittelbeseitiger auf den Weg machen, einen versteckten Sprengsatz unschädlich zu machen. Die Nachricht über die Bombe und wo sie liegt haben sie von einem Informanten bekommen. Dass das eine Falle ist, die sie in einen Hinterhalt lockt, wissen sie noch nicht.

Ungefähr hundert Meter von der Stelle entfernt steigen sie aus ihren Fahrzeugen. Johannes Clair und drei seiner Kameraden gehen mit Sturmgewehren im Anschlag in die schmale Straße hinein, langsam, sich gegenseitig absichernd. Links und rechts der Straße Häuser und dichte Mauern aus Lehm. Stille, Dunkelheit, nur die Lichter an ihren Gewehren erhellen die Nacht.

Als sie tief in die Straße hineingelaufen sind, gibt es eine Explosion, die Johannes Clair und seine Kameraden zur Seite schleudert. Die Aufständischen haben eine Panzerfaust auf sie abgefeuert. Johannes Clair liegt auf dem Boden mit den Beinen Richtung Straßenmitte, in den Ohren ein lautes Piepen, Explosions-Tinnitus. „Mein Gewehr lag auf mir, und nur ganz leise hörte ich das dumpfe Rattern von automatischen Waffen... Kalaschnikow, dachte ich und öffnete blitzschnell die Augen."

Beim Aufstehen wirft Johannes Clair eine Rauchgranate, und sie versuchen, zu den Fahrzeugen zurückzulaufen. Doch sie werden weiter beschossen, von vorne und von beiden Seiten der Straße. Eine weitere Panzerabwehrrakete explodiert neben ihnen. Johannes Clair und seine Kameraden werfen sich auf den Boden und schießen mit ihren Gewehren zurück. Er wirft eine weitere Rauchgranate, und sie laufen los, um ihre Fahrzeuge zu erreichen. „Plötzlich der grelle Lichtblitz einer Panzerabwehrrakete aus einem der Häuser etwa zehn Meter vor mir, gleichzeitig ein ohrenbetäubender Knall. Verdammt, das Ding flog in meine Richtung. Ich warf mich hin."

Von nun an wird Johannes Clair von allen Seiten beschossen mit Kalaschnikows und weiteren Panzerabwehrraketen. Er verliert die Übersicht, steht auf und fühlt sich gefangen in einer „Blase aus Donner und Blitz", erdrückt von einer Lawine aus Feuer: „Auf einmal sah ich alles wie in Zeitlupe. Dumpfes Knallen, Hämmern und Pfeifen. Die Geschosse schienen so langsam an mir vorbeizufliegen, als ob ich nach ihnen greifen könnte. Ein Feuerschein raste im Zeitlupentempo an mir vorbei, und ich wusste, es war wieder eine Panzerabwehrrakete. Der Boden zitterte in langsamen Wellen, als sie einschlug. Ich konnte nichts tun, um diesen Zustand zu ändern, alles zog an mir vorbei, als hätte es nichts mit mir zu tun. Ich fühlte meinen Körper nicht. Ein Geräusch rauschte durch mein Ohr, das nicht zu den anderen passte. Dunkelheit und immer wieder dieses Blitzen. Von vorne und von links. Sie schossen aus nächster Nähe. Es kam von den Mauern, oben aus den Häusern, vom Dorfrand, einfach überall her. Hier stand ich nun, mitten auf der Straße und sah dieses Höllenfeuer, diese Raserei. Wieder dieses merkwürdige Geräusch. Es drang schwach an mein Ohr. Plötzlich riss mich etwas herum. Ich drehte mich und sah in Wizos Gesicht. Er hatte den Mund aufgerissen und schien irgendetwas zu rufen. Aber ich hörte ihn nicht. Joe, los komm, wir müssen weg."[1]

Diese Situation ist einer der Auslöser für die Posttraumatische Belastungsstörung (PTBS) von Johannes Clair. Von diesem Moment an wird er den Rest seines Einsatzes unkontrollierbare Angstzustände erleiden, die ihn zum Teil erstarren lassen, vor allem unter Beschuss.

Einschlafen mit Pumuckl

Heute liegt sein Einsatz in Afghanistan fast fünf Jahre zurück, doch die Posttraumatische Belastungsstörung hat jetzt erst ihre volle Ausprägung erreicht: Johannes Clair nimmt Anti-Depressiva, er macht eine Psychotherapie und kann trotzdem kaum schlafen. Und schläft er mal ein – das schafft er mit Hörspielen wie Pumuckl – wecken ihn Alpträume.

Wenn er öffentliche Verkehrsmittel benutzt, was er versucht zu vermeiden, beobachtet er alle, die ein- und aussteigen. Jeden, der sich bewegt. „Um auf alles vorbereitet zu sein", wie er sagt. Er hat versucht zu

---

[1] Johannes Clair, Vier Tage im November, S. 228.

studieren. Doch um den Hörsaal und alle Studenten im Blick zu haben, postierte er sich immer nahe des Notausgangs. „Ich fühlte mich ständig bedroht, malte mir Szenarien aus: Was könnte passieren, und wie könnte ich darauf reagieren?" So konnte er dem Lehrstoff nicht folgen. Nach drei Monaten brach er das Studium ab. Im Sommer 2014 hat ihn seine langjährige Freundin verlassen. „Sie hatte keine Kraft mehr, die Dinge zu tragen, die ich ihr aufgebürdet habe."

Johannes Clair ist einer der offiziell einsatzerkrankten Bundeswehr-Soldaten, die sich wegen PTBS behandeln lassen. Im Jahr 2014 gab es insgesamt 1.697 Behandlungskontakte wegen PTBS – so viele wie nie zuvor. Zwar ist diese Zahl nicht gleichzusetzen mit der Zahl der an PTBS Erkrankten, da ein Patient auch mehrere Behandlungskontakte haben kann. Trotzdem liegt die Dunkelziffer um ein Vielfaches höher, u.a., weil PTBS-Erkrankte nicht einsehen wollen, dass sie eine schwere seelische Verwundung erlitten haben – das gehört zum Krankheitsbild.

Lange Zeit wurde PTBS als ein Zeichen von Schwäche gedeutet, dabei entwickelt sie sich nicht wegen psychischer Labilität – auch bei psychisch gesunden und gefestigten Menschen kann sie entstehen.

Totstellen als Schutzfunktion

Zunächst ist es ein Versuch des Körpers zu überleben, erklärt Matthias Witt-Brummermann. Er ist Major der Reserve, Notfallseelsorger und leitender Psychologe der neurologischen Aatalklinik bei Paderborn. „Die traumatisierende Situation stellt eine Reizüberflutung dar. Das Gehirn muss irgendwie mit der Datenflut umgehen, Computer stürzen in solchen Situationen ab, bei einem Menschen ist es kaum anders. Die Daten können nicht mehr nach »Was ist wichtig?« und »Was ist unwichtig?« unterschieden werden. In einer solchen Stresssituation setzen die Grundfunktionen des Körpers ein, die sich bei unseren Vorfahren bewährt haben. Im Grunde genommen stellen sich dann folgende Fragen: Ist der Gegner stärker als ich oder nicht? Kann ich die Situation bewältigen? Habe ich irgendwelche Lösungstrategien? Entsprechend gibt es drei Handlungsmöglichkeiten: Ich greife an, ich flüchte, oder ich stelle mich tot."

Letzteres scheint das zu sein, wie Gehirn und Körper von Johannes Clair reagiert haben: Totstellen, bzw. Erstarren, vor allem unter Beschuss. „Die Totstellfunktion ist für einen Soldaten unter Beschuss etwas völlig Sinnvolles", erklärt Witt-Brummermann. „Denn ein Ziel, das sich bewegt, kann von einem Gegner leichter ausgemacht werden als ein Ziel, das mit einer Tarnkleidung versehen ist und sich vom Hintergrund nicht so leicht absetzt. Wenn sich der Soldat totstellt, also erstarrt, ist er ein nicht so leichtes Ziel."

Im Nachhinein versucht das Gehirn trotzdem die Informationen zu verarbeiten, was aber sehr schwierig ist, da es ihm während der Reizüberflutung nicht möglich war, sie sinnvoll abzulegen. „Die Informationen wurden nicht in eine vernünftige Raum-Zeit-Struktur eingebettet", sagt Witt-Brummermann. „Was geschah wann und wo? Diese Frage stellt sich das Gehirn immer wieder. Dadurch wird die traumatisierende Situation nicht begreifbar, nicht ablegbar, nicht integrierbar in das Universum der Lebenserfahrungen und Erlebnisse. Die entsprechenden Informationen werden immer wieder aufgerufen, sie sind sozusagen immer noch frei fluktuierend unterwegs. Sie müssen neu eingelesen und eingeordnet werden – und das löst die innere Unruhe aus."

Bundeswehr versuchte PTBS nicht zu thematisieren

Vor zehn Jahren war PTBS bei der Bundeswehr „ein Thema, das man nicht hoch aufhängen wollte", sagt Frank Eggen. Er war damals Webmaster von bundeswehr.de und kam dadurch häufig in Kontakt mit Soldaten, auch mit an PTBS erkrankten. „Früher wussten die nicht, an wen sie sich wenden konnten. Und viele fielen durchs Raster, weil sie erst nach ihrem Dienst merkten, dass sie erkrankt sind. Bei der Bundeswehr fühlte man sich für diese ehemaligen Soldaten dann nicht mehr zuständig."

Dass die Versorgung heute besser ist, liegt auch an Frank Eggen. Anfang 2008 lernte er auf einer Veranstaltung einen Afghanistan-Veteranen kennen, der ihm von seinem PTBS-Leid erzählte und von seinem Kampf mit Bundeswehr und Bürokratie. „Dem Soldaten wurde durch einen Anschlag das Gehör beschädigt, er brauchte ein Hörgerät. Bis er das bekommen hat, vergingen viele Monate. Beim Anschlag hatte er auch schwere Verbrennungen erlitten, und deswegen musste sein Badezimmer umgebaut werden. Bis sich da mal was tat... Dann drohte noch seine Dienstzeit zu enden und damit auch seine gesamte Fürsorge im Gesundheitsbereich. Da habe ich gedacht: So etwas darf doch wohl nicht wahr sein!"

Frank Eggen schuf die Initiative und Webseite www.Angriff-auf-die-Seele.de. Hier sammelte er alle Informationen, die ein psychisch erkrankter Veteran brauchte, um Hilfe zu bekommen. Die Seite entwickelte sich zur zentralen Anlaufstelle für PTBS-Erkrankte und deren Angehörige. Auch Reinhold Robbe, damals Wehrbeauftragter des Bundestages, stieß auf Angriff-auf-die-Seele.de. Er kontaktierte Frank Eggen, wurde Schirmherr der Webseite und setzte sich im Parlament für die Belange erkrankter Soldaten ein.

Ein Missgeschick bringt den Stein ins Rollen

Doch so richtig Bewegung in die Sache brachte erst ein Missgeschick des damaligen Verteidigungsministers Franz Josef Jung. Der behauptete am 12. Februar 2009 vor dem Deutschen Bundestag: „Wir haben eine anonyme Onlineberatung unter www.Angriff-auf-die-Seele.de eingerichtet."

Zufällig hatte Frank Eggen wenige Tage zuvor dem Spiegel ein Interview zu seiner Webseite gegeben, und so stand in der folgenden Ausgabe des Magazins, der Verteidigungsminister prahle mit einer Internet-Seite, die weder er noch die Bundeswehr ins Leben gerufen hatten:

„Die Seite ist eine Erfindung von Frank Eggen, einem Hauptfeldwebel im Militärbischofsamt, der das Projekt in seiner Freizeit entwickelt hat und betreut. Sechs Stunden verbringt Eggen täglich damit, E-Mails zu beantworten und Informationsmaterial zu verschicken – nach Dienstschluss. Die bundeswehreigene Internet-Seite www.Familienbetreuung-Bundeswehr.de mit Hilfsangeboten des Sozialdienstes, auf die Reservisten und ihre Angehörigen schriftlich verwiesen wurden, zeigt lange lediglich »Error«."[2]

Wenige Monate später rief die Bundeswehr eine Webseite ins Leben, die funktioniert. Und in den vergangenen Jahren ist noch weit mehr passiert, das Soldaten und Polizisten, die im Auslandseinsatz psychisch erkrankt sind, helfen soll. Allem voran eine verbesserte, teils neue Gesetzeslage. So gibt das Einsatzweiterverwendungsgesetz erkrankten Soldaten das Recht, von der Bundeswehr weiterbeschäftigt zu werden. Und das Einsatzversorgungsverbesserungsgesetz verbessert nicht nur die gesundheitliche und finanzielle Versorgung der betroffenen Soldaten, sondern auch die ihrer Angehörigen oder Hinterbliebenen.

Am 5. Mai 2010 nahm im Bundeswehrkrankenhaus Berlin das Zentrum für Psychiatrie und Psychotraumatologie seinen Betrieb auf. Es hat sich in Deutschland inzwischen als ein wichtiger Ort etabliert für die Forschung und Behandlung von PTBS. Einer der vom Psychotraumazentrum eingestellten Mitarbeiter ist Frank Eggen. Sein Wissen und Netz-

---

[2] Der Spiegel, Ausgabe 8/2009, S. 35.

werk, das er durch Angriff-auf-die-Seele.de gewonnen hat, bringt er jetzt im Zentrum ein. Er berät betroffene Soldaten und bringt sie mit Ärzten und Therapeuten zusammen.

Bundeswehr mit ihren psychisch erkrankten Soldaten überfordert

Trotzdem bezeichnet Hellmut Königshaus, von 2010 bis 2015 der Wehrbeauftragte des Deutschen Bundestages, in seinem letzten Bericht die Anstrengungen als „nicht optimal". Im Jahr 2014 haben sich 368 Einsatzsoldaten erstmals wegen psychischer Krankheiten behandeln lassen, davon 204 wegen PTBS. Das sind 25 Prozent Neuerkrankte mehr als 2013 – so viele wie nie. Königshaus vermutet, dass die Dunkelziffer bis zu zehn Mal höher liegt, dass also alleine 2014 mehr als 3.500 Bundeswehrsoldaten psychisch erkrankt sein könnten. Er bezieht sich dabei auf die Prävalenzstudie der Bundeswehr, der zufolge sich ein Jahr nach Einsatzende nur zehn bis zwanzig Prozent der psychisch Erkrankten therapieren lassen. Dazu im Bericht des Wehrbeauftragten: „Die Gründe für diese außerordentlich geringe Behandlungsquote lagen in verschiedenen Stigmatisierungsängsten der betroffenen Soldatinnen und Soldaten. Es wurden vor allem zwischenmenschliche und dienstliche Nachteile bei Vorgesetzten und Kameraden gefürchtet."

Und obwohl sich nur ein kleiner Teil der Soldaten behandeln lässt, ist die Bundeswehr mit ihren erkrankten Einsatzrückkehrern überfordert: „Im Übrigen sehen sich die Bundeswehrkrankenhäuser inzwischen einer Überbelegung der Betten in den Abteilungen Psychiatrie und Psychotherapie um 20 Prozent gegenüber. Auch die in Berlin und Hamburg eingerichteten ambulanten Tageskliniken haben im Rahmen der jetzigen Ausstattung gegenüber der Nachfrage zu geringe Behandlungskapazitäten. Wartezeiten von durchschnittlich etwa knapp zwei Monaten auf einen Behandlungsplatz in den Bundeswehrkrankenhäusern sind mittlerweile die Regel. Dies kann zu einer Chronifizierung eines bestehenden psychischen Leidens führen."

Ein an PTBS erkrankter Mensch muss über zehn Schatten springen, um über sein Leid reden zu können. Die Scham ist groß, das Gefühl von Schwäche, das Eingeständnis, schwer erkrankt zu sein. Mehr als einen Monat lang hatte ich nach einem Soldaten gesucht, der dazu in der Lage ist. Ich fand Johannes Clair. Im Januar 2015 verbrachte ich in Hamburg mehr als sechs Stunden mit ihm. Heraus kam ein Interview, das ich auf anderthalb Stunden gekürzt habe. In dem Film sind auch Videos enthalten, die Johannes Clair an der Front aufgenommen hat.[3]

Im Interview spricht Johannes Clair offen von seinem Einsatz in Afghanistan, von seiner Traumatisierung, von seiner Rückkehr und seinem Versuch, in Deutschland wieder Fuß zu fassen. Er erzählt von seinem Trigger-Erlebnis, das ihn erst zweieinhalb Jahre nach seinem Einsatz dazu veranlasst hat, zu einem Therapeuten zu gehen. Und er spricht von der Trennung von seiner Freundin, seiner Angst vor Kontrollverlust und von seiner Angst vor der Zukunft:

„Es war schlimm, wenn man keinen Schlaf fand, obwohl der Körper vollkommen ausgepowert war. Was ist diese Nacht geschehen?, fragte ich mich. Es war schon einige Male knapp gewesen. Was war diesmal anders? Mir fiel der Karfreitag wieder ein, an dem unsere Kameraden nicht so glimpflich davongekommen waren. Wie müssen sie sich gefühlt haben? Mir fiel die Hilflosigkeit wieder ein. Mir fiel ein, dass wir uns nicht einmal richtig hatten wehren können. Zu Statisten verdammt. Weil wir in einer engen Straße gefangen gewesen waren, weil es Durcheinander gegeben hatte, weil es zu viele von zu vielen Seiten waren. Vermutlich rettete uns unser Zusammenhalt. Das viele Training, ohne das wir wahrscheinlich wie die Grashüpfer durcheinander und ins feindliche Feuer gesprungen wären. Ich dachte an Mica. Er hatte unglaublichen Mut bewiesen. Es fühlte sich gut an, mit solchen tapferen Männern zusammen zu sein, sich auf sie verlassen zu können. Auch wenn nicht alles hundertprozentig geklappt hatte, hatte doch jeder in meiner Gruppe gewusst, was er zu tun hatte. Aber es war so knapp gewesen. Würden wir immer so ungeschoren davonkommen? Wir hatten heute Nacht das erste Mal unsere Überlegenheit eingebüßt. Ich spürte, wie nah wir dem Tod in dieser Nacht gekommen waren. Ich wurde wieder unruhig und spürte die Ursache: Der Krieg war nun endgültig in unseren Köpfen angekommen."[4]

---

[3] Das Interview ist im Februar 2015 auf Krautreporter.de in zwei Teilen erschienen.
[4] Johannes Clair, Vier Tage im November, S. 236

Das Leben mit PTBS: Ein Angehörigen-Tagebuch

von Tanja Malz

Es ist der April 2014, der alles verändert, an dem alles beginnt sich zu verändern. Es ist nicht DER Tag, auch nicht DER Moment… Nein, es ist ein Zeitraum. Und es beginnt schleichend. Eigentlich wussten wir es schon seit unserem ersten Treffen vor mehr als zwölf Jahren, aber so richtig darüber gesprochen hatten wir nie.

Wir, das sind mein Mann, unsere Kinder und ich. Vor zwölf Jahren haben mein Mann und ich uns kennen gelernt, verliebt, geheiratet. Es folgten Hund, Kinder und das eigene Haus. Seit der Kindheit war die Freiwillige Feuerwehr das größte Hobby meines Mannes, ein Job bei einer Berufsfeuerwehr immer sein Traum. Vor fünfzehn Jahren war er Sanitätsunteroffizier der Bundeswehr und wollte dort im Sanitätsdienst weiter aufsteigen, um in den Rettungsdienst oder die Feuerwehr zu wechseln. Nach vier Jahren und zwei Auslandseinsätzen im Kosovo war er für die Bundeswehr nicht weiter interessant. Im Abschlussbericht stand etwas von „weiterhin diensttauglich, aber Abklärung Verdachtsdiagnose PTBS". Nach einem kurzen Kuraufenthalt in Bad Zwischenahn wurde er unter Medikamenteneinnahme aus dem Dienst verabschiedet. Immerhin aber brachten ihn die Erfahrungen als Soldat zu seinem Traumberuf als ziviler Feuerwehrmann auf einer Militärbasis in Deutschland.

Im April beobachteten wir im Familienurlaub mehrere Eurofighter, die sich auf Übungsflügen befanden. Ich erinnere mich gut an den ohrenbetäubenden Lärm und die begeisterten Kinderaugen, als mein Mann den Kindern alle Details über die Maschinen erzählen konnte, denn auf dem Gebiet ist mein Mann Experte, mit Militär kennt er sich aus.

Nach dem Urlaub ging mein Mann dann nicht mehr zur Arbeit. Erst hatte er Rückenschmerzen, dann Magenprobleme, dann Schmerzen im Knie. Er zog sich immer mehr zurück, bis er schließlich einen Kurantrag stellte.

Bis hierhin dachte ich noch, er wäre einfach ein wenig überlastet. Stress am Arbeitsplatz, die finanzielle Verpflichtung mit dem Haus, Renovierungen und die Belastungen einer Familie – das geht schnell an die Substanz und ich glaubte, eine Auszeit täte ihm sicher gut. Aus dem ursprünglichen Kurantrag wegen Rückenproblemen und der Belastung als Familienvater wurde nach einem Gutachtertermin eine psychosomatische Kur. Es gab den Verdacht einer PTBS – Posttraumatische Belastungsstörung.

Sechs Wochen, sechs lange Wochen weit weg von zu Hause. Normalerweise kennen wir längere Trennungen, und so was macht mich nicht nervös, aber dieses Mal war es anders. In diesen langen Wochen der Krankschreibung hatte mein Mann sich verändert. Er war ungeduldig geworden und schnell gereizt, lebte zum Teil mehr neben uns als mit uns. Beruflich gab es die Möglichkeit aufzusteigen, doch er wollte dies nicht. Er ignorierte selbst die Freiwillige Feuerwehr an manchen Tagen. Aber was da genau im Gang war, das war mir nicht klar. Und so verabschiedete ich im Juli meinen Mann zur Kur mit einem fürchterlichen Gefühl im Bauch. Irgendetwas in mir sagte: Wenn er zurückkommt, ist nichts mehr so, wie es mal war. Irgendetwas passiert jetzt.

Es ist Ende Juli, drei Uhr nachts und ich sitze vor dem Computer. Was ist passiert? Mein Kopf und meine Gedanken fahren Achterbahn. Schaffe ich das, schafft unsere Familie das? Konnte ich das verhindern oder bin ich sogar Schuld? Stehe ich meinem Mann im Weg oder steht er uns im Weg? Innerhalb von einer Woche steht mein ganzes Leben auf dem Kopf. Zwei Wochen war mein Mann in der Kureinrichtung, die zwei Wochen waren ein Drama, zumindest für mich. Warum ging es mir so schlecht? Und warum konnte ich diese Gefühle abends am Telefon nicht verstecken? Mein Mann und ich telefonierten täglich. Anfangs sagte er, es ginge ihm gut dort. Es gäbe Gruppengespräche und er würde viel laufen. Aber ich konnte ihm das nicht glauben. Und warum fühlte ich mich so schuldig und allein gelassen? Ich fing an, vor den Gedanken weg zu laufen, war den ganzen Tag mit den Kindern unterwegs und powerte mich bis spät in die Nacht mit Sport aus. Aber ich konnte es nicht verheimlichen: Irgendetwas war nicht normal, irgendetwas passte nicht zusammen. In der zweiten Kurwoche erzählte mir mein Mann, dass die Jets des nahen Militärstützpunktes täglich über die Kurklinik donnern würden und ihn das nervös machen würde. Als ich ihm erzählte, dass es mir nicht gut ging und ich irgendwie ein ungutes Gefühl im Bauch hatte, winkte er ab. Er fragte nicht einmal nach. Vollkommen kühl und emotionslos. Das sah ihm nicht ähnlich, so kalt kannte ich meinen Mann nicht. Er war immer interessiert an uns als Familie, immer bemüht darum, dass es uns gut geht. Und nun? Was war nur los? Das war nicht mehr der Mann, den ich kannte. Warum waren wir ihm auf einmal egal? Dummerweise fragte ich nach…

    Innerhalb von zwei Tagen eskalierte die Situation, noch während der Kur. Ich bekam eine Nachricht von ihm, dass er morgen nach Hause käme. Ich solle ihn doch bitte vom Bahnhof abholen. Die bösen Vorahnungen der letzten Wochen… Was würde mich erwarten? Vorsorglich ließ ich die Kinder bei den Großeltern. Und das war auch gut so. Den Mensch, den ich vom Bahnhof abholte, erkannte ich nicht mehr wieder. Mein Mann trug auf einmal bunte Kleidung, nicht mehr das gewohnte Schwarz. Und er weinte und weinte. Er weinte, als er mich sah und er weinte, weil ich ihn abholte. Und wenn er nicht weinte, dann starrte er Luftlöcher. Er stand einfach nur da, rauchte und starrte. Seine Augen waren leer. Tief und leer. Er sprach von Bildern, die er immer wieder sehen würde. Bilder, die ihn verfolgen. „Tag und Nacht sind sie da und sie hören nicht auf." Ich bot ihm an, er könne mich nachts wecken, wenn ihn diese Bilder wieder einholen. Das tat er auch, meine Nähe beruhigte ihn. Meistens wurde ich von allein wach. Er schlief unruhig, wälzte sich hin und her, schreckte hoch und ließ sich wieder fallen. Das geht nun seit über einer Woche so. Und so ist es nun drei Uhr in der Nacht. Ich kann nicht mehr. Ich schlafe nicht mehr richtig, stehe immer auf Abruf. Ich schaue keine Nachrichten mehr, weil mein Mann die Bilder nicht erträgt. Wir unterhalten uns nicht mehr über aktuelle Weltgeschehnisse, weil er dann Angst vor einem neuen Krieg bekommt. Bei der Tageszeitung kann er die Titelbilder nicht mehr ertragen. Ich kann keine Krimis mehr sehen, weil mein Mann die Bilder nicht mehr erträgt. Die Kinder dürfen nicht mehr laut sein, weil er das nicht erträgt. Ich habe das Gefühl, in Ketten zu liegen. Alles was wir machen dreht sich nur noch um meinen Mann. Ein eigenes Leben für mich oder auch für die Kinder bleibt nicht mehr über. Und nun drehen sich meine Gedanken im Kreis. Schaffe ich das? Zerbreche ich, zerbricht meine Familie? Sollte er in eine Klinik, sollten wir erstmal ausziehen? Wie kann es weiter gehen, wie können wir weiter leben? An Arbeit als Feuerwehrmann ist nicht mehr zu denken, das ist mir schnell klar. Aber ist ihm das auch klar? Wie geht es weiter? Gibt es ein »weiter« überhaupt? Es ist nun vier Uhr. Ich kann trotzdem nicht schlafen. Manchmal wache ich nachts auf und zittere am ganzen Körper. Ich kann es nicht stoppen. Und es lässt mich nicht schlafen. Psychischer Tremor nennt sich das, wenn man so kurz vor einem völligen Zusammenbruch steht. Ich muss hier raus und kann es doch nicht.

Es ist nun Ende September und wir fangen an, mit den Veränderungen zu leben. Wie wir die letzten Wochen überstanden haben, das weiß ich nicht. Mir fehlt das Gefühl für Raum und Zeit. In der Zeit der Kur hatte ich recherchiert, im Internet und in den Entlassungsbriefen, die mein Mann vor fünfzehn Jahren von der Bundeswehr erhalten hatte. Was war damals passiert? Als ich meinen Mann vor zwölf Jahren das erste Mal traf, hatte er gerade seine Dienstzeit bei der Bundeswehr beendet. Es ging ihm damals nicht gut, er hatte Probleme, das Erlebte zu verarbeiten, und nahm Schlaftabletten, um ruhig schlafen zu können. Beruhigungstropfen und Schlaftabletten waren sein ständiger Begleiter. Den Antrag auf Anerkennung einer Wehrdienstbeschädigung hatte man damals abgelehnt. Einspruch hatte er nicht eingelegt, auch nicht einlegen können in der gesundheitlichen Verfassung. Über unser Kennenlernen ging es ihm besser, die Schlaftabletten und auch die Beruhigungstropfen verschwanden. Die Nächte schlief er meist ruhig. Eigentlich war doch alles wieder in Ordnung, dachte ich. Was aber genau bei den Auslandseinsätzen der Bundeswehr passiert war, das wusste ich nicht. Was war eigentlich das Problem? Warum konnte er nicht schlafen? Welche Bilder verfolgten ihn? Was verfolgte ihn damals und was davon ist jetzt wieder zurück? Ich wusste, dass er in Gefechtssituationen war. Eigentlich ging ich davon aus, dass die Gefechte und der Gebrauch der Waffe das Problem waren. Aber in den Akten stand etwas ganz anderes. Mein Mann war auch an der Identifizierung von Leichen beteiligt. Er half bei der Identifizierung und Zuteilung von grausam verstümmelten Leichenteilen. Knochen und Körperteile von Männern, Frauen und Kindern, die in den blutigen Auseinandersetzungen zwischen Bevölkerungsgruppen ermordet worden waren. Diese Bilder waren es, die ihn damals nicht mehr schlafen ließen. Ich musste unweigerlich an meine Oma denken und die Geschichten, die sie mir immer erzählt hatte. Sie war in den Zeiten des Zweiten Weltkrieges als Kind geflüchtet und hatte mir viel von dieser Zeit erzählt. Ich weiß, Krieg hat keine Gesetze und keine Sitten. Krieg ist grausam für alle Beteiligten. Und kaum einer der jungen Soldaten wusste in den 1990ern, was ihn bei Auslandseinsätzen erwartet. Vielleicht wusste niemand mehr so genau, was ihn im Krieg erwartet.

Also fingen wir nun an zu reden. Anfangs redete nur ich. Meine Oma hatte mir von Leichen am Straßenrand erzählt, die überall lagen. Und dass sie als Kind häufig Kleidung von getöteten oder verhungerten Menschen trug, weil sie selbst nichts anderes mehr hatte. Mit dieser Beschreibung öffnete ich irgendwie meinen Mann, und er erzählte von seinen Bildern. Von ermordeten und zerstückelten Frauen und Kindern. Von Bestien, die das angerichtet hatten. Er erzählte, dass er nicht verstehen konnte, wie Menschen so etwas tun können. Menschen seien böse. Er erzählte von dem Geruch von sickerndem Blut, dem Geruch von verbrannter Haut und den Geräuschen im Gefecht. Ich versuchte immer wieder mit viel Fingerspitzengefühl, zu hinterfragen, wie er sich gefühlt hat, damals und wie sich das heute anfühlt. Eigentlich weiß ich selber nicht, ob ich diese Erzählungen verdauen kann. Aber darüber will ich in diesen Momenten nicht nachdenken. Er sagte auch, dass er diese Bilder der Psychologin in der Kur erzählt habe, worauf diese anfing zu weinen. Die Reaktion habe ihn verunsichert und er wollte darum nicht weiter mit der Psychologin darüber reden. Aber ich kann diese Erzählungen irgendwie ertragen, und so saßen wir an einem Abend zwei Stunden im Bad auf dem Fußboden und redeten. Seine Augen waren an diesem Abend nicht leer, ich hatte das Gefühl, er konnte die Bilder beschreiben und ein wenig steuern.

Und mein Mann redete viel: Von schrecklichen Bildern und dem Adrenalin, wenn man ein Gefecht unbeschadet überlebt hatte. Er erzählte, wie man sich gegenseitig hoch geschaukelt hatte und mehr und mehr in die Welt eines Krieges eingetaucht war: „Ein Leben, an dem jeder Tag der letzte sein kann. Tage, an denen man nicht weiß, welche der Kameraden heile wieder zurückkommen werden. Immer einsatzbereit, immer kampfbereit, immer bereit zu sterben. Da muss man mit sich ausmachen, wer der Böse und wer der Gute ist. Auf welche Seite man sich stellen will. Wenn ich nicht schieße, dann tut er es. Wenn ich nicht töte, dann tötet er mich. Und dann ist die Zeit um, dann kommt man nach Deutschland zurück. Der Körper voll mit Adrenalin, hinter jeder Ecke könnte ein Feind lauern. Menschenmassen sind zu meiden, bekannte Wege auch. Aufpassen, dass man nicht in einen Hinterhalt gerät." Das ist das Adrenalin, sagt mein Mann, und dass es sich nicht bei allen gleich abbaut. Man kann nicht begreifen, in Sicherheit zu sein. Gibt es überhaupt Sicherheit?

Diese Bilder verfolgten ihn damals, und sie sind nun zurück. In der Aktennotiz der Bundeswehr von damals heißt es: „Verdacht PTBS, nähere Abklärung erbeten." Im Entlassungsbrief der Bundeswehr steht etwas von „leichter Anpassungsstörung, aber weiter diensttauglich." Haben wollte man ihn aber nicht mehr. Eine entsprechende Dienstzeitverlängerung wurde abgelehnt. „Wie ausgenutzt und weggeworfen, unbrauchbar", so beschreibt mein Mann es.

Und so stand mein Mann vor 15 Jahren da: Die Bundeswehr fühlte sich nach seinem Ausscheiden nicht mehr zuständig und die zivile Psychiatrie wollte sich nicht um Schädigungen aus der Bundeswehrzeit kümmern. Seine Familie konnte nicht verstehen, was passiert war. Darüber reden durfte er nicht. „Hier, du ziviles Leben, hier hast du mich wieder, aber ich kenne dich nicht mehr."

Im Verlauf unseres Kennenlernens hatten sich diese heftigen Symptome in Luft aufgelöst. Ich kannte meinen Mann auch nicht anders. Er saß im Café grundsätzlich mit Blick zur Straße, das war einfach so. Das hat nie jemand hinterfragt. Heute weiß ich mehr. Heute weiß ich, dass er die Straße beobachten muss und sich unsicher fühlt, wenn er seine Umgebung nicht absichern kann. Heute weiß ich, dass er Angst hat, in einen

Hinterhalt zu geraten. Mitten in Deutschland. Große Menschenmassen kann man schlecht kontrollieren. Nun verstehe ich mehr.

Jetzt ist es Oktober und wir fangen an zu kämpfen. Freunde und Familie haben mich gestärkt, ich bin bereit zu kämpfen. Und ich ziehe meinen Mann mit. Ich habe recherchiert und eine Psychologin gefunden, die sich mit PTBS auskennt. Mein Mann hat das Angebot dankend angenommen. Über die berufliche Zukunft haben wir auch gesprochen. Mein Mann will keine zerfetzten Menschen mehr sehen und auch kein Militär. Das kann er festlegen. Entscheidungen kann er im Moment aber nicht treffen. Als Feuerwehrmann und begeisterter Freiwilliger Feuerwehrmann bedeutet das erstmal, dass er nicht arbeiten kann.

Sein Hausarzt unterstützt ihn zum Glück sehr, er unterstützt eigentlich die ganze Familie, hört viel zu und steht uns rund um die Uhr zur Verfügung. Wir haben über eine berufliche Neuorientierung und eine Umschulung gesprochen, das gibt meinem Mann eine neue Perspektive. Er muss sich nicht mehr zur Arbeit quälen, wir schaffen das. Inzwischen sagt er, er habe sich schon lange nicht mehr wohl gefühlt mit seiner Arbeitsstelle. Warum hatte er nur nie etwas gesagt?

Nach und nach erfahren nun auch Freunde und Kollegen von seiner Krankheit und die Reaktionen sind meist positiv. Die meisten bieten ihre Hilfe an, wissen jedoch nicht recht, wie sie mit der Krankheit umgehen sollen. Die Kinder sind leider immer noch sehr verunsichert und wissen nicht recht, wie sie mit Papa umgehen sollen. Sie verstecken manchmal die Titelseiten der Tageszeitung, damit der Papa die Bilder vom Krieg in Syrien nicht sehen kann. Hören sie Militärmaschinen am Himmel, dann gehen sie mit dem Papa rein. Und sie verhalten sich sehr ruhig, versuchen nicht laut zu sein. Sie wollen Papa nicht erschrecken und ihn nicht reizen.

Wir haben erneut einen Antrag auf Wehrdienstbeschädigung gestellt, der zweimal unauffindbar bei den Behörden war. Ich habe den Behörden gedroht, an die Öffentlichkeit zu gehen, da tauchte er auf, aber es passiert nichts. Es bleibt ein Kampf, ein Kampf mit den Behörden zur Anerkennung, zur Umschulung, zur Rehabilitation. Nichts läuft automatisch. Die Krankenkasse wollte helfen, ist aber aufgrund der langen Einzahlungszeit nicht zuständig. Die Rentenkasse stellt die Kausalitätsfrage: War die Bundeswehr der Auslöser oder die Feuerwehr? Und weiterhin gibt es keine offizielle Diagnose. Wie soll das ein Mensch mit einer Erkrankung schaffen? Wie soll das einer allein schaffen? Wie soll das jemand ohne Unterstützung schaffen? Es bleibt mir ein Rätsel.

Mein Mann und ich treiben nun zusammen Sport, zum Entspannen, zum Auspowern und um sich abzureagieren, denn beim Sport öffnet er sich und redet. Ich fühle mich dann nicht so hilflos und habe das Gefühl, mehr zu verstehen. Außerdem schauen wir kaum mehr Fernsehen, zu viele Tote.

Im Rahmen der psychologischen Unterstützung führt er ein »Flashback-Tagebuch«. Er schreibt auf, wann und wie häufig er Flashbacks erlebt. So versucht er gemeinsam mit der Psychologin, die Auslöser zu identifizieren. Anfangs waren es vier bis fünf Flashbacks am Tag, fast ausschließlich, wenn er allein war. Auslöser waren oft Flugzeuggeräusche. Einmal berichtete er von einem toten Fuchs beim Laufen im Wald, der durch seinen Verwesungsgeruch einen Flashback auslöste. Innerhalb der letzten vier Wochen sind die Flashbacks weniger geworden, nun sind es drei bis vier pro Woche. Leider ist die Aufnahmephase der Psychologin immer noch nicht abgeschlossen, eine Diagnose gibt es also noch nicht. Bisher hat mein Mann noch niemanden gefunden, der ihm eine PTBS-Diagnose bescheinigen kann. Es bleibt bei einer Verdachtsdiagnose.

Wir haben Dezember und es ist viel passiert. Zwischen meinem Mann und seiner Psychologin kam es zum Vertrauensbruch. Sie reagierte schockiert, als sie hörte, dass er aktiv am Straßenverkehr teilnimmt, und meinte, er sei dazu nicht in der Lage. Mein Mann dagegen fühlte sich dem gewachsen und vollkommen falsch verstanden. Er sagte daher alle weiteren Termine ab. Leider reagiert die Psychologin nicht, nimmt keinen Kontakt zu ihm auf, um diese Sache zu klären. Damit ist die Therapie nun also abgebrochen. Und natürlich gibt es keine Diagnosestellung, keinen Fachbrief, nichts.

Vor einigen Wochen hatte ich von dem Buch der evangelischen Militärkirche gehört, in dem Kindern eines PTBS-erkrankten Vaters die Krankheit erklärt wird. Ich habe es bestellt, und es ist inzwischen angekommen. Es hat mir und den Kindern gut weitergeholfen. Den Kindern konnte ich erklären, dass sie ruhig laut sein können und sich nicht verändern müssen. Und mir wurde diese Veränderung der Kinder, das leise sein, erst durch das Buch richtig bewusst. Ich habe gemerkt, dass wir uns wie auf rohen Eiern bewegen und immer in der Angst leben, aus Versehen etwas Falsches zu sagen oder zu tun, und damit einen Flashback auslösen könnten.

Im Rahmen meines Studiums haben wir Masken gebaut und meine Gesichtsmaske hat mein Inneres – die Zerrissenheit – sehr ausdrucksvoll zum Vorschein gebracht. Ich habe nicht geglaubt, wie tiefgreifend die

Ereignisse in der Familie mich verändern. Letzten Monat habe ich ehrenamtlich bei dem Aufbau einer Flüchtlingsunterkunft geholfen. Als wir dort die ersten Familien willkommen hießen, waren sie wieder da. Diese leeren, starrenden Augen, die man bei traumatisierten Menschen vorfindet. Ich habe das Gefühl, diese Augen verfolgen mich in meinem Alltag. Überall sehe ich traumatisierte Menschen. Diese leeren Augen werde ich nie wieder vergessen können. Es sind dieselben Augen, die nun auch mein Mann so oft hat.

Er hat nun eine neue Arbeitsstelle, befristet bis Weihnachten, und fühlt sich dort mit seinen neuen Aufgaben recht wohl. Seine alte Arbeitsstelle hat er einmal kurz allein besucht, um dort zu kündigen und seine Sachen zu holen. Er sagt, ihm war mulmig beim Einfahren in das Gelände, aber mit dem Wissen, jederzeit wieder gehen zu können, war es auszuhalten. Ist Besserung in Sicht?

Jetzt ist es Januar, nächsten Monat werde ich mit meiner Familie für ein halbes Jahr studienbedingt nach Schweden gehen. Mein Mann wird uns begleiten. Die Planungen hierfür lenken uns alle ab, die Krankheit ist jetzt nur noch ein Schatten. Bei vielen Aussagen meines Mannes kann ich nicht einschätzen, ob ER das ist oder seine Krankheit. Was denkt er wirklich, was möchte er? Es fällt mir sehr schwer, eine Grenze zu ziehen, so groß sind die Veränderungen. Der Mann, den ich jahrelang kannte, hat sich verändert. Früher hat er gern Kriegsfilme und Reportagen über politische Themen geschaut. Sport war nie ein großes Thema. Heute schaut er kaum noch Fernsehen und treibt viel Sport. Früher trug er meist schwarze Kleidung, heute trägt er Bunt. Und ich frage mich so oft, was der »echte« Partner ist? Ich kann ihn nur schwer einschätzen und hoffe sehr, dass unsere Beziehung die Zeit im Ausland übersteht. Entscheidungen kann er nicht mehr treffen, das überfordert ihn. Er sagt, ich soll entscheiden. Er kann sich auf nichts festlegen. Hoffentlich geht alles gut. Er kann zurück nach Hause, wann immer er will. Wir lassen ihm völlig freie Wahl, aber auswählen und Entscheidungen treffen kann er eigentlich nicht. Es ist verzwickt.

Nun ist es April, und unsere Liebe und das Vertrauen ineinander ist so stark wie nie. Wir bleiben zusammen und wir schaffen das! Wir haben so viel geschafft, uns kann nicht mehr viel aus der Bahn werfen. Der Aufenthalt im Ausland hat uns alle unglaublich gefordert. Die Stimmungen gingen in den ersten sechs Wochen auf und ab. Es ist eine kaum zu beschreibende Herausforderung, sich einer fremden Sprache und Mentalität zu stellen, sich gegenseitig bei Heimweh zu stützen und seine eigene Identität zu finden. Er sagt, er kann sich hier frei bewegen und wieder Entscheidungen treffen. Er hat wieder gewagt, zu träumen und seine Träume auszuleben. Es lauern hier nicht so viele Gefahren und nicht so viele Menschen. Niemand kennt ihn als kranken Menschen, niemand kennt seine Vergangenheit, und niemand hat ihn so krank gesehen. Eine Therapie wird wohl weiterhin ausbleiben. Niemand fühlt sich für einen ehemaligen Soldaten so richtig verantwortlich. Zuständigkeitsregelungen finde ich nicht. Von den ganzen Anträgen haben wir immer noch nichts gehört. Keine Anerkennung der Wehrdienstbeschädigung, keine Reaktion auf den Umschulungsantrag.

Er redet nun nicht mehr so oft über die Zeit des Zusammenbruchs, und er treibt auch keinen Sport mehr. Er trägt auch wieder vorwiegend schwarz und möchte nächste Woche eine Reportage über die Bundeswehr sehen. Entscheidungen zu treffen, fällt ihm immer noch schwer. Aber er ist wieder etwas mehr wie früher, nur ist das nun eigentlich der kranke oder der gesunde Partner? Hat er sich wieder gefangen oder zieht er sich wieder zurück? Werden diese Fragen mich nun mein restliches Leben begleiten? Ist der ruhige und zurückhaltende Mann, den ich zwölf Jahre erlebt habe, der echte Partner oder ist es der Sportliche und Emotionale? Wen habe ich da an meiner Seite? Was ist Krankheit und was ist Charakter? Und wie weit hat die Krankheit seinen Charakter geformt? Ich weiß es nicht, und ich werde es wohl nie erfahren. Die Krankheit ist da, und sie ist unser ewiger Begleiter. Sie ist seit unserem ersten Treffen eigentlich unser stiller Begleiter. Es gibt eine Zeit vor der Bundeswehr und eine Zeit nach der Bundeswehr. Aber die Zeit vorher kenne ich nicht. Ich nehme die Krankheit langsam als Teil seines Charakters an. Er ist er, so wie er ist! Und wieder fällt mir meine Oma ein, die heute schwere Demenz hat und immer wieder zurückfällt in die Kriegstraumatisierung. Heute kann sie nicht mehr strukturiert und dosiert von ihren Erlebnissen erzählen, heute überrennen sie die Eindrücke von damals. „Die Menschen sind nur das, was das Leben aus ihnen gemacht hat", hat sie früher immer gesagt: „Respektiere sie, so wie sie sind!" Vermutlich wird mir niemand auf der Welt meine Fragen beantworten können. Das, was mein Mann gesehen, gerochen und erlebt hat, hat aus ihm den Menschen gemacht, der er ist. Den, in den mich damals verliebt habe. Und wenn ich meine Oma das nächste Mal sehe, dann werde ich wieder ihre Hand halten und sie mit ihren Geschichten respektieren, so wie sie heute eben ist. So wie ich auch meinen Mann respektiere! Das Erlebte lässt sich nicht abschalten und vergessen, es ist ein Teil von uns und wir müssen es annehmen.

Während ich diesen Beitrag für die unsichtbaren Veteranen schrieb, habe ich mir Gedanken zu dem heutigen Veteranenbild gemacht. Was ist eigentlich ein Veteran? Und wie wird damit heute in Deutschland umgegangen? Wenn ich das Wort „Veteran" höre, dann denke ich in erster Linie an amerikanische Soldaten und Heldenepos. Amerika oder amerikanische Filme, die besonders nach den Ereignissen des Vietnamkriegs den Fokus auf die Heimkehrer legten, haben mein Bild eines Veteranen geprägt. Aber ist das Bild richtig? Für mich sind Veteranen keine Helden. Sie sind Menschen. Und Veteranen sind nicht automatisch Soldaten, es sind auch Personen aus Rettungsdiensten, Polizei, Feuerwehr und auch Bürgerkriegskämpfer und Menschen in den sozialen Berufen. Ein Veteran ist eigentlich ein Mensch, der in höherem Auftrag handelt. Er entschließt sich mit seinem eigenen Willen, diesen Auftrag anzunehmen, um anderen Menschen zu helfen. Er wird an dem Moment zu einem Veteran, an dem er bei der Ausführung seines Auftrages körperliche oder seelische Schäden erleidet. Dabei ist es unerheblich, ob der Auftrag erfolgreich war oder bereits abgeschlossen wurde. Einen relevanten Schaden erleidet ein Mensch immer dann, wenn die Folgen einer Erkrankung ihn an der von ihm gewünschten Ausübung seines Lebens hindern.

In Deutschland treffe ich immer wieder auf die Meinung, dass ein Veteran doch wusste, auf was er sich einlässt. Aber kann das ein Mensch wirklich immer wissen? Kann man auf unkalkulierbare Ereignisse vorbereitet werden? Kann man messen und einschätzen, wie stabil ein Mensch ist und im Laufe seines Auftrages bleiben wird?

Ich wünsche mir, dass der Bund Verantwortung übernimmt, und Einrichtungen wie der Bund Deutscher EinsatzVeteranen als staatliche Einrichtung geführt werden. Eine so wichtige Aufgabe kann nicht ehrenamtlich erfüllt werden, sie ist staatliche Aufgabe!

Wenn die Worte fehlen

von Karen Haak

Etwa 2.950 deutsche Soldaten waren im Februar 2016 in Auslandseinsätzen eingesetzt. In Afghanistan und im Kosovo, im Mittelmeer und am Horn von Afrika, in Mali und im Nordirak und in einigen weiteren Gebieten der Welt leisten Kameraden von Heer, Luftwaffe und Marine ihren Dienst. Dieser bringt im Alltag sehr unterschiedliche Herausforderungen mit sich, ist aber stets und überall fordernd. Wenn die Soldaten Deutschland verlassen, dann gehen auch Väter und Mütter, Ehemänner und Ehefrauen, Töchter und Söhne. Sie hinterlassen Lücken im Alltag derjenigen, die in Deutschland bleiben. Und manchmal kommen sie zurück und nichts ist mehr so, wie es einmal war.

Dieser Beitrag erzählt die Geschichte von Cynthia, die zwei Töchter hat und einen Mann, der drei Mal im Einsatz war. Es ist die Geschichte von Carmen, deren Mann zum ersten Mal in einem Einsatz ist und die die Stille mit Aktivität füllt. Es ist die Geschichte von Geraldine, die im Internet eine Plattform für Soldatenfrauen geschaffen hat. Und es ist die Geschichte von Melanie, die zwei Einsätze in Afghanistan geschafft hat und der es nicht mehr gelingt, den Weg zurück zu ihrem Mann zu finden. Wenn wir über Veteranen sprechen, müssen wir auch über die sprechen, die an ihrer Seite stehen.

Melanie: Vorkriegszeit

Es ist drei Uhr an diesem Morgen im Januar 2015. Melanie, Oberstabsarzt, hat die ganze Nacht nicht geschlafen. Endlich steht sie auf und beginnt zu schreiben. Sie schreibt von sich. Aber vor allem von ihm. Und dem, was zwischen ihnen ist und einmal war. Sie schreibt vom Einsatz, von den vielen Telefonaten und den vielen, vielen Briefen. Und sie schreibt von der Vorkriegszeit:

„»Du warst mir näher, als du weg warst.« Ich weiß nicht mehr genau, wann ich diesen Satz von dir das erste Mal gehört habe. Er tat und tut immer noch weh. Ich verstehe es und verstehe es doch nicht. Mit »weg« meinst du die Zeit, als ich zum zweiten Mal innerhalb eines Jahres in Afghanistan war; weit, weit weg von zu Hause. Das warst du für mich: weit, weit weg. Unerreichbar, auch wenn wir – falls ich im Feldlager war – täglich, oft sogar mehrmals und zu allen möglichen Zeiten und Unzeiten telefoniert haben. Du hast mir Briefe geschrieben. Jeden Tag einen und diese auch fast jeden Tag in den Briefkasten geworfen. Ich habe sie dann immer der Reihe nach sortiert und einen nach dem anderen in einer möglichst ungestörten Ecke gelesen, mich gefreut, an deinem Leben daheim teilhaben zu können. Auch ich habe dir fast jeden Tag geschrieben, selbst wenn wir draußen, sprich außerhalb des Feldlagers, unterwegs waren. Nur mit dem Abschicken war ich pragmatischer und habe Briefmarken gespart. Einmal die Woche, bevor der wöchentliche Postflieger kam, musste reichen. Du hast mir alles erzählt: Deine Sorgen und Freuden, von deiner Arbeit, Bekannten und von zu Hause. Ich habe dir auch viel erzählt, aber nicht alles. Schließlich warst du weit weg, konntest mich nicht in den Arm nehmen, um zu trösten, und ich konnte nicht sehen, wie du reagierst, wenn ich nicht so schöne Dinge oder Dinge, die mir Angst machten, erzählte. Denn ich konnte nicht bei dir sein, um dir zu zeigen, dass es mir trotzdem damit gut ging, wenn ich es dir erzählen würde. Für mich warst Du so unendlich weit weg. Ich konnte nicht bei Dir sein, als deine Oma gestorben ist. Ich fühlte mich so hilflos, weil ich so weit weg war und dir nicht helfen konnte. Ich konnte dir nicht beistehen, lagen doch Tausende von Kilometern zwischen uns. Und trotzdem sagst du mir, ich sei dir näher gewesen, als ich weg war... Wie gerne würde ich die Zeit um sieben – oder besser noch acht Jahre zurückdrehen. Zurück in unsere unbeschwerte Vorkriegszeit, als die Welt noch nicht aus den Fugen geraten war."

Die Zeit vor dem Krieg beginnt für Melanie vielleicht mit dem Eingangstest an der Offizierbewerberprüfzentrale in Köln. Zuvor war der Krieg für sie lediglich in den Nachrichten und Geschichtsbüchern zu finden. „In der Schule hatte wohl niemand damit gerechnet, dass gerade ich einmal Soldatin werden würde", erzählt sie und lachelt bei dem Gedanken daran. Melanie hatte Medizin in München studiert. Nach ihrem Abschluss arbeitete sie in verschiedenen Fachbereichen wie der Chirurgie, der Inneren Medizin und der Forensik.

Als die Bundeswehr als Arbeitgeber überhaupt in Melanies Blick geriet, war sie bereits seit fünf Jahren mit Ulrich verheiratet. Die beiden hatten sich im Rettungsdienst während Melanies Medizinstudium kennen gelernt. Wie bei jedem Pärchen gibt es eine Geschichte zum Kennenlernen, die Melanie mit leuchtenden Augen erzählt. Dazu nur so viel: Während der gemeinsamen Fahrten auf dem Rettungswagen hatten sich viele gute Gespräche ergeben.

Ihren Dienst tritt Melanie am 2. November 2006 an. Als Seiteneinsteigerin wird sie als Stabsarzt eingestellt. Statt einer regulären Grundausbildung durchläuft Melanie einen 14-tägigen Einweisungslehrgang mit eher theoretischen Inhalten. Danach tritt sie direkt ihre erste Verwendung als

Truppenärztin in Stetten am kalten Markt an. Von nun an ist sie Wochenendpendlerin. Sie lernt die Wiedersehensfreude kennen, die sich nach der »NATO-Rallye« am Freitagnachmittag einstellt, und auch den wöchentlichen Abschiedsschmerz am Sonntagabend. „Natürlich ist die Trennung schwierig, aber dadurch wird die gemeinsame Zeit am Wochenende umso kostbarer", erzählt Melanie. Der Dienst macht ihr Freude, sie kommt gut mit den Kameraden in weiß und grün zurecht, und wahrscheinlich sind diese Monate das, was Melanies Mann Jahre später »die Vorkriegszeit« nennen wird.

Vereidigt wird die Stabsärztin ganz unspektakulär. Sie spricht den Eid im Dienstzimmer ihres Vorgesetzten. Es gibt kein großes Antreten im Dienstanzug, kein General hält eine Festrede, kein Musikkorps spielt die Nationalhymne. Wenig später erhält Melanie die Nachricht, dass sie in etwa zehn Monaten in den Auslandseinsatz nach Afghanistan gehen soll. In Feyzabad soll sie in einem beweglichen Arzttrupp (BAT) ihren Dienst versehen. Ein BAT hat in etwa die gleiche Besetzung wie zivile Notarztwagen und soll die Erstversorgung bei Notfällen sicherstellen. „Die Nachricht von der Kommandierung nahm ich gefasst auf, vielleicht auch, weil mein Bild vom Einsatz stark durch die mediale Berichterstattung geprägt war", erzählt Melanie. Schulen bauen und Brunnen bohren also.

In militärfachlichen und taktischen Dingen ist die Seiteneinsteigerin unerfahren. Von Stetten aus wird sie auf drei Lehrgänge geschickt: Basisausbildung, ZA-EAKK und MedEvac-Ausbildung. Jeweils eine Woche. „Ich war zuversichtlich, dass das passen wird", sagt Melanie wage über ihre sanitätsdienstliche Ausbildung.

Monate später ist es dann so weit und ihr Mann bringt Melanie zum Flughafen Köln-Bonn. Zu diesem Zeitpunkt engagiert sich Deutschland bereits seit sieben Jahren militärisch in Afghanistan. Von Jahr zu Jahr hat der Bundestag das politische Mandat für den ISAF-Einsatz ausgeweitet und das deutsche Kontingent aufgestockt. Die Bundeswehr ist im Norden des Landes eingesetzt. Feyzabad selbst liegt in der nordöstlichsten Provinz, Badakhshan.

Am Flughafen in Köln-Bonn darf der Flieger nicht starten. Es gibt keine Überfluggenehmigung für Aserbaidschan. Das Ehepaar fährt gemeinsam wieder nach Hause. Beim zweiten Anlauf hat Ulrich keine Zeit, um Melanie wieder persönlich zum Flughafen zu bringen. Deswegen übernimmt die Einheit den Transport. Der Fahrer kommt einige Zeit zu früh, so bleibt nur eine halbgegessene Leberkaassemmel liegen. Melanie muss los.

„Eigentlich hatten wir alles besprochen", erzählt Melanie, „den ganzen Papierkram, Patientenverfügung und auch, dass ich vielleicht nicht mehr wiederkomme. Aber wir hatten nicht besprochen, was dann passieren würde. Und seine letzte Erinnerung an mich wäre – das hatte er mir später gesagt – das Bild von einer halbgegessenen Leberkaassemmel zu Hause auf dem Tisch." Die Stimme der Oberstabsärztin bricht angesichts der Absurdität der Szene.

Cynthia: Plötzlich allein

Im August 2011 bringt Cynthia ihren Mann zur thüringischen Kaserne. Von dort wird er zu seinem ersten Einsatz aufbrechen. „Zu Hause habe ich dann erst einmal nur geheult", erzählt die heute 24jährige. Zum Abschiednehmen war wenig Zeit geblieben. Am Dienstag hatte der Soldat erfahren, dass seine Einheit zur Verstärkung in den Kosovo muss, am Freitag ging es schon los. Die Zwischenzeit waren voller Vorbereitungen und organisatorischen Details, auch versicherungstechnischen Gedanken für den Ernstfall. „Ich hatte mich nie damit beschäftigt, wie es wäre, wenn er in den Einsatz muss. Ich muss es wohl völlig verdrängt haben", sagt sie rückblickend.

Ohne Mann ist plötzlich alles viel schwieriger für die junge Mutter, die Vollzeit arbeitet. Die Tochter Nelly ist gerade einmal zwei Jahre, als ihr Papa in den Einsatz muss. Normalerweise hat er sie immer von der Kindereinrichtung abgeholt. „Ohne die Unterstützung meiner und seiner Familie wäre ich völlig aufgeschmissen gewesen. Sie haben mich immer zu 100 Prozent unterstützt und standen zu 200 Prozent hinter mir", erzählt Cynthia. Der Einsatz erzeugt aber auch positive Gefühle. „Mein Papa ist im Kosovo", kräht Nelly stolz an der Kasse vom Supermarkt, als sie nach ihrem Vater gefragt wird.

Einmal pro Woche sprechen die Eltern über den Nachrichtendienst Skype miteinander. Oft ist die Verbindung instabil, und auch ansonsten muss sich das Paar erst an die neue Realität des Einsatzes herantasten. „Es war total komisch, ihn nur über den Bildschirm zu sehen", versucht Cynthia zu beschreiben. Am Anfang kommt das Gespräch zwischen den beiden gar nicht in Gang. Als die Kleine ihren dritten Geburtstag hat, wird sie von Mama und Papa geweckt. Cynthia hatte den Laptop mit ins Schlafzimmer genommen. Nelly verträgt die Trennung nicht gut. Jede Nacht schläft sie im Bett der Eltern, weil sie in ihrem eigenen Zimmer gar nicht zur Ruhe kommt. Jede Nacht nässt sie ein. Es ist eine schwere Zeit.

Manche Leute begreifen den Kosovo-Einsatz als Erholungsurlaub im Vergleich zu Afghanistan. Das macht Cynthia richtig wütend: „Das ist einfach totaler Unsinn." Über Skype hatte ihr Mann erzählt, dass seine Kameraden und er demnächst Barrikaden räumen müssten. Tags darauf hört sie in den Nachrichten, dass genau dabei deutsche Soldaten verletzt worden seien. „Ich war krank vor Angst, bin durch die Wohnung gelaufen und konnte keinen klaren Gedanken fassen." Endlich ruft sie die Nummer vom Familienbetreuungszentrum an, das rund um die Uhr besetzt ist. Doch dort weiß man noch gar nichts von den Vorfällen. 30 Minuten später kommt die Entwarnung. Alle Angehörigen von verletzten Soldaten waren bereits verständigt worden. Cynthia hatte niemand informiert.

Der Alltag in Thüringen geht weiter. Wenig später ist die Waschmaschine kaputt. Keine Kleinigkeit für die Mutter, die täglich die Bettwäsche wechseln muss. Und auch keine alltägliche Anschaffung, über die Cynthia nicht alleine entscheiden will. Sie schreibt ihrem Mann eine SMS: „Soll die Waschmaschine wieder einen integrierten Trockner haben?" Sie bekommt keine Antwort. Ihr Mann ist in ein Gefecht verwickelt. Eines von vielen. Die beiden trennen nicht nur hunderte Kilometer, sondern ganze Welten.

Er kommt heil wieder nach Hause. Sofort kann die Tochter wieder durchschlafen, der Alltag normalisiert sich. Hat sich ihr Mann verändert? „Das hat er selbst mich sogar schon gefragt", gibt Cynthia zu. „Er ist ruhiger geworden. Zurückgezogener. Statt sich mit Freunden zu treffen, bleibt er lieber zu Hause."

2013 heiraten Cynthia und ihr Mann. Eine Woche, bevor er in seinen zweiten Einsatz nach Afghanistan muss. Es ist eine tränenreiche Hochzeit, die von Cynthias Sorgen überschattet ist. „Man hatte so viel in den Medien über Afghanistan gehört. Gerade die ersten Wochen im Einsatz waren psychisch am schlimmsten für mich." Auch war der Einsatz auf sechs Monate angelegt gewesen. Zwei lange Monate mehr als der Erste. Doch soweit sollte es nicht kommen. „Ich habe Freudensprünge gemacht", erzählt Cynthia von dem Moment, als sie erfährt, dass der Einsatz verkürzt wird.

Nach Ostern kommt Nellys Papa aus Afghanistan heim. Seit 2010 ist der Karfreitag ein besonderer Tag. Unweigerlich kehrt die Erinnerung an die schweren Gefechte bei Kunduz zurück, in denen drei deutsche Soldaten fielen. Insgesamt starben im ISAF-Einsatz 35 Deutsche bei Anschlägen und in Gefechten. „Wenn ich heute in den Nachrichten höre, dass die Gebiete wieder von Taliban überrannt wurden, frage ich mich schon: Wofür war das jetzt gut?", sagt Cynthia. Auch die Berichterstattung der Medien ärgert sie. „In den Nachrichten wurde immer alles dargestellt, als wäre es ruhig."

Melanie: Zwischen den Einsätzen

In Feyzabad angekommen begleitet Melanie aufgesessene Patrouillen. Oft handelt es sich um eintägige Ausbildungsmissionen für die afghanische Polizei. Wie viele andere deutsche Soldaten ist auch die Ärztin voller gegensätzlicher Eindrücke: „So schlimm hatte ich mir die Armut und Rückständigkeit des Landes nicht vorgestellt. Mit Lehmhütten, Schrottverkäufern, Müll auf den Straßen. Aber dann auch eine einzigartige Landschaft mit wildem, zerklüfteten Bergpanorama." Wenn sie nicht auf Patrouillen mitfahren, behandeln Melanie und ihre Kollegen Einheimische. In die Sprechstunde kommen auch oft Kinder mit schweren Verbrennungen, die beim Schlafen mit den Füßen an einen Ofen oder eine Feuertonne gestoßen waren.

Egal ob auf Patrouille oder im Feldlager – für Melanie ist die Anspannung immer spürbar. In den Außeneinsätzen drohen Sprengstoffanschläge und Angriffe von Aufständischen. Auch wenn es nie dazu kommen sollte, fährt die Angst immer mit. Aber auch zurück im Feldlager kommt es immer wieder und ohne Vorwarnung zu brenzligen Situationen. Etwa wenn Aufständische von den angrenzenden Berghängen mit RPGs den Posten beschießen. Auch Spinnen und Skorpione in den Sanitärcontainern sorgen für Unbehagen. Nachts ist es besonders schwierig: Wegen des drohenden Beschusses darf kein Licht angeschaltet werden, um die Container nicht zur Zielscheibe zu machen. Aber ohne nach den Plagegeistern zu schauen, möchte auch keiner der Soldaten auf Toilette gehen.

Über all das kann Melanie mit ihrem Mann sprechen. Über die Aufträge und Patrouillen natürlich nur verschleiert oder nach der Ausführung. Aber alles in allem ist die Verbindung gut. Oft kann das Paar sogar zwei Mal täglich telefonieren. Doch bleibender als die Telefonate sind die Briefe. Ulrich schreibt ihr jeden Tag. Und jeden Tag bringt er den Brief zur Post. Wie läuft die Arbeit? Wie geht es den Meerschweinchen? Die Briefe lassen Melanie an seinem deutschen Alltag teilhaben – so mitten zwischen afghanischen Bergen. Auch sie schreibt ihm täglich. Doch die Post geht nur einmal pro Woche weg.

„Eigentlich fand Ulrich Valentinstag immer albern und kommerziell", verrät Melanie. Doch am 14. Februar 2008 erhält sie ein Paket. Darin: Schokolade, Gummibärchen, ein Schutzengel und viele liebe Worte. Die Verbindung zwischen Melanie und Ulrich steht. Auch als überraschend seine Großmutter verstirbt. „Es war so ein Gefühl von Hilflosigkeit. So weit weg zu sein und ihn nicht trösten zu können.“

Am Karsamstag 2008 kehrt Melanie wieder zurück. Die beiden haben eine Woche gemeinsamen Urlaub nach der langen Trennung. Das erste Mal wieder in einem deutschen Supermarkt einkaufen gleicht einer kleinen Sensation und überforderte zunächst sogar. „Als ich wieder zu Hause war, fiel eine große Last von mir. Aber ich musste plötzlich auch wieder als Hausfrau funktionieren“, erzählt Melanie.

Als Truppenärztin in Stetten wird Melanie bereits nach wenigen Tagen wieder angefragt, ob sie für einen Einsatz zur Verfügung steht. Dieses Mal soll es nach Kunduz gehen, weil im Moment so viele Kameraden ausfallen. Gerade erst aus einem Einsatz zurück, entscheidet sie sich dagegen. Es ist auch eine Entscheidung für ihren Mann. Dennoch lässt sich ein zweiter Einsatz im Herbst 2008 nicht verhindern. Der Sommer ist voll mit truppenärztlicher Tätigkeit im Sanitätszentrum, bei Übungen und Bereitschaftsdiensten und schlussendlich auch mit dem organisatorischen Klein-Klein der Einsatzvorbereitung.

„Das waren hektische Wochen, und Ulrich kriegte mit, dass nicht alles immer optimal lief“, erzählt Melanie von der Zeit vor dem zweiten Einsatz. Dieser ist ungleich schwieriger als der erste Einsatz, da sich die Sicherheitslage im Gegensatz zum Aufenthalt im Winter verschärft hatte. Erschwerend kommt für Melanie hinzu, dass sie in ein bereits gewachsenes Team hineinversetzt wird. Naturgemäß ist sie dort erst einmal »die Neue«. Was im deutschen Arbeitsalltag eine Kleinigkeit ist, wird im afghanischen Krisengebiet eine Hürde.

Die Stille füllen

»Soldatenfrauen – Stark und stolz für unsere Männer.« Der Slogan klingt so grimmig, er könnte der Schlachtruf einer kampferprobten Jägerkompanie sein. Hinter dem Titel steckt ein Onlineforum, das Geraldine Plagens 2012 ins Leben gerufen hat. Ihren Freund lernte sie kennen, als er noch nicht bei der Bundeswehr war. Nach seinem Dienstantritt war sie plötzlich unter der Woche allein. Und die Truppe ist eine fremde Welt, von der sie nichts versteht. „Ich hatte im Internet nach Informationen gesucht und dabei Frauen getroffen, denen es genauso ging wie mir“, erzählt die 28jährige.

Um besser in Kontakt bleiben zu können, gründete Geraldine die Community auf Facebook. Mittlerweile hat die Gemeinschaft 10.000 Fans und die Gründung eines ordentlichen Vereins läuft. Woche für Woche erhält Geraldine Nachrichten von Frauen, die vom Schmerz der Trennung erzählen und von Problemen berichten, die so wohl nur Soldatenfrauen kennen. Die Facebook-Chronik ist voller Bilder und Sinnsprüche, die diese Gefühle widerspiegeln: „Wie lang Tage sein können, erfahre ich, wenn ich dich erwarte. Wie breit ein Bett sein kann, erfahre ich, wenn du mir fehlst. Wie nah Nähe sein kann, erlebe ich, wenn du bei mir bist." Das ist keine höhere Poesie, aber der kleine Spruch auf tarnfleckfarbenem Untergrund wurde allein 66 Mal geteilt und 503 Personen haben den Gefällt-mir-Knopf gedrückt. Das zeigt den Bedarf und den Leidensdruck, der da ist.

„Es ist nicht genug, was die Bundeswehr für die Angehörigen von Soldaten tut", findet Geraldine Plagens. Die Frauen würden mit ihrer Angst alleine gelassen werden. Nicht nur, aber gerade auch, wenn die Männer im Einsatz sind. „Natürlich gibt es die Familienbetreuungszentren, aber viele Angehörige wissen davon gar nichts", erzählt sie. 31 dieser Zentren gibt es mittlerweile in ganz Deutschland. Sie informieren Angehörige, organisieren Ausflüge für sie und vermitteln Kontakte bei allen Fragen der Fürsorge und Betreuung.

Die Betreuungsorganisation der Bundeswehr richtet sich an die Angehörigen der Soldaten im Einsatz. Doch auch nach der Rückkehr bleiben Fragen offen und Sorgen bestehen. Viele fürchten sich, dass Symptome von Erkrankungen erst später auftreten und sich der geliebte Mensch verändert. Viele plagt auch die Ungewissheit, ob die Erfahrung der langen Trennung sie selbst und ihre Gefühle verändert. „Dabei sollte nicht immer der Kampfeinsatz in Afghanistan im Mittelpunkt stehen", findet Geraldine. Auch Lehrgänge und Aufenthalte auf Truppenübungsplätzen belasten den Familienalltag. Besonders Marinesoldaten seegehender Einheiten sind über lange Zeit und oft mehrmals jährlich weit weg von daheim.

Um die Stille zu füllen und das Gefühl der Einsamkeit zu bannen, tut oft Ablenkung gut. „Ich möchte gerne etwas Positives schaffen. Etwas, das bleibt", erzählt Carmen Schäfer. Erst kürzlich ist ihr Mann in den Kosovo aufgebrochen. Es ist sein zweiter Einsatz, doch es ist das erste Mal für Carmen. „Ablenkung tut mir gut", erzählt sie. Gemeinsam mit anderen Frauen aus ganz Deutschland arbeitet sie derzeit an einem Kalender, der Soldatenfamilien über die Zeit der Trennung hinweghelfen soll.

„Jeden Tag soll es Anregungen und kleine Aufgaben geben, um gar nicht erst in eine Depri-Phase hineinzurutschen" erzählt Carmen begeistert. Sie weiß von anderen Frauen, die unter Depressionen leiden, weil sie die Ungewissheit nicht ertragen können. „Viele Männer verschweigen die Gefahr des Einsatzes, um ihre Angehörigen nicht zu beunruhigen", erzählt Carmen. Das richtige Maß zu finden sei schwierig: Alles erzählen oder lieber schweigen?

Statt auf der Couch zu grübeln, sollen Frauen lieber aktiv sein, findet Carmen Schäfer. Und geht mit ihrer Initiative mit gutem Beispiel voran. Sie bezieht auch die Kleinsten mit ein. „Wenn die Väter monatelang weg sind, verpassen sie eine Menge", erklärt sie die Idee dahinter. Indem die Kinder Bilder malen oder Fotocollagen entstehen, hat der Papa später eine bleibende Erinnerung.

Sicher, Bilder und Fotos können die Lücke nicht füllen, die ein Soldat im Einsatz hinterlässt. Aber sie füllen die Leere mit etwas Schönem und schaffen bleibende Erinnerung. Geraldine, Carmen und viele andere Soldatenfrauen sind oft allein, aber Initiativen und Netzwerk verscheuchen die Einsamkeit.

Melanie: Wenn die Worte fehlen

Im ihrem zweiten Einsatz verändern sich Melanies Aufträge. Sie wird nun oft zu mehrtägigen Patrouillen eingeteilt. An Telefonate ist dabei natürlich nicht zu denken. Selbst zum Schreiben bleibt weniger Zeit. „Es belastete mich, dass ich nicht über meine Ängste reden konnte", analysiert die Ärztin im Nachhinein. Aber selbst im Feldlager gibt es keine Entspannung für Melanie. Oft ist sie im Bereitschaftsdienst, falls den Kameraden draußen etwas passiert. Doch auch, wenn kein Dienst ansteht: „Als Arzt ist man eigentlich immer in Bereitschaft. Denn sollte es irgendwo ein Problem geben, ist es natürlich egal, ob man gerade frei hat." So fühlt sich Melanie ständig in Bereitschaft und in einem fast ununterbrochenen, angespannten Erwartungszustand. Diese Spannung fällt auch nach der Rückkehr nicht von Melanie ab. Der normale Alltag wird plötzlich zur Belastung. Vor allem findet sie den Weg nicht zu Ulrich zurück.

In Melanies Worten klingt das so: „Ich war dann so froh und erleichtert, als ich endlich wieder daheim war. In deiner Nähe, dich spüren konnte. Und endlich war wieder ein vertrauter Mensch da, der mich in den Arm nehmen konnte, wenn ich Angst hatte oder es mir schlecht ging. Ich spürte dich, aber du konntest mich nicht spüren. Dann kam zum ersten Mal dieser Satz von dir und stellte meine Welt, meine Wahrnehmung restlos auf den Kopf: »Du warst mir näher, als du weg warst.« Ich war doch da, du konntest mich anfassen, mich zum Lachen bringen, mich drücken. Ich spürte das alles. Mal war es eher ein leichtes Drücken, oft aber auch ein heftiges Drücken. Wie auch immer, oft war es von immenser Wichtigkeit für mich: An Silvester oder bei anderen Feuerwerken hieltst du mich fest im Arm und damit meine Angst im Zaum, dass sie mich während der Knallerei des Feuerwerks nicht überwältigte. Trotzdem war da für dich nichts. Ich bin da und doch nicht da. Ich weiß nicht, wo du mich verloren hast. Und ich weiß nicht, wann und wo ich all die Dinge, die ich dir nach meiner Rückkehr von Angesicht zu Angesicht sagen wollte, verloren habe. Dir fehlen die Nähe und die Vertrautheit, mir fehlen die Worte. Und unserer Beziehung die Basis. Es heißt, die Zeit heilt alle Wunden. Doch wie viel Zeit bleibt uns noch?"

Während der Geburtstagsfeier gerät Melanie mit der Schwiegermutter in Streit. „Ich habe sie angemotzt, wegen einer absoluten Nichtigkeit", sagt sie rückblickend. Auch erlebt die Ärztin nach dem Einsatz zum ersten Mal eine Panikattacke. Ein beklemmendes Gefühl in der Brust, das sie kaum atmen lässt. Dazu wahnsinnige Angst. Als die Attacke vorbei ist, bleibt die Furcht davor, dass sich dieser Horrormoment wiederholen kann. Rastlosigkeit macht sich in Melanie breit. Es ist Adventszeit, und so beginnt sie daheim Kekse zu backen. Massenhaft. Und aufwändige Torten. Doch es ist nur ein Ablenkungsmanöver gegen die innere Unruhe.

Um ihre Unsicherheit in den Griff zu bekommen, muss Melanie ihren Alltag durchplanen. Akribisch und minutiös. Als sie für ihre Weiterbildung zum Facharzt ein Praktikum in einer zivilen Arztpraxis im Nachbarort absolviert, überfordern sie das scheinbar unstrukturierte Arbeiten und die ungeplanten Besuche der akut Erkrankten. Dieselbe Planungswut macht sich auch in Melanies und Ulrichs gemeinsamer Freizeit breit. „Am Ende wagte er es nicht mehr, selbst Vorschläge zu machen. Ich konnte damit nicht umgehen", erzählt Melanie.

Hinzu kommt, dass Melanie nach Ulm ins dortige Bundeswehrkrankenhaus versetzt wird. An den Wochenenden geht das Ehepaar wandern. Eigentlich schöne Ausflüge. Doch auch sie muss Melanie gedanklich planen. Purer Stress, den sie nicht einmal als solchen wahrnimmt. „Für ihn muss es schlimm gewesen sein", meint sie. „Doch ich selbst habe gar nichts gemerkt. Und er hoffte, dass mit der Zeit alles wieder wie früher werden würde." Doch es wird nicht mehr wie früher.

Melanie macht weiter. So lange, bis es im März 2010 nicht mehr weitergeht. Die erfahrene Ärztin kann es nicht ertragen, wenn die Arzthelfer die Akte eines Patienten nicht finden. „Ich konnte einfach nicht mehr weitermachen", sagt Melanie leise. Sie bekommt einen Termin im Traumazentrum der Bundeswehr in Hamburg. Dort sieht niemand einen Zusammenhang zwischen den Einsätzen und Melanies Symptomen. Für eine PTBS-Diagnose fehlt ein auslösendes Ereignis wie bspw. ein Sprengstoffanschlag oder ein Gefecht. Somit verdrängt Melanie die Gedanken an den Einsatz, denn „es kann ja nicht sein, was nicht sein darf."

Sie beginnt eine ambulante Therapie und einige Wochen später auch wieder mit ihrer Arbeit. Erst einmal halbtags. „Ulrich versuchte, mir zu helfen und mir Halt zu geben. Ich war immer nur mit mir selbst beschäftigt", erzählt Melanie über diese Zeit. Mehr schlecht als recht geht es so bis ins Jahr 2012. „Aus meiner Sicht war es eigentlich ganz okay, aus seiner Sicht wohl nicht." Das Ehepaar unternimmt viel gemeinsam, aber streitet auch viel.

Im Januar 2013 muss sich die Ärztin wieder krankschreiben lassen. „Ich war ständig gereizt, habe viel geschrien und auf Arbeit heimlich auf dem Klo geweint. Selbst banale Dinge sind mir schwergefallen." In der Münchner Psychiatrie wird nun ein Zusammenhang zwischen der Dauerbelastung im Einsatz und Melanies Zustand festgestellt. Während eines Klinikaufenthaltes wird die ständige Angespanntheit thematisiert und Wege daraus gesucht. Melanie begreift, in welchem Maße diese Anspannung ihr Leben beherrscht. „Wenn ich mit Ulrich im Bett gekuschelt hatte, lag ich unbewusst stocksteif in seinen Armen", erzählt sie. Es ist schwer für einen Partner, solches Verhalten nicht als Ablehnung der eigenen Person zu verstehen. Melanie kann das erst in der Rückschau verstehen. Auch, dass sie eigentlich nicht über ihre Gefühle sprechen konnte, wird ihr erst später bewusst. Selbst- und Fremdwahrnehmung klaffen auseinander.

Im Allgäu machen die Eheleute 2014 gemeinsam ein Seminar. Sie kommen sich wieder näher. „Aber im Alltag konnten wir das nicht lange aufrechterhalten." Wenig später beginnt Melanie eine stationäre Therapie im 500 Kilometer entfernten Koblenz, wo sie zunächst Psychopharmaka verschrieben bekommt. „Die Medikamente haben mich zu einem gefühllosen Zombie gemacht. Und ich habe es nicht einmal bemerkt", erklärt sie, Bestürzung in der Stimme. Sie selbst nahm ihre Veränderung nicht wahr, Ulrich hingegen schon. Melanie realisiert ihre innere Taubheit erst, als sie teilnahmslos vor dem Käfig der liebevoll umhegten Meerschweinchen stand. „Mir war völlig egal, ob die Viecher sterben oder nicht. Das hat mich wachgerüttelt."

Die Medikamente werden abgesetzt und ein erneutes Paarseminar lässt die beiden Hoffnung schöpfen. „Aber immer wenn ich dachte, dass es besser wird, empfand er es als unzureichend." Die nächsten Aufenthalte in Koblenz absolviert Melanie wieder allein. An den Wochenenden kann Ulrich sie nicht besuchen, die Fahrten sind zu weit und belasten mehr, als sie nützen. Aber er holt sie ab und es gibt auch Paargespräche. Aber dort wird kein Durchbruch geschafft. Aus Sicht von Ulrich gibt es keine Be-

handlungserfolge. Wieder daheim fürchtet sich Melanie sogar oft vor dem
Einkaufengehen, in öffentlichen Verkehrsmitteln und an viel befahrenen
Straßen. Außerdem kämpft sie immer noch mit einer ständigen Gereiztheit
sowie Panikattacken. „Ich hatte auch wahnsinnig Angst, etwas Falsches zu
sagen. Angst, ihn zu verletzen oder ihn zu nerven. Es gab ständig Missver-
ständnisse, ständig fühlte ich mich angegriffen. Am Ende habe ich gar
nichts mehr gesagt.“

„Am Ende fehlten die Worte. Jetzt bist du wieder allein, da ich
wiederholt zur stationären Therapie in einem entfernten BWK bin. Es sind
zwar nur ca. 500 km, aber trotzdem eine scheinbar unüberwindbare Distanz. Und wenn ich daheim bin, bist oder fühlst du dich dennoch oft ein-
sam und allein. Dabei bin ich da, möchte für dich da sein, dir nahe sein.
Aber eine unsichtbare Barriere trennt uns. Manchmal scheint sie sogar aus
Eis zu sein. Kalt und abweisend. Keiner möchte sich ihr nähern; wir finden
keine Möglichkeit, sie zu überwinden oder sie zum Schmelzen zu bringen.
Seit etwas über einem Jahr bin ich jetzt immer wieder für etwa ein bis zwei
Monate im Bundeswehrkrankenhaus, danach jeweils für einige Wochen zu
Hause. Jedes Mal freuten wir uns, uns endlich wiederzusehen und doch
war es oft nur mit Enttäuschung verbunden. Zumal du große Hoffnung
hattest, dass es mir besser gehen würde. Du wurdest so oft enttäuscht, da
es mir nach der Therapie schlechter ging als vorher und du nicht wusstest,
wie du damit bzw. mit mir umgehen solltest. Häufig nahmen wir dann
beide gegenseitig solange Rücksicht aufeinander, bis es nicht mehr erträg-
lich war und die Situation eskalierte. Wir stritten wegen Missverständnissen
oder Kleinigkeiten, fanden wieder zueinander und brachen wieder auseinander. Immer, wenn ich glaubte, es wäre besser zwischen uns, wir hatten
den richtigen Weg gefunden, zogst du mir wieder den Boden unter den
Füßen weg. Aus deiner Sicht dagegen war es genau umgekehrt. Warum ist
es bloß so schwer? Auch während der Therapie wollte und will ich dich
nicht beunruhigen, möchte möglichst nur Gutes oder für dich Belangloses
mit dir teilen. Du sollst doch nicht die Hoffnung verlieren, auch wenn du
das realistisch gesehen aktuell schon hast. Nur wenn zu viel „Schlechtes“
innerhalb kurzer Zeit passiert, kann ich es nicht zurückhalten und muss es
dir erzählen. Wenn es dann aber für dich zu viel ist, erreiche ich damit das
Gegenteil – es zieht uns beide runter, wir streiten meist und stecken wieder
im schwarzen Loch, finden den Ausgang nicht oder nur sehr schwer und
dann erst ein oder zwei Telefonate später. Ich will das nicht und trotzdem
passiert es immer und immer wieder. Inzwischen bist du fast komplett
ausgebrannt. Es fällt dir schwer, den Alltag zu bewältigen. Die Fahrt von
insgesamt etwas über 1.000 km zu einem Gespräch ins Bundeswehrkran-

kenhaus hin und zurück ist inzwischen eine Last für dich. Von den Urlaubstagen, die dafür im wahrsten Sinne des Wortes geopfert werden müssen, ganz zu schweigen. Für Außenstehende erscheint das immer alles so einfach, aber genau das ist es eben nicht. Du fühlst dich allein gelassen mit den ganzen Problemen zu Hause. Du beklagst – zu Recht –, dass die Angehörigen mit den Patienten alleine gelassen werden. Nach der nächsten Phase der Traumatherapie »kippt das Krankenhaus mich daheim ab, damit ich mich von der Therapie erholen kann und soll«. Wie es dir damit geht und wie du am besten mit mir umgehen sollst, sagt dir niemand. Es gibt nur viele nicht wirklich hilfreiche Phrasen. Damit fühlst du dich verdammt allein und total beschissen. Wie es mir damit geht und ob ich mich in dieser Situation wirklich erholen kann, wird beim nächsten Aufenthalt zur Kenntnis genommen. Nur ändern tut sich nicht wirklich was und so haben wir beide Angst vor der nächsten Entlassung im November. Wie wird es diesmal? Werden wir zueinander finden? Wie werden wir es schaffen? Trennung ist keine Alternative für uns, da sind wir uns immerhin einig. Ich hoffe, dass es niemals so weit kommen muss. Denn du bedeutest mir so viel und außerdem hätten wir damit die ganzen letzten Jahre umsonst gekämpft. Ich liebe dich und will dich nicht verlieren!“

Mein Kampf mit dem Trauma

von Bernhard Storch

Um meine Geschichte umfassend darstellen zu können, gebe ich die Ereignisse, die zu meinem Traumaproblem führten, im Folgenden chronologisch wieder. Ich hoffe, dass sich hier das wahre Bild meiner Erlebnisse und der Umgang mit mir durch Bundeswehrdienststellen für die Leser ergibt, die mit diesen Sachverhalten beschäftigt sind und sein werden. Mir liegt die Wahrheitsfindung sehr am Herzen. Außerdem halte ich es für wichtig, auf die Missstände, die meines Erachtens im Umgang und bei der abschließenden Bewertung von Betroffenen herrschen, aufmerksam zu machen.

Diese Aufarbeitung meiner Erlebnisse bedeutet nicht, dass ich sie dadurch besser verarbeiten kann. Es sind jedes Mal große Anstrengungen vonnöten, das Durchlebte wieder nachzuerzählen und damit nachzuerleben. Im Laufe der Therapien und der Trainings kommt man immer besser mit dem Erlebten zurecht und kann sich auch besser artikulieren, aber Nachwehen werden immer bleiben. Mittlerweile bin ich aber der Überzeugung, dass ich das Geschehene wahrheitsgemäß und ohne emotionale Verfärbungen darlegen und erzählen kann. Es ist für mich jedes Mal eine große Herausforderung, aber die Hoffnung, dass Verbesserungen zu erzielen sind, ist mein stetiger Motor. Meine Familie wird mich unterstützen und mich weiter ertragen können, wenn ich wieder in meinen Gedanken gefangen bin und die Freude an meinem Dasein für einige Zeit verschüttet ist.

So fing alles an

Es war 1973, als ich in die Bundeswehr eintrat. Ich wollte ursprünglich nur meine Wehrdienstzeit absolvieren. Aber meinen Wünschen wurde entsprochen, und ich bekam eine Ausbildung zum Flugzeugelektroniker, wobei ich in Abendkursen meine Rundfunk- und Fernsehtechnikerlehre absolvieren konnte. So wurde ich Soldat auf Zeit. In dieser Phase kam ich über einen Stubenkameraden mit der Fliegerei in Berührung. In der damals noch existierenden Sportfluggruppe der Bundeswehr lernte ich Segelfliegen und einen Jet-Piloten der Bundeswehr kennen. Er sah mein Talent und ermutigte mich, Flugzeugführer zu werden. Ich durchlief alle Lehrgänge der Bundeswehr im oberen Leistungsbereich und machte somit mein Hobby zum Beruf. Das war großartig! Vier Jahre flog ich als Verbindungsluftfahrzeugführer in Jagdbombergeschwader 32, wurde Überprüfungsberechtigter, nahm meinen Jet-Piloten-Kameraden die jährliche fliegerische Überprüfung auf dem Flugzeugmuster Do28 ab und wurde wegen meiner menschlichen Art und meinen Qualifikationen hochgeschätzt. So wurde ich auf Bitte der personalbearbeitenden Stelle Fluglehrer zur Eignungsfeststellung in Fürstenfeldbruck. Ich testete also Soldaten, die Pilot bei der Bundeswehr werden wollten. Den Wunsch, endlich auf die Transall, unseren Traumflieger, umgeschult zu werden, schob ich für vier Jahre auf, schließlich wurde ich ja in Fürstenfeldbruck gebraucht.

Der Dienst war schwer: Umzug, mein erstes Kind bekommen, Eltern und Schwiegereltern waren weit weg – Soldatenleben eben. Nebenbei engagierte ich mich in der Flugsicherheit. Ich hatte schon mehrere Kameraden durch Flugunfälle verloren, und es waren immer unzureichende Ausbildung, Erfahrungsmängel oder Selbstüberschätzung im Spiel, also Dinge, die man durch bessere Aufklärung hätte vermeiden können. So wurde ich Flugsicherheitsoffizier, auch gegen den Widerstand meines damaligen Disziplinarvorgesetzten. Nach vier Jahren in dieser Tätigkeit wechselte ich 1989 auf das lang ersehnte Luftfahrzeugmuster C-160, die Transall. Schnell wurde ich Kommandant und Flugsicherheitsoffizier einer Staffel. Ich war beliebt, man flog gerne als Besatzungsangehöriger mit mir, da man sich aufgehoben und sicher fühlte.

Ich bildete mich weiter zum Flugsicherheitsoffizier des Geschwaders, den ich auch regelmäßig vertrat. Zu kurz kam dabei die taktische Weiterbildung, das taktische Training. Das war bis dahin das Privileg für die besser vernetzten Kameraden, denn Sichtflüge im Trainingslager in Kanada oder Weiterbildungsmaßnahmen in Las Vegas etc. waren Highlights für jeden.

Unerwartet kam der Krieg in Jugoslawien auf unser Leben zu. Plötzlich waren wir mit Flügen in Kriegs- und Krisengebieten konfrontiert. Weder die Ausrüstung des Flugzeuges, noch die persönliche Schutzausrüstung waren für diese Szenarien vorhanden. Es wurde eilig nachgebessert und nachgeschult. Ich war hier nur am Rande beteiligt, da ich mich mehr meinen Aufgaben als Flugsicherheitsoffizier und Vertreter des Geschwader-Flugsicherheitsoffiziers widmete.

Schnell standen die ersten Einsätze in Frankfurt für die Versorgung der eingeschlossenen Zivilbevölkerung in Ex-Jugoslawien an. Wir sollten bei den Amerikanern mitfliegen und so auch Präsenz zeigen. Leider waren wir dafür nicht wirklich ausgerüstet. So testeten wir verschiedene Flugverfahren, um bei Nacht uns bis dahin unbekannte Lasten in einem abgewandelten Verfahren absetzen zu können. Zum Training flogen wir

240

nach Frankfurt, um an einem zugelassenen Absetzplatz nachts das Absetzverfahren in voller Montur – Überlebensweste, schwere Splitterschutzweste, Fallschirm – zu testen. Schon bei diesem Absetzvorgang verlor ich die Übersicht, begann den Sinkflug auf die Absetzhöhe zu früh und durchflog ohne Abstimmung mit Frankfurt-Radar die Anflugschneise des Frankfurter Flughafens. Erst durch laute Anweisung des Radarlotsen konnte ich als Steuerführer die Gefahr erkennen und reagieren. Ich war damals schon völlig überfordert.

Zu allem Überfluss hatten wir auch noch ein neues Gerät an Bord, das uns vor feindlichem Beschuss warnen und Täuschkörper abschießen konnte. Das Gerät funktionierte noch nicht richtig, und ich hatte dafür keinerlei Ausbildung. Also musste auf die Schnelle ein Crashkurs her. Wir flogen an unsere Schule nach Wunstorf und ich bekam eine Schnelleinweisung mit dem Hinweis, dass das auf keinen Fall ausreicht, um ein Lehrgangszeugnis zu erhalten oder mit dem System auch nur annähernd sicher umgehen zu können. Meine Einteiler störte das nicht. Ich war für Flüge zusammen mit einem alten Hasen als zweiten Kommandanten vorgesehen. Die »großen Taktiker« aus unserer Staffel waren irgendwie nicht eingeteilt. Komisch. Aber ich hatte mir damals keine Gedanken darüber gemacht. Dazu war ich viel zu sehr mit mir selbst beschäftigt.

Am 29. März 1993 ging es dann los. Zwei Tage hatten wir das Prozedere der Flugvorbereitung schon durchexerziert, mit dem Ergebnis, dass wir kurz vor Abflug jedes Mal zurückgepfiffen wurden mit der Begründung, dass die Genehmigung seitens Bundesministeriums der Verteidigung noch nicht vorhanden sei. Man war sich offenbar nicht sicher, wie ernst die Abschussdrohung seitens der Gegner genommen werden musste. Aber beim dritten Versuch am 29. März 1993 ging es los. Es waren alle versammelt einschließlich des Inspekteurs, des Geschwaderkommodores und anderer hochrangiger Offiziere, die ich nicht kannte. Wir wurden in den Krieg geschickt. Im Briefing wurde nach wie vor verkündet, dass die gegnerische Partei versuchen wird, unsere Formation abzuschießen. Unsere Führung bewertete dies als leere Drohung.

Also machten wir uns auf den Weg, aber nicht, bevor noch der anwesende Pfarrer mit uns ein letztes Gebet gesprochen hatte. Mit Schulterklopfern seitens unserer Vorgesetzten und der Anmerkung: „Ihr werdet zurückkommen, und wir werden auf Euch warten und dann gemeinsam ein Bier trinken“ und: „Das ist der erste Kriegseinsatz der Bundeswehr, Ihr könnt stolz darauf sein.“

So gingen wir zu unserem Flieger und starteten mit trockenem Mund in die Nacht Richtung Italien, wo wir uns bei Ancona mit den C-130

Herkules der US-Air Force verbündeten, um mit etwa fünf Meilen Abstand wie an einer Perlenschnur ins Kriegsgebiet einzufliegen, zu unserem vorgeplanten Absetzpunkt. Die Nacht war dunkel. Wir löschten alle Lichter inner- und außerhalb des Luftfahrzeuges, um nicht entdeckt zu werden. Lediglich eine schwache UV-Beleuchtung ließ die Instrumentenanzeigen schwach leuchten. So brummten wir dahin, in einer Höhe, in der wir nur von Flugabwehrgeschossen und Raketen erreichbar waren. Wir flogen vielleicht eine halbe Stunde im Kriegsgebiet, fühlten uns wie Maikäfer auf dem Rücken liegend, so angeschnallt und eingepfercht waren wir im Sitz gebunden, als plötzlich das Luftfahrzeug zu vibrieren begann. Ganz eigenartig. Noch niemals erlebte Luftturbulenzen wurden durchflogen. Mir schoss es sofort in den Kopf: Flugabwehrfeuer! Bis wir reagieren wollten oder konnten, war der Spuk vorüber. Wir konnten auch nichts entdecken, da unser neues Abwehrsystem auf dem Hinweg mehrere Fehlermeldungen produzierte. Antennen oder Detektoren in einem Bandbereich arbeiteten fehlerhaft, und der Kommandant hatte beschlossen, das System abzuschalten. Er hatte sich übrigens vorher von seiner Familie verabschiedet und seinen Bruder mit der Versorgung seiner Angehörigen betraut, falls er, was durchaus wahrscheinlich war, nicht zurückkommen sollte. Der erste Schreck war verdaut. Im Funkverkehr wurde der Zwischenfall nicht besprochen. Weiter ging es zur Absetzzone.

Ich war Pilot und entschied, möglichst spät die sichere Höhe zu verlassen, um zur Absetzhöhe abzusteigen, in der wir in den Wirkbereich der meisten auf dem Kriegsschauplatz vorhandenen Waffen gerieten. So fuhr ich die Luftbremsen der C-160 voll aus und erreichte dadurch eine hohe Sinkrate mit nur geringem Geschwindigkeitszuwachs. In der Absetzhöhe angelangt, befanden wir uns mitten im Geschehen. Nach Durchstoßen der Wolkendecke im Sinkflug lag das ganze Szenario glasklar vor uns: Leuchtspurgeschosse flogen kreuz und quer, Detonationsblitze erhellten in kurzen Zeitabständen die nächtliche Szenerie. Ich hatte Angst und war sehr beeindruckt. Aber ich musste ja fliegen, also ging es weiter. Die Geschwindigkeit baute wie gewünscht ab. Ich ließ die Flügelklappen ausfahren und die Laderampe sowie das Ladetor öffnen, um über den Absetzpunkt die Lasten abwerfen zu können.

Aber was war das? Die Geschwindigkeit baute ab und baute ab, obwohl ich mehr und mehr die Leistungshebel nach vorne schob. Ich konnte den Geschwindigkeitsabbau nicht stoppen! Die Leistungshebel waren mittlerweile im Anschlag und die Geschwindigkeit näherte sich gefährlich der sog. »Staling Speed«. Waren wir getroffen? „Der Flieger fliegt nicht mehr, ich kann ihn nicht mehr in der Luft halten! Wir werden abstürzen!" schoss es mir durch den Kopf. Vielleicht noch 30 Sekunden zu leben, bis wir aufschlagen? Oder dauert es noch eine Minute? Panik, meine Familie, ohne mich, die Armen. Bei mir ist es gleich vorbei, aber bei ihnen beginnt der lange Leidensweg. Vieles schießt einem durch den Kopf, wenn das Ende sicher scheint.

Der Augenblick wird nicht lange gedauert haben, jedenfalls hat der rechts von mir sitzende zweite Kommandant den Fehler bemerkt. Die Luftbremsen waren noch ausgefahren. Ich hatte sie vergessen einzufahren und unter den ablenkenden Eindrücken nicht bemerkt, dass sie noch ausgefahren waren. Die Warnlampe dazu hatte ich bei Einflug ins Kriegsgebiet gedimmt. So konnten die Luftbremsen eingefahren und die Situation somit bereinigt werden. Hurra, wir blieben am Leben!

Aber eine Freude war das nicht, denn ich hatte ja durch mein Unvermögen diese lebensbedrohliche Situation ausgelöst und fast meine Familie zu Waisen gemacht, fast mittellos zurückgelassen. Eine Ausfallbürgschaft für Lebensversicherungen gab es damals noch nicht. Wir hätten glaube ich ca. 30.000 Deutsche Mark, etwas weniger als ein ums Leben gekommener Jetpilot, als Abfindung erhalten. Das war auch der Grund, warum einer meiner Fliegerkameraden diesen Einsatz ablehnte, da auch er zwei Kinder und eine Frau zu versorgen hatte. Als Dank dafür wurde ihm die Fluglizenz für eine begrenzte Zeit entzogen. So viel zur Freiwilligkeit dieser Einsätze.

Ich sprach über diese Erlebnisse im Einsatz mit niemandem. Wer will sich schon selbst beschmutzen und seiner Familie von dieser Ungeheuerlichkeit erzählen? Ich schämte mich dafür.

Nach knapp sechseinhalb Stunden Flugzeit erreichten wir, nachdem wir wieder durch die Zone mit den eigenartigen Turbulenzen flogen, den Startflugplatz Frankfurt. Die VIPs waren nicht mehr da, aber wir hörten im Nachhinein, dass sie alle ganz gebannt auf unsere Rückkehr hofften und sich allesamt große Sorgen machten. Schon am nächsten Tag sollten wir zur zweiten Mission aufbrechen. Aber mein Körper hat mich davon abgehalten, indem ich eine sehr schmerzhafte Verkrampfung der Schultermuskulatur und einen Schiefhals bekam. Nach Erreichen der Transportfähigkeit wurde ich am darauffolgenden Tag mit dem Hubschrauber zurück zu meinem Heimatstandort geflogen.

Das habe ich lange mit mir umhergetragen und konnte das auch gut verstecken oder einpacken, ohne dass es große Auswirkungen auf meinen Tagesablauf hatte. So meinte ich zumindest. Zurückblickend lässt sich aber sagen, dass durchaus eine Veränderung in mir stattgefunden hatte. Ich hatte ab diesem Zeitpunkt immer Probleme mit Menschen, die über mir standen. Lockere Kommunikation und entspannte Atmosphäre waren kaum herstellbar, auch wenn sie zuvor Fliegerkameraden, manchmal sogar meine früheren Co-Piloten waren. In ihrer Eigenschaft als Vorgesetzte fühlte ich mich ihnen gegenüber immer unwohl. Auch vermied ich schon damals, in Situationen zu geraten, in denen ich keine Handlungshoheit mehr hatte, oder keinen zweiten Plan, falls etwas schief laufen würde. Es gab eine Reihe von Veränderungen, die ich aber gar nicht als Veränderungen wahrnahm. Ich dachte, das wäre eben ein Tick von mir, aber zurückblickend weiß ich, dass das zuvor in meinen vorherigen Tätigkeiten und Diensten eben nicht so war.

Die Wiederauffrischung der Erlebnisse des Night-Drops

Es war im Sommer 2005. Wir hatten den Auftrag, einen Materialtransport mit der Transall in die USA und zurück durchzuführen. Auf dem Hinweg zu unserer Final Destination »Holloman Air Force Base« blieben wir wegen einer technischen Störung in Las Vegas liegen. Wenige Tage später flogen wir, mit verringerter Ladung und etwas mehr Kraftstoff als notwendig Richtung Holloman. Das Wetter war als gut vorhergesagt, lediglich im Zielgebiet, das recht bergig im Anflugbereich ist, herrschten Schauer. Unser Ausweichflugplatz lag hinter unserem Zielflugplatz. Da wir mehr als ausreichend Sprit an Bord hatten, entschloss ich mich, eine kleine Umleitung zu fliegen, um den Grand Canyon aus der Luft in tieferer Höhe bestaunen zu können. Die Crew begrüßte meine Entscheidung natürlich, denn so ein Schauspiel bekommt man vielleicht nur einmal im Fliegerleben zu sehen. Als wir wieder auf dem direkten Weg zu unserem Zielflugplatz waren – der Kraftstoff hatte sich auf die erforderliche Mindestmenge reduziert – alarmierte uns ein Signallämpchen über den Ausfall der Staurohrheizung Pilot. Das bedeutet, dass man bei negativen Temperaturen, die ja in großen Flughöhen herrschen, und bei gleichzeitiger Feuchtigkeit in der Luft Falschanzeigen über die Geschwindigkeit des Luftfahrzeuges erhält. Diese ist aber essenziell, um den Flieger in der Luft halten zu können und keine Systeme wie bspw. Fahrwerk oder Flügelklappen überzustrapazieren, sodass sie Schaden nehmen und das Flugzeug dadurch vielleicht nicht mehr steuerbar wird. Es dauerte nur eine kurze Weile, dann meldete eine zweite Lampe den Ausfall der Anstellwinkelsonde. Das ist ein Gerät, das den Winkel der Strömung an der Tragfläche anzeigt. Ein Notsystem, mit dem man, wenn die Geschwindigkeitsanzeigen versagen, den Flieger am Fliegen halten kann. Aufgrund dieser Ausfälle entschloss ich mich, wie in den Dokumentationen vorgesehen, zu einem Sinkflug in tiefere, wärmere Luftschichten sowie das Vermeiden von Wolken.

Kaum hatten wir den Sinkflug begonnen, vernahmen wir ein lautes Knattern im oberen Cockpitbereich. Hatten wir einen Zellenschaden? War etwas an der Zellenaußenseite lose oder zerstört? Wir konnten es nicht sehen, aber es schien aus dem Bereich zu kommen, in dem auch eines der ausgefallenen Geräte angebracht war. Durch Verringerung der Fluggeschwindigkeit konnten wir das Phänomen ausschalten. Also flogen wir mit verringerter Fluggeschwindigkeit in tieferen Luftschichten. Die Wolken wurden immer dichter und das ansteigende Gelände erschien mir zu gefährlich, als dass wir den Flug wie geplant in diese Richtung hätten fortsetzen konnten. Also blieb uns nur die Umkehr, die ich auch befahl.

Aber jetzt gingen die Probleme erst richtig los. Aufgrund unseres tiefen und langsameren Flugprofils hatten wir einen schwer zu kalkulierenden Kraftstoffverbrauch und unsere Vorräte waren weitgehend aufgebraucht. Zum »Alternate« konnten wir auch nicht weiterfliegen, da das Wetter uns dorthin den Weg versperrte. Also mussten wir uns auf die Suche nach einem Flugplatz machen, der für die Transall zum Landen geeignet war, von dem wir die erforderlichen Anflugunterlagen an Bord hatten und der in einer Reichweite lag, die wir noch sicher oder zumindest einigermaßen sicher erreichen konnten. Das waren viele Probleme und Aufgaben, die in kurzer Zeit zu lösen waren, während ich als Pilot das Luftfahrzeug zwischen den Wolken durchsteuerte, um Systemausfälle zu vermeiden. Da die Flugplätze in dieser Gegend sehr rar sind, konnte ich dem Radarkontrolleur noch nicht einmal die ungefähre Richtung angeben, in die wir fliegen wollten. Mehrfach musste ich zuvor getroffene Entscheidungen über einen möglichen Zivilflugplatz revidieren, da er bei näherer Betrachtung eben nicht für uns nutzbar war.

Der Kraftstoff war knapp und wir hatten kein Ziel. Ich denke, wir benötigten ca. 20 Minuten, bis wir eine Lösung hatten. Ich hatte mich zuvor schon ausgeklinkt und die Kontrolle dem Co-Piloten übergeben. Ich konnte nicht mehr klar denken, mir schossen die Bilder von damals wieder in den Kopf. Ich dachte immer, ich kann alles kontrollieren, aber hier hatte ich komplett die Kontrolle verloren und das war schier unerträglich. Wir landeten schließlich mit wenig Restkraftstoff in der Nähe von Phoenix Arizona auf einem kleineren Flugplatz. Den Kraftstoff für den späteren Weiterflug mussten wir uns dann mit einem Tanklaster von Phoenix bringen lassen, aber das war uns egal. Hauptsache sicher am Boden. Mein Trauma hatte mich wieder.

Ein weiteres Erlebnis bei Washington

Es war gut eine Woche später, wir waren repariert und hatten den Auftrag von Washington D.C. nach Goose Bay in Kanada zu fliegen. Ca. 15 Minuten nach dem Start meldete der rechts sitzende Co-Pilot Brandgeruch. Ich war alarmiert, konnte aber noch nichts wahrnehmen. Kurz darauf zog der Co-Pilot die Sauerstoffmaske auf und wir taten dasselbe.

In einem Briefing ein paar Wochen vor dem Flug, das ich als Flugsicherheitsoffizier recherchierte und hielt, habe ich über einen Flugunfall einer dreistrahligen Passagiermaschine berichtet. Dort fing alles auch mit Schmor- oder Brandgeruch an. Geendet hat die Geschichte damit, dass der Cockpitbrand nicht unter Kontrolle gebracht werden konnte, die Besatzung das Cockpit aufgrund der großen Hitzeentwicklung verlassen musste und die Maschine samt Besatzung und Passagieren ins Meer stürzte. Keiner überlebte den Absturz. Ursache waren damals falsch konstruierte Kabel, wie sie auch in unserem Flieger Verwendung fanden. Durch Scheuerstellen entstanden Kurzschlüsse und bei einer fest definierbaren Temperatur begannen die Isolierungen der Kabel explosionsartig zu verbrennen. Ein Löschen oder Abschalten der Spannungszufuhr war dann meist zwecklos.

Mit diesen Gedanken im Kopf und den zuvor gemachten Erfahrungen und traumatischen Veränderungen war ich handlungsunfähig und mein Co-Pilot übernahm das Ruder und meldete »Mayday«. Nach einer Gesamtflugzeit von 25 Minuten landeten wir wieder auf unserem Startflugplatz in Washington mit großen Feuerwehr- und Sanitätsfahrzeugen. Mir war klar: Lange konnte ich das nicht mehr machen. Bald würde ich mich outen müssen, aber wann? An der Fliegerei hing doch mein ganzes Leben? So dachte ich damals. Veränderungen waren kaum vorstellbar und schon gar nicht wirklich gewollt. Also ging es erst einmal weiter.

Die Einsätze als Flugsicherheitsoffizier in Termez, Usbekistan

In den Jahren 2003, 2004 und 2005 war ich als Flugsicherheitsoffizier auf dem Flugplatz Termez in Usbekistan an der afghanischen Grenze eingesetzt. Dies waren jeweils Zweimonatszeiträume, in denen ich die Verantwortung für die Notdienste wie Feuerwehr, Sanität, Ersthelfer, Verwundetentransport, Unterstützung der einheimischen Flugsicherung, der desolaten einheimischen Feuerwehren und Sanitäter nebst Fuhrpark innehatte.

Im ersten Einsatz war ich voller Freude und sehr aktiv, hatte ich doch eine großartige und interessante Aufgabe mit viel Verantwortung und großem Wirkbereich. Ich konnte meine Erfahrungen und das Gelernte aus

246

dem Heimatstandort hierhin übertragen. Alles war noch neu und im Aufbau. Vieles musste neu und erstmalig geregelt werden. Es ging schließlich um die Sicherheit der Fliegerkameraden, der Passagiere und der Techniker, die an den Luftfahrzeugen arbeiteten. Es gab viel zu tun, ich packte es mit Herzblut an und feierte große Erfolge. So kam erstmalig in der Geschichte der Bundeswehr ein Team des Generals Flugsicherheit mit General Baltes an der Spitze zu mir nach Termez, um die Leistungsfähigkeit der Notdienste und die Umsetzung der Vorgaben hier auf dem Zivilflugplatz zu begutachten. Auch um zu lernen und zu bewerten. Sie waren so von meiner bzw. unserer Arbeit angetan, dass wir ein »sehr gut« in der Endbewertung erhielten. Diese Bewertung wurde selbst in Heimatgeschwadern äußerst selten vergeben und unterstrich meinen Einsatzwillen.

Ich kannte den Krieg und wollte unter allen Umständen den aus dem afghanischen Kriegsgebiet Heimkehrenden einen möglichst sicheren Boden bereiten, wenn sie havariert oder auf andere Weise in eine Notlage geraten wären und hier landen und versorgt hätten werden müssen. Auch stellten wir den Umschlagplatz nicht nur für alle Passagiere, die von Deutschland aus in den nördlichen Teil Afghanistans reisen wollten, dar, sondern eben auch für die verwundeten Kameraden, die mit der MedEvac-Transall aus Kabul eingeflogen wurden, um dann hier auf den MedEvac-Airbus umgeladen zu werden. Hier hatte ich auch meinen Beitrag zu leisten. Ich war natürlich immer vor Ort und habe die Auswirkungen des Krieges direkt miterlebt. Blaulicht und Sanitätsfahrzeuge gehörten hier zum Alltag des Schreckens.

Bei meinem zweiten Einsatz war mein großes Büro, in dem ich auch Briefings für die Besatzungen abhalten konnte, einem kleinen und sehr lauten Arbeitscontainer gewichen. Ich fühlte mich nicht mehr wichtig genommen, aber die Bedrohung war noch da. Ich kämpfte wie gegen Windmühlen, aber meine Akzeptanz wurde löchrig. Ich veränderte weiter die Verfahren der schon stattlich angewachsenen Flugzeugflotte, um eine möglichst hohe Sicherheit im Betrieb zu gewährleisten, aber die erforderlichen Notfallübungen konnte ich nicht mehr durchführen. Ich ging diesem Vorhaben aus dem Weg. Während des ersten Einsatzes hatte ich acht Flugunfallalarmübungen durchgeführt. Das »Tatütata« war mir aber wohl damals schon zu viel geworden.

In meinem dritten Einsatzzeitraum hatten sich die Wirkmöglichkeiten des Flugsicherheitsoffiziers weiter verschlechtert. Jetzt wohnte ich noch nicht einmal mehr bei den Besatzungen, um sie so zu unterstützen. Die Lage im afghanischen Kabul und der Umgebung wurde auch immer kritischer. Einmal musste ich eine Besatzung in den Krieg entlassen, die, wie bei mir damals, mit Abschuss bedroht wurde. Ein unvergessliches Erlebnis. Ich war fast rund um die Uhr im Einsatz. Der lärmende Container, die bedrohliche Lage und die extreme Arbeitsbelastung zeigten sich alsbald in einem Gehörsturz, den ich gegen Ende des zweimonatigen Einsatzzeitraumes hatte. Ich musste allerdings auf der Dienststelle verweilen, da es keinen Ersatz gab. Als ich weniger als ein Jahr später wieder nach Usbekistan sollte, wurde mein Tinnitus so stark, dass ich Zukunftsängste bekam. Somit wurde ich krankgeschrieben und die »Offenbarung« nahm ihren Lauf.

Der Beginn der Veränderung

Nachdem mich mein Tinnitus fest im Griff hatte und ich nicht wusste, wie ich damit in der Zukunft noch weiterleben und mit diesem Phänomen umgehen konnte, wurde ich im Jahre 2006 in eine von mir gewählte Tinnitusklinik eingewiesen. Ich machte meinen hohen Stresspegel für dieses Phänomen verantwortlich und so arbeiteten wir an einer neuen Wahrnehmung und einer Möglichkeit, stressreduzierende Praktiken in meinen Alltag zu integrieren. Viel Entspannung und Übungen zur Körperwahrnehmung waren angesagt, und nach vier Wochen verließ ich guter Dinge die Klinik. Nach einer kurzen Erholungsphase mit meiner Frau sollte ich wieder in den fliegerischen Dienst integriert werden. Dazu wurde ich diesbezüglich bei meinem Fliegerarzt vorstellig, mit der Absicht, wieder flugtauglich geschrieben zu werden. Mein damaliger Fliegerarzt kannte mich schon viele Jahre. Wir arbeiteten auch im Rahmen der Unfallverhütung eng zusammen. Er kannte mich. Auf seine Frage, ob ich denn wieder bereit wäre, in den Flieger einzusteigen und den Flugdienst wieder aufzunehmen, wurde ich plötzlich wie aus heiterem Himmel von der Vorstellung überrannt, dass alles, was mit Fliegen und Militär zu tun hat, schwarz und unheimlich wäre. Ich dekompensierte.

Irgendwann hatte ich mich dann dazu überreden lassen, einen Psychologen aufzusuchen. Ich wurde fündig bei einer Dame, die überhaupt nichts mit dem Militär zu tun hatte, die aber als Fachfrau galt, selbst Supervisor in ihrem Bereich war und kurzfristig zufällig einen Platz frei hatte. Plätze schienen rar zu sein. Dort sollte ich eine Lebenslinie als Hausaufgabe zeichnen, die wir dann gemeinsam durcharbeiten wollten. Das Aufschreiben der aus meiner Sicht wichtigen Ereignisse in meinem bisherigen Leben war problemlos möglich. Erst als wir dann in der dritten oder vierten Sitzung auf meine Bundeswehrzeit zu sprechen kamen, wurde mir langsam mulmig, und ich wurde nervös.

Beim Night-Drop angelangt, ging gar nichts mehr: Sofort fing ich an zu zittern, zu krampfen und zu weinen. Ich konnte mich diesem Thema, so viele Jahre danach, überhaupt nicht annähern. Erst mit vielen Versuchen gelang es uns, in therapeutisch sinnvollen Dosen das Erlebte zu erzählen, wobei der Gang in meine Gedankenwelt noch nicht möglich war. Es dauerte lange, bis ich mich artikulieren konnte. Ein Trauma war ans Licht gerückt. Es hatte plötzlich einen Namen und spielte nun in meinem Leben verrückt. Nichts war mehr so wie vorher.

Ich konnte nicht mehr zurück zur Arbeit, zu diesen martialischen Einrichtungen, den Fliegern, den Kameraden. Alles erinnerte mich an meine Vergangenheit, in die ich auf keinen Fall mehr wollte. Ich konnte die Fassade einigermaßen wahren, für die Momente, in denen ich Soldaten oder meinem Arbeitgeber gegenüberstand, aber in Wirklichkeit fühlte ich die Hölle in mir. Nichts war mehr so, wie es war. Ich hatte keine Kameraden mehr.

Alles, worum ich mich in meinem Leben drehte, war die Fliegerei und die Arbeit als Flugsicherheitsoffizier. Ich hatte plötzlich nicht nur keinen Zugang mehr, nein, es schmerzte mich, wenn ich damit konfrontiert wurde. Es war eine sehr schlimme Zeit für mich und meine Familie. Erstaunlich dabei war, dass nie ein Kamerad oder ein Vorgesetzter bei mir oder bei uns zu Hause nachgefragt hat, wie es so geht, ob vielleicht Hilfe benötigt wird. Das war auch eine neue Offenbarung!

So kämpfte ich einen einsamen Kampf gegen meine Schwäche, gegen mein vermeintliches Unvermögen und blieb im Gedanken meist im Kreise der Probleme hängen. Zur Not hatte ich mir einige Personen ausgedacht, an die ich mich wenden könnte, wenn ich mal keine Kraft zum Weiterleben mehr verspüren sollte. Gott sei Dank hab ich das nicht gebraucht, und meine Familie hat immer zu mir gestanden, wenn auch das Leid, das man durch seine ständige Missmutigkeit verursacht, zusätzlich belastet. Gott sei Dank fühlte ich mich bei meiner Psychologin in guten Händen, und ich hatte auch anderweitig viele Ressourcen, die ich für meine Genesung nutzen konnte: Ich ging zu einem Heilpraktiker und versuchte mich dort in Hypnose behandeln zu lassen, mit mäßigem Erfolg. Ich ging zu Energiearbeitern und zu einer Malpädagogin. Ich kaufte und bekam Bücher über Traumabewältigung – übte und studierte fleißig. Meine Situation stabilisierte sich allmählich, wobei die Traumaauslöser nicht dekompensiert werden konnten.

Von meinem Dienstherrn hörte ich nur, wenn ich zur weiteren Krankschreibung zum Arzt musste oder als bspw. schon nach relativ kurzer Zeit mein Dienstposten neu vergeben werden sollte. Sonst herrschte

Kommunikationsstille. Etwa zwei Jahre vor meiner regulären Entlassung versuchte noch mein damaliger Personaloffizier meine Entlassung wegen Dienstunfähigkeit durchzusetzen, die er allerdings nicht mehr hätte einleiten dürfen, da ich schon im Schutzbereich der letzten zwei Jahre war – so viel zur Fürsorge.

Antrag auf Wehrdienstbeschädigung und dessen Ablehnung

Als mir klar war, dass ich durch den Dienst nachhaltig geschädigt war, musste ich einen Antrag auf Wehrdienstbeschädigung stellen. Das gestaltete sich ziemlich schwierig. Nicht nur, dass ich selbst in einer äußerst schwierigen psychischen Verfassung war und versuchen musste, mich mit Ablenkung und anderen Dingen über Wasser zu halten und nicht so sehr meine Familie und mein soziales Umfeld zu belasten. Ich musste doch wieder in das Geschehene und vor allen Dingen in die persönlichen Auswirkungen abtauchen, diese titulieren und beim Namen nennen. Jeder kann sich vorstellen, wie schwierig es sogar für einen Gesunden ist, gegenüber Fremden zu erklären, was man so alles für Macken und Unzulänglichkeiten hat. Ist man sowieso mental am Boden, fällt einem das naturgemäß noch schwieriger. Aber es musste ja sein, schließlich will man ja auch die dafür vorgesehene Abfindung und eine Anerkennung seiner Schwächen und Unzulänglichkeiten. Also sammelt man sich so gut es geht und bringt das vordergründig Wichtige zu Papier. Meine Psychologin, mein Fliegerarzt, das flugmedizinische Institut, wo ich jährlich zum Tauglichkeitscheck war, alle waren mit mir der Auffassung, dass ich an einer Posttraumatischen Belastungsstörung (PTBS) aus Einsatzgründen litt und erklärten dies auch schriftlich.

Bald wurde ich von der Wehrbereichsverwaltung Süd aufgefordert, mich im Bundeswehrkrankenhaus Hamburg zu einer mehrtägigen Begutachtung einzufinden. „Muss das denn wirklich sein", dachte ich. Es war doch schon allen Beteiligten eindeutig klar, was mein Problem war. Es war doch sonnenklar! Aber ich dachte mir: „Was sein muss, muss halt sein." Das würde ich auch noch überstehen.

Als der Tag näher rückte, war es für mich mental nicht möglich nach Hamburg ins Bundeswehrkrankenhaus zu reisen. Panik erfasste mich: Eine umschlossene militärische Anlage, wieder eintauchen müssen in mein Erlebtes, die Kraft hatte ich einfach nicht. Also rief ich in der Hamburger Abteilung für Psychiatrie an und ließ mir helfen, um die Kraft und den Willen aufbringen zu können, dort hinzufahren. Dort angekommen gab es einige Verzögerungen, da ich in eine falsche S-Bahn einstieg. Ich war hoch erregt und etwas durcheinander, wurde aber später in Empfang genommen und mehrere Tage verhört und getestet. Es gab zwei voneinander getrennte Untersuchungsräume in getrennten Häusern. Einmal mit Bundeswehrpersonal, also Soldaten, und einmal mit Zivilisten. Mir sagte man, zwei getrennte Gutachter hätten mehr Gewicht und es würde ein besseres Ergebnis liefern. Also musste ich bei beiden Psychologen meine Geschichte, mein erlebtes Trauma erzählen.

Das war so hart für mich, dass ich nach einer Sitzung, bei der der Therapeut nicht an meiner Schmerzgrenze aufhörte und weiter bohrte, weiter mich zwang, einzutauchen in mein Erlebtes, vom Weinkrampf eine geplatzte Ader im Augapfel hatte und das Auge rot unterlaufen war. Zudem zitterte ich am ganzen Körper. Dieses Phänomen hielt auch einige Zeit an, sodass es auch die anderen Ärzte und Helfer, die wir anschießend im Gang der Klinik trafen, mitbekamen. Ich konnte nicht in dieser Klinik übernachten. Die Eindrücke und das Eingesperrtsein waren mir zu heftig, und so bekam ich für die Nächte frei und konnte mit den öffentlichen Verkehrsmitteln zu meiner Schwiegermutter fahren. Sie wohnte ca. eine Stunde entfernt in Uetersen. Nach dieser harten Zeit im Bundeswehrkrankenhaus war auch den Begutachtern eindeutig klar, dass ich eine PTBS hatte, sie konnte auch eindeutig bestimmt werden in ihrer Entstehung. Sonnenklar!

So wartete ich zu Hause auf ein positives Ergebnis. Im Geheimen dachte ich mir, jetzt, wo sie wissen, was geschehen ist, und dass ich freiwillig in den Krieg zog, obwohl ich wusste, dass die Überlebenswahrscheinlichkeit nicht besonders hoch war, bekomme ich vielleicht sogar noch eine Belobigung oder einen Einsatz- oder Tapferkeitsorden. Aber wie Sie, geneigte Leserschaft, schon ahnen, kam es ganz anders.

Ich bekam Post von meinem Fliegerarzt: Das Schreiben von der Wehrbereichsverwaltung sei da, und ich könnte es abholen. Als ich dann das Ergebnis las: „Posttraumatische Belastungsstörung, Hochtoninnenohrstörung rechts, Mitteltonhörstörung links mit beiderseitigem Tinnitus sind nicht Folge einer Wehrdienstbeschädigung (WDB) im Sinne des § 81 SVG. Ein Anspruch aus Ausgleich nach § 85 SVG besteht daher nicht." zog es mir fast die Füße weg. Ich war so geschockt, dass ich einige Tage später dachte, ich bekomme einen Herzinfarkt und musste ins Krankenhaus. Alle Beteiligten waren fassungslos. Ich beschwerte mich dagegen, was auch nicht half.

Letztendlich beauftragte ich – auch auf Anraten des Deutschen BundeswehrVerbandes – eine Anwaltskanzlei mit der Vertretung meiner Interessen. Der Bundeswehrverband hatte die Übernahme der Anwaltskosten zugesichert, falls meine Versicherung nicht zahlen sollte. Das war und ist für mich immer noch ein unglaublicher Vorgang, bei dem die Menschenwürde und die soldatische Solidarität, die soldatischen Werte und die Kameradschaft mit Füßen getreten werden.

Wenn wir so im normalen Dienst gehandelt hätten, wäre es um die Bundeswehr schlecht bestellt. Wie oft haben wir Eigenverantwortung auf uns genommen, um den Auftrag zu erfüllen, auch wenn die Voraussetzungen oder die Vorgaben das so nicht wirklich zuließen. Wir dachten für das System, für unsere Bundeswehr, für unsere Kameraden, für unseren Auftrag, für den wir den Eid geleistet haben. Da haben wir schon einiges in Kauf genommen. Das kennt jeder Soldat, der länger dient und Verantwortung übernimmt. Umso unglaublicher ist für uns, zu begreifen und zu verstehen, was da jetzt eigentlich vorgeht, wie jetzt mit uns verfahren wird, wie mit uns umgegangen wird. In unseren schwächsten Stunden werden wir auch noch getreten von unserem Dienstherren, dem wir so viel gegeben haben, fast das ganze Berufsleben hindurch. Immer noch unglaublich und unfassbar!

Unfassbar war für mich dann auch, als ich Akteneinsicht beim Rechtsanwalt bekam. Da hatte doch tatsächlich die Fachabteilung der Wehrbereichsverwaltung eine externe Zivilperson mit einer Begutachtung beauftragt, die mich weder gesehen noch gesprochen hatte, die weder die mich behandelnde Psychologin noch meine Begutachter oder irgendeine andere Person meines Vertrauens gesprochen oder kontaktiert hatte. Und die schrieb dann, dass ein Zusammenhang zwischen meiner Erkrankung und der Bundeswehr nicht wahrscheinlich ist. Zur Krönung wurde das Ganze auch noch von einem Oberstarzt a.D. als sachlich richtig gezeichnet. Und als wenn das noch nicht genug gewesen wäre, zeigte mir mein Rechtsanwalt einen Auszug aus dem Telefonbuch, in dem die Begutachterin mit der Berufsbezeichnung »Anästhesist« eingetragen war. Unglaublich! Muss man nicht Ärzten die Approbation entziehen, die so etwas machen? Es kommt sogar noch schlimmer: Da die begutachtende Dienststelle offenbar keine Beweise für meinen Einsatz, so wie ich ihn geschildert hatte, fand, beschloss sie, dass ich gar kein Trauma haben konnte und die »Leidensbezeichung« wurde am grünen Tisch umgeändert in: „Angststörung und depressive Störung, gemischt; undifferenzierte psychosomatische Störung". Unfassbar. Ist so etwas nicht Vorsatz? Kann man einem studierten Arzt unterstellen, dass er grob fahrlässig handelt und den hippokratischen Eid missachtet, wenn er psychologische Gutachten und Diagnosen einfach ignoriert und – ohne mit dem Betroffenen oder irgendjemand anderem dazu Rücksprache zu halten – auch noch Diagnosen ändert? Gehören solche Menschen als Soldaten im aktiven Dienst nicht verurteilt, weil sie gegen das Soldatengesetz verstoßen? Unbegreiflich, wie vorgesetzte Behörden solche Verhaltensweisen dulden oder vielleicht auch noch unterstützen können. Ich schäme mich für diese Menschen. Ich denke nicht, dass sie wissen, was sie alles anrichten.

So, jetzt habe ich genug polemisiert, aber ich halte es für wichtig, dass die Personen, die mit meinem und anderen, ähnlich gelagerten Fällen umgehen müssen und hier vielleicht Veränderungen bewirken können, in die Lage versetzt werden, hier mitzufühlen und das ganze Ausmaß der katastrophalen Verfahrensweisen erkennen können.

Appell

Sehr geehrte Damen und Herren, die sich mit meinem und vielleicht auch anderen, ähnlich gelagerten Fällen beschäftigen. Bitte denken Sie daran, dass es hier immer um persönliche Einzelschicksale geht, bei dem nicht nur Papier schwarz gemacht werden muss, um allem gerecht zu werden. Vielmehr ist hier die menschliche Größe gefragt, auch einmal hinter die Kulissen der eingelaufenen Verfahrensweisen zu blicken, um vielleicht falsche Prioritäten oder falsch gemeinte Loyalität gegenüber einem Dienstherrn erkennen zu können. Vielmehr ist es wichtig, dem Auftrag gerecht zu werden. Dem Auftrag, dem Willen des Volkes zu dienen. Und dieser Wille drückt sich in der Gesetzgebung und den einschlägigen Verordnungen aus. Niemandem ist gedient, wenn aus falsch gemeinter Loyalität das Ansehen der Bundeswehr nachhaltig geschädigt wird, weil diese so ein unglaubliches Verhalten gegenüber ihren geschädigten Soldaten und wahrscheinlich auch gegenüber ihren zivilen Mitarbeitern an den Tag legt. Sie schneiden sich ins eigene Fleisch, wenn Sie mit daran arbeiten, dass das Ansehen der Bundeswehr und damit auch das von Ihnen und Ihren Mitarbeitern Schaden nimmt. Die Auswirkungen eines solchen unmenschlichen und menschenunwürdigen Verhaltens werden dazu führen, dass sich vielleicht gerade die Gruppe von Menschen, die möglicherweise als Spezialisten im Einsatz nötig gebraucht werden, eben nicht für so einen Dienst entscheiden, bei dem man im Falle eines Schadens abfällig abgearbeitet und alleine gelassen wird. Jeder verantwortungsvolle und vernünftig denkende Mensch wird bei Kenntnis dieser Tatsachen einen weiten Bogen um die Bundeswehr machen, sofern er sich nicht in einer Zwangslage befindet. Wollen sie das wirklich? Ich kann es mir nicht vorstellen.

An einer psychischen Erkrankung zu leiden, die einen regelmäßig in Panik versetzt, die einem das gewohnte Leben auf den Kopf stellt, und die dadurch verursacht wurde, weil man bewusst für die Sache und den Dienstherren auch vor lebensgefährlichen Einsätzen nicht zurückschreckte, ist das eine. Eine ganz andere Qualität hat jedoch die Erfahrung, die man als Geschädigter machen muss. Dieses Leid, das durch Nichtanerkennung, durch offensichtliches Drücken vor der Verantwortung, durch Prozessverlangsamung und durch vieles mehr generiert wird, ist für Unbeteiligte wohl kaum zu ermessen. Fragen Sie die Partner und Kinder dieser geschädigten Personen, welches zusätzliche Leid durch diese Verfahrensweisen für ihre Männer, Väter, Frauen und Mütter und für sie selbst entsteht. Es ist erschütternd. Ich bitte Sie alle inständig, Einfluss darauf zu nehmen, dass sich das Verantwortungsbewusstsein der mit diesem Themenkreis befassten Menschen weiter verbessert, um unnötiges Leid zu verringern und um dem Ansehen der Bundeswehr nicht weiter zu schaden.

Das Trauma geht weiter:
Schlaglichter aus der Arbeit mit Veteranen und ihren Angehörigen

von Thomas Kleinheinrich

Aus einem versorgungsmedizinischen Gutachten nach Aktenlage zur Klärung der Frage, ob bei den Begutachteten eine Wehrdienstbeschädigung als Auswirkung des Auslandseinsatzes vorliege: "Beschusssituationen gehören zum normalen Berufsrisiko eines Soldaten und sind von daher nicht als besonders belastende Ereignisse anzusehen."

Flashbacks

Juli 2004

Ein junger Mann spricht auf den Anrufbeantworter meiner Praxis und bittet um einen Termin. Mit dem ersten Gesprächstermin beginnt für mich eine Reise in eine mir bis dahin unbekannte Welt: Die Welt der Soldaten und ihrer Angehörigen, die Welt der Bundeswehr und ihrer Strukturen. Eine Welt, von der ich mich – als überzeugter und anerkannter Kriegsdienstverweigerer – bewusst ferngehalten hatte. Nun sitzt ein junger Mann vor mir, der als deutscher Soldat im Irakkrieg war. Er erlebt äußerst verwirrende Zustände: Er bleibt stundenlang wie eingefroren auf einer Stelle sitzen, wacht frühmorgens gerädert, schweißgebadet und völlig zerschlagen in einem zerwühlten Bett auf. Ein Mann, Ende 20, der sich bei bestimmten Geräuschen von Panikattacken getrieben auf dem Boden geduckt wiederfindet, ohne zu wissen, wie er dahin gekommen ist.

Gründonnerstag 2015

Ein Militärpfarrer und ich besuchen einen Einsatzsoldaten auf der geschlossenen Station eines psychiatrischen Krankenhauses in Norddeutschland. Er erzählt von seinem Bezug zum Karfreitagsgefecht 2010: Er sei ein knappes Jahr danach in Afghanistan gewesen, seine Einheit hätte die Türen eines Gefechtsfahrzeuges vom Typ Dingo zurückgeholt, der den Taliban in die Hände gefallen sei. Seine Beine und Arme zittern unkontrolliert, während er darüber spricht. Seit dem Ausbruch seiner Traumaerkrankung hat er bis heute 368 Tage stationär in Krankenhäusern – ja, was – hinter sich, zugebracht? Seinen Zustand erlebt er als schlechter denn je.

September 2014

Auf einer Veranstaltung mit dem Titel »100 Jahre Erster Weltkrieg« spricht vor mir ein Historiker. Er berichtet von 3.000 toten Soldaten pro Kriegstag. Im schwersten Gefecht in der Geschichte der Bundeswehr, dem Karfreitagsgefecht 2010, starben drei deutsche Soldaten. Wie viele Tote es insgesamt in diesem zehnstündigen Gefecht gab, war den damaligen Presseartikeln in den deutschen Tageszeitungen nicht zu entnehmen. In der anschließenden Podiumsdiskussion meldet sich ein älterer Herr und erzählt von seinen Erfahrungen aus dem Zweiten Weltkrieg. Das sei wirklich Krieg gewesen, die jetzigen Soldaten seien zu verweichlicht.

Juni 2009

Auf dem PTBS-Themenabend »Weit weg – Daheim. Auslandseinsätze der Bundeswehr« erklärt der damalige Kommandeur der Division Spezielle Operationen der Bundeswehr auf die Frage, wie Soldaten präventiv auf traumatische Erlebnisse vorbereitet werden könnten, dass der beste Schutz vor einer PTBS eine harte Ausbildung und körperliche Fitness sei. Im anschließenden Foyergespräch spricht mich ein Soldat an. Er stellt sich als Mitarbeiter eines Familienbetreuungszentrums der Bundeswehr vor und sagt mir, er sei froh um jeden Soldaten, der sich zu einer Traumaerkrankung bekenne. Viele seien verroht aus den Einsätzen wiedergekommen und würden keinerlei Betreuung erhalten.

Februar 2013

Am Ende eines Wochenendes des Projektes »Seelsorge für einsatzbelastete Familien« verabschiedet sich eine vierköpfige Familie, alle weinen. Der Vater war als Soldat im Kosovo und bei Leichenbergungen eingesetzt. Er hat die Bundeswehr vor Jahren verlassen, die Kinder, sechs und acht Jahre alt, wurden nach seiner Bundeswehrzeit geboren. Er arbeitet als Rettungssanitäter. Im Sommer 2012 erkrankt er an PTBS. Die Kinder wollen nicht weg, es sei schön hier. Sie hätten zum ersten Mal einen Urlaub mit ihrem Papa verbracht, in dem er gelacht habe. Sie fragen, ob sie wiederkommen dürfen.

Winter 2014

Im Nachgang eines Vortrages anlässlich einer Veranstaltung des Vereins Kriegskinder e.V. mailt mich eine Therapeutin an. Ein Klient von ihr, ein aus der Bundeswehr ausgeschiedener Veteran, habe ihr gesagt, er dürfe in der Therapie nicht von den Geschehnissen in den Einsätzen erzählen, da er unter strafbewährtem Verschwiegenheitsgebot stehe. Sie möchte wissen, ob dies stimmen könne oder ob er etwas missverstanden habe. Ich spreche den PTBS-Beauftragten des Bundesministeriums der Verteidigung an. Er ist ob dieser Anfrage verblüfft und nimmt sich ihrer an. Einige Zeit später informiert er mich über folgenden Sachverhalt: »Einfache« Veteranen brauchen die Zustimmung des Dienstvorgesetzten oder der ehemaligen dienstvorgesetzten Stelle. Damit Angehörige von Spezialkräften von ihren Erlebnissen erzählen dürfen, sei zusätzlich sowohl eine Sicherheitsüberprüfung der behandelnden Person sowie eine Freigabe durch den Militärischen Abschirmdienst der Bundeswehr notwendig.

Februar 2015

Auf dem Weg zu einem Familienwochenende für Veteranen werde ich vom Büro des Bundes Deutscher EinsatzVeteranen angerufen. Eine Teilnehmerin habe gerade für sich und ihre Familie abgesagt. Zu Hause sei es eskaliert, sie würden nicht kommen können. Ich rufe sie an. Sie erzählt, sie habe zum ersten Mal seit seiner Erkrankung Angst vor ihrem Mann bekommen. Sie habe ihn am Morgen versucht zu wecken, er sei wachgeworden und habe ihr gesagt, sie solle ihn in Ruhe lassen. Sie habe ihn aber weiter geweckt, er habe ihr doch versprochen, morgens mit aufzustehen. Außerdem habe sie in einer Angehörigengruppe gelernt, dass es notwendig sei, die Erkrankten mehr zu fordern. Er sei dann plötzlich blitzartig aufgesprungen, habe sie gepackt, fest an die Wand gedrückt, mit einer Hand ihren Kopf fixiert und ihr gedroht, falls sie ihn noch einmal so wecken würde, würde er ihr den Kopf immer wieder gegen die Wand stoßen, bis sie es begreifen würde. Sie habe nun Angst. Sie würde gerne kommen, würde aber nicht mit ihm in einem Zimmer schlafen wollen. Ich spreche mit ihm, es tut ihm leid, er sei mit dem »Kopf im Einsatz« gewesen, die Bilder seien nur so durchgerauscht. Er habe es gerade noch geschafft zu sagen, dass sie ihn in Ruhe lassen solle, aber sie habe nicht auf ihn gehört. Es tue ihm leid, er sei froh, dass die Kinder – fünf und drei Jahre alt – nichts mitbekommen hätten. Sie kommen gemeinsam zum Wochenende. Sie schaffen es, gemeinsam in einem Auto zu fahren, bekommen aber getrennte Zimmer.

Mai 2014

Ein Veteran kommt zu einer Wanderung für an Traumafolgestörungen leidende Veteranen aus der Region Kiel mit der Bahn in die Pfalz. Wir kennen uns bisher nur telefonisch. Ich hole ihn vom Bahnhof ab. Er ist schweißgebadet. Ich frage ihn, ob etwas Besonderes passiert sei. Er erzählt mir, dass er zum ersten Mal seit Jahren wieder Bahn gefahren sei, weil er unbedingt zu dieser Veranstaltung habe kommen wollen. Er habe sich aber nicht hinsetzen können, weil er immer durch den Zug habe laufen müssen, um die Mitreisenden und ihr Gepäck auf Verdächtiges zu »scannen«. Glücklicherweise habe er sich einer Schaffnerin gegenüber mitteilen können. Sie habe dann sein Gepäck im Dienstraum deponiert und er habe es dann nicht bei seinen Gängen durch den Zug tragen müssen. Er hatte in seinem Einsatz u.a. einen Sprengstoffanschlag überlebt.

März 2014

Auf einem Wochenende für Veteranen und ihre Familien bitten mich die Eltern eines sechsjährigen Mädchens, mit diesem zu sprechen. Sie seien besorgt um sie und befürchteten, dass sie unter der Erkrankung des Vaters leide. Möglicherweise konnte es sich hier um eine sog. Sekundärtraumatisierung bzw. eine transgenerationale Traumatisierung handeln, für die Inkubationszeiten von bis zu zwanzig Jahren bekannt sind. Die Familie lebt ländlich, das Kind wurde nach dem Einsatz des Vaters geboren. Der Fernseher laufe nur zu Kindersendungen oder leichter Unterhaltung. Krimis, spannende Spielfilme oder Kriegsfilme könne der Vater des Kindes nicht ertragen. Das Mädchen erzählt, dass sie oft nachts durch einen Traum wach werde. In dem Traum hätten Männer aufeinander geschossen. Es wäre ein ganz komischer Ort gewesen. Sie erzählt ihren Traum sehr detailliert. Im Gespräch mit den Eltern ist der Vater verblüfft, in den Schilderungen seiner Tochter sind Details, die ihn an seine Einsätze erinnern. Bisher habe er noch nicht einmal seiner Frau von diesen Erlebnissen erzählt.

Mai 2015

Auf einer Veranstaltung des Bundes Deutscher EinsatzVeteranen im Wald der Erinnerung bei Potsdam stehen die Eltern eines vor einigen Jahren getöteten Soldaten im Abstand zu dem ihm gewidmeten Baum. Ihnen fremde Menschen verneigen sich schluchzend vor diesem Baum. In einer behutsamen Annäherung lernen die Eltern des Toten zum ersten Mal die Menschen des Feldlazaretts kennen, die auf ihren Sohn als Sanitäter in der

Notaufnahme gewartet haben, in der Hoffnung, ihn retten zu können, um ihn dann tot in Empfang nehmen zu müssen.

Was mich bewegt
a) Die zunehmende Zahl von Frauen, die gewartet und ausgehalten hat, bis ihre Partner eine Therapie bekommen, um dann bei ausbleibenden Therapieerfolgen die Hoffnung zu verlieren.
b) Die Situation der Veteranen, deren Wehrdienstbeschädigung immer noch auf der Grundlage abenteuerlicher versorgungsmedizinischer Gutachten, die keinerlei Qualitätskontrolle unterliegen, nach Aktenlage abgelehnt wird.
c) Die offenen Wunden der Hinterbliebenen, die mehr oder überhaupt etwas zu den letzten Minuten ihrer Toten wissen wollen.
d) Der Blick auf die neben der PTBS weniger spektakulären psychischen Erkrankungen und Traumafolgestörungen, die durch Auslandseinsätze bedingt sind.
e) Der Blick auf die Menschen, die für zivile staatliche und nichtstaatliche Einrichtungen in Krisengebieten unterwegs waren, an den Erfahrungen/Erlebnissen erkranken und nicht die notwendige Unterstützung erfahren.
f) Der Blick auf diejenigen, die aus anderen Ländern traumatisiert zu uns kommen.
g) Die Liste der Dinge, die zu tun sind.

Letzte Schlaglichter
Nein, ich leide nicht an Flashbacks wie Betroffene, sondern ich habe einen fragmentarischen Streifzug unternommen. Ich schildere Bruchstücke aus meinen Erfahrungen in der Arbeit der Veteranenhilfe, die beispielhaft Auswirkungen von Auslandseinsätzen beleuchten. Wir bewegen uns noch auf einem weitgehend unerschlossenen Gebiet. Alle Einsatzsoldaten befinden sich in einem »Infektionsgebiet« für Psychotraumaerkrankungen. Es gibt keine Methode festzustellen, ob eine Person infiziert wurde oder nicht. Niemand kann vorhersagen, ob und wann eine Traumaerkrankung ausbricht. Die Inkubationszeit kann mehrere Jahrzehnte betragen. Es gibt keine einzige deutsche Studie zu den Langzeitfolgen von Auslandseinsätzen. Es gibt noch nicht mal eine Registrierung von Veteranen!

Die meisten Veteranen gehören inzwischen wieder der Zivilgesellschaft an. In Paragraf 31 des Soldatengesetzes wird eine Fürsorgepflicht des Dienstherrn gegenüber durch den Dienst geschädigten aktiven und ehemaligen Soldaten sowie deren Angehörigen beschrieben. Dazu gibt es keinerlei Ausführungsbestimmungen. Das Parlament, das die Einsätze letztendlich verantwortet, weiß nichts über den Verbleib der ausgeschiedenen Veteranen. Es gibt keine Erhebungen darüber, wie es ihnen geht, wie es ihren Familien geht, welche Folgeerkrankungen es gibt, wie viele obdachlos sind, ob und wie viele Selbstmord verübt haben, wie viele Kinder sekundär erkranken, ob ein möglicher Zusammenhang zur Erkrankung des Elternteils erkannt wird. Erstaunlich in einem Land wie diesem. Woran das liegt? Früher stand auf Transparenten: „Stell´ dir vor es ist Krieg und keiner geht hin." Heute denke ich manchmal: „Schau, es ist Krieg und keiner sieht hin."

Psychische Erkrankungen in der Bundeswehr

von Manuel Koch

Einleitung

In fast allen Kulturen ist und war das Militär und auch das Kriegsgeschehen fest mit in die Gesellschaft eingebunden. Dies hinterließ nicht nur architektonische Spuren in nahezu den meisten Hauptstädten der Welt, sondern auch in Feiertagen wie z.B. dem Totensonntag oder auch dem erstmalig am 13. Juni 2015 begangenen Tag der Bundeswehr in Deutschland. Bis zum Aussetzen der Wehrpflicht in Deutschland war die Bundeswehr fest in die Gesellschaft eingebunden. Ein Bestreben muss sein, dass sich dies nicht wesentlich verschieben wird und die Bundeswehr weiterhin als Teil der Gesellschaft verankert bleibt.

Die Themen Militär und Krieg haben in Deutschland u.a. durch den Zweiten Weltkrieg eine tiefe Narbe von Ablehnung, Schuld und Verdrängung hinterlassen und zu einem schwierigen Umgang geführt. In der Nation der Deutschen hat dies im Gruppengedächtnis einen fest eingebrannten Stellenwert und macht es so natürlich der Bevölkerung umso schwerer, einen stolzen, aber auch neutralen Blick auf die Bundeswehr zu werfen und diese fest in die Mitte der Bevölkerung zu integrieren. Dies hat Auswirkungen auf die aktiven Soldaten, aber auch auf die Reservisten und Veteranen der Auslandseinsätze und der Verarbeitung ihrer Erlebnisse.

Seit Menschengedenken sind psychische Erkrankungen und Reaktionen auf Belastungen durch Kriegshandlungen oder Kriegsfolgen beschrieben und diskutiert worden. Schriftlich werden diese seit der Antike festgehalten.[1] In den verschiedenen Zeitaltern sind auch immer wieder unterschiedliche symptomatische und ätiologische Zuordnungen an Symptomen und Syndromen im militärischen Zusammenhang vorgenommen und diskutiert worden: Etwa »Kriegszitterer«, »Golfkriegssyndrom« und andere.[2]

---

[1] Vgl. Litz, B.T./Stein, N./Delaney, E./Lebowitz, L./Nash, W. P./Silva, C./Maguen, S. (2009): Moral injury and moral repair in war veterans: A preliminary model and intervention strategy. Clinical Psychology Review, 29(8), S. 695-706.
[2] Vgl. Gulf War Illness and the Health of Gulf War Veterans, Scientific Findings and Recommendations, U.S. Department of Veterans Affairs, 2008, S. 222.

Entwicklung

Ihren Schwerpunkt hatte die Wehrpsychiatrie der Bundeswehr nach dem Zweiten Weltkrieg hauptsächlich in der Begutachtungspsychiatrie. So fand sich damals ein diagnostischer Schwerpunkt. Seit Mitte der Neunzigerjahre des vergangenen Jahrhunderts traten dann die Auslandseinsätze der Bundeswehr zunehmend in den Mittelpunkt. Dies löste auch einen Wandlungsprozess in der Wehrpsychiatrie aus, der bis heute anhält. Zum Millennium und auch schon kurz davor, z.B. in Somalia, trafen die Soldaten erstmals wieder im Ausland auf Tod, Verwundungen, Elend, Massengräber und auch auf feindliche Gesinnung. Die Bundeswehr im Inland war zu diesem Zeitpunkt noch gedanklich mit der Überwindung des Kalten Krieges und der eigenen Neustrukturierung beschäftigt. So traf damals eine neue Soldaten- und Patientengruppe auf das noch recht unvorbereitete System der unentgeltlichen truppenärztlichen Versorgung.

Auch gesellschaftlich war es schwierig, für die Kampfhandlungen in Afghanistan die Bezeichnung »Krieg« oder »kriegerische Auseinandersetzung« zu finden. Die Wehrpsychiatrie musste sich nun auf Soldaten mit einsatzbedingten psychischen Störungen einstellen, wie z.B. der Posttraumatischen Belastungsstörung (PTBS). Hier ist das Bundeswehrkrankenhaus in Hamburg zu erwähnen. Dort wurde als erstes mit der spezifischen Psychotraumatologie, auch mittels EMDR (Eye Movement Desensitization and Reprocessing) begonnen. Von dort aus breitete sich das fachliche Wissen und Können über Berlin in die anderen Versorgungseinrichtungen aus, so dass heutzutage alle aktiven Soldaten, Reservisten und Veteranen auf ein fachlich mindestens dem zivilen Standard entsprechendes, gut aufgestelltes Versorgungssystem zurückgreifen können.

Von der früher eher gutachterlichen Tätigkeit wandelte sich die Wehrpsychiatrie nun zu einer professionellen psychiatrisch-psychotherapeutischen Behandlung und Diagnostik nach neuesten Standards, die zusätzlich militärspezifische Aspekte einschließt und mit ihren typischen Erfordernissen und Besonderheiten auch dem Soldatenberuf gerecht werden muss. Die Gründung des Psychotraumazentrums der Bundeswehr in Berlin, welches auch einen wissenschaftlichen Schwerpunkt hat und wo Diagnostik, Begutachtung, Therapie und Forschung gebündelt werden und zusammenfließen, spiegelt dieses wider. Es folgten von dort aus auch Vernetzungen mit zivilen Behandlungseinrichtungen und Universitäten, so dass nun eine etablierte und auch zivil angesehene Versorgung der einsatzbelasteten Soldaten und Soldatinnen vorgehalten werden kann.

Die psychischen Erkrankungen hatten von 2010 bis 2013 mit einer 12-Monatspräferenz von 20 bis 23 Prozent einen hohen Stellenwert in der wehrmedizinischen Versorgung der Bundeswehr. Am häufigsten waren Anpassungsstörungen, depressive Erkrankungen, Angsterkrankungen sowie die PTBS. Es finden sich Unterschiede zwischen Einsatzsoldaten und ihren Kameraden im Inland. Bei den einsatzerfahrenen Soldaten standen vor allem Angststörungen sowie die PTBS im Vordergrund. Bei den Soldaten ohne Auslandseinsatz waren es vor allem Angststörungen und depressive Störungen.[3] In diesem Vergleich wurden ca. 3.000 Soldaten untersucht und umfangreiche Interviews durchgeführt. In der Einsatzgruppe fanden sich bei 20 Prozent der Einsatzteilnehmer bereits vorbestehende psychische Erkrankungen, die das Risiko für eine psychische Symptomatik nach dem Auslandseinsatz deutlich erhöhten. Die eigentlichen Stressoren im Einsatz hatten demgegenüber einen geringeren Einfluss auf die Symptomatik. Die Einsatzdauer wirkte sich kaum auf das Erkrankungsrisiko aus. Allerdings ist zu erwähnen, dass besonders Kampftruppen und Soldaten, die länger als sieben Monate im Kontinuum im Einsatz waren, stärker gefährdet waren.

Im Auslandseinsatz selbst kann es zu psychischen Belastungen oder Erkrankungen kommen. Diese hängen u.a. von einsatzspezifischen Stressoren ab, die sich im Laufe verschiedener Kontingente verändern können. So stand z.B. 2009 in der fachärztlichen Untersuchungsstelle Psychiatrie und Neurologie in Afghanistan die akute Belastungsreaktion und die PTBS als Diagnosen im Vordergrund, die auf die umfangreichen Gefechtsaktivitäten zurückzuführen waren. Im Jahre 2012 dagegen war der Psychiater vor Ort eher mit Anpassungsstörungen befasst, die vor allem aus dienstlichen Konfliktfeldern mit Kameraden oder Vorgesetzten bzw. mit dem heimischen Umfeld zusammenhingen.[4] Im Einsatz selbst ist vor Ort im Feldlazarett eine psychiatrisch-psychotherapeutische Krisenintervention und initiale Behandlung gut möglich. Dazu gehören auch traumatherapeutische Interventionen bis hin zur Traumakonfrontation. Sollte das Störungsbild zu schwerwiegend sein, werden nicht selten psychisch erkrankte Soldaten vorzeitig aus gesundheitlichen Gründen aus dem

---

[3] Vgl. Wittchen H.U./Schönfeld S./Kirschbaum C. et al.: Traumatic experiences and posttraumatic stress disorder in soldiers following deployment abroad: how big is the hidden problem? Dtsch Arztebl Int 2012; 109 (35–36): S. 559–568. DOI: 10.3238/arztebl.2012.0559.
[4] Vgl. Bauer, Amanda/Ungerer, Jörn/Kowalski, Jens T./Zimmermann, Peter (2013): Einfluss von Belastungen vor Auslandseinsätzen auf die Verarbeitung traumatisierter Ereignisse bei Bundeswehrsoldaten. Wehrmedizinische Monatsschrift, 57 (8–9), S. 202–205.

Einsatzgebiet repatriiert. Dort greift dann die Rettungskette, welche zu einer fachärztlichen Behandlung im Inland ohne Zeitverlust führt.[5]

Prävention

Um eine psychische Erkrankung während oder nach dem Einsatz zu verhindern oder die Früherkennung zu erleichtern, wurde in den letzten Jahren eine Reihe von Präventivmaßnahmen der Bundeswehr etabliert. Zentrale Elemente der Primärprävention vor Auslandseinsätzen und der Sekundärprävention während und nach Auslandseinsätzen sind in dem neuen Rahmenkonzept »Erhalt und Steigerung der psychischen Fitness von Soldaten und Soldatinnen« des Psychologischen Dienstes der Bundeswehr zusammenfassend dargestellt worden. Die früh eingeführten Einsatznachbereitungsseminare sind über die Jahre für alle auslandserfahrenen Soldaten zur Pflicht geworden, wurden fachlich verbessert und sollen voraussichtlich auf fünf Tage ausgeweitet werden. Zudem sollen die hilfreichen und gut genutzten Präventivkuren weiterhin möglich sein. Dieses Angebot wurde von dem Einsatzsoldaten mit viel Akzeptanz und positiven Bewertungen versehen.[6] Auch die sporttherapeutischen Möglichkeiten an der Sportschule Warendorf werden zunehmend fester Bestandteil des Systems.

Dreh- und Angelpunkt in der präventiven Versorgung der Soldaten sind die Mitarbeiter des psychosozialen Netzwerkes (Psychologen, Peers, Lotsen, Sozialarbeiter, Militärseelsorger, Vorgesetzte und Truppenärzte), welches flächendeckend auf Deutschland ausgebreitet ist. Dort findet in der Regel der erste beratende Kontakt mit den einsatzbelasteten Soldaten statt. Auch die Einrichtung der Familienbetreuungsstellen ist als Anlaufstelle für die Angehörigen der Soldaten im Einsatz positiv zu erwähnen. Ergänzt werden die bundeswehrinternen Maßnahmen durch vielfältige Angebote externer Initiativen und Träger. Einen Überblick gibt die Website: www.Bundeswehr-Support.de. Auch weitere Seiten im Internet wie als Beispiele für viele andere genannt: www.Angriff-auf-die-Seele.de, www.Frauzufrau.de, www.Ptbs-Hilfe.de, geben erste Informationen wie

---

5 Vgl. Zimmermann, Peter/Kowalski, Jens T./Niggemeier-Groben Angelika/Sauer, Melanie/Leonhardt, Robert/Ströhle, Andreas (2015): Evaluation of an inpatient preventive treatment program for soldiers returning from deployment. Work 50 (1), S. 103–110. DOI: 10.3233/WOR-131665.

6 Vgl. Zimmermann, Peter/Kowalski, Jens T./Niggemeier-Groben, Angelika/Sauer, Melanie/Leonhardt, Robert/Ströhle, Andreas: Präventivkuren für einsatzbelastete Soldaten in der Bundeswehr – Zielgruppen und Akzeptanz. Trauma und Gewalt 2015 (in Druck).

Kontaktadressen und die Möglichkeit zum Austausch. Auch telefonisch besteht rund um die Uhr an jedem Tag des Jahres unter der Telefonnummer (08 00)5 88 79 57 der Traumahotline der Bundeswehr die Möglichkeit, dass sich Betroffene, Angehörige, ehemalige und aktive Soldaten direkt durch einen Arzt des Psychotraumazentrums der Bundeswehr der Bundeswehr beraten lassen können.

Eine mögliche Zukunftsperspektive wirksamer Prävention stellt das Computerprogramm CHARLY dar. Dort werden Bausteine in Psychoedukation und sozialem Kompetenztraining in einer strukturierten und anschaulichen Form aufbereitet und dem Teilnehmer unter psychologischer Unterstützung nahegebracht. Erste Auswertungen verliefen sehr vielversprechend.[7]

Therapie psychischer Erkrankungen

Die Therapie psychischer Erkrankungen von Soldaten erfolgt im Schwerpunkt in den fünf Bundeswehrkrankenhäusern. Wie oben bereits erwähnt konnten in diesen fünf Häusern sowie auch in den fachärztlichen Untersuchungsstellen sehr differenzierte und vielfältige Behandlungsmöglichkeiten für die betroffenen Soldaten entwickelt werden. Dort finden sich vielfältige Ansätze von Einzelgesprächen und auch Gruppenprogrammen. Es werden Verfahren der Verhaltenstherapie, tiefenpsychologisch fundierter Psychotherapie, Gruppentraining sozialer Kompetenzen und Depressions- und Suchtgruppen angeboten, dazu bei Bedarf Psychopharmakotherapie. Die Psychotraumatologie wird vor allem leitliniengerecht durch Fachärzte und klinische Psychologen, z.B. mittels EMDR und IRRT (Imagery Rescripting and Reprocessing) angewandt und unterstützend mit kognitiv-behavioraler Therapie durchgeführt. Den therapeutischen Rahmen ergänzen Ergotherapie, Aromatherapie, Akupunktur, Kognitve Bewegungstherapie, Imaginations-, Entspannungsverfahren und u.a. auch die Tanztherapie.

Im Vergleich zum zivilen Gesundheitssystem, wo es das System der Sektorversorgung flächendeckend gibt und die Behandlung heimatnah im familiären und sozialen Kontext stattfindet, spielt in der Bundeswehr die stationäre Psychotherapie eine besonders große Rolle. Die weiten Ent-

---

[7] Gabriel, Ulrike/Jacobsen, Thomas/Hauffa, Robin/Zimmermann, Peter/Kowalski, Jens T. (2011): Evaluation des telefonischen Beratungsangebotes für Soldaten mit einsatzbedingten psychischen Belastungen und deren Angehörige. Wehrmedizinische Monatsschrift 55 (10), S. 228–230

fernungen zwischen den Behandlungseinrichtungen und den Truppenteilen machen eine ambulante Therapie in vielen Fällen nicht möglich. Einen deutlichen Vorteil der stationierten Psychotherapie im Bundeswehrkrankenhaus bietet zudem das multimodale Arbeiten mit der Integration verschiedener Berufsgruppen (Ärzte, Psychologen, Fachgesundheitspfleger, Ergotherapeuten, Physiotherapeuten, Seelsorger und Sozialdienst der Bundeswehr), wovon die betroffenen Soldaten und Soldatinnen deutlich profitieren können. Hier braucht sich das Angebot der Bundeswehr auf keinen Fall vor den Möglichkeiten des zivilen Angebotes zu verstecken.

Nach dem Abschluss der Therapie im Bundeswehrkrankenhaus ist gelegentlich eine ambulante Fortsetzung der Psychotherapie im Alltag erforderlich. Dafür greift die Bundeswehr in der Regel auf zivile Psychotherapeuten zurück. Dies erfolgt aber auch ambulant mit der wehrpsychiatrischen, fachärztlichen Unterstützung durch die Fachuntersuchungsstellen 6 in den Sanitätsunterstützungszentren. Neben dem therapeutischen Schwerpunkt und der fachgerechten Behandlung von Soldaten sind häufig auch gutachterliche Empfehlungen oder Stellungnahmen zu psychischen Erkrankungen und kausalen Zusammenhängen seitens der Bundeswehrkrankenhäusern notwendig. Am häufigsten ist dort die Begutachtung der Verwendungsfähigkeit als Soldat oder für spezielle Dienstposten. In den letzten Jahren findet zunehmend auch die Begutachtung von Wehrdienstbeschädigungen statt. Das in den letzten Jahren etablierte Einsatzweiterverwendungsgesetz, das Einsatzversorgungsgesetz sowie die Einsatzunfallverordnung haben in diesem Bereich erhebliche Verbesserungen gebracht, so dass die fach- und zeitgerechte Erfüllung von Begutachtungsaufträgen von besonderer Bedeutung ist. Im Jahr 2013 wurde ein Kompendium für Vorgesetzte erarbeitet, das sich u.a. auch diesen Gesetzen widmet. Eine ebenfalls sehr wichtige Unterstützungsarbeit für die Versorgung einsatzgeschädigter Soldaten leistet der Beauftragte PTBS im Bundesministerium der Verteidigung. Er leistet mit seinem Team sowohl Einzelfallhilfe, als auch Bewertungen des Versorgungssystems und regt Weiterentwicklungen an.

Es ist und war eine Schwierigkeit, die tatsächlich betroffenen Soldaten mit psychischen Belastungen und Störungen zu identifizieren und in das mittlerweile gut funktionierende Versorgungssystem einzubinden. Viele psychisch belastete Soldaten sind hoch belastet, stellen sich aber u.a. aus Schuld und Scham sowie dem Gefühl schwach zu sein, nicht zur Behandlung vor. Wie eine wissenschaftliche Studie des Psychotraumazentrums gemeinsam mit der TU Dresden (»Dunkelzifferstudie«) gezeigt hat, gibt es einen hohen Anteil von Betroffenen (80 bis 90 Prozent), die noch keine fachspezifische therapeutische Hilfe gesucht bzw. bekommen haben. Aus diesem Wissen heraus wurde versucht, die Hemmschwelle für die Betroffenen zu verringern und einen möglichst einfachen Kontakt zum Versorgungssystem herzustellen. So können sich die Betroffenen und auch Angehörigen mittlerweile über viele Quellen und Informationswege geeignete Informationen, Beratung und auch schnelle diagnostische und therapeutische Kontakte verschaffen. Im Bundeswehrkrankenhaus Berlin findet jeden Mittwoch eine gesonderte Traumasprechstunde statt, in der ohne lange Wartezeit eine Beratung und eine erste Diagnostik erfolgen kann. Außerdem wurden für Betroffene, Angehörige und auch mittlerweile für die Kinder der Soldaten Broschüren und Bücher durch das Psychotraumzentrum gemeinsam mit dem Seelsorgeprojekt und der Familienbetreuungsorganisation erstellt: »Schattige Plätzchen«, »Wenn der Einsatz nicht endet« und »Wenn der Einsatz noch nachwirkt«. Dieses System des niedrigschwelligen Angebotes wird zunehmend genutzt und auch von Angehörigen und ehemaligen Soldaten positiv aufgenommen. Auch wenn aktuell der ISAF-Einsatz in Afghanistan beendet wurde, ist nicht zu behaupten, dass damit die Anzahl der einsatzbelasteten Soldaten und Veteranen sich verringert. Wie die Behandlungszahlen allein für die Diagnose der PTBS zeigen, nimmt der Bedarf weiter zu.

Aus meiner täglichen Erfahrung und Arbeit als Leiter der Ambulanz im Bundeswehrkrankenhaus Berlin kann ich berichten, dass sich auch jetzt noch erstmalig ehemalige Soldaten vorstellen, die z.B. 1999 im Balkan-Einsatz durch Geschehnisse rund um die Aushebung von Massengräbern traumatisiert worden sind.

Zusammenfassung und Ausblick

Die psychiatrische Versorgung in der Bundeswehr hat sich in den letzten Jahren erheblich weiterentwickelt und bietet Soldaten mit einsatzbedingten und nicht einsatzbedingten psychischen Belastungen und Erkrankungen ein breites Spektrum präventiver und therapeutischer Maßnahmen. Eine Herausforderung für die Zukunft wird darin bestehen, weitere inhaltliche, militärspezifische Anpassungen vorzunehmen, um insbesondere einsatzbedingten Besonderheiten und Rahmenbedingungen Rechnung zu tragen. Dabei müssen aber auch die infrastrukturellen und personellen Ressourcen so gestaltet werden, dass die Angebote zukunftsfest und nachhaltig sein können. Die Beobachtung der Dunkelzifferstudie, dass sich derzeit nur zehn bis zwanzig Prozent der einsatzbedingt psychisch erkrankten Soldaten zeitnah psychiatrisch in Behandlung gegeben, lässt für die Zukunft bei verbesserter Aufklärung einen Versorgungsbedarf voraussehen. Ressourcenaktivierende therapeutische Optionen wie tagesklinische Behandlungskonzepte, die neben der täglichen psychotherapeutischen Behandlung auch eine Stärkung des Alltages ermöglichen, können die klassische stationäre Konzeption sinnvoll ergänzen. Um diesen Entwicklungen zu begegnen, wird auch die Weiterbildung von militärischen Vorgesetzten zu einem zentralen Anliegen, um betroffene Soldaten zeitgerecht zu identifizieren und zu einer fachgerechten Intervention zu motivieren. In der Forschung werden in den nächsten Jahren objektivierbare Marker psychischer Erkrankung im Vordergrund stehen. Auch Verbesserungen der verfügbaren therapeutischen Ansätze, z.B. durch neue therapeutische Elemente für die stationären Settings oder eine Entwicklung und Evaluation innovativer Versorgungsangebote, werden einen Fokus bilden. Hier kommen bspw. internetbasierte Verfahren zur Behandlung von Depressionen oder einsatzbedingten psychischen Erkrankungen infrage, aber auch weitere zielgruppenspezifische Forschung, wie etwa zu bereits ausgeschiedenen Soldaten.

Wünschenswert wäre in der Gesamtheit eine neue Grundhaltung in der Wehrmedizin, die die Wehrpsychiatrie als einen zentralen Bereich einer ganzheitlichen medizinischen Betreuung von Soldaten betrachtet. Ganzheitlich umfasst dabei auch die Zusammenarbeit verschiedener Berufsgruppen. Kürzlich wurden bspw. am Psychotraumazentrum im Rahmen des Seelsorgeprojektes eine Pilotveranstaltung zu den Phänomenen moralischer Verletzungen von Einsatzsoldaten (»Moral Injuries«) durchgeführt, in der Ärzte, Psychologen und Seelsorge erfolgreich zusammengewirkt haben.

Wichtig ist – um mit Begriffen aus der Gruppenanalyse zu sprechen – dass die »Großgruppe« der Deutschen ihre Soldaten nicht in eine gesonderte »Neben-/Untergruppe« drängt, sondern dass es gelingt, alle ehemaligen und aktiven Soldaten fest in der sozialen Gesellschaft zu positionieren. Diese Soldaten und Soldatinnen leisten Besonderes und Großartiges für ihr Land und verdienen ihren festen Platz, Anerkennung und im Krankheitsfall auch die bestmögliche Behandlung und Versorgung. Als Wehrpsychiater freuen mich die deutlich verbesserten Möglichkeiten und Therapieangebote für die Soldaten, wie sie aktuell aufgrund der Entwicklungen der letzten Jahre zu finden sind. Aber ich bin mir auch bewusst, dass weitere Anstrengungen in allen Bereichen erfolgen müssen, um für unsere Soldaten stets die beste Diagnostik und Therapie anbieten zu können.

Veteranen mit seelischen Verletzungen –
eine Herausforderung für Psychiatrie und Gesellschaft

von Karl-Heinz Biesold

> „Menschen verlassen das Land und kehren zurück
> mit Erfahrungen, die auf extreme Weise anders sind als
> die ihrer zurückgebliebenen Mitmenschen"[1]

Einleitung

Anders als in den meisten Streitkräften anderer NATO-Staaten gab es bei uns in der Bundesrepublik Deutschland nach Gründung der Bundeswehr keine Veteranenkultur. Der Begriff des Veteranen war nach dem Zweiten Weltkrieg praktisch tabuisiert. Verständlicherweise fürchtete man, eine Verherrlichung von Soldaten der Reichswehr und Wehrmacht und damit eine eventuelle Stabilisierung revanchistischer Kräfte zu fördern, nachdem Deutschland durch die zwei Weltkriege viel Elend über zahlreiche Nationen gebracht hatte. Damit wurde aber den ehemaligen Soldaten auch eine Möglichkeit genommen, ihre Kriegserlebnisse aufzuarbeiten und zu bewältigen.

Die Kriegszitterer des Ersten Weltkrieges waren gesellschaftlich geächtet worden, nachdem eine Konferenz deutscher Nervenärzte ihr Leiden der Simulation nahegestellt hatten. Die »hysterischen Männer« galten als soziale Außenseiter. Auch im Dritten Reich wurden sie nicht rehabilitiert und als Helden gefeiert. Sie erhielten auch keine Kriegsopferent-

---

[1] Das Zitat stammt von Jonathan Shay, einem amerikanischen Psychiater und Psychotherapeuten, der seit 1987 an der „Department of Veteran Affairs Outpatient Clinic" in Boston, Massachusetts in der Betreuung von Kriegsveteranen arbeitet. In Deutschland ist er durch sein Buch „Achill in Vietnam: Kampftrauma und Persönlichkeitsverlust" bekannt geworden, in dem er Parallelen zwischen dem Vietnamkrieg (1960/65 – 30. April 1975) und dem Trojanischen Krieg (wahrscheinlich 12. oder 13. Jahrhundert v. Chr.) aufzeigt, die belegen, dass Kriege in jedem Zeitalter permanente seelische Zerstörungen bei Individuen und Gesellschaften verursachen.

schädigung, sondern wurden weiterhin geschmäht und zum Teil wie auch andere psychisch Kranke verfolgt und Opfer der Vernichtungspolitik.[2]

Verwertbare Daten über die Anzahl kriegstraumatisierter deutscher Soldaten des Zweiten Weltkrieges gibt es bis heute nicht. Allerdings geht man in Fachkreisen davon aus, dass bis zu 20 Prozent der Soldaten von Kampfeinheiten eine behandlungsbedürftige psychische Erkrankung als Folge der Kriegserlebnisse erlitten hatten. Während des NS-Regimes galten psychische Erkrankungen von Soldaten jedoch als Feigheit oder Verrat. Nach dem Zusammenbruch des Dritten Reiches wurde den Soldaten der Wehrmacht kollektiv ein Täterstatus zugesprochen und damit die Einnahme einer Opferrolle unmöglich.

Wehrpsychiatrie mit neuem Auftrag

Bis in die Mitte der 1990er Jahre bestand der Auftrag der Wehrpsychiatrie innerhalb des Sanitätsdienstes der Bundeswehr hauptsächlich darin, Eignungsuntersuchungen von Wehrpflichtigen, in geringerem Umfang auch von Zeit- und Berufssoldaten durchzuführen. Therapeutische, speziell psychotherapeutische Aufgaben standen im Hintergrund. Zeitströmungen und die jeweiligen soziokulturellen und politischen Gegebenheiten bestimmten den Schwerpunkt der Fragestellungen z.B. zur Wehrdienstfähigkeit und -tauglichkeit in Zusammenhang mit dem Konsum von Drogen, mit der sexuellen Orientierung oder die seelischen Auswirkungen eines durch die Wehrpflicht erzwungenen Wehrdienstes. Eine Ausbildung hinsichtlich der Prävention oder Behandlung von psychischen Kriegsfolgen erfolgte nicht. Ebenso gab es keinerlei historische Auseinandersetzung mit den Behandlungsmethoden in der Psychiatrie des Ersten und Zweiten Weltkrieges. Nach Beendigung des Kalten Krieges Ende der 1980er Jahre und der damit grundlegend veränderten weltpolitischen Lage kam es dann nach der deutschen Wiedervereinigung zu dem politischen Entschluss, mehr internationale Verantwortung zu übernehmen. Dies führte nicht nur zu erheblichen Veränderungen im außen- und sicherheitspolitischen Raum, sondern brachte völlig neue Aufgaben im militärischen Alltag der Soldaten

---

[2] Vgl. Crouthamel, J. (2010) „Hysterische Männer"? Traumatisierte Veteranen des Ersten Weltkrieges und ihr Kampf um Anerkennung im „Dritten Reich" in Quinkert B., Rauh P. und Winkler U. (Hrsg) Krieg und Psychiatrie 1914-1950, Göttingen: Wallstein Verlag.

und folgend auch neue Herausforderungen für die Wehrpsychiatrie mit sich.

Die Bundeswehr nimmt nun seit Anfang der 1990er Jahre im Rahmen ihres erweiterten Aufgabenspektrums an internationalen friedenssichernden militärischen Einsätzen und UN-Beobachtermissionen und in den letzten Jahren auch an Kampfeinsätzen teil. Begonnen hatten die Auslandsmissionen mit dem für die Bundeswehr rein sanitätsdienstlichen UN-Einsatz in Kambodscha 1992/1993 (UNTAC), wo ein Feldhospital für die insgesamt ca. 20.000 im Land eingesetzten UN-Soldaten und UN-Mitarbeiter in der Hauptstadt Pnom Penh betrieben und auch die einheimische Zivilbevölkerung mitversorgt wurde. Dieser erste Einsatz prägte bei der deutschen Bevölkerung und den Soldaten selbst das Bild einer helfenden Truppe im Auslandseinsatz, weniger das Bild einer im militärischen (Kampf-)Einsatz befindlichen Armee.

Es folgte von März 1993 bis März 1994 der Einsatz zur Unterstützung der friedenschaffenden und -sichernden UN-Operation UNOSOM in Somalia, welcher der Überwachung einer Waffenruhe dienen und humanitäre Hilfe ermöglichen sollte. Aus Sicherheitsgründen wurde dieser Einsatz aber vorzeitig abgebrochen. Seit 1994 stellte die Bundeswehr auch bereits ein kleines Kontingent für eine UN-Beobachtermission in Georgien (UNOMIG), bei der es wiederholt zu besonders belastenden Erlebnissen wie z.B. Geiselnahmen von Soldaten kam, die uns zum Teil nachfolgend zur Behandlung in die Psychiatrische Abteilung des Bundeswehrkrankenhauses Hamburg überwiesen wurden. Es folgten ab Dezember 1996 die Einsätze auf dem Balkan: SFOR/EUFOR in Bosnien-Herzegowina und KFOR im Kosovo seit Juni 1999. Vor allem im KFOR-Einsatz wurden die Soldatinnen und Soldaten mit den Grausamkeiten der vorangegangenen ethnischen Säuberungen konfrontiert, und es kam zu zahlreichen Extrembelastungen, die meist erst mit einer Verzögerung von vielen Monaten und Jahren zu einer Einweisung in unsere wehrpsychiatrischen Einrichtungen führte. Zwar gab es seinerzeit in der vorbereitenden Ausbildung bereits Bausteine, die Maßnahmen im Umgang mit Extremstresssituationen, Tod und Verwundung zum Inhalt hatten. Spezielle Aufklärungen des Einzelnen über das Gesundheitsrisiko, nach dem Erleben potenziell traumatisierender Ereignisse während des Einsatzes eventuell dauerhafte psychische Gesundheitsschäden davon zu tragen, gab es anfänglich aber ebenso wenig wie ein durchgehend wirksames psychosoziales Nachsorgeprogramm oder Netzwerk, die dann aber in der Folgezeit entwickelt wurden. Schon damals zeichnete sich ab, dass die Versorgung der aktiven Zeit- und Berufssoldatinnen und -soldaten zwar noch zu gewährleisten war, die Betreuung und

Behandlung ehemaliger Zeitsoldaten und wehrübender Reservisten aber u.a. auch auf versorgungsrechtliche Probleme stieß.

Ab Dezember 2001 verlagerte sich der Schwerpunkt des militärischen Engagements im Ausland nach Afghanistan (ISAF), wo in den folgenden Jahren zeitgleich bis zu ca. 5.000 Soldatinnen und Soldaten in der Hauptstadt Kabul und Usbekistan (Flugbasis Termez) und später ab 2005 nach Verlegung in die Nordregion in Mazar-E-Sharif, Kunduz und Feyzabad in regionalen Wiederaufbauteams eingesetzt waren. Auch die Bezeichnung »Wiederaufbauteam« konnotiert eher Helfen als Kämpfen. Immer wieder gab es terroristische Anschläge gegen die Truppe mit Toten und Verletzten, und ab 2010 wurden auch zunehmend deutsche Verbände regelmäßig in Gefechte verwickelt. Erst spät wurde öffentlich im politischen Rahmen auch von »kriegsähnlichen Zuständen«, in denen sich die Truppe befindet, und von gefallenen Soldaten gesprochen. „135.000 deutsche Soldaten nahmen in 13 Jahren an der ISAF-Mission teil, 55 ließen in Afghanistan ihr Leben, Hunderte kehrten traumatisiert zurück.“[3] Und die Presse schrieb weiter: „In Afghanistan hat die Truppe kämpfen gelernt. Hier ist sie zu einer echten Einsatzarmee gereift, die sich in der NATO nicht mehr verstecken muss. Sie ist quasi erwachsen geworden, aber sie hat dabei auch ihre Unschuld verloren.“

Erstmals nach dem Zweiten Weltkrieg mussten deutsche Soldaten wieder in größerem Umfang kämpfen, schießen und töten. Parallel zur Verschärfung der Lage im Einsatz und den zunehmenden Zahlen von Verwundeten und Toten, gab es auch immer mehr Soldatinnen und Soldaten, die sich nach ihren Einsätzen in den Sanitätseinrichtungen der Bundeswehr vorstellten, weil sie das im Einsatz Erlebte nicht verkrafteten, sich nicht in ihr Alltagsleben in der Heimat integrieren konnten und z.B. unter Symptomen einer Posttraumatischen Belastungsstörung (PTBS) litten. Bekannt geworden war das Krankheitsbild der PTBS u.a. durch die Folgen des Vietnamkrieges. Die immens hohe Zahl traumatisierter Veteranen hatte u.a. zur Beforschung dieses Krankheitsbildes und nachfolgend zur Entwicklung von spezifischen Therapiemethoden geführt. Es entwickelte sich ein völlig neuer Wissenschaftszweig in der Psychiatrie: Die Psychotraumatologie – die Lehre von der seelischen Verwundung.

---

[3] Fischer, M. (2014) Wo die Bundeswehr kämpfen lernte, in: Hamburger Abendblatt vom 29. Dezember 2014.

Neue Herausforderungen für die Einsatzmedizin der Bundeswehr

Bedingt durch die Aufgaben, die im Transformationsprozess der Streitkräfte aus den neuen Einsatzgrundsätzen für die Bundeswehr folgten, wurden Veränderungen in der gesamten sanitätsdienstlichen Organisation und der medizinischen Versorgung erforderlich. In der modernen Wehrmedizin des 21. Jahrhunderts sind es jetzt drei große Themenbereiche, die die Einsatzmedizin bzw. Militärmedizin dominieren:

1. Notfallmedizin und Einsatzchirurgie mit der Optimierung schneller lebensrettender Maßnahmen in der »Golden Hour« bis hin zu den modernen Entwicklungen der »Damage-Control-Surgery« und der »Medical Evacuation« mit einer optimierten Rettungskette vom Einsatzort bis ins Heimatland.
2. Hygiene und Infektiologie mit Erforschung weltweiter Gesundheitsrisiken durch »Medical Intelligence« und der Anwendung aktueller tropenmedizinischer Diagnose- und Therapiestandards.
3. Psychotraumatologie mit präventiven, diagnostischen und therapeutischen Strategien zum Erhalt oder zur Wiederherstellung der seelischen Gesundheit nach militärischen Einsätzen.[4]

Während Notfallmedizin, Einsatzchirurgie und Infektiologie in erster Linie der Verhütung von Gesundheitsschäden bzw. der optimalen Behandlung von Verletzungen während des Einsatzes dienen, treten die psychischen Auswirkungen nach dem Erleben extremer Belastungen nicht selten erst Monate bis Jahre nach dem Ende der Einsätze in Erscheinung. Die Folgen seelischer Verletzungen werden von den Betroffenen selbst zunächst gar nicht registriert oder nicht akzeptiert und von Vorgesetzten, Kameraden und auch von den behandelnden Ärzten nicht wahrgenommen. Dies erschwert die Erfassung der Erkrankten, verhindert mitunter die rechtzeitige, adäquate therapeutische Hilfestellung und macht verlässliche epidemiologische Aussagen ohne gezielte Untersuchungen sehr schwierig. Nicht selten wird (ehemaligen) Soldaten und ihren Familien erst mit einem Abstand von mehreren Jahren nach dem Einsatz klar, dass sie unter einsatzbedingten psychischen Störungen leiden und dass es sich bei ihren Verhaltensän-

---

[4] Vgl. Biesold K.H., Barre K. (2013) Militär – Soldaten in militärischen Einsätzen, in Maercker A. (Hrsg.) Posttraumatische Belastungsstörungen. Berlin: Springer.

derungen eventuell um eine behandelbare Erkrankung handelt – wie bei anderen Verletzungen auch.

Kriegstraumatisierungen – Historische Aspekte

Die Geschichte der Psychotraumatologie ist eng verknüpft mit der Geschichte militärischer Auseinandersetzungen. Seit Jahrhunderten haben Kriege stets großes Leid über die Menschen – Zivilbevölkerung und Soldaten – gebracht und zu einer großen Anzahl seelischer Schäden geführt. Die ersten medizinwissenschaftlichen Veröffentlichungen über die Folgen seelischer Traumatisierungen infolge von Kriegserlebnissen bei Soldaten stammen aus der Zeit der amerikanischen Sezessionskriege Ende des 19. Jahrhunderts. Bei den Soldaten des Ersten Weltkrieges kam es durch die Konfrontation mit der grausamen Wirklichkeit des Krieges zu einer großen Zahl seelischer Traumatisierungen, die sich in psychogenen Bewegungsstörungen äußerten (»Kriegszitterer«). Man führte diese Phänomene zunächst ursächlich auf die mechanische Wirkung des Granatbeschusses auf das Nervensystem zurück und bezeichnete sie als »Shell-Shock« oder »Schützengrabenneurose«. Die Kriegsneurotiker wurden in Deutschland jedoch nicht als Kranke anerkannt, sondern man hielt sie für erblich vorbelastet, konstitutionell minderbelastbar oder für Simulanten. Die Behandlungsmethoden wie elektrische Schläge, die sog. »Kaufmann-Kur«, Eiswasserbäder, Gewalt und Isolierung waren zum Teil grausam und sollten dazu dienen, die Soldaten wieder an die Front zurück zu treiben. In England, Frankreich und den USA versuchte man durch Selektion die geeigneten Männer für die Front auszusuchen und behandelte psychogene Störungen entweder frontnah, oder man führte die Soldaten in die Heimat zurück und behandelte sie in speziellen Einrichtungen.[5]

Die psychisch traumatisierten Soldaten des Zweiten Weltkrieges wiesen überwiegend psychosomatische Krankheitsbilder auf, bei denen vor allem gastrointestinale Symptome wie Übelkeit, Erbrechen und Oberbauchbeschwerden im Vordergrund standen. Wegen der hohen Anzahl an Erkrankten wurden gegen Kriegsende in der Deutschen Wehrmacht sogar ca. fünfzig »Magenbataillone« aufgestellt. Im Laufe des Krieges nahmen »Nerven- und Geisteskrankheiten« zu.[6] Es gibt bis heute keine verlässli-

---

[5] Vgl. Shephard, Ben (2000) A war of nerves, soldiers and psychiatrists 1914–1994, London: Pimlico.
[6] Vgl. Zimmermann, Peter et al. (2005) Psychogene Störungen bei deutschen Soldaten des Ersten und Zweiten Weltkrieges, Fortschritte der Neurologie-Psychiatrie, 73.

274

chen Daten darüber, wie hoch die Häufigkeit psychogener (psychotraumatologischer) Krankheitsbilder in Deutschland war und wie viele der Soldaten aus Verzweiflung Fahnenflucht begingen, sich selbst verstümmelten oder suizidierten. Die amerikanischen Streitkräfte entließen während des Zweiten Weltkrieges insgesamt ca. 500.000 Soldaten aus psychiatrischen Gründen wegen Kampferschöpfung (»Combat Fatigue«) aus dem Militärdienst.

Während des Koreakrieges von 1950 bis 1953 mussten noch drei Prozent der amerikanischen Soldaten im Kriegsgebiet psychiatrisch behandelt werden, während des Vietnamkrieges nur noch 1,2 Prozent. Die Problematik der Kriegstraumatisierungen trat mehr und mehr erst nach Ende der Kriege und Rückkehr ins Heimatland an das Tageslicht. 1988 wurde eine Studie veröffentlicht, die belegte, dass ca. 500.000 Veteranen – das entsprach 15 Prozent der eingesetzten amerikanischen Soldaten – an den Folgen des Vietnamkrieges in Form einer PTBS litten. Spätere Studien des National Centre for Post Traumatic Stress Disorder, erstellt für das United States Department of Veterans Affairs, gaben an, dass die PTBS-Prävalenzzahlen deutlich höher lagen: 30,9 Prozent bei männlichen und 26,9 Prozent bei weiblichen Vietnamveteranen. Die Anzahl chronifizierter Fälle blieb hoch und viele der PTBS-Erkrankten bekamen Suchtpobleme, wurden vorbestraft oder obdachlos.[7]

Im Juli 2004 veröffentlichten amerikanische Militärpsychiater im New England Journal of Medicine eine Studie an über 6.000 Soldaten vor und nach ihrem Einsatz in Afghanistan und im Irak, wobei sich ein Anteil relevanter psychischer Erkrankungen wie Depressionen, generalisierte Angststörungen oder PTBS bei den Irak-Soldaten von 15,6 bis 17,1 Prozent und bei den Soldaten nach dem Afghanistaneinsatz von 11,2 Prozent zeigte. Bemerkenswert ist, dass sich von diesen Erkrankten nur gut ein Viertel behandeln ließ. Gründe dafür waren die Angst vor Stigmatisierung, vor Verlust des Ansehens im Kameradenkreis und bei Vorgesetzten sowie die Befürchtung von Karrierenachteilen.[8] Verlässliche epidemiologische Daten über Bundeswehreinsätze lagen lange Zeit nicht vor.

---

[7] Vgl. Kulka R.A./Schlenger W.E./Fairbank J.A. et al. (1990) Trauma and the Vietnam war generation: Report of findings from the National Vietnam Veterans Readjustment Study, New York: Brunner/Mazel.

[8] Vgl. Hoge, C.W. et al. (2004) Combat duty in Iraq and Afghanistan, mental health problems, and barriers to care, New England Journal of Medicine, 351.

Einsatztraumatisierungen in der Bundeswehr

1995 haben wir in den Psychiatrischen Abteilungen der Bundeswehrkrankenhäuser begonnen, eine Behandlungsstatistik zu führen, wobei alle Fälle registriert wurden, die wegen einer einsatzbezogenen psychischen Störung in Behandlung kamen. Ab 2000 registrierten wir einen ersten Anstieg der Behandlungen, wobei die Zahlen noch bis 2004 jährlich im zweistelligen Bereich lagen. Ab 2005 nahm die Anzahl Traumatisierter – natürlich auch als Folge des zunehmend belastenderen Afghanistaneinsatzes – kontinuierlich deutlich zu und erreichte 2010 eine jährliche Behandlungszahl von über 600. Offen blieb weiterhin die Frage, wie groß die Dunkelziffer ist, d.h., wie viele Soldatinnen und Soldaten sich trotz psychosozialer Probleme nach einem Einsatz nicht in Behandlung begeben. Zunehmend rückte die Problematik traumatisierter deutscher Soldaten durch Pressemitteilungen in die Öffentlichkeit und führte schließlich Anfang 2009 zu einer parteiübergreifenden parlamentarischen Initiative, in deren Folge u.a. auch die erste epidemiologische Studie über Einsatzbelastungen von Bundeswehrsoldaten bei der TU Dresden in Auftrag gegeben wurde.

Die Ergebnisse dieser Studie, die an Soldaten die im Afghanistaneinsatz waren durchgeführt wurde, mit dem Titel »Prävalenz, Inzidenz und Determinanten von traumatischen Ereignissen, Posttraumatischer Belastungsstörung(PTBS) und anderen psychischen Störungen bei Soldaten mit und ohne Auslandseinsatz« wurden in einer Pressemitteilung wie folgt zusammengefasst.[9]:

1. Das Problem einsatzbezogener PTBS mit einer 12-Monatsprävalenz von zwei bis drei Prozent war deutlich geringer als befürchtet, vergleichbar mit der PTBS-Rate britischer, aber deutlich niedriger als bei amerikanischen Soldaten, die im Irak- oder Afghanistaneinsatz waren.

2. Wesentlich unterschätzt hingegen wurde bislang das Risiko anderer einsatzbezogener psychischer Störungen. Auslandseinsätze der Bundeswehr gehen mit einem hohen Belastungsausmaß – einschließlich traumatischer Ereignisse – einher, die offensichtlich

---

[9] Wittchen H.U., Trautmann S. (2013) Prävalenz, Inzidenz und Determinanten von traumatischen Ereignissen, PTBS und anderen psychischen Störungen bei Soldaten mit und ohne Auslandseinsatz, Presseinformation (kurz).

massiv das Ersterkrankungsrisiko für Angststörungen sowie den Beginn einer Alkoholabhängigkeit erhöhen.

3. Einsatzbezogene psychische Störungen werden nicht hinreichend frühzeitig erkannt, selten diagnostiziert und noch seltener behandelt. Dies gilt sowohl für die Inanspruchnahme bundeswehrinterner wie auch außerhalb der Bundeswehrstrukturen aufgesuchter Dienste.

4. Unter Anlegen äußerst liberaler Kriterien für die »Behandlung« (zumindest einmaliger Kontakt zum professionellen System) kann die Dunkelziffer für PTBS und andere psychische Erkrankungen auf etwa 50 Prozent geschätzt werden.

5. Eine zentrale Erkenntnis der Studie ist der herausragende Stellenwert psychischer Vorerkrankungen. Diese erweisen sich als machtvoller und stärkster Prädiktor für einsatzbedingte Folgeerkrankungen. Für die Bundeswehr ergibt sich daraus die Herausforderung eines verbesserten klinisch-diagnostischen Screenings vor Einsätzen, um bereits vor dem Einsatz bestehende psychische Störungen zu erkennen.

6. Ziel eines solchen Screenings sollte primär sein, den Betroffenen das Vorliegen einer psychischen Störung ebenso wie das sich daraus ergebende erhöhte einsatzbezogene gesundheitliche Risikopotential bewusst zu machen. Daran anschließend sollte eine vertrauliche Beratung eventuell angezeigter präventiver oder therapeutischer Schritte erfolgen. Keinesfalls ist es zielführend, so ermittelte unerkannte psychische Störungen aktenkundig zu machen, da dies die Gefahr der Stigmatisierung oder potentieller Laufbahnnachteile in sich birgt. Es sind also einerseits geeignete, z.B. aus der Studie selbst abgeleitete gezielte diagnostische Verfahren zu erproben, sowie andererseits angemessene Handlungskonsequenzen aus derartigen Befunden zu entwickeln.

7. Ebenso zentral ist der Befund der Studie, dass betroffene Soldaten offensichtlich massive Barrieren wahrnehmen, die sie davon abhalten, sich gegenüber den zuständigen Diensten mit ihrem Leiden zu offenbaren.

8. Positiv ist hervorzuheben, dass die dem Einsatz vorausgehenden, vorbereitenden und dem Einsatz folgenden nachbereitenden Maßnahmen von den Soldaten überwiegend als positiv, angemessen und zielführend beurteilt werden. Lediglich bei den psychisch

vorbelasteten Soldaten ergab sich diesbezüglich ein geringfügig abweichendes, weniger positives Bewertungsbild.

Eine weitere Folge des zunehmenden parlamentarischen Interesses und einer dann folgenden parteiübergreifenden Resolution war schließlich die Gründung des Forschungs- und Behandlungszentrums für Psychotraumatologie der Bundeswehr am Bundeswehrkrankenhaus Berlin. Hier sollen u.a. schwerpunktmäßig wissenschaftliche Untersuchungen durchgeführt werden, die der Verbesserung präventiver und therapeutischer Maßnahmen innerhalb der Bundeswehr dienen.

Der Wandel militärischer Einsätze

Die Soldatinnen und Soldaten der Bundeswehr sind mittlerweile nicht mehr nur in internationalen friedenssichernden, friedenserhaltenden und friedensschaffenden Einsätzen unter UN-Mandat und z.B. unter Führung der NATO oder der EU tätig, sondern wie der Afghanistaneinsatz gezeigt hat, auch in bewaffnete militärische Konflikten mit Kampfhandlungen involviert. Die Grenzen zwischen den verschiedenen militärischen Einsatzformen sind nicht mehr scharf und verschwinden bisweilen. Auch rein „friedenssichernde" Einsätze können an Brisanz gewinnen und für die Soldatinnen und Soldaten durch erzwungene Passivität zu extremen psychischen Belastungen führen. Dies hatte z.B. der Bosnien-Herzegowina-Einsatz der Niederlande in Srebrenica im Juli 1995 gezeigt, wo die Truppen tatenlos den ethnischen Säuberungsaktionen der serbischen Milizen an der muslimischen Bevölkerung zusehen mussten, weil die »Rules of Engagement« – politische Vorgaben durch die Vereinten Nationen – ein Einschreiten nicht erlaubten. Ein ähnliches Desaster musste der kanadische General Roméo Dallaire schon 1994 in Ruanda erleben, als Hunderttausende Tutsi von Hutu-Milizen umgebracht wurden und er als Kommandeur der UN-Schutztruppe nicht eingreifen konnte bzw. durfte.[10]

Im politischen Szenario sind »harmlose« Friedensmissionen nicht mehr scharf von eindeutig bewaffneten Auseinandersetzungen trennbar. Dies und die Strategie der asymmetrischen Kriegsführung mit zunehmenden terroristischen Aktionen wie Selbstmordattentaten oder Angriffen

---

[10] Vgl. Dallaire, Roméo (2003) Shake hands with the devil: The failure of humanity in Rwanda, Canada: Knopf.

gegen Zivilisten, einheimische Soldaten, ausländische Truppen und internationale Hilfsorganisationen erschweren die Orientierung für die Soldaten und die betroffene Zivilbevölkerung.

Belastungsreaktionen im militärischen Umfeld

Beim Erleben kurzfristiger oder länger dauernder Extremsituationen wird die Fähigkeit der Soldatinnen und Soldaten zur Verarbeitung der Belastungen und zur Wiederanpassung an die Gegebenheiten im Heimatland oft überfordert. Derart intensive, überwältigende und desorganisierende Erfahrungen bzw. Erlebnisse zerstören bisweilen Orientierung und haltgebende Selbst- und Weltbilder. In der Folge kann es zur Entwicklung einer psychischen Störung kommen, die sich bei Dauerbelastung schleichend oder bei Extremerlebnissen akut entwickeln kann. Sie treten nicht selten verzögert auf und entfalten ihre schädigende Wirkung oft erst dann, wenn der Einsatz oder das schädigende Ereignis längst vorbei ist oder die Betroffenen eventuell schon lange keine Soldaten mehr sind.[11] Gerade ehemalige Soldaten – Veteranen und Reservisten –, die sich nicht mehr in der Obhut der Bundeswehr befinden, hatten und haben oft große Probleme, nach dem Ausscheiden aus dem aktiven Dienst eine adäquate Betreuung und Versorgung zu erhalten.

Es ist wissenschaftlich belegt, dass es bei nicht behandelter PTBS z.B. zu vermehrten dienstlichen Ausfallzeiten, einer erhöhten Anzahl vorzeitiger Dienstunfähigkeiten, erhöhten Scheidungsraten, einer gehäuften Suchtentwicklungsrate und möglicherweise einer sozialen Desintegration kommen kann. Daraus folgt, dass der Dienstherr bei aktiven Soldatinnen und Soldaten und bei Veteranen in Hinsicht auf die Qualität der medizinischen Versorgung genauso in seiner Fürsorgepflicht steht wie bei körperlichen Verletzungen.

Es sind in erster Linie die militärischen Vorgesetzten, die die Verantwortung für die Gesundheit und das leibliche und seelische Wohlbefinden ihrer Soldatinnen und Soldaten tragen. Und auch der Umgang mit durch den Einsatz seelisch verwundeten, verletzten oder erkrankten Kameradinnen und Kameraden ist Bestandteil der Fürsorgepflicht. Die

---

[11] Vgl. Biesold K.-H./ Barre K.M. (2002) Auswirkungen von Stress und Traumatisierungen bei Soldaten der Bundeswehr, in: Praxis Klinische Verhaltensmedizin und Rehabilitation, 57.

Einsatzkräfte werden mit Auswirkungen von Krieg und Gewalt, Terroranschlägen, Leichen und Verstümmelungen, mit Chaos und Zerstörung, unklaren Konfliktlagen, eventuell Gefangenschaft, mit fremden Kulturen, lang dauernder Trennung von zu Hause, dienstlicher Überforderung, aber auch Langeweile und Unterforderung konfrontiert. Oft und nicht zuletzt besteht die Belastung in dem Gefühl totaler Hilflosigkeit gegenüber Not und Elend im Einsatzland.

Der gesellschaftliche Auftrag und die persönliche Motivation stehen mitunter in deutlichem Gegensatz zu Einstellung und Haltung der Bevölkerung in den Hilfsgebieten. Manchmal werden die Truppen als Besatzer gesehen oder geraten zwischen die Fronten rivalisierender Gruppen. Sie setzen ihr eigenes Leben oder ihre Gesundheit aufs Spiel, ohne positive Auswirkungen ihres Einsatzes erleben zu können. Es können ihnen Ablehnung und Hass entgegenschlagen, sie werden Opfer terroristischer Angriffe oder in Kampfhandlungen verwickelt.

Aber auch im Heimatland treffen die Soldatinnen und Soldaten der Bundeswehr oft auf Zweifel, Unverständnis und Gleichgültigkeit, ja Ablehnung ihres Einsatzes. Nicht einmal bei den eigenen Kameraden zu Hause können sie immer auf Verständnis zählen, da diese ihre Arbeit in den Heimatverbänden miterledigen mussten. Sie waren deshalb oft genug ebenfalls stark belastet, ohne dafür öffentliche Anerkennung in der Presse, Orden oder eine besondere Bezahlung zu erhalten. Und auch die eigenen Partner oder die Familie können manchmal kaum verstehen und akzeptieren, was der Einzelne erlebt und wie sehr ihn dies verändert hat.

Einsatzvorbereitung, -begleitung und -nachsorge

Schon mit Beginn der Auslandseinsätze 1992 hatte man sich erste Gedanken gemacht, wie man die Einsatzkräfte auf die besonderen psychischen Belastungen vorbereiten kann. Allerdings dauerte es einige Jahre, bis das »Rahmenkonzept zur Bewältigung psychischer Belastungen von Soldaten«[12] erlassen wurde, in dem ausgeführt wird, dass neben mentalen und physischen Anforderungen sowie sicherem Beherrschen soldatischer Handlungsabläufe die psychische Stabilität und Belastbarkeit der Soldaten als ein wesentliches und bestimmendes Merkmal der Einsatzbereitschaft

---

[12] BMVg (Bundesministerium der Verteidigung) (2000) FüS I, Rahmenkonzept zur Bewältigung psychischer Belastungen von Soldaten, (1. Änderung mit 1. Ergänzung vom 22. März2004), Bonn.

und Leistungsfähigkeit zu begreifen ist. Bei den Maßnahmen zur Erhaltung der psychischen Stabilität sollte von Beginn an der Prävention Vorzug vor der Rehabilitation gegeben werden. Dabei gehörte eine adäquate Personalauswahl und -ausbildung sowie eine effektive Einsatzvorbereitung, -begleitung und -nachbereitung zu den wesentlichen militärischen Führungsaufgaben. Auch die Stressbewältigung wurde in erster Linie als ein Aufgabenbereich der Führung und in zweiter Linie erst als eine Unterstützungsaufgabe der medizinischen und psychologischen Dienste definiert. Die Art der fachlichen Unterstützung wurde durch das »Medizinisch-psychologische Stresskonzept der Bundeswehr«[13] näher ausgeführt.

Die tragenden Säulen dieses Konzeptes sind unverändert das Drei-Phasen-Modell und das Drei-Ebenen-Konzept der Stressbewältigung. Das Drei-Phasen-Modell beschreibt die drei Stadien des Einsatzes: Einsatzvorbereitung, Einsatzdurchführung und Einsatznachbereitung. Das Drei-Ebenen-Konzept gliedert sich in die Stufen der psychosozialen Unterstützung, die je nach Art und Ausmaß der belastenden Ereignisse zur Anwendung kommt. Der Hilfe durch Kameraden und Vorgesetzte kommt im Einsatzgeschehen eine größere Bedeutung zu als in der Vor- und Nachbereitung, da die alltägliche psychosoziale Unterstützung durch Partner, Familie, Freunde und Bekannte dort nicht zur Verfügung steht oder nur über Fernkommunikationsmedien eingeschränkt erreichbar ist.

Ein bedeutsamer Faktor, der erheblich zur psychischen Stabilisierung des Einzelnen beiträgt, ist eine belastbare Gruppenkohäsion. Sie stellt einen wichtigen sozial-emotionalen Stützpfeiler für den einzelnen Soldaten bei individuellen oder kollektiven Belastungen im Einsatz dar. Einheiten mit hoher Gruppenkohäsion haben unter Extrembedingungen weniger belastungsbedingte Ausfälle.

Ein anderer Themenschwerpunkt ist die persönliche Schulung in Fähigkeiten der psychischen Selbst- und Kameradenhilfe. Jeder Soldat, aber insbesondere jeder Vorgesetzte sollte in der Lage sein, Stresssymptome bei sich und anderen zu erkennen und effektive Stressbewältigungsstrategien einzusetzen. Ferner sind besonders in der Ausbildung der Vorgesetzten Themen der Menschenführung unter Belastung, des Umganges mit Verwundung und Tod und ein Training in interkultureller Kompetenz unverzichtbar.

---

[13] BMVg (Bundesministerium der Verteidigung) (2004) FüSan I 1 – Az 42-13-40/PSZ III Az 6-66-01-10 vom 20. Dezember 2004, Medizinisch-Psychologisches Stresskonzept der Bundeswehr.

Im Einsatz stehen Truppenpsychologen, Militärseelsorger, Peers und – wenn ein Feldlazarett vor Ort ist – auch ein Facharzt für Psychiatrie und Psychotherapie zur Verfügung. Bei besonders belastenden Ereignissen werden nach Entscheidung der Führung geeignete Maßnahmen der Kriseninterventionen wie z.B. Einzelgespräche oder Gruppengespräche eingeleitet. Dadurch soll eine Entaktualisierung und damit eine Abmilderung der akuten Belastungsreaktion erreicht werden. Zur Stabilisierung kann auch eine Herausnahme aus dem Dienst erfolgen und eine kurzdauernde Behandlung im Feldlazarett durchgeführt werden. Die allermeisten Soldatinnen und Soldaten, bei denen eine akute Belastungsreaktion vorliegt, wünschen eine Behandlung im Einsatz und die Rückkehr zu ihrem Truppenteil. Ziel ist die Erhaltung der Einsatzbereitschaft der Truppe und die Prävention der Ausbildung einer PTBS.

Auch die Angehörigen zu Hause tragen eine große Last: Durch die Allgegenwart der modernen Kommunikationsmedien werden Nachrichten über Zwischenfälle und Gefährdungen bis in die Familien getragen. Angst und Sorge treten auf und belasten die Familien. Nicht zuletzt sind es die Kinder, die reagieren, wenn der Vater oder die Mutter über lange Zeit nicht anwesend sind. Durch Telefonate wird diese Sorge wieder in den Einsatz zurückgebracht und führt dort bei den betreffenden Soldaten zu Beunruhigung und dem Gefühl, die Familie im Stich zu lassen. Um dieser Tatsache Rechnung zu tragen, hat die Bundeswehr schon mit Beginn der Einsätze Familienbetreuungszentren eingerichtet, in denen ausgebildete Ansprechpartner den Angehörigen vor, während und nach dem Einsatz mit Informationen, Rat und Hilfe zur Verfügung stehen.

Die Rückkehr des Soldaten in das dienstliche und private Umfeld und die Wiederaufnahme der gewohnten sozialen Beziehungen in der Heimat ist mit weiteren Herausforderungen verbunden. Daher steht im Mittelpunkt der Phase 3 das Wiedereingewöhnen in das private und dienstliche Umfeld sowie das Erkennen und Behandeln von möglichen Folgeschäden (PTBS). Die psychische Einstellung auf die Lage im Einsatzland und die damit verbundene Verschiebung des Normen- und Werterahmens muss nun an die »normalen« Bedingungen zu Hause (re)adaptiert werden. Umgekehrt ist auch von den Angehörigen eine Anpassung zu leisten. Sie haben die Erfahrungen der Einsatzsoldaten nicht geteilt. Die nächsten Angehörigen oder Freunde können manchmal kaum begreifen, was der Einzelne erlebt und wie sehr ihn dies verändert hat.

Nach der Rückkehr in den Dienst am Heimatstandort wird eine truppenärztliche Untersuchung einschließlich einer Fragebogenuntersuchung zu Stress- und PTBS-Symptomen durchgeführt. Diese Untersuchung ist neben einer Dokumentation besonderer Vorkommnisse im Einsatz, an denen einzelne Soldaten, Gruppen oder Einheiten beteiligt waren, erste Grundlage für die weitere Betreuung und für die Feststellung einer eventuellen Wehrdienstbeschädigung, die dann einen Versorgungsanspruch begründen könnten. Auf der Basis dieser Informationen werden, je nach Befund und Gesamtbeurteilung der Situation des Soldaten, die weiteren allgemeinen und individuellen psychosozialen Schritte eingeleitet.

Ein Kurzurlaub nach Einsatzende soll die Wiedereingewöhnung erleichtern, ehe die Soldaten in ihren Gruppen etwa sechs bis acht Wochen nach Rückkehr an »Einsatznachbereitungsseminaren« teilnehmen. Die Dauer solcher Seminare ist mit etwa zwei Tagen bemessen. Ziele dieser gemeinsamen Nachbereitung sind laut Rahmenkonzept u.a. Konflikte und Spannungen abzubauen, den Einsatz im Kameradenkreis gedanklich abzuschließen, Störungen offen anzusprechen, das zukünftige Miteinander zu erleichtern, die Bereitschaft zur Teilnahme an einem neuen Einsatz zu fördern und ein Screening für den Bedarf weitergehender Betreuungsmaßnahmen bei Einzelnen zu erstellen und diese einzuleiten.

Soldaten, die unter überdurchschnittlichen Anpassungsschwierigkeiten leiden, aber keiner psychiatrischen oder psychotherapeutischen Intervention bedürfen, können unbürokratisch zur Teilnahme an einer Präventivkur vorgeschlagen werden. Diese Kuren sind eine Fürsorgemaßnahme im vortherapeutischen Bereich und dienen allgemein der Erholung und Stabilisierung, um psychischen Störungsentwicklungen wie PTBS vorzubeugen. Zur Zeit wird das Konzept überarbeitet.

Mit Soldatinnen und Soldaten, die den Dienst verlassen und die daher nicht mehr in ständigem Kontakt mit ihrer Einheit stehen, wird wegen möglicher später auftretender Störungen (»Late-Onset-PTBS«) etwa achtzehn bis vierundzwanzig Monate nach Beendigung des Einsatzes per »Reservistenbrief« Kontakt aufgenommen, um sie nach ihrem Befinden zu befragen und über Ansprechstellen und Hilfsangebote zu informieren.

Therapie im Rahmen der Bundeswehr

Die jahrelangen Erfahrungen in der Therapie von Soldatinnen und Soldaten mit einsatzbedingten psychischen Störungen haben gezeigt, dass psychisch Traumatisierte oft eine Versorgung in Bundeswehreinrichtungen präferieren, da dort spezifische Kenntnisse über die militärischen Alltagsanforderungen, Einsatzbelastungen und -traumatisierungen vorhanden sind und sie in ihrem Beruf akzeptiert werden. Allerdings verfügt die Bundeswehr derzeit nur noch über vier Bundeswehrkrankenhäuser, in denen stationäre Traumatherapie angeboten werden kann: Berlin, Hamburg, Koblenz und Ulm.

Eine engmaschige regionalisierte Versorgung, bei der gleichzeitig auch Erfahrungswissen des militärischen Lebensfeldes eingebracht werden kann, steht nicht zur Verfügung. Wegen mangelnder Erfahrung mit kriegstraumatisierten Soldaten bei Therapeuten im zivilen Bereich gab es in den vergangenen Jahren nur wenig Möglichkeiten, traumatisierte Soldatinnen und Soldaten ortsnah in eine ambulante psychotherapeutische Versorgung zu übergeben. In dieser Mangelsituation mussten Betroffene auch manchmal dann stationär behandelt werden, wenn eine ambulante Versorgung nach den üblichen Kriterienkatalogen im Prinzip möglich gewesen wäre. Eine stationäre Traumatherapie im Verbund verschiedener Berufsgruppen, wie sie in einem Krankenhaus möglich ist, bietet allerdings eine sehr effektive Behandlung.[14]

Erfahrungen aus den Auslandseinsätzen

Die Erfahrungen aus den nun mittlerweile 25 Jahren, in denen Bundeswehrkräfte in unterschiedlichen Szenarien im Ausland eingesetzt wurden, vor allem aber aus dem Kosovo- und dem über zehnjährigen Afghanistaneinsatz, haben zur Entwicklung umfassender Konzepte, zum Aufbau von Organisations- und Kommunikationsstrukturen und Maßnahmen geführt, die der Prävention, der medizinischen und psychologischen Betreuung und Behandlung, der psychosozialen Unterstützung der Soldatinnen und Soldaten und ihrer Angehörigen und der Versorgung dauerhaft Geschädigter und deren beruflicher Wiedereingliederung dienen sollen.

Die Fallzahlen sind seit 2010 im Wesentlichen unverändert. Laut Angaben des Sanitätsdienstes der Bundeswehr waren 2013 insgesamt 1.423 Behandlungskontakte von psychisch im Einsatz erkrankten Soldaten statistisch erfasst worden, davon 149 Neuerkrankungen. Bis zum Ende des dritten Quartals 2014 wurden 1.602 Behandlungsfälle, davon 284 Neuerkrankungen verzeichnet. In der Statistik der Wehrdienstbeschädigungen wurde Ende 2013 angegeben, dass die Anzahl der Gesamtanträge wegen einsatzbedingter psychischer Schäden seit dem Jahr 1995 bei 1.511 lag — davon anerkannte Fälle 568 (38 Prozent), abgelehnt 358 Fälle (24 Prozent)

---

[14] Vgl. Barre K.M./Biesold K.-H. (2002) Therapie psychischer Traumatisierungen bei Soldaten der Bundeswehr, in: Praxis Klinische Verhaltensmedizin und Rehabilitation, 57.

und noch anhängig wegen Sachverhaltsermittlung bzw. medizinischer Abklärung 356 Fälle (24 Prozent). Allerdings dauert die Bearbeitung der Wehrdienstbeschädigungsanträge zu lange. Verfahrenszeiten von über zwei Jahren sind keine Einzelfälle.

Zunächst einmal kann festgestellt werden, dass mittlerweile allgemein anerkannt ist, dass die Auslandseinsätze für die Soldatinnen und Soldaten nicht nur mit dem Risiko körperlicher Beschädigungen, sondern auch mit der Gefahr seelischer Verwundungen oder Erkrankungen verbunden sind. Bundeswehr, Politik und Gesellschaft haben erfasst, dass sie sich der Aufgabe der Betreuung und Versorgung psychisch Einsatzgeschädigter annehmen müssen. Die Bemühungen, einer Stigmatisierung psychisch verwundeter Soldatinnen und Soldaten entgegen zu wirken und die Hemmschwellen, sich in Behandlung zu geben, abzubauen, haben in den letzten Jahren zunehmend Erfolg gezeigt. Die Kenntnisse über und die Akzeptanz psychischer Einsatzfolgen innerhalb der Streitkräfte wurde durch konsequente Information und Aufklärung insbesondere in der Einsatzvorbereitung stetig verbessert. Es wurden Netzwerke geschaffen um die Beratung, Betreuung und Behandlung der Betroffenen zu verbessern.

Wie auch bei vielen anderen Armeen gibt es während der Auslandseinsätze wenig Ausfälle wegen akuter Traumatisierungen. Die meisten einsatzbedingten psychischen Probleme werden erst nach der Rückkehr ins Heimatland offenbar. Wesentliche Stützpfeiler der Versorgung sind dann die standortbezogenen lokalen Psychosozialen Netzwerke, die sich aus Mitarbeitern des Sozialdienstes, der Militärseelsorge, Truppenpsychologen, Truppenärzten und Lotsen zusammensetzen.

Die bisherigen Präventionskonzepte und Betreuungsmaßnahmen sollen nun kontinuierlich wissenschaftlich evaluiert werden. Neu erlassen wurde ein Rahmenkonzept »Erhalt und Steigerung der psychischen Fitness von Soldatinnen und Soldaten«.[15] Zusätzlich wurden zur Verbesserung der psychischen Fitness, z.B. das Projekt »Psychologische Maßnahmen zum Ausgleich psychoreaktiver Einsatzfolgen« entwickelt und die Einsatznachbereitungsseminare neu konzipiert. Es können bei Bedarf individuelle Maßnahmen zur Steigerung der psychischen Fitness zur Anwendung kommen, z.B. Lern- und Trainingsprogramme, aber auch Einzel- und

---

[15] BMVg (2012), Generalinspekteur der Bundeswehr vom 31. Oktober 2012, Rahmenkonzept »Erhalt und Steigerung der psychischen Fitness von Soldatinnen und Soldaten«.

Partnerberatung. In den Einsatznachbereitungsseminaren, die künftig unter psychologischer Leitung stehen sollen, sollen Konfliktabbau, Ressourcenaufbau und ein gedanklicher Abschluss des Einsatzes auch unter Beteiligung von Familienangehörigen erfolgen. Es ist also mittlerweile ebenso erkannt und berücksichtigt, wie wichtig die Einbeziehung der Familienangehörigen, einschließlich der Kinder, in die Einsatzvor- und -nachbereitung ist.

Die Betreuung im Einsatz wird weiterhin durch eine ständige truppenpsychologische Einsatzbegleitung, durch die Militärseelsorge und durch die sanitätsdienstliche Versorgung gewährleistet. Unterstützt werden diese durch speziell ausgebildete Peers – psychologische Ersthelfer aus dem Kameradenkreis.

Seit 2010 gibt es das Amt des »Beauftragten des Verteidigungsministeriums für einsatzbedingte Posttraumatische Belastungsstörungen (PTBS) und Einsatzgeschädigte«, das bisher von Brigadegeneralen und jetzt neuerdings von einem Generalarzt geleitet wird. Sein Auftrag lautet, Verbesserungen in der Betreuung und Versorgung aufzuzeigen, Verfahren zu beschleunigen und sich um die Betroffenen zu kümmern. Dabei ist es sein Ziel, die Prävention, Betreuung und Behandlung erkrankter Soldaten weiter zu verbessern. Für ihn besteht nach wie vor eine Menge Handlungsbedarf. Bspw. soll die Dauer der Verfahren zur Feststellung einer Wehrdienstbeschädigung verkürzt werden.

Das Psychotraumazentrum der Bundeswehr am Bundeswehrkrankenhaus in Berlin hat begonnen, die bisher vorhandenen Versorgungsstrukturen der Bundeswehr zu systematisieren und zu evaluieren und Strategien zur Verbesserung von Betreuung und Behandlung zu erarbeiten. In den letzten Jahren wurden die Hilfsangebote für Betroffene und ihre Angehörigen kontinuierlich ausgebaut. Es gibt Websites, die Informationen und Hilfestellungen geben sowie eine Trauma-Hotline – (08 00)5 88 79 57 – die 24 Stunden am Tag gebührenfrei erreichbar ist. Auch das Angebot an Informationsmaterial wurde erweitert und die Betreuungsangebote wurden ebenfalls ergänzt.

Zusätzlich zu den schon lange angebotenen dreiwöchigen Präventivkuren bietet die Sportschule der Bundeswehr in Warendorf einen Sportlehrgang für psychisch belastete Soldatinnen und Soldaten an. Darüber hinaus gestaltet die Militärseelsorge Wochen- und Wochenendveranstaltungen unter Begleitung von Fachpersonal, in die speziell die Familien, insbesondere auch die Kinder miteingebunden werden. Ergänzt wird das Angebot durch zahlreiche Hilfsorganisationen, Selbsthilfegruppen und

Initiativen von Verbänden, deren umfangreiche Aktivitäten im Internet unter www.bundeswehr-support.de ausführlich dargestellt werden.

Eine umfangreiche Darstellung der jetzt aktuellen Versorgungssituation gibt auch das im Mai 2014 vom Bundesministerium der Verteidigung erlassene Kompendium »Umgang mit psychischen Einsatzschädigungen einschließlich posttraumatischer Belastungsstörung (PTBS) in der Bundeswehr«.[16]

Die besondere Problematik der Veteranenversorgung

Veteranen – ich nutze diesen Begriff hier speziell für ehemalige Soldaten, die für die Bundeswehr in Auslandseinsätzen waren – stoßen auf ganz besondere Schwierigkeiten und Hindernisse in der Betreuung und Einsatzversorgung, die in den letzten Jahren immer mehr zu Tage getreten sind und die u.a. mit Hilfe des Beauftragten des Verteidigungsministeriums für einsatzbedingte Posttraumatische Belastungsstörungen (PTBS) und Einsatzgeschädigte sukzessive abgebaut werden sollen.

Zunächst partizipieren ehemalige Soldaten nicht mehr an der unentgeltlichen truppenärztlichen Versorgung und müssen in der Finanzierung der Behandlung ihrer Gesundheitsstörung auf ihre gesetzliche oder private Krankenversorgung zurückgreifen, die sich oft fälschlicherweise als nicht zuständig betrachten. Eine Ausnahme stellt die Versorgung bei einer bereits anerkannten Wehrdienstbeschädigung dar, deren Behandlung über die Versorgungsämter finanziert wird. Die Versorgungsämter genehmigen derzeit aber in der Regel nur ambulante bzw. stationäre Behandlungen bei Therapeuten bzw. Einrichtungen, die über eine kassenärztliche Zulassung verfügen. Dies ist aber z.B. bei einem Teil der Psychiatrischen Abteilungen der Bundeswehrkrankenhäuser nicht der Fall. Der Sozialdienst der Bundeswehr steht allerdings allen aktiven und ehemaligen Soldaten und deren Familienangehörigen vollumfänglich zur Verfügung. Darüber hinaus sind die Lotsen in den aktiven Einheiten bzw. die Fallmanager des Bundes Deutscher EinsatzVeteranen ebenfalls bereit, beratend zur Seite zu stehen.

Die Erfahrungen haben mittlerweile gezeigt, dass es zahlreiche Veteranen gibt, die nach ihrer Entlassung aus dem aktiven Dienst im Ziville-

---

[16] BMVg (2014). Führung Streitkräfte II 7 vom 21. Mai 2014, Umgang mit psychischen Einsatzschädigungen einschließlich Posttraumatischer Belastungsstörung (PTBS) in der Bundeswehr.

ben aus unterschiedlichen krankheitsbedingten Hindernissen nicht Fuß fassen konnten. Nicht selten sind sie sich noch nicht einmal bewusst, dass ihre Schlaf- und Konzentrationsstörungen, die innere Unruhe und andere Symptome Folge einer einsatzbedingten psychischen Störung sind. Die Diagnosestellung erfolgt leider noch zu häufig erst mit einer Latenz von vielen Jahren. Noch heute gibt es Veteranen, die bereits1999 im Kosovoeinsatz seelisch verwundet wurden und bei denen erst jetzt erstmalig die Diagnose einer PTBS gestellt wird.

Auch die wirtschaftliche Situation ist bei den verwundeten Veteranen immer noch schlechter als bei aktiven Zeit- und Berufssoldaten, die noch regelmäßig ihre monatlichen Bezüge erhalten. Es gibt Veteranen, die ohne Einkünfte oder andere Unterstützung leben, insolvent und obdachlos sind.

Meiner Auffassung nach ist die Verbesserung der Situation der Einsatzveteranen aber nicht nur eine Aufgabe des Dienstherrn Bundeswehr, sondern vorrangig auch eine gesellschaftliche und politische Aufgabe. Da Soldatinnen und Soldaten im Auftrag der Gesellschaft nach parlamentarischer Entscheidung in Auslandseinsätze entsandt werden, besteht auch die gesamtgesellschaftliche Verpflichtung ihnen alle erdenkliche Unterstützung zu bieten, wenn sie verwundet – körperlich oder seelisch – aus diesen Einsätzen zurückkehren.

Epilog

Die Zeit ist reif!

von Reinhold Robbe

Zum ersten Mal in der Geschichte der Bundeswehr wird mit diesem Buch ein – wie ich finde, nicht nur inhaltlich außerordentlich gelungenes, sondern für den öffentlichen Diskurs auch dringend erforderliches – Kompendium über den Veteranen in der Bundeswehr vorgelegt. Zu verdanken haben wir dieses Werk mit zahlreichen fundierten und ausgezeichneten Beiträgen zwei »Insidern« im besten Sinne des Wortes, nämlich Marcel Bohnert und Björn Schreiber. Beide wissen, worüber sie reden und schreiben. Beide hatten ihre Laufbahn als Zeitsoldaten bei der Bundeswehr, der eine ist inzwischen Major der Panzergrenadiertruppe auf dem Weg zum Generalstabsoffizier und der andere Kapitänleutnant der Reserve im zivilen Berufsleben. Beide Herausgeber verfügen über Einsatzerfahrung, beide sind ausgezeichnet vernetzt innerhalb und außerhalb der Bundeswehr, und beide kennen sich aus in der bundesdeutschen sicherheitspolitischen Szene. Hervorragend Voraussetzungen also, um eine gute Idee zu realisieren. Und deshalb kann diese Initiative von Marcel Bohnert und Björn Schreiber überhaupt nicht hoch genug bewertet und gewürdigt werden.

Die Beiträge in diesem Kompendium führen uns aus sehr unterschiedlichen Perspektiven vor Augen, was es heute in Deutschland bedeutet, als Soldatin oder als Soldat in der Bundeswehr zu dienen und vor allem gedient zu haben. Wenn bei etlichen vergleichbaren Publikationen in der Vergangenheit oftmals aus unterschiedlichen Motiven darauf verzichtet wurde, auch unbequeme Wahrheiten und komplizierte Fragestellungen anzusprechen, so wird in diesem Werk alles behandelt, was für eine vernünftige Analyse und zielführende öffentliche Diskussion in unserem Lande erforderlich ist.

Bis heute gibt es bekanntlich Vorbehalte sowie im Einzelnen wohl begründbare, aber oft auch eher diffuse Auffassungen vom Begriff des „Veteranen". Der am häufigsten vorgebrachte Einwand gegen einen offenen und unbefangenen Umgang mit dem Veteranenbegriff ist wie hinlänglich bekannt der Hinweis auf die unsägliche Phase der deutschen Geschichte, die Jahre der nationalsozialistischen Wehrmacht. Gerade in einem pazifistisch geprägten Milieu besteht nicht selten der Vorbehalt, der Begriff »Veteran« sei geschichtlich belastet und deshalb nicht geeignet für die Angehörigen der Bundeswehr. Aus meiner Sicht können wir heute, über 70 Jahre nach der Befreiung von der Hitler-Diktatur, anders über die Verwendung des Veteranen-Begriffs diskutieren als noch vor zwanzig oder dreißig Jahren, da die Nachkriegszeit und vor allem die Opfer von Krieg und Diktatur wesentlich präsenter waren. Ich will es noch deutlicher sagen: Wir können nicht nur anders, nämlich auch unbefangener über diese Themen sprechen, nein – wir *müssen* es sogar. Denn inzwischen haben wir es mit den Nachkriegsgenerationen zu tun. Vor allem in der Bundeswehr gibt es keinen einzigen Offizier mehr, der am Zweiten Weltkrieg als aktiver Soldat teilgenommen hat. Meines Erachtens war es zwar zu keiner Zeit legitim, eine Traditionslinie zwischen der faschistischen Wehrmacht und der Parlamentsarmee Bundeswehr herzustellen. Jedoch hatten es die ersten militärischen Führungspersönlichkeiten in der Anfangszeit der deutschen Streitkräfte bekanntermaßen nicht leicht, ihren eigenen Wehrmachtshintergrund zu rechtfertigen. Deshalb ist es vermutlich auch über viele Jahrzehnte hinweg schlichtweg unterblieben, den Veteranen-Begriff in Deutschland zu etablieren.

Diese Schwierigkeiten korrespondierten übrigens semantisch mit der Verwendung von Begrifflichkeiten wie »Krieg«, »Gefallene (Soldaten)«, »Verwundung« und etlichen anderen. Erst nachdem Bundeswehrsoldaten in schweren Gefechten in Afghanistan, insbesondere im Großraum Kunduz, kämpften, aber auch verwundet wurden und etliche Soldaten gefallen waren, änderte sich auch im politischen Raum die Sprache. Sie wurde den Realitäten angepasst. Dies ist – und ich könnte das mit zahlreichen Beispielen belegen – vor allem den Soldatinnen und Soldaten in den Einsatzgebieten zu verdanken, die nicht zuletzt gegenüber dem Wehrbeauftragten immer wieder darauf gedrängt haben, die Einsatzrealität weder zu relativieren noch zu negieren.

Interessanterweise war es auch nach diesem geschilderten semantischen Anpassungsprozess nicht möglich, genauso unbefangen mit dem Begriff des Veteranen umzugehen. Hier bestanden nach wie vor Schwierigkeiten, auf einen gemeinsamen Nenner zu kommen. Es hat sich dann nach Gründung einzelner Initiativen und mit Unterstützung von Verbänden eine Sprachregelung ergeben, die einen Veteranen nach seiner Einsatzverwendung definiert, ohne dass diese Sprachregelung bisher eine offiziell eine abschließende Bestätigung erfahren hat.

Nach meiner festen Überzeugung ist die Zeit jetzt reif für eine Anpassung der Rahmenbedingungen an die Einsatzarmee Bundeswehr. Neben den vielen Notwendigkeiten in struktureller, personeller und finanzieller Hinsicht benötigen wir auch eine neue Veteranenkultur in der Bundeswehr. Natürlich sind neben dem Bund Deutscher EinsatzVeteranen hier ganz besonders die großen Interessenverbände gefordert, ganz vorneweg der Deutsche BundeswehrVerband und auch der Deutsche Reservistenverband. Für diese Organisationen bedeutet die Neudefinition des Veteranenbegriffs übrigens auch eine große Chance. Die Zeit- und Berufssoldaten der Bundeswehr scheiden heute mit ganz anderen Ansprüchen und Erwartungen an eine soziale Absicherung aus dem Dienst, als es zu Zeiten der »Bonner Republik« der Fall war. Nicht selten verlassen sie die Streitkräfte nicht nur mit positiven Erfahrungen. Gerade Einsatzsoldaten, die im Einsatz verwundet wurden, brauchen ihren Dienstherrn und damit die Fürsorge des Staates noch viel dringender als jene Kameraden, die an keinen Einsätzen teilnehmen mussten. Und dieser gestiegene Bedarf an sozialer, medizinischer und gesellschaftlicher Nachsorge kann am besten von den Interessenverbänden wahrgenommen werden, weil diese nicht in die Befehlshierarchie des Verteidigungsministeriums eingebunden sind.

Wenn wir uns die gesellschaftliche Integration der Veteranen unserer Bundeswehr betrachten, dann haben wir es mit ganz anderen Fragestellungen zu tun. Denn hier sind nicht nur Bundesregierung, Bundestag und Bundeswehrführung angesprochen, sondern wir alle, die gesamte bundesdeutsche Zivilgesellschaft. Diese Tatsache hat mich nach meinem Ausscheiden aus meinem letzten Amt als Wehrbeauftragter denn auch veranlasst, mich im Rahmen meiner Möglichkeiten für mehr gesellschaftliche Akzeptanz für die Menschen in der Bundeswehr einzusetzen.

Im Jahre 1995 habe ich mich im Deutschen Bundestag gegen meine eigene Fraktion für den ersten »robusten« Einsatz unserer Bundeswehr, damals in Bosnien-Herzegowina entschieden, und seitdem fühle ich mich für die Soldatinnen und Soldaten verantwortlich, politisch und darüber hinaus. Als Sicherheitspolitiker und später als Wehrbeauftragter des Deutschen Bundestages.

Im Laufe der Jahre ist mir zunehmend bewusst geworden, dass es in unserer Gesellschaft eine Paradoxie gibt. Einerseits tun die Soldatinnen und Soldaten unserer Bundeswehr seit nunmehr 60 Jahren überall in der Welt ihre Pflicht, und andererseits wird ihnen die hierfür angemessene gesellschaftliche Akzeptanz und Solidarität oftmals verwehrt. Unter diesem Widerspruch leiden viele Soldaten. Sie dienen ihrem Land, und große Teile der Gesellschaft sehen entweder darüber hinweg oder interessieren sich schlichtweg nicht dafür. Das Wort vom „freundlichen Desinteresse" in diesem Zusammenhang hat nach wie vor Gültigkeit.

Dabei könnte die Zivilgesellschaft viel von den Soldaten lernen: nicht umsonst wiesen anlässlich des Todes von Altbundeskanzler Helmut Schmidt viele kluge Nachrufe darauf hin, dass sein entschlossenes Agieren und sein unerschütterliches Verständnis von Verantwortung soldatisch geprägt sind. Helmut Schmidt war vielleicht der konsequenteste, sicherlich aber international wirkungsvollste Soldat unserer Demokratie in Deutschland.

Die Menschen in der Bundeswehr verteidigen in vielen Teilen dieser Welt gemeinsam mit den Verbündeten unsere rechtstaatlichen Werte, die elementaren Menschenrechte und unsere freiheitliche Ordnung. Sie wissen spätestens seit 1995 aufgrund der vielen Auslandseinsätze, was es heißt, Gesundheit und Leben einzusetzen.

Seit dieser Zeit sehen wir allerdings auch, was Tod und Verwundung im Einsatz bedeuten und haben die Bedeutung des Wortes PTBS lernen müssen. Als Wehrbeauftragter habe ich diese Folgen der Einsätze quasi hautnah miterlebt. Ich habe lernen müssen, wie nicht nur die Soldaten selber, sondern auch ihre Familien, ihre Kinder und Angehörigen mit den gesundheitlichen Folgen zu kämpfen haben. Und es gehört für mich zu den schlimmsten Erfahrungen meines Lebens, immer wieder am Sarg eines gefallenen Soldaten gestanden zu haben und recht hilflos den Schmerz und die Trauer der Hinterbliebenen miterleben zu müssen.

Und trotzdem gibt es in unserer bundesdeutschen Gesellschaft eine weit verbreitete Skepsis – manche sprechen auch von einem gewissen Unwohlsein – gegenüber allem Militärischen und vor allem auch gegenüber den Menschen, die heute bereit sind, diese unverzichtbare Aufgabe des Soldaten wahrzunehmen: Nicht selten werden in der öffentlichen Wahrnehmung völlig unterschiedliche Dinge miteinander vermengt. Da werden sicherheitspolitische Entscheidungen der Regierung oder des Bundestages in einen Topf geworfen mit den Leistungen und Pflichten des Soldatenberufes. Viele vergessen auch, dass die Soldatinnen und Soldaten nur mit ausdrücklicher Billigung des Deutschen Bundestages in die Einsätze geschickt werden. Es wird schlichtweg nicht zur Kenntnis genommen, in wessen Auftrag die Soldaten handeln: Nämlich im Auftrag von uns allen!

Wenn es bei unseren Bündnispartnern positive gesellschaftliche Umgangsformen bspw. in den USA gibt, dann wissen wir zugleich, dass unser Land seine eigene Geschichte hat und deshalb offenbar mehr Zeit benötigt für die notwendigen gesellschaftlichen Prozesse.

Der 60. Geburtstag unserer Streitkräfte war deshalb ein hervorragender Anlass, neue Wege zu beschreiten bei dem Versuch, mit klugen Köpfen und den wesentlichen Institutionen unserer Zivilgesellschaft neue Wege für eine bessere gesellschaftliche Einbindung der Soldaten zu finden. Deshalb hat die amtierende Verteidigungsministerin Ursula von der Leyen einen Vorschlag von mir aufgegriffen, indem sie einen »Runden Tisch für die Menschen in der Bundeswehr« ins Leben gerufen hat. Den Auftakt für diesen besonderen und bisher einmaligen »Runden Tisch« gab es am 11. November 2015, dem 60. Geburtstag der deutschen Streitkräfte. Dieser 60. Jahrestag bot sich an als ein hervorragender Anlass, mit den wesentlichen Institutionen unserer Zivilgesellschaft aus Wirtschaft, Kultur, Wissenschaft und aus den kommunalen Spitzenverbänden neue Wege für eine bessere gesellschaftliche Einbindung der Soldatinnen und Soldaten zu finden. Zahlreiche Führungskräfte aus Wirtschaft und Gesellschaft folgten der Einladung. Alle Teilnehmer dieser Auftaktrunde zeigten sich geradezu begeistert von dem neuen Versuch, mehr gesellschaftliche Unterstützung für die Angehörigen der Bundeswehr in den verschiedenen Bereichen zu generieren. Das Thema »Veteranen« wird in diesem Prozess ein wichtiger Faktor sein. Etliche Konzerne und Verbände brachten bereits ihre »Geburtstagsgeschenke« in Form von konkreten Projekten mit, andere versprachen, in den nächsten Monaten Ideen zu entwickeln und in diesen Runden Tisch einzubringen. Es konnte ein neues Kapitel aufgeschlagen werden.

Zusammenfassend ergeben sich aus meiner Sicht folgende Schlussfolgerungen und Handlungsnotwendigkeiten aus den beschriebenen Defiziten hinsichtlich einer besseren gesellschaftlichen Einbindung der Soldatinnen und Soldaten und damit gleichzeitig der Veteranen unserer Streitkräfte:

1. Wenn die gewachsenen sicherheitspolitischen Erwartungshaltungen der NATO-Verbündeten und der internationalen Institutionen an die Bundesrepublik auch künftig gewährleistet werden sollen, ist eine bessere gesellschaftliche Einbindung der Soldatinnen und Soldaten in die bundesdeutsche Gesellschaft nicht nur dringend erforderlich, sondern vielmehr die Voraussetzung für die Erfüllung der Aufträge.

2. Wenn die bundesdeutsche Gesellschaft in ihrer überwiegenden Mehrheit entweder nicht bereit oder in der Lage sein sollte, die Soldatinnen und Soldaten nicht wie gesellschaftliche Fremdkörper, sondern vielmehr wie Angehörige einer durch und durch demokratisch legitimierten Parlamentsarmee zu betrachten, wird es zumindest langfristig nicht darstellbar sein, bestens qualifizierte und hochmotivierte Frauen und Männer für die Bundeswehr zu rekrutieren.

3. Das Generieren von mehr gesellschaftlicher Solidarität und Empathie für die Menschen in der Bundeswehr darf nicht dem Zufall überlassen werden, sondern bedarf der Unterstützung durch die großen Träger der deutschen Zivilgesellschaft. Dazu gehören die Wirtschaftsverbände

ebenso wie die großen Gewerkschaften, die Kultur- und Sportverbände, die großen Kirchen und die Spitzenverbände der verschiedenen Interessengruppen. Alle zusammen stehen in der Verantwortung, die gesellschaftliche Integration der aktiven und der ehemaligen Soldatinnen und Soldaten mit allen zur Verfügung stehenden Möglichkeiten zu fördern und als Prozess für die Zukunft zu begreifen.

4. Was die zwischenzeitlich abgeschaffte Wehrpflicht mit ihrer »Scharnier-Funktion« zwischen Bundeswehr und Gesellschaft zu früheren Zeiten sicherstellen konnte, muss durch neue, attraktive und vielleicht auch unkonventionelle Formen der übergreifenden Kommunikation kompensiert werden. Voraussetzung hierfür ist ein breit angelegter gesellschaftlicher Diskurs, der alle Bereiche unseres gesellschaftlichen Lebens umfasst.

5. Dieser Diskurs muss in den Schulen, Hochschulen und sonstigen Bildungsstätten seine feste Verankerung finden. Unterrichtsinhalte, wie Friedenserhaltung, Friedensbewahrung und Friedenserzwingung müssen ebenso einen festen Platz im Politikunterricht haben wie das große Feld der Friedensethik. In diesem Zusammenhang sind die Jugendoffiziere der Bundeswehr als kompetente und anerkannte Vermittler der oben genannten Inhalte zu betrachten. Jugendoffiziere sind ebenso wie qualifizierte Angehörige von Nichtregierungsorganisationen bei dieser Bildungsarbeit zu berücksichtigen.

6. Die von etlichen deutschen Universitäten proklamierten »Bundeswehr-freien Hochschulen« sind inakzeptabel, weil verfassungswidrig und dürfen weder von den zuständigen Aufsichtsbehörden und erst recht nicht von den Parlamenten stillschweigend geduldet werden. Die Bundeswehr ist Teil unserer Verfassung und kann nicht von der öffentlichen Schule oder Hochschule ausgeschlossen werden, wie dies in der Vergangenheit immer wieder geschehen ist. Sogenannte Bundeswehr-freie Universitäten, die jegliches Zusammenwirken mit der Bundeswehr ausschließen sollen, stellen – unabhängig von der fehlenden rechtlichen Legitimation – auch eine Stigmatisierung der Soldatinnen und Soldaten dar.

7. Wir brauchen in Deutschland eine neue Kultur im Umgang mit den Soldatinnen und Soldaten und insbesondere mit den Veteranen. Aus diesem Grund sind im öffentlichen Leben alle Möglichkeiten zu nutzen, um den Stellenwert dessen, was Soldatinnen und Soldaten leisten, stärker in das öffentliche Bewusstsein zu tragen. Es sollte bspw. eine Selbstverständlichkeit sein, Einsatzsoldaten in ihren Städten und Gemeinden bei geeigneten Anlässen zu ehren und zu würdigen. Die Land-

tage und der Deutsche Bundestag sollten regelmäßig Einsatzsoldaten einladen, um dadurch die besondere und weltweit einmalige Bedeutung der Legislative für unsere Streitkräfte zu unterstreichen. In gleichem Maße stehen die Kirchen in der Verantwortung, deutlicher als in der Vergangenheit ihren seelsorgerlichen Auftrag auch an der Basis – also in den Kirchengemeinden – zu erkennen und wahrzunehmen. Die Militärseelsorge hat ihren unverzichtbaren Platz in unseren Streitkräften. Unabhängig davon sind die Landeskirchen und Diözesen gefordert, die Menschen in der Bundeswehr stärker in ihre kirchlichen Gemeinden einzubeziehen.

8. Eine große Bedeutung für eine bessere gesellschaftliche Akzeptanz der Soldaten kommt den Medien allgemein zu. Insbesondere die öffentlich-rechtlichen Rundfunkanstalten müssen endlich ihrer Verantwortung nachkommen. Soldatinnen und Soldaten wurden in Fernsehproduktionen – wenn überhaupt – dann meistens in eher fragwürdigen und spektakulären Zusammenhängen thematisiert. Eine umfassende, ehrliche und angemessene Auseinandersetzung mit den besonderen Lebensumständen der Soldaten – und ganz besonders der Veteranen – fand in der Vergangenheit kaum oder nur unzureichend statt. Auf diesem Feld gibt es Nachholbedarf, der nicht nur dem gesellschaftlichen Diskurs zugutekommen, sondern ganz sicher auch dem Anspruch der öffentlich-rechtlichen Sender entsprechen würde.

9. Die zahlreichen politischen und zivilgesellschaftlichen Stiftungen und Träger der öffentlichen und nichtöffentlichen Bildungsarbeit sollten es als Pflichtaufgabe betrachten, die Menschen in den Streitkräften als selbstverständliche Partner einzubeziehen. Das gilt für die Programmgestaltung ebenso wie für die Schaffung von neuen Formaten, die Begegnungsmöglichkeiten für Soldaten mit Angehörigen der Zivilgesellschaft bieten.

Diese Liste ist selbstverständlich nicht abschließend, sondern kann nur beispielhaft die verschiedenen Möglichkeiten für eine bessere gesellschaftliche Integration der Soldatinnen und Soldaten abbilden. Von entscheidender Bedeutung ist der feste Wille aller Verantwortlichen in unserem Lande, den Soldatinnen und Soldaten endlich das notwendige Maß an Solidarität, Empathie und Nächstenliebe zukommen zu lassen!

Anhang

Abkürzungsverzeichnis

a.D.	außer Dienst
AK	Asklepios Klinik
ANA	Afghan National Army
ANP	Afghan National Police
ANSDF	Afghan National Security and Defense Forces
ANSF	Afghan National Security Forces
ARD	Arbeitsgemeinschaft der öffentlich-rechtlichen Rundfunk-anstalten der Bundesrepublik Deutschland
B5T	Big-Five-Persönlichkeitstest
BAT	Beweglicher Arzttrupp
BDV	Bund Deutscher EinsatzVeteranen e.V.
BMVg	Bundesministerium der Verteidigung
BND	Bundesnachrichtendienst
BRD	Bundesrepublik Deutschland
BWK	Bundeswehrkrankenhaus
CDU	Christlich-Demokratische Union Deutschlands
CPT	Close Protection Team
CRC	Crowd- and Riot Control
CSU	Christlich-Soziale Union Deutschlands
DBwV	Deutscher BundeswehrVerband e.V.
DDR	Deutsche Demokratische Republik
d.R.	der Reserve
EDV	Elektronische Datenverarbeitung
EMDR	Eye Movement Desensitization and Reprocessing
EPA	Einmannpackung, Verpflegungsration
EUFOR	European Union Force
FAZ	Frankfurter Allgemeine Zeitung
FOB	Forward Operation Base
FWDL	Freiwillig Wehrdienstleistende/r
G36	Gewehr 36
IED	Improvised Explosive Device
IGF	Individuelle Grundfertigkeiten

IRRT	Imagery Rescripting and Reprocessing
IS	Islamischer Staat
ISAF	International Security Assistance Force
ISIS	Islamischer Staat in Irak und Syrien
KFOR	Kosovo Forces
KSK	Kommando Spezialkräfte
LKW	Lastkraftwagen
LUNA	Luftgestützte Unbemannte Nahaufklärungs-Ausstattung
MAD	Militärischer Abschirmdienst
MdB	Mitglied des Deutschen Bundestages
MedEvac	Medical Evacuation
MG	Maschinengewehr
NATO	North Atlantic Treaty Organisation
NS	Nationalsozialismus
NSA	National Security Agency
OMLT	Operational Mentoring and Liaison Team
OP	Observation Post
PAT	Provincial Advisory Team
PDS	Partei des Demokratischen Sozialismus
PRT	Provincial Reconstruction Team
PTBS	Posttraumatische Belastungsstörung
QRF	Quick Reaction Force
RPG	Rocket Propelled Grenade
RS	Resolute Support
S-Bahn	Straßenbahn
S-Draht	Stacheldraht
SaZ	Soldat auf Zeit
SFOR	Stabilisation Force
SOWI	Sozialwissenschaftliches Institut der Bundeswehr
SPD	Sozialdemokratische Partei Deutschlands
SVG	Soldatenversorgungsgesetz
SWR	Südwestdeutscher Rundfunk
TACP	Tactical Air Control Party
THW	Technisches Hilfswerk
TIC	Troops in Contact

TOC	Tactical Operation Centre
TU	Technische Universität
UN	United Nations
UNOMIG	United Nations Observer Mission in Georgia
UNOSOM	United Nations Operation in Somalia
UNTAC	United Nations Transitional Authority in Cambodia
UV	ultraviolett
VdRBw	Verband der Reservisten der Bundeswehr e.V.
VIP	Very Important Person
VISO	Visitor Staff Officer
VJTF	Very High Readyness Joint Task Force
VN	Vereinte Nationen
VorgV	Vorgesetztenverordnung
WDO	Wehrdisziplinarordnung
WDR	Westdeutscher Rundfunk
WStG	Wehrstrafgesetz
ZA-EAKK	ZusatzAusbildung zur einsatzvorbereitenden Ausbildung Krisen- und Konfliktverhütung
ZDF	Zweites Deutsches Fernsehen
ZDv	Zentrale Dienstvorschrift
ZMSBw	Zentrum für Militärgeschichte und Sozialwissenschaften der Bundeswehr
ZMZ	Zivil-Militärische Zusammenarbeit

Autorenverzeichnis

Albus, Hergen, Dr. phil.

Hergen Albus ist promovierter Anglist, Botschaftsangestellter und freier Autor, u.a. in seiner selbst verlegten Reihe »Fischwerder«, aus der sein Beitrag für dieses Buch stammt. Als Organisator von Lesungen freier Autoren unter dem Titel »Literatur goes« engagiert er sich für literaturschaffende Menschen. Er lebt in Eschwege und Berlin.

Bernhardt, Christian

Christian Bernhardt, geb. 1977, war acht Jahre Zeitsoldat. Im Jahr 2003 diente er zu Beginn des 3. Golfkrieges im Rahmen des Einsatzes der Bundeswehr in Kuwait. Später spezialisierte er sich – selbst traumatisiert – auf das Thema »Einsatzfolgen« und war u.a. Geschäftsführer der Deutschen Kriegsopferfürsorge. Seit 2010 ist er Mitglied im geschäftsführenden Vorstand des Bundes Deutscher EinsatzVeteranen e.V., unter dessen Schirmherrschaft auch dieses Buch entstanden ist.

Biesold, Karl-Heinz, Oberstarzt a.D., Dr. med., Facharzt für Neurologie und Psychiatrie

Karl-Heinz Biesold gilt als einer der wichtigsten Experten auf dem Gebiet von Posttraumatischen Belastungsstörungen und Psychotraumatologie bei Soldaten. Er wurde 1950 geboren und studierte nach seiner Ausbildung zum Truppenoffizier der Artillerie Medizin an der RWTH Aachen, wo er 1978 promovierte. Anschließend war Biesold als Truppenarzt beim NATO-Hauptquartier in den Niederlanden tätig. Seine Facharztausbildung zum Psychiater absolvierte er im AK St. Georg und im AK Ochsenzoll in Hamburg. 1981 wechselte er an das Bundeswehrkrankenhaus Hamburg, wo er von 2000 bis 2012 als Leitender Arzt der Abteilung VIb für Psychiatrie, Psychotherapie und Psychotraumatologie tätig war. Biesold war mehrfach in Krisengebieten wie 1998 in Bosnien, 2002 im Kosovo und 2003 sowie 2005 in Afghanistan im Einsatz.

Bohnert, Marcel, Major, Dipl.-Päd.

Marcel Bohnert, geb. 1979, ist Major der Panzergrenadiertruppe und Teilnehmer der zweijährigen Generalstabsausbildung an der Führungsakademie der Bundeswehr in Hamburg. Dort studiert er auch im postgraduierten

Masterstudiengang »Militärische Führung und Internationale Sicherheit«. Major Bohnert war u.a. Gruppenführer in der »Task Force Zur« im Kosovo, Chef einer Kampfeinheit der »Task Force Kunduz« in Afghanistan und Leiter einer Studentenfachbereichsgruppe an der Helmut-Schmidt-Universität/Universität der Bundeswehr Hamburg. Er ist Verfasser zahlreicher Beiträge über den Afghanistan-Einsatz und hat mit jungen Offizieren den vieldiskutierten Sammelband »Armee im Aufbruch« herausgegeben. Sein Einsatzbericht »200 Tage Kunduz« ist online verfügbar.

Bohrmann, Thomas, Prof. Dr. theol. habil.

Thomas Bohrmann, geb. 1965 in Aachen. Studium der Katholischen Theologie und Soziologie in Bonn und München. Seit 2008 Professor für Katholische Theologie mit dem Schwerpunkt Angewandte Ethik an der Fakultät für Staats- und Sozialwissenschaften der Universität der Bundeswehr München. Veröffentlichungen zu unterschiedlichen Themen der Angewandten Ethik, insbesondere Medienethik, Friedensethik und Militärische Berufsethik.

Bollmann, Axel, Oberleutnant d.R.

Axel Bollmann ist 35 Jahre alt und seit vier Jahren verheiratet. Er war Offizier der Panzergrenadiertruppe und ist u.a. 2008 als Zugführer in der »Task Force Prizren« im Kosovo, sowie 2011 bis 2012 als Lageoffizier in der Operationszentrale der »Task Force Kunduz« in Afghanistan eingesetzt worden. Als Psychologe hat er sich u.a. mit einer Studie zum Thema »Soldaten und das Bedürfnis nach Anerkennung« beschäftigt. Derzeit studiert er an der Medical School Hamburg im konsekutiven Masterstudiengang Klinische Psychologie und Psychotherapie.

Buske, Rainer, Oberst a.D.

Rainer Buske trat im Januar 1974 seinen Dienst als Panzergrenadier in der Bundeswehr an. Er war Kommandeur des Panzergrenadierbataillons 401 in Hagenow und stellvertretender Kommandeur der Panzerbrigade 21 in Augustdorf. In seiner letzten Verwendung bekleidete er den Dienstposten des Chefs des Stabes des Ausbildungszentrums in Munster. Seine Einsatzerfahrungen als Kommandeur des PRTs Kunduz hat er in seinem eindrucksvollen Buch »Kunduz. Ein Erlebnisbericht über einen militärischen Einsatz der Bundeswehr in Afghanistan im Jahre 2008« verarbeitet. Oberst a.D. Buske lebt mit seiner Ehefrau Martina in Hamburg.

Daxner, Michael, Prof. Dr. phil. habil.

Michael Daxner ist Professor für Soziologie und Universitätspräsident a.D. Seine Forschungsschwerpunkte lagen in der Konfliktforschung auf dem Westbalkan und in Afghanistan. Zur Zeit engagiert er sich in der wissenschaftlichen und politischen Beratung im Sonderforschungsbereich 700 der Freien Universität Berlin und als Senior Political Advisor bei Govern4Afghanistan.

Drescher, Bernhard, Oberstleutnant a.D.

Bernhard Drescher, geb. 1960, verheiratet und Vater von drei Kindern, war von 1980 bis 2014 Berufssoldat. In dieser Zeit absolvierte er drei Auslandseinsätze: Zweimal in Mazedonien und einmal im Kosovo. Auf eigenen Wunsch wurde er 2014 vorzeitig aus der Bundeswehr entlassen, um sich den sozialen Aspekten des Soldatenberufes zu widmen. Seit 2013 ist er im Bund Deutscher EinsatzVeteranen e.V. als Fallmanager für belastete und traumatisierte Veteranen sowie deren Familien aktiv. Im Mai 2015 wurde er zum stellvertretenden Vorsitzenden des Vereines gewählt.

Douqué, Gabriele

Gabriele Douqué, geb. 1944, verlebte ihre Jugend in der DDR. Nach langer Haftzeit kam sie 1972 im Rahmen einer Freikaufaktion als politischer Häftling in die Bundesrepublik. Vor ihrem »Unruhestand« arbeitete die examinierte Altenpflegerin beim Deutschen Roten Kreuz. Familiär ist sie der Bundeswehr durch ihren Schwiegersohn verbunden. Seit einigen Jahren engagiert sie sich beim Familienbetreuungszentrum der Bundeswehr in Kiel. Sie ist Mitglied/Unterstützerin des Bundes Deutscher EinsatzVeteranen e.V. und Gründerin der Facebook-Gruppe »Solidarität und Support für Veteranen«.

Grotian, Marcus, Oberleutnant

Marcus Grotian ist Berufssoldat und absolvierte Auslandseinsätze in Bosnien, im Kosovo und zuletzt in Kunduz, Afghanistan. Er ist erster Vorsitzender des »Patenschaftnetzwerkes Afghanische Ortskräfte e.V.«. Dieser Verein steht deutschlandweit Afghanen zur Seite, die aufgrund ihrer Arbeit für deutsche Dienststellen ihr Heimatland verlassen mussten.

Haak, Karen, Leutnant

Karen Haak ist Angehörige der Luftwaffensicherungstruppe. Vor ihrem Dienstantritt im August 2011 absolvierte sie eine Ausbildung an der Kölner Journalistenschule. Derzeit studiert sie im letzten Studienjahr an der Helmut-Schmidt-Universität/Universität der Bundeswehr Hamburg Politikwissenschaften. Zuletzt hatte sie u.a. in der Zeitschrift für Innere Führung und im Sammelband »Armee im Aufbruch« publiziert.

Hähnlein, Norbert, Oberst

Im ersten Halbjahr 2010 war Norbert Hähnlein als Senior Mentor des »Operational Mentoring and Liaison Teams (OMLT)« der 2. Brigade des 209. ANA Korps in Kunduz, Afghanistan eingesetzt. Heute ist er amtierender General der Heeresaufklärungstruppe und leitet den Ausbildungsbereich Heeresaufklärungstruppe am Ausbildungszentrum Munster.

Hinners, Klaas, Oberstleutnant d.R.

Klaas Hinners absolvierte seinen 15monatigen Wehrdienst als Panzergrenadier. Danach blieb er der Truppe durch Wehrübungen bis 1985 und durch Beorderungen in der Zivil-Militärischen Zusammenarbeit von 2003 bis 2014 verbunden. Er ist seit 1992 Land- und Forstwirt und war fünfundzwanzig Jahre mit dem Schwerpunkt »Forstwirtschaft« in der Entwicklungshilfe tätig, zuletzt von August 2005 bis Februar 2007 in Afghanistan.

K., Manuel

Manuel K. wurde 1978 geboren und ist ehemaliger Hauptgefreiter. Er zählt zu den ersten Soldaten der Bundeswehr, die in Zusammenhang mit den beginnenden Auslandseinsätzen als Kriegsdienstverweigerer aus dem aktiven Dienst ausschieden.

Kiesewetter, Roderich, Oberst a.D., Mitglied des Deutschen Bundestages, Dipl.-Kfm.

Roderich Kiesewetter ist seit 2009 Mitglied des Deutschen Bundestages und Obmann der CDU/CSU-Fraktion im Auswärtigen Ausschuss. Seit 2011 ist er Präsident des Verbandes der Reservisten der Deutschen Bundeswehr e.V.

Kleinheinrich, Thomas, Dipl.-Psych.

Thomas Kleinheinrich ist Kriegsdienstverweigerer. Er absolvierte seinen Zivildienst in den v. Bodelschwinghschen Anstalten Bethel. Seit 2004 beschäftigt er sich mit dem Thema der psychischen Kriegsfolgen. Seit 2009 ist er psychologischer Berater in der Deutschen Kriegsopferfürsorge, seit deren Überführung in den Bund Deutscher EinsatzVeteranen in gleicher Funktion für diesen tätig. Thomas Kleinheinrich arbeitet u.a. in dem Projekt »Seelsorge der Militärkirchen« und in verschiedenen Facharbeitskreisen aus dem Bereich »Einsatzfolgen« mit.

Koch, Manuel, Oberfeldarzt

Manuel Koch, geb. 1974 in Berlin, ist verheiratet und Vater von drei Kindern. Seit 1994 ist er Soldat und seit 2007 Berufssoldat. Als Facharzt für Psychiatrie und Psychotherapie leitet er die FU6b des Bundeswehrkrankenhauses in Berlin und ist auf die sog. Gruppenanalyse spezialisiert. In den Jahren 2005, 2012 und 2013 absolvierte er Auslandseinsätze in Afghanistan.

Krafft, Thomas

Thomas Krafft ist Philosoph aus München. Als Schatzmeister ist er Mitglied im geschäftsführenden Vorstand des Bund Deutscher EinsatzVeteranen e.V.

Malz, Tanja

Tanja Malz ist 33 Jahre alt, Studentin der Sozialen Arbeit und seit mehr als zehn Jahren verheiratet. Zu ihrem Leben gehören auch zwei gemeinsame Kinder und ein Hund. Zurzeit lebt sie mit ihrer Familie in Schweden und arbeitet dort an einem Projekt zur Eingliederung von Menschen mit psychiatrischer Erkrankung in den regulären Arbeitsmarkt. Sie ist ehrenamtliche, aktive Helferin im Katastrophenschutz und beobachtet seit dem Unglück der Loveparade 2010 den Umgang mit Posttraumatischen Belastungsstörungen im Umfeld professioneller Helfer. Ihren Mann lernte sie ein Jahr nach seinem Ausscheiden aus der Bundeswehr kennen, wo er gerade einige Auslandseinsätze im Kosovo abgeleistet hatte. Sie setzt sich für die Übernahme politischer Verantwortung gegenüber Menschen ein, die im Rahmen ihrer beruflichen oder ehrenamtlichen Tätigkeit seelische oder körperliche Gewalt erfahren haben.

Obermeier, Julia, Mitglied des Deutschen Bundestages

Julia Obermeier ist seit 2013 Mitglied des Deutschen Bundestages. Dort ist sie im Verteidigungsausschuss tätig und vertritt Deutschland in der Delegation des Europarats. Die Politikwissenschaftlerin war zuvor stellvertretende Leiterin im Planungsstab der CSU-Landtagsfraktion, wo sie u.a. den Arbeitskreis Wehrpolitik betreute.

Richter, Christian, Major d.R., Dr. iur.

Christian Richter ist Rechtsanwalt in einer auf internationales Wirtschaftsrecht spezialisierten Kanzlei in Hamburg. Seine Promotion verfasste er über das völkerrechtliche Selbstverteidigungsrecht. Er ist Major d.R. der Jägertruppe und Dozent für Völkerrecht, Staatsrecht sowie Staats- und Rechtsphilosophie an der Führungsakademie der Bundeswehr.

Robbe, Reinhold, Wehrbeauftragter des Deutschen Bundestages a.D.

Reinhold Robbe ist Politik- und Wirtschaftsberater. Von 1994 bis 2005 gehörte er dem Deutschen Bundestag an, war Vorsitzender des Verteidigungsausschusses von 2002 bis 2005 und anschließend bis 2010 Wehrbeauftragter. Seit 2015 ist er Moderator des »Runden Tisches für die Menschen in der Bundeswehr«.

Schreiber, Björn, Kapitänleutnant d.R., Dipl.-Päd. und M.A.

Björn Schreiber trat 2001 als Marineoffizieranwärter in die Bundeswehr ein. Nach dem Studium der Erziehungswissenschaften in Hamburg diente er auf Schnellbooten der Deutschen Marine und absolvierte seinen ersten Auslandseinsatz im Rahmen der maritimen Operation UNIFIL. Im Frühjahr 2010 schloss sich sein erster Afghanistaneinsatz in Mazar-E-Sharif an. Im Rahmen seiner neuen Verwendung bei der Zivil-Militärischen Zusammenarbeit (CIMIC) absolvierte er von Juli 2011 bis Januar 2012 in Kunduz, Afghanistan seinen dritten Auslandseinsatz. Im Anschluss an seine Bundeswehrzeit studierte er »Friedensforschung und Sicherheitspolitik«. Er publiziert zum Thema »Counterinsurgency« und hält Vorträge über interkulturelle Kompetenz sowie Afghanistan. Zudem engagiert er sich politisch sowohl auf kommunaler Ebene als auch in der Außen-, Sicherheits- und Verteidigungspolitik. Im Moment absolviert er die Führungskräfteausbildung bei der Bundesagentur für Arbeit.

Seiffert, Anja, Dr. phil.

Anja Seiffert ist Projektbereichsleiterin »Sozialwissenschaftliche Einsatzbegleitung und Einsatzdokumentation« der Abteilung Einsatz am Zentrum für Militärgeschichte und Sozialwissenschaften der Bundeswehr. Zuvor war sie Leiterin des Forschungsschwerpunktes »Sozialwissenschaftliche Begleitung der Auslandseinsätze der Bundeswehr« am Sozialwissenschaftlichen Institut der Bundeswehr und davor Büroleiterin von Winfried Nachtwei, dem sicherheits- und abrüstungspolitischen Sprecher von Bündnis 90/Die Grünen im Bundestag. Im Rahmen ihrer Feldforschungen war sie mehrfach in verschiedenen Einsatzgebieten der Bundeswehr. Ihre Forschungsschwerpunkte liegen im Bereich der Sicherheitspolitik mit einem Fokus auf den internationalen Missionen der Bundeswehr und der Militärsoziologie.

Storch, Bernhard, Oberstleutnant a.D.

Bernhard Storch, geb. 1953 in Neustadt an der Saale. Eintritt 1973 als Wehrpflichtiger in die Bundeswehr. Ausbildung zum Flugzeugnavigationselektroniker, anschließend zum Transportflugzeugführer. Von 1980 bis 2010 im fliegerischen Dienst auf verschiedenen Luftfahrzeugmustern, zuletzt C-160 Transall als Kommandant, Flugsicherheitsstabsoffizier und Einsatzpilot. Die letzten vier Dienstjahre dienstunfähig wegen Posttraumatischer Belastungsstörung. Als Pensionär unterstützt er erkrankte Soldaten und deren Angehörige im Rahmen der eigenen Möglichkeiten.

Urbas, Christopher, Hauptmann d.R., Dipl.-Päd.

Christopher Urbas war von 2001 bis 2014 als Offizier der Heeresaufklärungstruppe tätig. In seinen letzten Funktionen führte er u.a. einen Feldnachrichtenzug und eine Aufklärungskompanie in Afghanistan. Er ist seit seinem Dienstzeitende Beamter des Bundes und vorwiegend in Berlin tätig. Er studierte Pädagogik an der Helmut-Schmidt-Universität/Universität der Bundeswehr Hamburg sowie Verwaltungsmanagement an der Hochschule des Bundes für öffentliche Verwaltung in Brühl bei Köln.

Višević, Danijel

Danijel Višević ist Journalist und Autor, der sich auf Kriegsfolgen spezialisiert hat. Er arbeitet als Redakteur für die Deutsche Welle, Krautreporter und das Bundespresseamt. Seine Eltern stammen aus einer Region in Bosnien, durch die im Jugoslawien-Krieg die Frontlinie verlief. Er lebt mit

seiner deutsch-französisch-belgischen Frau und seinen deutsch-französisch
-belgisch-bosnisch-kroatischen Kindern in Berlin-Friedrichshain.

Weber, Gregor, Feldwebel d.R.

Gregor Weber ist Schauspieler (u.a. »Tatort« und »Familie Heinz Becker«),
Autor und Koch. Als Reservist absolvierte er einen Auslandseinsatz in
Kunduz, Afghanistan und verarbeitete seine Erlebnisse in dem Buch
»Krieg ist nur von vorne Scheiße – hinten geht's!: Ein Selbstversuch«.

Weigelt, Julia, Dipl.-Soz.

Julia Weigelt, geb. 1983, ist Journalistin für Sicherheitspolitik. Sie schreibt
über die Bundeswehr, Rettungsdienste, Polizei, Feuerwehr und Katastrophenschutz. Sie bietet Beiträge in Text-, Bild- und Audioform an und erstellt Audio-Slideshows. Die Deutsche Presseagentur, der Hörfunk, sicherheitspolitische Magazine, Tageszeitungen und Stiftungen gehören zu ihren
Auftraggebern. Auch Vorträge, Seminare und die Moderation von Podi-
umsdiskussionen gehören zu ihrem Portfolio, das unter sicherlich.net ein-
sehbar ist.

Wüstner, André, Oberstleutnant, Bundesvorsitzender des Deutschen BundeswehrVerbandes e.V.

André Wüstner, geb. 1974, wohnt in Montabaur (Rheinland-Pfalz). Er ist
verheiratet und Vater zweier Kinder. Seit 1994 ist er Soldat des Heeres und
durchlief im Rahmen seines Werdegangs bereits verschiedenste Führungs-
verwendungen auf unterschiedlichen Ebenen. Er war mehrfach in Auslandseinsätzen wie bspw. im Kosovo sowie in Afghanistan, wo er als Vorgesetzter Verantwortung für Leib und Leben der ihm anvertrauten Soldaten auch in extremen Gefahrensituationen trug. Von 2008 bis zu seiner
Wahl zum Bundesvorsitzenden des Deutschen BundeswehrVerbandes im
November 2013 war er Sprecher des höchsten soldatischen Beteiligungs-
gremiums beim Bundesministerium der Verteidigung, dem Gesamtvertrau-
enspersonenausschuss.

Die Inhalte dieses Sammelbandes bilden die persönlichen Einstellungen, Sichtweisen und Erfahrungen unserer Autorinnen und Autoren ab. Sie können nicht als offizielle Stellungnahmen der Bundeswehr oder anderer Organisationen interpretiert werden.

Alle Autorinnen und Autoren haben ehrenamtlich am Projekt mitgewirkt und zugunsten des Bundes Deutscher EinsatzVeteranen auf eine finanzielle Zuwendung verzichtet.

Illustratorenverzeichnis

Falkowski, Nathalie, Leutnant

Nathalie Falkowski wurde 1991 in Dortmund geboren und trat nach dem Erhalt des Abiturs im Jahre 2011 ihren Dienst in Munster an. Sie nahm erfolgreich an den Verwendungslehrgängen für Offizieranwärter der Panzertruppe teil und studiert derzeit Bildungs- und Erziehungswissenschaften im letzten Studienjahr an der Helmut-Schmidt-Universität/Universität der Bundeswehr Hamburg. Nach einem Auslandstrimester an der Norwich University in Northfield (Vermont, USA) absolvierte sie im Rahmen des Erasmus-Programmes einen viermonatigen Kurs an der National Defence University in Warschau, den sie als beste Studentin abschloss. In dieser Zeit unterstützte sie das Erasmus-Büro auch grafisch. Mit ihren Illustrationen visualisierte Nathalie Falkowski bereits die Kapiteleinleitungen im Buch »Armee im Aufbruch«. Wir danken Leutnant Falkowski dafür, dass sie sich auch diesem Werk künstlerisch gewidmet hat.

Niedringhaus, Anja (* 12.10.1965, † 04.04.2014)

Das Titelbild unseres Buches stammt von der in Banda Khel (Afghanistan) getöteten Fotojournalistin Anja Niedringhaus. Es zeigt zwei deutsche Soldaten nach ihrer Rückkehr von einer Operation in der nordafghanischen Provinz Kunduz im September 2009. Anja Niedringhaus gelang es, während ihrer vielfältigen Begleitungen von Truppen in Kriegsgebieten mit einzelnen Fotos Geschichten zu erzählen und den Menschen in Uniform zu präsentieren. Durch ihr offenes und zuvorkommendes Wesen konnte sie immer wieder enge, persönliche und freundschaftliche Beziehungen zu Soldaten aufbauen. Wir danken »Picture-Alliance« sowie »Associated Press« für die Überlassung der Nutzungsrechte.

Bund Deutscher EinsatzVeteranen

Treu gedient – Treue verdient!

www.Veteranenverband.de

Mitgliedsantrag Bund Deutscher EinsatzVeteranen e.V.

<u>Bei Bedarf kopieren und in Druckbuchstaben ausfüllen</u>

Bund Deutscher EinsatzVeteranen e.V.
Bundesallee 220
10719 Berlin

office@veteranenverband.de
www.bund-deutscher-veteranen.de
Tel: +49 30 88 77 41 48
Fax: +49 30 88 77 41 49

Ja, ich möchte im BDV Mitglied werden:
Titel/Dienstgrad

Vorname

Nachname

Straße, Hausnummer

Ort

Geburtsdatum

Tele-

fon

E-Mail

Eintrittsdatum

Einsatzsoldat   O Ja   O Nein

Einsatzland:________________________________

Wann erster Einsatz: ____________________________

Bankverbindung:

IBAN: DE 72 3654 0046 0285 2010 07
BIC: COBADEFFXXX
Commerzbank Oberhausen

Den Jahresbeitrag (Fälligkeitstermin Monatseintritt.) bitte ich von folgender Bankverbindung abzubuchen:
Kontoinhaber:
Vorname

Nachname

BLZ:

Konto-Nr.

BIC:

IBAN:

Bank:

Unterschrift des Kontoinhabers

____

Aufnahmeantrag zur Mitgliedschaft im Bund Deutscher EinsatzVeteranen e.V.
Mitglied   (Jahresbeitrag 24 ,- EUR)
Förderndes Mitglied   (Jahresbeitrag mindestens 250,- EUR)
Ermäßigter Beitrag   (Jahresbeitrag 12 ,- EUR)
(Familienangehörige eines Mitglieds mit gleicher Adresse.
Personen mit einem geringeren Einkommen (<1000 EUR))

Datum, Ort / Unterschrift des beantragenden Mitglieds

Hiermit beantrage ich die Aufnahme in den Bund Deutscher EinsatzVeteranen. Mit der Beitrittserklärung erkenne ich die Satzung und die Ordnungen des e.V. an. Diese können auf der Internetseite www.veteranenverband.de eingelesen werden. Die Mitgliedschaft wird wirksam ab dem Zahlungseingang des Jahresbeitrags. Bei Austritt aus dem Verein wird eine monatliche Kündigungsfrist wirksam. Der Austritt muss schriftlich erfolgen. Der Bund Deutscher EinsatzVeteranen nutzt die persönlichen Daten nur zu internen Zwecken und gibt sie nicht weiter. Bitte senden Sie dieses Formular an die oben genannte Geschäftsadresse oder per Fax.

Literaturhinweise

Die Herausgeber dieses Bandes und einige der Autorinnen und Autoren haben weitere Bücher oder Beiträge zum Veteranenthema und zu den Auslandseinsätzen der Bundeswehr veröffentlicht. Hier wird eine kleine Auswahl präsentiert, deren Lektüre zu einem vertieften Verständnis ihrer Ansichten und Erlebnisse beitragen kann:

Karl-Heinz Biesold (2010): *Seelisches Trauma und soldatisches Selbstverständnis: Klinische Erfahrungen aus psychiatrischer Sicht,* in: A. Dörfler-Dierken / G. Kümmel (Hrsg.): *Identität, Selbstverständnis, Berufsbild: Implikationen der neuen Einsatzrealität für die Bundeswehr.* Sozialwissenschaftliches Institut der Bundeswehr: Potsdam, S. 101-120.

Karl-Heinz Biesold / Klaus Barre (2002): Auswirkungen von Stress und Traumatisierung bei Soldaten der Bundeswehr. *Praxis Klinische Verhaltensmedizin und Rehabilitation, 57.*

Marcel Bohnert / Andy Neumann (2016): *Panzergrenadiere im Kampfeinsatz in Afghanistan,* in: Freundeskreis der Panzergrenadiertruppe (Hrsg.): *Panzergrenadiere. Eine Truppengattung im Spiegel ihrer Geschichte* (in Druck).

Marcel Bohnert (2014): Feinde in den eigenen Reihen. Zur Problematik von Innentätern in Afghanistan. *if. Zeitschrift für Innere Führung, 2,* S. 5-12.

Marcel Bohnert (2014): *Wächter aus der Luft. Drohnen als Schutzpatrone deutscher Bodentruppen in Afghanistan,* in: U. Hartmann / C.v. Rosen (Hrsg.): *Jahrbuch Innere Führung 2014. Drohnen, Roboter und Cyborgs. Der Soldat im Angesicht neuer Militärtechnologien.* Berlin: Miles, S. 19-34.

Jochen Bohn / Thomas Bohrmann / Gottfried Küenzlen (Hrsg.)(2011): *Die Bundeswehr heute: Berufsethische Perspektiven für eine Armee im Einsatz.* Stuttgart: Kohlhammer.

Thomas Bohrmann / Gottfried Küenzlen (Hrsg.)(2012): *Religion im säkularen Verfassungsstaat.* Münster: Lit.

Thomas Bohrmann / Karl-Heinz Lather / Friedrich Lohmann (Hrsg.)(2013+2014): *Handbuch Militärische Berufsethik. Bd. 1+2.* Wiesbaden: Springer.

Thomas Bohrmann / Werner Veith (Hrsg.)(2007-2012): *Handbuch Theologie und Populärer Film, Bd. 1-3.* Paderborn: Schöningh.

Rainer Buske (2016): *Kunduz. Ein Erlebnisbericht über einen militärischen Einsatz der Bundeswehr in Afghanistan im Jahre 2008*. 2. Aufl. Miles: Berlin.

Michael Daxner / Hannah Neumann (Hrsg.)(2012): *Heimatdiskurs. Wie die Auslandseinsätze der Bundeswehr Deutschland verändern*. Transcript: Bielefeld.

Michael Daxner (Hrsg.)(2014): *Deutschland in Afghanistan*. BIS: Oldenburg.

Michael Daxner (2014): *Veteranen*. Wissenschaft & Frieden, 4, S. 24-26.

Gabriele Douquè (2014): *Weiblich, 70 Jahre, alleine auf dem Jakobsweg. Ein Erfahrungsbericht über Glück, Schmerzen und kleine Katastrophen*. epubli: Berlin.

Karen Haak (2015): Plädoyer für ein Konzept. Die Diskussion um Armee im Aufbruch geht weiter. *if. Zeitschrift für Innere Führung, 4*, S. 65-68.

Karen Haak (2014): *Frauen in der Kampftruppe? Lieber nicht!*, in: M. Bohnert / L.J. Reitstetter (Hrsg.)(2014): *Armee im Aufbruch. Zur Gedankenwelt junger Offiziere in den Kampftruppen der Bundeswehr*. Miles: Berlin, S. 75-90.

Roderich Kiesewetter (2014): *Vision Europaarmee. Europa braucht eine stärkere strategische Koordinierung in der Gemeinsamen Außen- und Verteidigungspolitik*, in: F. Forster / S. Vugrin / L. Wessendorff (Hrsg.): *Das Zeitalter der Einsatzarmee. Herausforderungen für Recht und Ethik*. Berlin: Berliner Wissenschafts-Verlag, S. 154-161.

Roderich Kiesewetter / Bernhard Liechtenauer (2006): Der Schutz des Heeres wird kontinuierlich verbessert. *Wehrtechnik, 4*, S. 60-66.

Christian Richter (2012): *Tödliche Militärische Gewalt und strafrechtliche Verantwortung – Anmerkungen zum Einstellungsbeschluss der Generalbundesanwaltschaft, HRRS – Onlinezeitschrift für Höchstrichterliche Rechtsprechung zum Strafrecht, 1*, Hamburg. S. 28-38.

Christian Richter (2014): *Töten im Krieg – das Verhältnis zwischen allgemeinem Strafrecht und den Kriegsverbrechenstatbeständen des Völkerstrafgesetzbuches*, in: F. Forster / S. Vugrin / L. Wessendorff (Hrsg.): *Das Zeitalter der Einsatzarmee. Herausforderungen für Recht und Ethik*. Berlin: Berliner Wissenschafts-Verlag, S. 220-240.

Björn Schreiber (2015): *Zivil-militärische Zusammenarbeit aus der Perspektive eines CIMIC-Truppführers*, in: R. Schroeder / S. Hansen (Hrsg.): *Stabilisierungseinsätze als gesamtstaatliche Aufgabe Erfahrungen und Lehren aus dem deutschen Afghanistaneinsatz zwischen Staatsaufbau und Aufstandsbewältigung (COIN)*. Nomos: Baden-Baden, S. 323-334.

Björn Schreiber / Marcel Bohnert (2015): *Interkulturelle Kompetenz im Kontext Afghanistans.* Video-DVD. Hamburg: Helmut-Schmidt-Universität /Universität der Bundeswehr Hamburg (bei YouTube abrufbar).

Björn Schreiber (2013): *Beyond 2014? Die Zukunft Afghanistans. Eine multidimensionale und subjektive Bewertung.* Grin: München.

Anja Seiffert / Julius Heß (2014): *Afghanistanrückkehrer. Der Einsatz, die Liebe, der Dienst und die Familie. Ausgewählte Ergebnisse der sozialwissenschaftlichen Langzeitbegleitung des 22. Kontingents ISAF.* Zentrum für Militärgeschichte und Sozialwissenschaften der Bundeswehr: Potsdam.

Anja Seiffert / Julius Heß (2012). Afghanistan: Ein Einsatz verändert die Bundeswehr. Erkenntnisse aus dem Einsatz des 22. deutschen ISAF-Kontingents. *if. Zeitschrift für Innere Führung, 2,* S. 20-24.

Anja Seiffert / Phil C. Langer / Carsten Pietsch (Hrsg.)(2011): *Der Einsatz der Bundeswehr in Afghanistan. Sozial- und politikwissenschaftliche Perspektiven.* Verlag für Sozialwissenschaften: Wiesbaden.

Christopher Urbas (2016): *Nachrichtengewinnung und Aufklärung – Retrospektive Betrachtung des Nutzens und Wertes gewonnener Nachrichten aus Sicht einer Aufklärungskompanie am Beispiel Afghanistan,* in: R. Schroeder / S. Hansen (Hrsg.): *Stabilisierungseinsätze als gesamtstaatliche Aufgabe Erfahrungen und Lehren aus dem deutschen Afghanistaneinsatz zwischen Staatsaufbau und Aufstandsbewältigung (COIN).* Nomos: Baden-Baden, S. 335-346.

Danijel Višević (2014): *Der Krieg und ich.* Krautreporter.de, 24. November 2014.

Julia Weigelt (2013). Der einsame Kämpfer. *Loyal. Magazin für Sicherheitspolitik, 3,* S. 6-11.

Julia Weigelt (2012). Unsere Stärke: Kameradschaft. *Y – Das Magazin der Bundeswehr, 12,* S. 80-85.

Gregor Weber (2014): *Krieg ist nur vorne Scheiße, hinten geht´s! Ein Selbstversuch.* Droemer: München.

André Wüstner (2013): Kundus – ein Name, der sich eingebrannt hat. *Die Bundeswehr – Magazin der DBwV, 11,* S. 25.

Weitere Informationen und Kontaktmöglichkeiten zu
den Autorinnen und Autoren:
www.Die-Neuen-Veteranen.wg.vu

Diskutieren Sie mit uns:
Facebook.com/DerUnsichtbareVeteran

Carola Hartmann Miles-Verlag

<u>Politik, Gesellschaft, Militär</u>

Uwe Hartmann, *Innere Führung. Erfolge und Defizite der Führungsphilosophie für die Bundeswehr,* Berlin 2007.

Hans Joachim Reeb, *Sicherheitskultur als kommunikative und pädagogische Herausforderung – Der Umgang in Politik, Medien und Gesellschaft,* Berlin 2011.

Hans-Christian Beck, Christian Singer (Hrsg.), *Entscheiden – Führen – Verantworten. Soldatsein im 21. Jahrhundert,* Berlin 2011.

Reiner Pommerin (ed.), *Clausewitz goes global. Carl von Clausewitz in the 21st Century, Berlin 2011.*

Eberhard Birk, Heiner Möllers, Wolfgang Schmidt (Hrsg.), *Die Luftwaffe zwischen Politik und Technik. Schriften zur Geschichte der Deutschen Luftwaffe, Bd. 2,* Berlin 2012.

Eberhard Birk, Winfried Heinemann, Sven Lange (Hrsg.), *Tradition für die Bundeswehr. Neue Aspekte einer alten Debatte,* Berlin 2012.

Holger Müller, *Clausewitz' Verständnis von Strategie im Spiegel der Spieltheorie,* Berlin 2012.

Angelika Dörfler-Dierken, *Führung in der Bundeswehr,* Berlin 2013.

Cornelia Fedtke, Kai-Uwe Hellmann, Jan Hörmann, *Migration und Militär. Zur Integration deutscher Soldaten mit Migrationshintergrund in der Bundeswehr,* Berlin 2013.

Torsten Konopka, *Afrikanische Wehrsysteme und ihre Entwicklung zwischen 1990/91 und 2011,* Berlin 2014.

Wolf Graf von Baudissin, *Grundwert Frieden in Politik – Strategie – Führung von Streitkräften,* hrsg. von Claus von Rosen, Berlin 2014.

Wolf Graf von Baudissin, *Der Widerstand. „… um nie wieder in die ausweglose Lage zu geraten…",* hrsg. von Claus von Rosen, Berlin 2014.

Marcel Bohnert, Lukas J. Reitstetter (Hrsg.), *Armee im Aufbruch. Zur Gedankenwelt junger Offiziere in den Kampftruppen der Bundeswehr,* Berlin 2014.

Arjan Kozica, Kai Prüter, Hannes Wendroth (Hrsg.), *Unternehmen Bundeswehr? Theorie und Praxis (militärischer) Führung,* Berlin 2014.

Angelika Dörfler-Dierken, Robert Kramer, *Innere Führung in Zahlen. Streitkräftebefragung 2013*, Berlin 2014.

Eberhard Birk, Heiner Möllers (Hrsg.), *Luftwaffe und Luftkrieg*, Berlin 2015.

Phil C. Langer, Gerhard Kümmel (Hrsg.), *„Wir sind Bundeswehr." Wie viel Vielfalt benötigen/vertragen die Streitkräfte?*, Berlin 2015.

Dirk Freudenberg, *Counterinsurgency. Aufstandsbekämpfung als Phase zur Überwindung schwacher Staatlichkeit und zur Etablierung des Aufbaus einer stabilen Nachkriegsordnung?*, Berlin 2016.

Jahrbuch Innere Führung

Uwe Hartmann, Claus von Rosen, Christian Walther (Hrsg.), *Jahrbuch Innere Führung 2009. Die Rückkehr des Soldatischen*, Eschede 2009.

Helmut R. Hammerich, Uwe Hartmann, Claus von Rosen (Hrsg.), *Jahrbuch Innere Führung 2010. Die Grenzen des Militärischen*, Berlin 2010.

Uwe Hartmann, Claus von Rosen, Christian Walther (Hrsg.), *Jahrbuch Innere Führung 2011. Ethik als geistige Rüstung für Soldaten*, Berlin 2011.

Uwe Hartmann, Claus von Rosen, Christian Walther (Hrsg.), *Jahrbuch Innere Führung 2012. Der Soldatenberuf zwischen gesellschaftlicher Integration und suis generis-Ansprüchen*, Berlin 2012.

Uwe Hartmann, Claus von Rosen (Hrsg.), *Jahrbuch Innere Führung 2013. Wissenschaften und ihre Relevanz für die Bundeswehr als Armee im Einsatz*, Berlin 2013.

Uwe Hartmann, Claus von Rosen (Hrsg.), *Jahrbuch Innere Führung 2014. Drohnen, Roboter und Cyborgs – Der Soldat im Angesicht neuer Militärtechnologien*, Berlin 2014.

Uwe Hartmann, Claus von Rosen (Hrsg.), *Jahrbuch Innere Führung 2015. Neue Denkwege angesichts der Gleichzeitigkeit unterschiedlicher Krisen, Konflikte und Kriege*, Berlin 2015.

Einsatzerfahrungen

Kay Kuhlen, *Um des lieben Friedens willen. Als Peacekeeper im Kosovo*, Eschede 2009.

Sascha Brinkmann, Joachim Hoppe (Hrsg.), *Generation Einsatz, Fallschirmjäger berichten ihre Erfahrungen aus Afghanistan*, Berlin 2010.

Artur Schwitalla, *Afghanistan, jetzt weiß ich erst… Gedanken aus meiner Zeit als Kommandeur des Provincial Reconstruction Team FEYZABAD,* Berlin 2010.

Uwe Hartmann, *War without Fighting? The Reintegration of Former Combatants in Afghanistan seen through the Lens of Strategic Thought,* Berlin 2014.

Rainer Buske, KUNDUZ. Ein Erlebnisbericht über einen militärischen Einsatz der Bundeswehr in AFGHANISTAN im Jahre 2008, Berlin ²2016.

<u>Standpunkte und Orientierungen</u>

Daniel Giese, *Militärische Führung im Internetzeitalter – Die Bedeutung von Strategischer Kommunikation und Social Media für Entscheidungsprozesse, Organisationsstrukturen und Führerausbildung in der Bundeswehr,* Berlin 2014.

Dirk Freudenberg, *Auftragstaktik und Innere Führung. Feststellungen und Anmerkungen zur Frage nach Bedeutung und Verhältnis des inneren Gefüges und der Auftragstaktik unter den Bedingungen des Einsatzes der Deutschen Bundeswehr,* Berlin 2014.

Uwe Hartmann (Hrsg.), *Lernen von Afghanistan. Innovative Mittel und Wege für Auslandseinsätze,* Berlin 2015.

Fouzieh Melanie Alamir, *Vernetzte Sicherheit – Quo Vadis?,* Berlin 2015.

Hartwig von Schubert, *Integrative Militärethik. Ethische Urteilsbildung in der militärischen Führung,* Berlin 2015.

Uwe Hartmann, *Hybrider Krieg als neue Bedrohung von Freiheit und Frieden. Zur Relevanz der Inneren Führung in Politik, Gesellschaft und Streitkräften,* Berlin 2015.

Klaus Beckmann, *Treue.Bürgermut.Ungehorsam. Anstöße zur Führungskultur und zum beruflichen Selbstverständnis in der Bundeswehr,* Berlin 2015.

<u>Militärgeschichte</u>

Peter Heinze, *Bundeswehr „erobert" Deutschlands Osten,* Berlin 2010.

Dieter E. Kilian, *Adenauers vergessener Retter – Major Fritz Schliebusch,* Berlin 2011.

Ingo Pfeiffer, *Gegner wider Willen. Konfrontation von Volksmarine und Bundesmarine auf See,* Berlin 2012.

Dieter E. Kilian, *Kai-Uwe von Hassel und seine Familie. Zwischen Ostsee und Ostafrika. Militär-biographisches Mosaik,* Berlin 2013.

Peter Heinze, *Berliner Militärgeschichten,* Berlin 2013.

Ingo Pfeiffer, *Seestreitkräfte der DDR,* Berlin 2014.

Ulrich C. Kleyser, *Lazare Carnot. "Le Grand Carnot". Ein Charakterbild,* Berlin 2016.

<u>Erinnerungen</u>

Blue Braun, *Erinnerungen an die Marine 1956–1996,* Berlin 2012.

Harald Volkmar Schlieder, *Kommando zurück!,* Berlin 2012.

Reinhart Lunderstädt, *Aus dem Leben eines Hochschullehrers. Persönlicher Bericht,* Berlin 2012.

Wulf Beeck, *Mit Überschall durch den Kalten Krieg. Mein Leben für die Marine,* Berlin 2013.

Jan Becker, *Aufgewühltes Wasser,* 3 Bde., Berlin 2014.

Klaus Grot, *So war's, damals. Dienstchronik eines Pionieroffiziers im Kalten Krieg 1954–1991,* Berlin 2014.

Gustav Lünenborg, *Bürger und Soldat. Innere Führung hautnah 1956–1993, 1993–2015,* Berlin 2015.

Rainer Buske, *Eine Reise ins Innere der Bundeswehr. Wundersame Geschichten aus einer anderen Welt,* Berlin 2016.

<u>Monterey Studies</u>

Uwe Hartmann, *Carl von Clausewitz and the Making of Modern Strategy,* Potsdam 2002.

Zeljko Cepanec, *Croatia and NATO. The Stony Road to Membership,* Potsdam 2002.

Ekkehard Stemmer, *Demography and European Armed Forces,* Berlin 2006.

Sven Lange, *Revolt against the West. A Comparison of the Current War on Terror with the Boxer Rebellion in 1900-01,* Berlin 2007.

Klaus M. Brust, *Culture and the Transformation of the Bundeswehr,* Berlin 2007.

Donald Abenheim, *Soldier and Politics Transformed,* Berlin 2007.

Michael Stolzke, *The Conflict Aftermath. A Chance for Democracy: Norm Diffusion in Post-Conflict Peace Building,* Berlin 2007.

Frank Reimers, *Security Culture in Times of War. How did the Balkan War affect the Security Cultures in Germany and the United States?,* Berlin 2007.

Michael G. Lux, *Innere Führung – A Superior Concept of Leadership?*, Berlin 2009.

Marc A. Walther, *HAMAS between Violence and Pragmatism*, Berlin 2010.

Frank Hagemann, *Strategy Making in the European Union*, Berlin 2010.

Ralf Hammerstein, *Deliberalization in Jordan: the Roles of Islamists and U.S.-EU Assistance in stalled Democratization*, Berlin 2011.

Jochen Wittmann, *Auftragstaktik*, Berlin 2012.

Michael Hanisch, *On German Foreign und Security Policy. Determinants of German Military Engagement in Africa since 2011*, Berlin 2015.

<u>Romane</u>

Christoph Karich, *Bewährung im Grünen Meer*, Berlin 2009.

Robert B. Thiele, *Die Treuhänderin*, Berlin 2012 (als Taschenbuch 2013 erschienen mit dem Titel "Der General").

B. Canth, *Bleckwedel und die Schwester des Mädchens, das unter der Planierraupe starb*, Berlin 2015.

http://www.miles-verlag.jimdo.com